# 독자의 1초를
# 아껴주는 정성을
# 만나보세요!

세상이 아무리 바쁘게 돌아가더라도 책까지 아무렇게나 빨리 만들 수는 없습니다.

인스턴트 식품 같은 책보다 오래 익힌 술이나 장맛이 밴 책을 만들고 싶습니다.

땀 흘리며 일하는 당신을 위해 한 권 한 권 마음을 다해 만들겠습니다.

마지막 페이지에서 만날 새로운 당신을 위해 더 나은 길을 준비하겠습니다.

 **길벗 IT 도서 열람 서비스**

도서 일부 또는 전체 콘텐츠를 확인하고 읽어볼 수 있습니다.
길벗만의 차별화된 독자 서비스를 만나보세요.

**더북(TheBook)** ▶ https://thebook.io

더북은 (주)도서출판 길벗에서 제공하는 IT 도서 열람 서비스입니다.

# 스트리트 코더

Street Coder

**초판 발행** · 2023년 8월 31일

**지은이** · 세다트 카파노글루

**옮긴이** · 이준용

**발행인** · 이종원

**발행처** · ㈜도서출판 길벗

**출판사 등록일** · 1990년 12월 24일

**주소** · 서울시 마포구 월드컵로 10길 56(서교동)

**대표 전화** · 02)332-0931 | **팩스** · 02)323-0586

**홈페이지** · www.gilbut.co.kr | **이메일** · gilbut@gilbut.co.kr

**기획 및 책임편집** · 정지은(je7304@gilbut.co.kr) | **디자인** · 박상희 | **제작** · 이준호, 손일순, 이진혁, 김우식

**마케팅** · 임태호, 전선하, 차명환, 박민영, 지운집, 박성용 | **영업관리** · 김명자 | **독자지원** · 윤정아, 최희창

**교정교열** · 이다인 | **전산편집** · 책돼지 | **출력 및 인쇄** · 정민문화사 | **제본** · 정민문화사

▸ 잘못 만든 책은 구입한 서점에서 바꿔 드립니다.

▸ 이 책은 저작권법에 따라 보호받는 저작물이므로 무단전재와 무단복제를 금합니다.
  이 책의 전부 또는 일부를 이용하려면 반드시 사전에 저작권자와 ㈜도서출판 길벗의 서면 동의를 받아야 합니다.

**ISBN** 979-11-407-0620-4  93000

(길벗 도서번호 080325)

정가 33,000원

**독자의 1초를 아껴주는 정성 길벗출판사**

**㈜도서출판 길벗** | IT교육서, IT단행본, 경제경영서, 어학&실용서, 인문교양서, 자녀교육서

www.gilbut.co.kr

**길벗스쿨** | 국어학습, 수학학습, 어린이교양, 주니어 어학학습, 학습단행본

www.gilbutschool.co.kr

**페이스북** · https://www.facebook.com/gbitbook

**예제소스** · https://github.com/gilbutITbook/080325

# Street Coder

## 스트리트 코더

세다트 카파노글루 지음
이준용 옮김

 MANNING 길벗

나는 프로그래밍을 독학한 개발자로, 소프트웨어 개발에 능숙해지기까지 참 다양한 경험을 해왔다. 참고 서적을 읽는 것은 기본 중의 기본이었다. 기계어를 배우기 위해 메모리에 난수를 넣고 단순히 작업을 종료하는 것 외의 결과가 일어나는지를 관찰했던 일, 연기가 가득한 사무실에서 밤을 새웠던 일, 고등학생 시절 연구실에서 몰래 일하다가 한밤중에 빠져나왔던 일, 이진 파일의 내용을 읽고 바이트 코드를 보면서 이것들이 어떻게 작동하는지가 마법처럼 갑자기 이해되기만을 바랐던 일, 기계어 명령 코드를 외웠던 일, 문서화되지 않은 함수의 올바른 인수를 찾기 위해 모든 가능한 인수 조합을 시도했던 일들이 바로 그것이다.

지난 2013년, 이스탄불에서 서점을 운영하던 친구 아지즈 케디가 나의 이런 경험을 바탕으로 소프트웨어 개발에 관한 책을 써달라고 부탁했다. 그때 처음으로, 내가 하는 일을 책으로 쓰는 것에 대해 생각해보게 되었다. 하지만 아지즈가 서점을 닫고 런던으로 이사를 가는 바람에 곧 그 생각은 뒤로 미뤄지게 됐다.

그러면서도 이 분야에 갓 입문해 직장 생활을 처음 시작한 신입에게 건네 줬을 때 시야를 넓히고 경험의 차이를 좁힐 수 있는 책을 쓰고 싶다는 생각에 늘 즐거웠다. 실제 일을 하기 전에는 어떤 교육 과정이나 선입견, 혹은 좋은 사례가 소프트웨어 개발에 대한 인식을 크게 좌우한다고 생각한다. 갓 태어난 프로그래머는 자연스럽게 축적된 지식을 핵심 투자로 생각하고 거기에서 크게 벗어나지 않는다.

시간이 흐른 어느 날, 실제로 이런 책을 써보기로 결심했다. 책의 가제를 '스트리트 코더'라고 정하고 신입 개발자의 삶을 더 윤택하게 만들어 줄 아이디어들을 메모하기 시작했다. 이러한 아이디어가 꼭 모범 사례일 필요는 없었다. 때론 모범 사례라는 것이 나쁜 관행이 될 수도 있으니까. 모범 사례가 아니더라도 개발자가 직면한 문제에 대해 더 나은 생각을 갖도록 하고 싶었다. 메모는 점점 쌓여갔고, 어느 순간부터는 그것을 까맣게 잊고 살았다. 어느 날 런던에서 걸려온 전화 한 통을 받기 전까지는 말이다.

이번엔 아지즈 케디가 아니었다. 그 친구는 그때 아마 각본을 쓰느라 바빴을 것이다. 이번에는 매닝 출판사의 앤디 월드론이었다. 그는 "책을 써 볼 생각이 있나요?"라고 내게 물었다. 처음에는 아무 것도 떠오르지 않았기에 그저 질문에 답할 시간을 벌려고 했다. "글쎄요, 무언가 염두하고 계신 것이 있을까요?"라고 물어볼 심산이었는데 우물쭈물 하다가 별안간 생각이 났다. 내가 메모해둔 것들과 내가 붙인 가제, 바로 '스트리트 코더'였다.

이 책의 제목은 내가 전문적인 소프트웨어 개발 분야라는 '이 바닥'에서 여러 시행착오를 겪으면서 배웠다는 뜻에서 비롯됐다. 나는 시행착오를 통해 하나의 전문 기술로 소프트웨어 개발에 접근하는 것에 대한 실용적이고 현실적인 관점을 갖게 되었다. 이 책은 내가 경험한 관점의 변화를 담고 있기 때문에 여러분의 경력을 좀 더 유리하게 시작할 수 있도록 도와줄 것이다.

나의 아내 구뉴즈가 없었다면 이 책은 세상에 나오지 못했을 것이다. 내가 바쁘게 글을 쓰는 동안, 그녀는 집안의 모든 짐을 자신의 어깨에 짊어지고 있었다. 고맙고 사랑해.

이 책을 집필하도록 도와준 앤드류 월드론에게 감사드린다. 정말 놀라운 경험이었다. 앤디가 집에 몰래 들어와 본문을 바꾼다며 불평하는 소리까지도 항상 참고 이해해 주었다. 한 잔 살게, 앤디.

원고 개발 담당 편집자로서 프로그래밍 책을 쓰는 것에 대한 모든 것을 가르쳐준 토니 아리톨라 씨와, 잘못 쓴 부분에 대해서도 참고 이해해주는 훌륭한 성품을 보여주었던 베키 휘트니에게도 감사드린다.

매우 건설적이고 정확한 기술 검토를 해주셨던 프란시스 부온템포에게도 감사를 전한다. 또한, 책에서 공유하는 코드가 정말 맞는지 확인해주신 올란도 멘데스 모랄레스에게도 감사드린다.

초창기 버전을 검토했으며, 내 농담을 독자도 재미있다고 느낄 거라는 확신을 준 내 친구 무라트 기긴과 볼칸 세빔에게도 고맙다.

자신의 말을 인용하게 해준 도널드 커누스에게 감사드린다. 비록 OK라는 짧은 대답이었지만, 그에게 개인적인 답변을 받은 것이 큰 행운이었음을 알게 되었다. 또한, 저작권법에 정당한 사용 조항이 있다는 것을 상기시켜준 프레드 브룩스에게 감사하다. 덕분에 매일 그에게 전화를 걸어 허락을 구할 필요도 없었고, 또한 새벽 3시에 그의 집에 찾아가 폐를 끼치지 않아도 되었다. 정말로 경찰을 부를 일이 없었어요. 프레드. 그냥 아무 생각 없이 그대로 두려던 참이었거든요! 그의 말을 평화롭게 인용할 수 있게 해준 리온 밤브릭에게도 감사드린다.

MEAP 독자들, 특히 개인적으로는 잘 모르는 사이지만 엄청난 양의 깊이 있는 피드백을 보내 준 시하트 이마모글루에게 감사하다. 그리고 모든 매닝 리뷰어 여러분께 감사드린다.

아다일 레타말, 알랭 쿠니오트, 안드레아스 샤부스, 브렌트 호나델, 카메론 프레슬리, 데니즈 베비, 개빈 바우마닉, 게르트 반 라템, 일리야 사카예프, 야넥 로페즈 로마니브, 제레미 첸, 조니 니스벳, 조셉 페레니아, 카티케야라잔 라젠드란, 쿠마르 우니크리슈난, 마르신 섹, 맥스 사드리에, 마이클 리빈체프, 올리버 코르텐, 오노프레이 조지, 올란도 멘데스 모랄레스, 로버트 윌크, 사무엘 보쉬, 세바스찬 펠링, 티클루 강굴리, 빈센트 엘코인, 쑤 양.

여러분의 제안을 반영해 더 나은 책을 만들 수 있었어요. 그리고 마지막으로, 놀거리를 얼마든지 직접 만들 수 있다는 것을 가르쳐주신 아버지께 감사드린다.

소프트웨어 개발자라면 누구나 더 나은 디자인, 더 쉬운 유지 보수, 여기에 더 빠른 성능까지 겸비한 완벽한 코드를 만들고 싶어할 것이다. 이를 꿈꾸며 이미 잘 알려진 책을 몇 권 사다가 부적처럼 책장 한 쪽에 고이 모셔 둔 사람이 분명 나뿐만은 아닐 것이다. 방대한 주제와 모범 사례를 담고 있지만, 처음부터 끝까지 정독하기가 쉽지 않은 책들도 있다.

반면 이 책, 〈스트리트 코더〉는 조금 달랐다. 독학으로 프로그래밍을 익힌 저자는 '이 바닥'에서 몸으로 직접 부딪히며 경험한 노하우를 하나둘 풀어내고 있다. 이론적인 추측보다는 현실 속의 회사에서 우리가 겪을 법한 상황극을 통해 의견을 전달하려고 노력한다. 어떻게 보면 책의 내용이 개인적인 경험에 치우쳐 있어, 좀 더 일반적인 상황에서 바라본 솔루션의 장단점을 원하는 독자라면 갈증을 느낄 수도 있겠다.

또한, 요즘 많이 사용되는 파이썬이나 자바스크립트와 같은 언어가 아니라 C#과 .NET에 관련된 예제를 제공한다는 점이 개인적으로 조금 아쉽기도 했다. 하지만 이 책은 이제 막 신입 개발자로 경력을 시작한 사람에게 솔루션과 함께 생각해 볼 것들을 던져준다. 경력이 쌓일수록 분명히 저자와 비슷한 고민을 하게 될테니 말이다. 앞으로 걸어갈 방향에 대한 힌트를 이 책에서 얻을 수 있을 것이다.

이준용

이 책은 잘 알려진 패러다임, 안티패턴, 그리고 실전에서 유용할 수 있지만 보기에 좋지 않아 덜 알려진 방법을 소개하며 소프트웨어 개발자의 전문적인 경험이 필요한 부분을 채워준다. 이 책의 목적은, 스스로에게 좋은 질문을 던지며 실용적인 사고방식을 갖추고 소프트웨어를 만드는 것은 단순히 구글링해서 타이핑하는 것 이상의 비용이 든다는 것을 이해하도록 돕기 위함이다. 또한, 자칫 평범해 보이는 작업으로도 훨씬 많은 시간을 절약하도록 만들 수 있음을 보여준다. 이 책을 통해 관점이 바뀌는 경험을 하기 바란다.

## 대상 독자

이 책은 기존의 교육 과정 이외의 방법으로 프로그래밍을 배웠지만, 여전히 소프트웨어 개발의 패러다임과 모범 사례에 대한 시각을 넓힐 필요가 있는 초급 및 중급 프로그래머들을 위한 것이다. 예제 코드는 C#과 .NET으로 되어 있어 해당 언어에 익숙하다면 읽을 때 도움이 될 것이다. 하지만 이 책은 가능한 한 언어와 프레임워크에 구애 받지 않으려 노력했다.

## 이 책의 구성

**1장**에서는 스트리트 코더(전문적인 경험을 갖춘 모델 개발자)의 개념을 소개하고 스트리트 코더가 되기 위해 필요한 자질에 대해 설명한다.

**2장**에서는 이론이 실제 소프트웨어 개발에서 얼마나 중요한지와 데이터 구조와 알고리즘에 관심을 가져야 하는 이유에 대해 설명한다.

**3장**에서는 안티패턴이나 나쁘다고 알려진 관행도 실제로는 여러 상황에서 유용하거나 심지어 더 좋을 수 있음을 설명한다.

**4장**에서는 신비로운 유닛 테스트의 세계를 설명한다. 처음에는 일이 더 많아진 것처럼 보일 수 있지만, 이것이 코드를 덜 쓰고 작업을 줄이는 데 어떤 도움을 주는지 설명한다.

**5장**에서는 리팩터링을 위한 기술과 어떻게 이를 쉽고 안전하게 수행하는지, 언제 리팩터링을 피해야 하는지에 대해 설명한다.

**6장**에서는 몇 가지 기본적인 보안 개념과 기술을 소개하고 가장 흔한 공격들을 방어하는 법을 보여준다.

**7장**에서는 몇 가지의 하드 코어한 최적화 기술을 보여주고, 뻔뻔하게도 조기 최적화를 권장하며, 성능 문제를 해결하기 위한 체계적인 접근 방식을 설명한다.

**8장**에서는 코드의 확장성을 높이는 방법에 대해 소개하며, 병렬화 메커니즘이 성능과 응답성에 미치는 영향도 다룬다.

**9장**에서는 버그와 오류를 처리하기 위한 모범 사례를 설명한다. 특히 에러 핸들링 사용을 삼가고 오류 복구 코드를 작성하는 기술에 대해 설명한다.

## 소스 코드

이 책의 소스 코드는 길벗출판사의 깃허브(https://github.com/gilbutITbook/080325)에서 내려받을 수 있습니다.

'스트리트 코더'는 프로그래밍의 다양한 주제를 깊이 있게 탐구하고, 이론과 실무를 조화롭게 다루고 있습니다. 또한, 소프트웨어 개발 현장에서 얻은 귀중한 교훈이 담겨 있어 개발자가 중요하게 여겨야 할 요소에 대한 이해를 돕습니다.

독자들을 빠르게 '스트리트 코더'의 경지로 이끌어주는 이 책은 개발에 즐거움을 느끼는 개발자에게 풍부한 통찰력을 제공합니다. 특히 주니어 개발자들에게는 앞으로 겪을 수 있는 다양한 시행착오를 줄여주는 안내서 역할을 할 것이라 생각합니다. 또한, 코딩에 대한 열정을 가진 모든 사람에게 즐거움과 함께 깊은 통찰력을 제공할 것입니다. 개발자의 성장과 전문성 향상을 위한 필독서로 이 책을 강력히 추천합니다.

**김성훈_한국투자증권**

책을 읽으면서 드라마 〈미생〉의 명대사인 "역시 현장이지 말입니다"라는 문장이 머리 속을 맴돌았습니다. 우리가 학습을 하기 위해 가장 흔히 찾는 수단은 학교나 책일 것입니다. 이를 통해 체계적이고 구조화된 방식으로 지식을 전달받을 수 있습니다. 하지만 이러한 학습 경로에서는 접하기 어려운 영역이 있는데, 바로 '현장' 지식입니다.

현장에서의 경험적 지식은 까다로운 고객과 다가가기 어려운 직장 선배가 가득한 필드에서 다년간 고생한 끝에 얻어지는 지혜의 보따리라 할 수 있습니다. 개발자가 가진 탄탄한 CS 지식 위에 현장의 노하우라는 비료를 뿌린다면 지식의 나무는 하늘을 향해 끝없이 가지를 뻗어 나갈 수 있을 것입니다.

이 책은 단순한 이론을 넘어 현장에서 실제로 필요로 하는 지식을 전달하는 가치 있는 책입니다. 챕터마다 수많은 시행착오 끝에 날카롭게 벼려진 저자만의 실용적인 노하우를 듬뿍 담고 있습니다. 부디 많은 사람이 이 책을 통해 학문적 지식과 현장의 경험 사이의 교차점에서 본질적인 지혜를 찾아내기 바랍니다.

**이재용_네이버 클라우드**

논리적이고 체계적인 프로그래밍에 대한 책은 많습니다. 하지만 막상 프로젝트에서는 모두가 논리적이고 체계적이지는 않습니다. 이를 극복한 사람만이 가지고 있는 것이 바로 '팁'입니다. 혹자는 이를 '꼼수'라고도 부릅니다. 하지만 이것들은 '진짜 실력'입니다. 이 책으로 실전에서 다져진 경험과 노하우의 진수를 볼 수 있습니다. 프로그래밍 세계에 알려지지 않은 무림 고수의 비기입니다.

**김동우_프리랜서**

# 1장

# 거리로

나는 운이 좋은 사람이다. 1980년대에 처음 프로그램이란 것을 만들어 봤다. 컴퓨터 전원 버튼을 누르는 것은 1초도 걸리지 않았고, 코드 두 줄을 쓰고 RUN을 입력하면 '짠'하고 결과가 나왔다. 화면에 갑자기 내 이름이 가득 찼고, 나는 이런 게 가능하다는 사실에 깜짝 놀랐다. 두 줄로 이런 게 가능하다면 여섯 줄, 아니 스무 줄로는 무엇을 할 수 있단 말인가! 아홉 살이었던 내 머리 속은 도파민으로 가득 찼고, 그 순간 프로그래밍에 중독되었다.

오늘날 소프트웨어 개발은 훨씬 더 복잡하다. 사용자 상호 작용이 'Press any key to continue(계속하려면 아무 키나 누르십시오)'면 충분하던 1980년대의 단순함과는 거리가 멀어졌다. 비록 가끔 어떤 사람들은 키보드에서 'any'라는 키가 있는지 찾느라 애를 먹었지만 말이다. 창도, 마우스도, 웹 페이지도, UI 요소도, 라이브러리도, 프레임워크도, 런타임도, 모바일 장치도 없었다. 명령어들과 정적 하드웨어 구성이 전부였다.

현재 모든 추상화 수준에는 이유가 있다. 그렇다고 우리가 마조히스트라는 것은 아니다. 하스켈[1] 프로그래머라면 예외지만 말이다. 이러한 추상화는 현재의 소프트웨어 표준을 따라잡을 수 있는 유일한 방법이며, 그렇기에 아직도 존재한다. 프로그래밍은 더 이상 단순히 자기 이름을 화면에 출력하는 것이 아니다. 이름을 출력하더라도 올바른 글꼴을 사용해야 하며, 끌어다 놓고 크기를 조정할 수 있도록 어떤 창 안에 있어야 한다. 프로그램이 보기에 좋아야 하며 복사 및 붙여넣기도 지원해야 한다. 또한, 구성 가능성(configurability)을 위해 다양한 이름도 지원해야 하는데, 이 이름은 데이터베이스나 심지어는 클라우드에도 저장할 수 있어야 한다. 화면에 자기 이름만을 출력하여 가득 채우는 것은 더 이상 재미있는 일이 아니다.

다행히도 우리는 대학, 해커톤, 부트 캠프, 온라인 과정, **고무 오리**와 같이 복잡함에 맞서 싸울 자원을 가지고 있다.

> Tip ≡ 고무 오리 디버깅은 프로그래밍 문제의 해결책을 찾기 위한 심오한 방법이다. 노란색 플라스틱 오리와 이야기 나누는 것을 의미한다. 자세한 내용은 9.3.3절을 참조하자.

우리는 이런 모든 자원을 잘 갖추고 있어야 하지만, 경쟁이 치열하고 요구 사항이 많은 소프트웨어 개발 분야, 즉 **길거리**에서는 항상 충분하지 않을 수 있다.

---

1  하스켈(Haskell)은 난해한 언어로, 가능한 한 많은 학술 논문들을 만족시키기 위한 도전을 통해 만들어진 프로그래밍 언어다.

# 1.1 길거리에서 중요한 것

전문적인 소프트웨어 개발의 세계는 매우 신비롭다. 어떤 고객은 몇 달 동안 이어진 통화마다 매번 며칠 안으로 돈을 지급하겠다고 한다. 어떤 사장은 평소에 월급을 전혀 주지 않으면서 돈을 벌면 주겠다고 말한다. 누가 창문이 딸린 사무실에서 일하게 될지, 그 사소한 운명마저도 혼란스러운 우주의 무작위성에 의해 결정된다. 따라서 어떤 것이 어떻게 될지는 그 누구도 알 수 없다. 어떤 버그는 디버거만 사용해도 사라진다. 또 어떤 팀은 소스 제어를 전혀 하지 않는다. 이건 정말 겁나는 일이다. 하지만 이러한 현실을 직시해야 한다.

한 가지 분명한 건 본인이 일을 얼마나 빨리 하느냐가 가장 중요하다는 점이다. 아무도 우아한 설계, 알고리즘 지식, 고품질의 코드를 신경 쓰지 않는다. 여러분을 고용한 사람들은 주어진 시간에 얼마나 많은 것을 해줄 수 있느냐에만 관심이 있다. 하지만 여러분의 직관과는 반대로 좋은 설계, 좋은 알고리즘, 좋은 품질의 코드는 처리량에 상당한 영향을 주며, 많은 프로그래머가 이를 놓치고 있다. 그러한 문제는 보통 프로그래머와 마감일 사이의 갈등으로 이어지며, 이는 여러분을 발에 족쇄를 찬 좀비로 만들 수 있다.

사실, 여러분 코드의 품질을 걱정하는 것은 바로 동료들이다. 다른 사람의 코드를 아이 돌보듯 하고 싶어하는 사람은 없다. 그들은 여러분의 코드가 제대로 동작하며, 이해하기 쉽고, 유지보수가 가능하기를 원한다. 여러분이 코드를 저장소에 올린 후에는 이제 모든 사람의 코드가 되기 때문에 여러분은 그들에게 빚진 셈이 된다. 팀에서는 각 사람의 처리량보다 팀의 처리량이 더 중요하다. 만약 여러분이 나쁜 코드를 쓰고 있다면 여러분은 동료들의 속도를 늦추고 있는 것이다. 여러분의 '저질 코드'가 팀을 해치고, 느려진 팀은 제품을 해치고, 출시되지 않은 제품은 결국 여러분의 경력에 도움이 되지 않는다.

코드를 처음부터 작성하는 가장 쉬운 방법은 아이디어이고, 다음으로 쉬운 것은 설계다. 좋은 설계가 중요한 이유이다. 좋은 설계라고 해서 꼭 서류상으로 보기 좋게 만들어야 하는 게 아니라, 머리 속에 괜찮은 설계 구상이 있기만 해도 충분하다. 설계를 믿지 않고 그저 즉흥적으로 코드를 작성하는 사람을 만날 수 있는데, 이런 사람은 시간의 가치를 중요하게 여기지 않는 것이다.

마찬가지로, 좋은 디자인 패턴이나 좋은 알고리즘은 처리량을 증가시킬 수 있다. 처리량에 도움이 되지 않는다면 사용할 필요가 없다. 거의 모든 것에 금전적인 가치가 매겨지기 때문에 수행하는 모든 작업은 처리량으로 측정된다.

잘못된 코드라 할지라도 처리량이 높을 수 있다. 고객이 변경을 요청하는 순간, 여러분은 끔찍한 코드를 유지해야 하는 상황에 처하게 된다. 자신이 구덩이를 파고 있음을 깨닫고 정신을 잃기 전에 스스로 빠져나갈 수 있는 방법을 이 책에서 알아보자.

## 1.2 누가 스트리트 코더인가?

마이크로소프트가 채용할 때 고려하는 두 가지 뚜렷한 후보군이 있다. 바로 컴퓨터 과학을 전공한 신입 졸업생과 소프트웨어 개발에 상당한 경험이 있는 산업체 경력직이다.

독학한 프로그래머든 컴퓨터 과학을 공부한 사람이든 간에 그들이 커리어를 시작할 때 공통으로 놓치고 있는 것이 있는데, 바로 무엇이 가장 중요한지 알아차리기 위해 필요한 전문 지식인 **길거리 지식**이다. 독학한 프로그래머는 많은 시행착오를 겪었지만, 형식적인 이론과 이것이 일반 프로그래밍에 어떻게 적용되는지에 대한 지식은 부족할 수 있다. 반면에 신입 졸업생은 이론을 많이 알고 있지만 실용성이 부족하고, 때때로 그들이 배운 것에 의문을 제기하는 태도가 부족할 수 있다. 그림 1-1을 참고하자.[2]

▼ 그림 1-1 다양한 경로로 경력을 시작한다

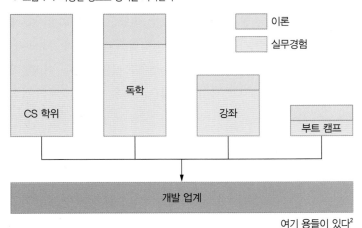

여기 용들이 있다[2]

학교에서 배우는 것에는 우선순위가 없다. 중요한 순서가 아니라 학습 진도에 따라 배운다. 따라서 여러분은 경쟁이 치열한 이 분야에서 어떤 과목이 얼마나 유용한지 알 수가 없다. 타임라인이

---

**2** 역주 예전 지도에 라틴어로 등장하는 문구로 아직 인간이 탐험하지 못한 미지의 지역, 알 수 없는 위험이 존재한다고 예상되는 지역을 의미한다.

라는 것은 비현실적이다. 세계 최고의 프레임워크를 사용한다 할지라도 버그 단 하나가 여러분이 일주일 동안 작업한 것을 무용지물로 만들 수 있다. 완벽하게 설계한 추상화라 할지라도 끊임없이 요구 사항을 변경하는 고객의 압박에 무너질 수 있다. 때로는 복사-붙여넣기로 코드를 빠르게 리팩터링할 수 있지만, 구성 값 하나를 변경하기 위해 15군데를 편집해야 할 수도 있다.

시간이 지남에 따라 모호성과 복잡성을 해결할 수 있는 새로운 기술을 습득하게 될 것이다. 독학으로 배운 프로그래머들은 그들을 돕는 몇 가지 알고리즘을 배우고, 대학 졸업생들은 결국 최고의 이론이 항상 가장 실용적인 것은 아니라는 사실을 배울 것이다.

이 책에서 언급하는 스트리트 코더는 소프트웨어 개발 경험을 가진 업계의 모든 사람을 의미한다. 이들 모두는 일주일치 일을 하루 아침에 하길 원하는 불합리한 상사가 존재하는 현실 속에서 그들의 신념과 이론을 쌓아왔다. 코드 수천 줄이 날아가고 처음부터 다시 써야 하는 상황을 겪으면서 여러 곳에 모든 것을 백업하는 법을 배웠다. 누군가는 하드 드라이브를 태워 서버 룸에서 C-빔이 반짝이는 것을 보았을 것이고, 누군가는 테스트되지 않은 코드를 배포한 동료 때문에 운영 환경에 접근하기 위해 시스템 관리자와 싸운 경험도 있을 것이다. 또 다른 누군가는 소프트웨어 압축 코드를 자체 소스 코드에서 테스트했지만, 모든 것이 1바이트로 압축되었고 그 바이트의 값이 255라는 것을 발견하기도 했을 것이다. 압축을 푸는 알고리즘은 아직 개발되지도 않았는데 말이다.

여러분은 이제 막 졸업해 직장을 찾고 있거나, 프로그래밍은 좋아하지만 앞날에 무엇이 기다리고 있는지 전혀 알지 못할 수도 있다. 부트 캠프에서 나와 일자리를 찾고 있지만, 현실과 나의 지식 격차가 어느 정도인지 확신하지 못할 수도 있다. 아니면 스스로 프로그래밍 언어를 배웠지만, 기술 도구 벨트에서 무엇이 부족한지 확신하지 못할 수도 있다. 이 거리에 온 여러분을 환영한다.

## 1.3 훌륭한 스트리트 코더

STREET CODER

스트리트 코더는 업계의 인정, 명예, 충성심 외에도 이상적으로 다음과 같은 자질을 가지고 있다.

- 질문하기
- 결과 중심적(인사에서는 '결과 지향적'이라고 함)
- 높은 처리량
- 복잡성과 모호성 수용

**훌륭한 소프트웨어 개발자는 단순히 훌륭한 코더가 아니다.**

훌륭한 직장 동료가 되려면 컴퓨터에 비트와 바이트를 입력하는 것 이상의 수많은 기술을 보유해야 한다. 의사소통을 잘하고, 건설적인 피드백을 제공하며, 투사처럼 용감하게 비판도 받아들일 줄 알아야 한다. 심지어 리누스 토르발스(Linus Torvalds)[3]조차도 본인의 의사소통 기술을 연습할 필요가 있었다고 시인했다. 하지만 이러한 기술은 이 책의 범위를 벗어난다. 의사소통 기술은 친구를 사귀어 따로 연습하기 바란다.

## 1.3.1 질문하기

여러분이 혼잣말을 한다면 누군가에게는 좀 이상하게 보일 수 있다. 특히 스스로에게 질문해놓고 답은 하지 않는다면 더욱 그럴 것이다. 하지만 질문하는 사람이 되어 스스로에게 질문하고, 가장 널리 받아들여지는 개념에 대해서도 질문하고, 그것들을 해체한다면 여러분의 비전은 명확해질 것이다.

여러 책이나 슬라보예 지젝[4]과 같은 소프트웨어 전문가들은 비판적이고 탐구적인 것이 중요하다고 강조하지만, 그중 여러분에게 필요한 것을 제공하는 경우는 거의 없다. 이 책에서는 매우 잘 알려진 기술과 모범 사례, 그리고 그것들이 주장하는 것보다 덜 효율적인 방법을 찾을 수 있을 것이다.

기술에 대한 비평이 그것이 꼭 쓸모없다는 것을 의미하지는 않는다. 그러나 다른 기술이 실제로 더 나을 수 있다는 몇 가지 사용 사례를 판별할 수 있을 정도록 시야를 넓힐 수 있을 것이다.

이 책의 목표는 모든 프로그래밍 기술을 처음부터 끝까지 다루는 것이 아니다. 모범 사례를 다루는 방법, 장점을 기준으로 우선순위를 정하는 방법, 대안적 접근법의 장단점을 따져볼 수 있는 방법에 대한 관점을 제공하는 것이다.

## 1.3.2 결과 중심적

소프트웨어 개발의 복잡성을 잘 이해하고 자신의 코드에 가장 적합한 설계를 고안할 수 있는 사람은 세계 최고의 프로그래머가 될 수 있다. 하지만 그가 제품을 세상에 내놓지 않는다면 그것들은 아무 의미가 없을 것이다.

---

3   리눅스(Linux) 운영 체제와 깃(Git) 소스 제어 소프트웨어를 만든 개발자이다.

4   슬라보예 지젝은 예외 없이 세상의 모든 것을 비판하는 비판 이론가 겸 현대 철학자다.

제논의 역설[5]에 따르면 최종 목표에 도달하기 위해서는 먼저 중간 지점에 도달해야 한다. 이는 역설적이다. 중간 지점에 도달하려면 먼저 4분의 1지점에 도달해야 하기 때문이고, 이런 식으로 따지면 어느 곳에도 도달할 수 없게 된다. 여기서 요점은 최종 제품을 만들려면 마감일과 그 사이의 이정표도 달성해야 한다는 것이다. 그렇지 않으면 최종 목표에 도달하는 것은 불가능하다. 결과 중심적이라는 것은 또한 이정표 중심, 진도 중심이라는 것을 의미한다.

> "어떻게 프로젝트가 1년이나 늦어질 수 있죠? 그것도 한 번에 하루씩 말이에요."
>
> 〈맨먼스 미신〉에서, 프레더릭 브룩스

결과를 얻는 것은 코드 품질이나 우아함, 기술적 우수성의 희생을 의미할 수도 있다. 중요한 것은 이런 관점을 가지는 동시에 자신이 무엇을 하고 있으며 이는 누구를 위한 것인지를 계속해서 점검하는 것이다.

코드 품질을 희생한다고 해서 꼭 제품 품질까지 희생하는 것은 아니다. 테스트 코드를 잘 준비하고 문서로 된 요구 사항이 있다면 심지어 PHP 언어로도 모든 코드를 작성할 수 있다.[6] 하지만 품질 낮은 코드는 결국 문제가 될 것이고 이로 인해 나중에는 약간의 고통을 감수해야 할 것이다. 이를 '코딩 업보'라고 한다.

이 책에서 배울 몇 가지 기술은 결과를 얻기 위한 의사 결정에 도움이 될 것이다.

### 1.3.3 높은 처리량

개발 속도에 영향을 미치는 가장 큰 요인은 경험, 좋고 명확한 요구 사항, 기계식 키보드이다. 마지막은 농담이다. 통념과는 달리 기계식 키보드는 속도에 전혀 도움이 되지 않는다. 그저 멋있어 보일 뿐, 애인이나 가족을 짜증나게 할 수도 있다. 나는 타이핑 속도가 개발 속도에 도움이 되지 않는다고 생각한다. 오히려 타이핑 속도에 자신이 있다면 필요 이상으로 정교한 코드를 작성하라고 말해주고 싶다.

어떤 전문 지식은 다른 사람의 실수와 절망을 통해 습득할 수 있다. 이 책에서 그러한 사례를 찾을 수 있을 것이다. 이렇게 얻은 기술과 지식은 코드를 덜 쓰면서 더 빠른 결정을 내리도록 해 줄 것이고, 6개월 전에 작성한 코드를 다시 보면서 며칠 밤을 새우지 않도록 해 줄 것이다.

---

5   수천 년 전에 살았던 그리스 남자, 제논은 절망스러운 질문을 멈출 수 없었다. 당연히 그의 작품 중 남은 것은 하나도 없다.

6   PHP는 한때 설계가 없는 프로그래밍 언어의 단적인 예였다. 들은 바로는 프로그래밍 농담의 대상이 되다 보니 PHP는 이후 크게 발전했고, 지금은 환상적인 프로그래밍 언어가 되었다. 하지만 여전히 해결해야 할 안 좋은 이미지가 남아 있다.

### 1.3.4 복잡성과 모호성 수용

복잡성은 무섭고 모호성은 더 무섭다. 이유는 얼마나 두려워해야 하는지조차 모르기 때문이다. 그리고 이 점이 여러분을 더욱 두렵게 한다.

모호함을 다루는 것은 마이크로소프트 채용 담당자가 면접에서 질문하는 핵심 기술 중 하나이다. 그것은 보통 "서울에 바이올린 수리점이 몇 개 있을까요?", "로스앤젤레스에는 주유소가 몇 개 있을까요?" 또는 "경호 요원 몇 명이 대통령을 경호하며, 교대 근무 일정은 어떻게 될까요? 경호 요원의 이름을 나열하고, 가급적이면 청와대의 청사진에서 이들의 동선을 보여주세요"와 같은 가상의 질문으로 나타난다.

이러한 문제를 해결하는 요령은 문제에 대해 알고 있는 것을 모두 명확히 수치화하고, 이러한 사실을 바탕으로 근사치에 도달하는 것이다. 예를 들어 서울 인구와 이 중 바이올린 연주자의 수에 대해 먼저 생각할 수 있다. 이러한 생각은 시장 규모와 시장이 얼마나 많은 경쟁을 지원할 수 있는지에 대한 아이디어를 줄 것이다.

마찬가지로 어떤 기능을 개발하는 데 걸리는 시간을 추정하는 등의 알 수 없는 매개변수가 속한 문제라면, 이미 알고 있는 정보를 기준으로 근사 범위를 좁힐 수 있다. 자신이 알고 있는 것을 자신에게 유리하게 사용하고 최대한 활용할수록 애매한 부분을 최소로 줄일 수 있다.

흥미롭게도 복잡성을 다루는 것은 비슷하다. 아무리 복잡해 보이는 것도 비교적 다루기 쉽고 덜 복잡한 것으로 나눌 수 있고, 결국은 이것들도 더 단순한 것으로 나눌 수 있다.

더 구체화할수록 더 많은 미지의 것을 다룰 수 있다. 이 책에서 배우게 될 기술로 미지의 것 중 일부를 명확히 하고, 모호성과 복잡성을 해결하는 데 자신감을 갖게 될 것이다.

## 1.4 최근 소프트웨어 개발의 문제점

증가하는 복잡성, 수많은 추상화 계층, 스택 오버플로 관리 외에도 최신 소프트웨어 개발에는 다음과 같은 또 다른 문제들이 있다.

- **기술이 너무 많다**: 프로그래밍 언어, 프레임워크, 라이브러리까지 모든 것이 굉장히 많다. 심지어 npm(Node.js 프레임워크의 패키지 관리자)에는 문자열 끝에 공백 문자를 추가해주

는 left-pad라는 과도하게 단순한 라이브러리가 존재할 정도이다.

- **패러다임 중심적이며, 따라서 보수적이다:** 많은 프로그래머는 프로그래밍 언어, 모범 사례, 디자인 패턴, 알고리즘, 데이터 구조 등을 마치 고대 외계 민족의 유물로 생각하며 이것들이 실제로 어떻게 동작하는지 모른다.

- **기술은 자동차처럼 점점 불투명해지고 있다:** 과거 사람들은 자기 차를 수리할 수 있었다. 엔진이 점점 더 고도화되면서 후드 아래 보이는 것은 금속 덮개뿐이다. 마치 이집트 파라오 무덤에 있는 덮개처럼 그것을 여는 사람에게는 저주받은 영혼이 빙의되는 줄 안다. 소프트웨어 개발 기술도 크게 다르지 않다. 이제는 거의 모든 것이 오픈 소스이지만, 새로운 기술의 소프트웨어 복잡성이 커졌기 때문에 1990년대 바이너리 파일을 역설계한 코드보다 현재의 기술이 더 모호하다.

- **사람들은 코드의 오버헤드를 신경 쓰지 않는다:** 우리가 이전에 비해 마음대로 사용할 수 있는 자원을 더 많이 가지고 있기 때문이다. 가벼운 채팅 어플을 새로 만들어 봤는가? 잘 갖춰진 웹 브라우저 패키지와 함께 번들링하는 건 어떨까? 기가바이트의 메모리를 사용한다고 그 누구도 눈 하나 깜짝하지 않는 데다 시간도 절약해준다.

- **프로그래머는 자신이 작업 중인 스택에 집중할 뿐 나머지 부분이 어떻게 동작하는지에는 관심이 없으며, 이것을 당연하게 생각한다:** 프로그래머들은 테이블에 음식을 가져와 끼니를 떼워야 할 정도로 바쁘고, 무언가를 배울 시간이 없다. 나는 이것을 '식탁 개발자 문제'라고 부른다. 제품 품질에 영향을 미치는 요소는 대부분 그 요소가 가지고 있는 제약 때문에 눈에 띄지 않는다. 웹 개발자는 일반적으로 웹 내부의 네트워크 프로토콜이 어떻게 작동하는지 모른다. 불필요하게 긴 인증서 체인과 같은 사소한 기술적 세부 사항이 웹 페이지의 로딩 속도를 늦출 수 있다는 것을 모르기 때문에 페이지를 로딩할 때 이러한 지연을 그대로 받아들이고 참고 사는 법을 배운다.

- **그동안 배운 패러다임에 감사하자:** 덕분에, 했던 것을 반복하거나 복사해 붙여넣는 것과 같은 하찮은 일에 대한 안 좋은 인식이 생겼다. DRY[7] 솔루션을 찾아야 한다. 이렇게 반복하는 복사-붙여넣기 문화는 자신의 능력을 의심하게 하고, 이는 생산성에 악영향을 준다.

---

7  Don't Repeat Yourself(스스로 반복하지 마라). 함수로 만드는 대신 코드 한 줄을 반복하면 순식간에 개구리로 변신한다는 미신이다.

이 책은 이러한 문제에 대한 몇 가지 해결책을 제안한다. 지루하다고 생각될 수 있는 핵심 개념을 검토하고, 실용성과 단순성을 우선하며, 오랫동안 의심 없이 갖고 있던 믿음을 거부하게 한다. 가장 중요한 것은 우리가 하는 모든 것에 의문을 제기하는 것이다. 먼저 질문하는 것에는 엄청난 가치가 있다.

## 1.4.1 너무 많은 기술

끊임없이 최고의 기술을 탐색하는 것은 보통 만병통치약에 대한 그릇된 생각에서 비롯된다. 생산성을 몇 배나 높일 수 있는 기술이 있을 거라고 생각하지만, 그런 건 없다. 예를 들어 파이썬[8]은 인터프리트 방식의 언어다. 즉, 파이썬 코드는 컴파일하지 않고 바로 실행된다. 더 좋은 점은 선언한 변수에 대한 유형을 지정할 필요가 없어 코드를 훨씬 더 빠르게 작성할 수 있다는 것이다. 이 때문에 파이썬은 C#보다 더 나은 기술일 것이라고 예상한다. 과연 그럴까? 꼭 그렇다고 할 수는 없다.

오히려 코드에 타입을 명시하고 이것을 컴파일하지 않기 때문에 실수가 잦아진다. 즉, 테스트 혹은 프로덕션 중에만 오류를 발견할 수 있고 단순히 코드를 컴파일하는 것보다 훨씬 더 많은 비용이 들 수 있다. 대부분의 기술은 생산성 향상에 따른 트레이드오프를 가진다. 생산성을 높이는 것은 어떤 기술을 사용하는지보다 해당 기술을 얼마나 능숙하게 다루느냐에 달려 있다. 물론 더 좋

---

8  파이썬(Python)은 실용적인 프로그래밍 언어를 포함하지만 사실은 (코드의 양을 줄이고) 여백을 늘리기 위한 공동의 노력 결과물이다.

은 기술이 있지만, 이것 때문에 차이가 크게 나지는 않는다.

1999년에 처음으로 인터랙티브 웹 사이트를 개발하려고 했을 때, 나는 웹 애플리케이션을 어떻게 써야 하는지 전혀 몰랐다. 당시의 내가 최고의 기술을 찾으려 했다면 VBScript나 펄(Perl) 언어를 독학해야 했을 것이다. 그 대신에 나는 내가 가장 잘 아는 파스칼(Pascal)[9]을 사용했다. 솔직히 파스칼은 원하는 용도로는 적합하지 않은 언어였지만 만들 수는 있었다. 물론, 문제가 있었다. 접속에 문제가 생길 때마다 캐나다에 있는 임의 서버의 메모리에서 활성 상태를 유지했고, 물리적 서버를 재시작해 달라고 요청하기 위해 서비스 제공업체에 직접 전화를 걸어야 했다. 하지만 파스칼이 편했기 때문에 파스칼을 활용해 프로토타입을 빠르게 만들 수 있었다. 원하던 웹 사이트를 개설하기 위해 학습과 개발로 몇 달을 보내는 대신 3시간 만에 코드를 작성해 공개했다.

앞으로 이 책에서 여러분이 가진 공구 세트를 좀 더 효율적으로 사용할 수 있는 방법을 알려줄 테니 기대해도 좋다.

## 1.4.2 패러다임의 패러글라이딩

1980년대에 내가 처음 접한 **프로그래밍 패러다임**은 구조화된 프로그래밍이었다. 구조화된 프로그래밍이란 기본으로 줄 번호, GOTO 문, 피, 땀, 눈물 대신 함수나 루프와 같은 구조화된 블록에 코드를 작성하는 것이다. 이를 통해 성능 저하 없이 코드를 쉽게 읽고 유지 관리할 수 있게 되었다. 구조화된 프로그래밍은 파스칼, C와 같은 프로그래밍 언어에 대한 관심을 불러일으켰다.

구조화된 프로그래밍을 알게 된 지 5년 후에 그 다음으로 접한 패러다임은 객체 지향 프로그래밍, 즉 OOP(Object-Oriented Programming)였다. 그 당시 컴퓨터 잡지들이 계속해서 이 주제를 다뤘던 것을 기억한다. 구조화된 프로그래밍보다 훨씬 더 나은 프로그램을 만들 수 있게 해 준 차세대 기술이었다.

OOP 이후, 5년에 한 번씩 이런 새로운 패러다임을 접하게 될 것이라고 생각했다. 하지만 더 자주 나타나기 시작했다. 1990년대에는 자바와 같은 JIT 컴파일러[10]되는 관리형 프로그래밍 언어가 등장했고, 자바스크립트를 사용한 웹 스크립팅이 나왔고, 1990년대 말에는 서서히 주류에 진입하는 함수형 프로그래밍이 등장했다.

---

9  엑시 쇠즐리크(Ekshi Sözlük)의 초기 소스 코드는 깃허브(https://github.com/ssg/sozluk-cgi)에서 이용할 수 있다.

10  자바를 만든 썬 마이크로시스템즈(Sun Microsystems)가 만든 신화로, 실행하면서 코드를 컴파일하면 최적기(optimizer)가 런타임 동안 더 많은 데이터를 수집하기 때문에 더 빨라진다는 것이다. 하지만 이것에 대해서는 아직 논란이 있다.

그리고 2000년대가 됐다. 이후 수십 년 동안 **N 계층 애플리케이션**, 팻 클라이언트(fat client), 씬 클라이언트(thin client), 제네릭(generic), MVC, MVVM, MVP라는 전문 용어를 자주 사용했다. 비동기 프로그래밍은 promise, future, finally, 리액티브 프로그래밍, 그리고 마이크로서비스와 함께 확산되기 시작했다. LINQ, 패턴 매칭, 불변성과 같은 함수형 프로그래밍 개념들을 통해 주류 언어가 되었다. 지금도 새로운 용어가 쏟아져 나오고 있다.

디자인 패턴이나 모범 사례는 아직 다루지도 않았다. 거의 모든 주제에 대해 셀 수 없이 많은 모범 사례, 팁, 기술이 있다. 소스 코드를 들여쓰기 위해 탭을 사용해야 하는지, 공백 문자를 사용해야 하는지에 대해 작성된 **매니페스토**가 있다.[11] 물론 당연히 답은 공백이다.

우리는 패러다임, 패턴, 프레임워크 또는 라이브러리를 사용하여 모든 문제를 해결할 수 있다고 가정한다. 우리가 지금 직면하고 있는 문제의 복잡성을 고려할 때 전혀 근거 없는 이야기는 아니다. 하지만 이러한 도구를 맹목적으로 사용하면 나중에 더 많은 문제가 발생할 수 있다. 즉, 이러한 도구를 도입하는 경우에는 새롭게 배워야 할 도메인 지식과 도구에 내재된 버그 때문에 속도가 더 늦어질 수 있다. 경우에 따라 설계를 억지로 바꿔야 할 수도 있다. 이 책은 패턴을 올바로 사용하는 방법, 더 자세히 따져보는 방법, 코드 검토를 더 잘 할 수 있는 방법에 대한 확신을 줄 것이다.

### 1.4.3 기술의 블랙박스

프레임워크나 라이브러리는 일종의 패키지다. 소프트웨어 개발자는 이것을 설치하고, 설명서를 읽고 사용한다. 하지만 대부분 패키지가 어떻게 동작하는지는 모른다. 알고리즘과 데이터 구조에 같은 방식으로 접근하고, 키와 값을 보관하기 편리하다는 이유로 딕셔너리 자료형을 사용한다. 하지만 이것이 어떤 결과를 초래할지는 모른다.

패키지 생태계와 프레임워크에 대한 무조건적인 신뢰는 중대한 실수를 범하기 쉽다. 동일한 키를 사용하여 딕셔너리에 항목을 추가하는 것이 검색 성능 면에서 리스트와 차이가 없다는 것을 모른다면 디버깅하는 데 며칠이 걸릴 수도 있다. 간단한 배열로도 충분한 것을 C# 생성기를 사용하여 이유 모를 성능 저하를 겪기도 한다.

1993년 어느 날, 한 친구가 사운드 카드를 건네며 내 PC에 설치하라고 한 적이 있다. 예전에는 PC에서 괜찮은 소리를 내기 위해서 추가로 카드를 설치해야 했다. 그렇지 않으면 삐- 소리만 들

---

11 실용적 관점에서 탭과 스페이스 논쟁을 다룬 적이 있다. https://medium.com/@ssg/https-vs-spaces-https-a-bike-shed-686e111a5cce

렸기 때문이다. 아무튼, 전에는 내 PC 본체를 열어본 적도 없었고, 또 괜히 열었다가 고장 날까 두려웠다. 나는 그 친구에게 "대신 해줄래?"라고 말했다. 그러자 내 친구는 "어떻게 동작하는지 보려면 열어 봐야지"라고 말했다.

그 말은 내 마음 깊은 곳에 와 닿았다. 나의 불안함이 무능력보다 무지에서 비롯되었다는 것을 이해했기 때문이었다. PC 본체를 열고 내부를 보니 마음이 차분해졌다. 보드 몇 장이 전부였다. 슬롯 하나에 사운드 카드를 끼웠다. 더 이상 나에게 PC 본체는 미스터리 박스가 아니었다. 이후에 미술 전공 학생들에게 컴퓨터 기초를 가르칠 때도 같은 방법을 사용했다. 나는 마우스를 열고 그들에게 마우스 볼을 보여주었다. 불행하게도 이 예는 학생들에게 별로 와닿지 않았다. 나는 곧바로 PC 본체를 열었고 "보다시피, 두렵지 않다. 그냥 보드와 그것을 꽂는 슬롯으로 이뤄져 있다"라고 마무리지었다.

이 경험은 나중에 새롭고 복잡한 것을 다루는 데 있어서 나의 좌우명이 되었다. 나는 두려움을 느끼기 전에 모든 범위의 복잡도를 직면할 수 있도록 먼저 상자를 여는 것부터 시작했다. 대부분은 내가 두려워하는 것보다 덜 복잡했다.

마찬가지로 라이브러리, 프레임워크, 또는 컴퓨터가 어떻게 동작하는지에 대한 세부 사항은 그 위에 무엇이 구축되었는지 이해하는 데 엄청난 영향을 미칠 수 있다. 상자를 열고 부품을 보면 상자를 올바르게 사용하는 데 도움이 된다. 코드를 처음부터 읽거나 수천 페이지짜리 이론서를 뒤질 필요는 없지만, 최소한 어떤 부분이 어디에, 어떻게 영향을 미치는지 정도는 알아 두어야 한다.

그렇기 때문에 앞으로 다룰 주제 중 일부는 근본적이거나 낮은 수준의 내용들이다. 이것은 상자를 열고 상자 안이 어떻게 돌아가는지 보는 것과 같다. 이를 통해 우리는 높은 수준의 프로그래밍을 위한 더 나은 결정을 내릴 수 있다.

## 1.4.4 오버헤드 과소평가

클라우드 기반의 앱이 나날이 더 많아지는 것을 보게 되어 기쁘다. 이 앱들은 저렴할 뿐만 아니라 코드의 실제 비용을 파악할 수 있는 현실적인 방법이기도 하다. 하지만 코드에서 잘못된 결정을 내릴 때마다 추가 요금이 발생하기 시작하면 갑자기 오버헤드가 중요해진다.

프레임워크와 라이브러리는 일반적으로 오버헤드를 피하도록 도와주며, 이는 유용한 추상화를 만든다. 그러나 모든 의사 결정 과정을 프레임워크에 위임할 수는 없다. 때로는 스스로 이런 결정을 내려야 하고, 오버헤드를 고려해야 한다. 대규모 애플리케이션에서는 오버헤드가 더욱 중요해진다. 밀리초를 절약할 때마다 비싼 리소스를 아끼는 데 도움이 되기 때문이다.

소프트웨어 개발자의 최우선순위는 오버헤드를 제거하는 것이 아니다. 하지만 특정 상황에서 오버헤드를 피할 수 있는 방법을 알고 이러한 관점을 본인만의 공구 세트에 반영한다면 사용자가 웹페이지 로딩 스피너[12]를 보며 기다리는 시간을 절약하는 데 도움이 될 것이다.

이 책의 곳곳에서 오버헤드 문제를 최우선으로 하지 않고도 쉽게 해결할 수 있는 방법에 대한 시나리오와 예시를 찾을 수 있을 것이다.

## 1.4.5 내 일이 아니다

복잡성을 다루는 방법 중 하나는 우리가 맡은 컴포넌트, 작성한 코드, 만들어진 버그와 같이 우리의 책임에만 일단 집중하는 것이다. 시간을 가장 효과적으로 사용하여 일하는 방법처럼 들릴 수 있지만, 모든 일이 그렇듯 모든 코드는 상호 연결되어 있다.

특정 기술이 어떻게 동작하고, 라이브러리가 무슨 일을 하는지, 의존성이 어떻게 작동하고 연결되는지 배우는 것은 우리가 코드를 작성할 때 더 나은 결정을 내릴 수 있도록 해준다. 이 책의 예제 코드가 어떻게 흘러가는지 알고 있을 것이기 때문에 여러분이 이미 익숙한 분야뿐만 아니라 안전 영역 밖에 있는 의존성이나 문제를 바라보는 시각도 소개할 것이다.

## 1.4.6 시시해 보이는 일도 도움이 될 수 있다

소프트웨어 개발에서 가르치는 모든 원칙은 '일하는 시간을 줄여라'라는 단 하나의 경고로 귀결된다. 복사−붙여넣기나, 코드 살짝 수정하기와 같은 반복적이고 머리 쓸 필요 없는 작업은 피하자. 시간이 더 오래 걸리고, 유지하기도 매우 어렵기 때문이다.

복사−붙여넣기가 항상 나쁜 것은 아닌 것처럼 시시한 일이라고 모두 나쁜 것만은 아니다. 별로라는 선입견이 있지만, 여러분이 배운 모범 사례보다 더 효율적으로 만들 수 있는 방법이 있다.

또한, 여러분이 작성한 모든 코드가 실제 제품의 코드로 동작하는 것은 아니다. 작성한 코드 중 일부는 프로토타입을 개발하는 데 사용될 것이고, 일부는 테스트를 위한 것이며, 일부는 실제 작업을 위한 준비 과정에 사용될 것이다. 이러한 시나리오 몇 가지와 함께 시시한 작업들을 유리하게 활용할 수 있는 방법을 설명하겠다.

---

12  예전 컴퓨터는 모래시계를 보여주며 사용자를 무한정 기다리게 했는데, 스피너는 요즘 컴퓨터에서 사용하는 모래시계라고 생각하면 된다. 사실 스피너는 이전의 모래시계 애니메이션을 대체하는 원호를 그리며 계속 돌아가는 아이콘으로, 사용자의 불만을 방지하기 위한 장치일 뿐이다.

# 1.5 / 이 책에서 다루지 않는 것

이 책은 프로그래밍이나 알고리즘 또는 어떤 주제에 대한 종합적인 가이드북이 아니다. 나는 특정 주제에 대한 전문가라기보다 전반적인 소프트웨어 개발에 대한 전문 지식을 가진 사람이다. 이 책은 잘 알려지고 인기 있는 대부분의 훌륭한 책이 잘 다루지 않는 정보로 이뤄져 있다. 확실히 프로그래밍을 배우기 위한 용도는 아니다.

배울 만큼 배운 경험 많은 프로그래머라면 이미 스트리트 코더이기 때문에 이 책이 크게 도움을 주지 못할 수도 있다. 그래도 여전히 이 책에서 여러분이 놀랄 만한 내용을 찾을 수 있을지도 모른다.

이 책은 어떻게 하면 프로그래밍 책을 재미있게 읽을 수 있는지에 대한 실험이기도 하다. 가능하면 재미있는 예제로 프로그래밍을 소개하려고 했다. 너무 진지하게 생각하지 않아도 된다. 이 책을 읽고 더 나은 개발자가 된 기분이 들었다면 나는 그것만으로도 성공했다고 생각할 것이다.

# 1.6 / 주제

특정 주제는 책 전체에 걸쳐 반복될 것이다.

- **거리에서 살아남기에 충분한 최소한의 기초 지식**: 이 주제를 완전히 끝내지는 못하겠지만, 이전에는 지루하다고 생각했던 지식이 이제는 여러분의 흥미를 자극할 수도 있다. 대부분이 결정을 내리는 데 도움이 되는 핵심 지식이 되어줄 것이다.
- **특정한 경우에 더 효과적일 수 있는 안티패턴(내가 선별한 잘 알려져 있거나 누구나 인정하는 모범 사례나 기술)**: 이런 것을 더 많이 읽을수록, 프로그래밍 실무에 대한 비판적 사고를 하는 여러분의 직감이 더욱 증폭될 것이다.
- CPU 수준의 최적화 기술과 같이 관련 없어 보이는 일부 프로그래밍 기술도 의사 결정과 상위 수준의 코드 작성에 영향을 미칠 수 있다. 이러한 정보를 직접 사용하지 않더라도 그 '상자를 열어' 내부를 아는 것만으로도 엄청난 가치가 있다.
- 생산성을 높이는 데 도움이 될 수 있으며 일상적인 프로그래밍 활동에 유용한 몇 가지 기술을 알려줄 것이다.

이러한 주제들은 여러분이 프로그래밍 관련 내용을 바라보는 새로운 관점을 강조할 것이다. 몇몇 '지루한' 주제에 대한 이해가 달라질 것이며, 아마도 정설로 알려진 내용을 바라보는 태도가 달라질 것이다. 또한, 여러분이 이 일을 더 즐길 수 있게 해줄 것이다.

## 1.7 요약

- 전문 소프트웨어 개발의 세계, 이 '거리'의 냉혹한 현실은 정규 교육에서 가르치지 않거나 우선하지 않는, 때로는 독학에서 완전히 놓치기 쉬운 일련의 기술을 요구한다.

- 새로운 소프트웨어 개발자들은 이론에 너무 신경 쓰거나 완전히 무시하는 경향이 있다. 결국 중간 어딘가를 찾게 되겠지만, 어떤 확실한 관점을 갖게 되면 이를 더 빠르게 얻을 수 있다.

- 최신 소프트웨어 개발은 20년 전보다 훨씬 더 복잡하다. 단순한 애플리케이션 하나를 개발하기 위해서도 다양한 수준의 엄청난 지식이 필요하다.

- 프로그래머는 소프트웨어를 직접 만들어 보는 것과 공부하는 것 사이의 딜레마에 직면한다. 좀 더 실용적인 방법으로 주제를 재구성하여 이를 극복할 수 있다.

- 작업할 내용에 대한 명확한 이해가 부족하면 프로그래밍이 일상적이고 지루한 작업이 되어 실제 생산성이 낮아진다. 여러분이 하는 일을 더 잘 이해할수록 더 많은 기쁨을 얻게 될 것이다.

# 2<sup>장</sup>

# 실용적인 이론

뜻밖일 수 있지만, 프로그래머도 사람이다. 다른 일반 사람들이 소프트웨어 개발에 가지고 있는 인지적 편견을 그들도 똑같이 가지고 있다. 타입을 사용하지 않아도 되고, 정확한 데이터 구조를 신경 쓰지 않아도 되며, 알고리즘이 라이브러리 개발자에게만 중요하다고 가정할 때의 이점을 매우 과대평가한다.

여러분도 예외는 아니다. 얼굴에 미소를 띄우면서도 질 좋은 결과물을 제때 내놓아야 한다. 프로그래머는 커피를 입력받고 소프트웨어를 출력하는 유기체라는 농담이 있을 정도다. 가능한 최악의 방법으로 코드를 작성하고, 복사–붙여넣기를 사용하고, 스택 오버플로에서 찾은 코드를 사용하고, 데이터 저장을 위해 일반 텍스트 파일을 사용하고, 만약 여러분의 영혼이 아직 NDA[1]에 얽매여 있지 않다면 악마와 거래를 할 수도 있다. 오직 여러분의 동료만이 여러분이 어떻게 일을 하는지 신경 쓸 뿐, 다른 사람들은 모두 그저 잘 작동하는 제품을 원한다.

컴퓨터 과학 이론은 압도적이고 연관성이 없다고 느낄 수 있다. 또한, 알고리즘, 데이터 구조, 타입 이론, 빅오(Big-O) 표기법, 다항식 복잡성은 복잡하며 소프트웨어 개발과 무관해 보일 수도 있다. 기존 라이브러리와 프레임워크는 이러한 내용에 이미 최적화되고 잘 테스트된 방식으로 이 작업들을 처리한다. 특히 정보 보안이나 마감일이 촉박한 상황에서는 알고리즘을 처음부터 구현하지 않는 것이 좋다.

그렇다면 왜 이론에 신경 써야 할까? 컴퓨터 과학의 이론은 알고리즘과 데이터 구조를 처음부터 개발할 수 있게 해줄 뿐만 아니라 이것을 언제 사용해야 할지를 정확하게 알려주기 때문이다. 결정하기 어려운 트레이드오프 상황에서 비용을 고려할 때 도움이 되며, 작성 중인 코드의 확장성을 이해하는 데도 도움이 된다. 몇 수 앞을 볼 수 있게 해준다. 데이터 구조나 알고리즘을 처음부터 새로 구현하지 않아도 되지만 이것이 어떻게 동작하는지 알면 효율적인 개발자가 될 수 있다. 이는 거리에서 생존할 가능성을 높여줄 것이다.

여기서는 데이터 타입에서 잘 알려지지 않은 내용 몇 가지와 알고리즘의 복잡성, 특정 데이터 구조의 내부 동작 방식을 이해하는 등 이론의 중요한 부분만을 살펴볼 예정이다. 타입, 알고리즘, 데이터 구조를 배운 적이 없다면 이 장에서는 해당 주제에 대해 관심을 가질 수 있도록 힌트를 제공할 것이다.

---

1   비공개 합의. "이 얘기는 나한테 들은 적 없는거야…"로 대화를 시작하지 않으면 직원들이 업무에 대해 말할 수 없도록 하는 합의서이다.

# 2.1 알고리즘 특강

알고리즘은 어떤 문제를 해결하기 위해 필요한 규칙과 단계를 모아 놓은 것이다. 혹시 좀 더 복잡한 정의를 기대했는가? 예를 들어 다음 코드와 같이 어떤 배열의 요소를 검토하여 특정 숫자를 포함하는지 확인하는 것이 바로 알고리즘이다.

```
public static bool Contains(int[] array, int lookFor) {
    for (int n = 0; n < array.Length; n++) {
        if (array[n] == lookFor) {
            return true;
        }
    }
    return false;
}
```

내가 이것을 처음 고안한 사람이라면 이것을 **세다트 알고리즘**(Sedat's Algorithm)이라고 부를 것이다. 하지만 이 알고리즘은 아마도 맨 처음 등장한 알고리즘 중 하나일 것이다. 그렇게 특별하지는 않지만, 잘 돌아가고 말이 된다. 이것이 알고리즘에 대한 중요한 점 중 하나이다. 알고리즘은 오직 우리의 필요에 맞게 작동하면 그만이다. 개발한 알고리즘이 반드시 어떤 기적을 행할 필요는 없다. 식기세척기에 접시를 넣고 돌리는 것도 일종의 알고리즘을 따르는 것이다. 알고리즘이 존재한다고 해서 그것이 언제나 기발한 것은 아니다.

즉, 필요에 따라 더 똑똑한 알고리즘이 있을 수는 있다. 리스트는 항상 양수만 포함한다는 것을 안다면 앞의 코드에 양수가 아닌 숫자를 처리하는 코드를 추가할 수 있다.

```
public static bool Contains(int[] array, int lookFor) {
    if (lookFor < 1) {
        return false;
    }
    for (int n = 0; n < array.Length; n++) {
        if (array[n] == lookFor) {
            return true;
        }
    }
    return false;
}
```

이렇게 하면 음수인 경우를 몇 번 호출하느냐에 따라 알고리즘이 훨씬 빨라질 수 있다. 기껏해야 이 함수에 항상 음수나 0이 입력된다면 배열에 정수 수십억 개가 있더라도 결과를 즉시 반환할 것이다. 최악은 함수 호출에 항상 양수가 들어오는 경우이다. 단지 추가적인 불필요한 검사만 하게 되는 꼴이다. C#에는 uint라는 부호 없는 정수 타입이 있으며, 이러한 특정 타입을 사용할 수 있다. 다음과 같이 수정하면 항상 양수를 입력으로 받을 수 있으며, 해당 규칙을 위반하면 컴파일러가 양수를 검사하므로 성능에 문제가 발생하지 않는다.

```
public static bool Contains(uint[] array, uint lookFor) {
    for (int n = 0; n < array.Length; n++) {
        if (array[n] == lookFor) {
            return true;
        }
    }
    return false;
}
```

알고리즘을 변경하는 대신 타입을 제한하여 양수를 요구하는 식으로 수정했다. 하지만 여전히 데이터 모양에 따라 더 빨라질 여지가 남아 있다. 데이터에 대한 정보가 더 있는가? 배열이 정렬되어 있는가? 만약 그렇다면 숫자가 어디에 있는지 더 많이 가정할 수 있다. 숫자를 배열의 특정 요소 값과 비교한다면 엄청난 수의 요소를 쉽게 삭제할 수 있다(그림 2-1 참조).

▼ 그림 2-1 정렬된 리스트에서 비교 한 번으로 한쪽 요소를 모두 삭제할 수 있다

정렬 순서(오름차순) ──────▶

| 모두 5보다 작거나 같다 | 5 | 모두 5보다 크거나 같다 |

예를 들어 입력된 숫자가 3이고 이것을 5와 비교한다면 우리는 3이 5의 오른쪽에 없다는 것을 확실히 알 수 있다. 즉, 리스트의 오른쪽 요소들을 바로 삭제할 수 있다.

따라서 리스트 중간에서 요소를 선택한다면, 비교한 후에 적어도 리스트의 절반을 삭제할 수 있음이 보장된다. 나머지 절반에도 같은 논리를 적용하여 그 중간 지점을 선택하고 이런 식으로 계속하면 된다. 즉, 항목 8개가 정렬된 배열에서 항목이 있는지 확인하려면 최대 3번만 비교하면 된다. 더 중요한 것은 항목이 1,000개인 배열에 어떤 숫자가 어디에 있는지 확인하기 위해서도 최대 10번 정도만 비교하면 된다는 점이다. 절반으로 나눴을 때 얻는 이점이다. 코드 2-1처럼 구현할 수 있다. 중간 지점을 반복해서 찾고, 나머지 절반은 우리가 찾는 값이 그 안에 어떻게 포함되느냐에 따라 삭제한다. (start + end)v / 2와 같이 간단히 표현할 수도 있지만, 여기에서는 좀 더 길

고 정교한 형태로 작성했다. start + end는 시작과 끝에 큰 값이 오면 오버플로가 일어나 중간 지점을 잘못 찾을 수 있기 때문이다. 다음 코드처럼 작성하면 오버플로 현상을 피할 수 있다.

**코드 2-1** 이진 검색을 사용하여 정렬된 배열 검색하기

```
public static bool Contains(uint[] array, uint lookFor) {
    int start = 0;
    int end = array.Length - 1;
    while (start <= end) {
        int middle = start + ((end - start) / 2);    → 중간 지점을 찾아서 오버플로가
        uint value = array[middle];                     일어나는 상황을 방지한다.
        if (lookFor == value) {
            return true;
        }
        if (lookFor > value) {
            start = middle + 1;        → 이 범위의 왼쪽 절반을 삭제한다.
        } else {
            end = middle - 1;        → 이 범위의 오른쪽 절반을 삭제한다.
        }
    }
    return false;
}
```

여기서 우리는 세다트 알고리즘보다 훨씬 빠른 알고리즘인 이진 검색을 구현했다. 이제 이진 검색이 어떻게 반복을 이용한 방법보다 더 빠를 수 있는지 이해하게 되었다. 따라서 이제부터는 유명한 빅오(Big-O) 표기법에 대해 생각해 볼 수 있다.

## 2.1.1 빅오를 더 잘 이해하면 좋다

확장성을 이해하는 것은 개발자가 갖춰야 할 중요한 기술이다. 크기 혹은 수치가 얼마나 빨리 증가할지 미리 안다면 앞으로 무슨 일이 일어날지 미리 알 수 있고, 시간을 너무 많이 낭비하기 전에 무엇이 문제인지 파악할 수도 있다. 마치 터널 안에서 움직이지도 않았는데 터널 끝의 빛이 점점 커지는 것과 같은 효과를 볼 수 있다.

빅오 표기법은 이름에서 알 수 있듯이 증가를 설명하기 위한 표기법일 뿐이며, 여기에는 오해의 소지가 있다. O(N)을 처음 봤을 때 어떤 숫자를 반환하는 평범한 함수인 줄 알았지만, 그렇지 않다. 이것은 수학자들이 증가를 설명하기 위한 방법이며, 이를 통해 알고리즘이 얼마나 확장되는지

를 알 수 있다. 모든 요소를 순서대로 검토하려면 배열의 요소 개수에 선형 비례하는 연산을 수행해야 한다. 이것을 $O(N)$이라고 쓰며, 여기서 N은 요소의 수를 나타낸다. 아직 $O(N)$만 보고 알고리즘이 정확히 몇 가지 단계를 밟을지는 알 수 없지만, 선형적으로 증가한다는 것은 알 수 있다. 이를 통해 데이터 크기에 따라 알고리즘 성능이 어떻게 달라질지 가정할 수 있다. 알고리즘 성능이 어떤 조건에서 나빠질 수 있는지도 예측할 수 있다.

우리가 구현한 이진 검색은 $O(\log 2^n)$의 복잡도를 가진다. 로그 함수에 익숙하지 않다면 기하급수적인 것과 반대되는 개념으로 생각하면 된다. 그래서 로그로 이뤄진 복잡도는 돈과 관련되지 않은 이상 사실 훌륭한 복잡도이다. 이 예에서 정렬 알고리즘이 마법처럼 로그 복잡도를 갖는다면 요소 50만 개로 이뤄진 배열을 정렬하기 위해 단지 18번 정도만 비교하면 된다. 이것은 우리의 이진 검색 구현을 훌륭하게 만든다.

빅오 표기법은 시간 복잡도라고 불리는 계산량 증가를 측정하는 데만 사용되는 것이 아니라 공간 복잡도라고 불리는 메모리 사용의 증가를 측정하는 데도 사용된다. 알고리즘이 빠르더라도, 정렬 예제처럼 메모리가 다항식을 따라 증가할 수 있다. 우리는 이 차이를 이해해야 한다.

> Tip ☰    일반적인 생각과는 반대로, $O(N^x)$는 기하급수적인 복잡도를 의미하지 않는다. 이는 다항 시간 복잡도를 나타내는데, 이것도 꽤 안 좋지만 지수 복잡도만큼 끔찍하지는 않으며 대신 $O(x^n)$으로 표시된다. 단, 항목 100개에 대해 $O(N^2)$은 10,000번을 반복하는 반면, $O(2^n)$은 30자리나 되는 횟수만큼 반복해야 한다. 이 숫자는 읽는 것조차 힘들다. 지수 함수보다 더 심한 요인 복잡도도 있지만, 개인적으로 순열이나 조합을 계산하는 것 외에는 그 어떤 알고리즘도 더 심하지 않았다. 아마 아무도 더 심한 알고리즘을 개발하지 못했기 때문일 것이다.

빅오는 증가에 대한 것이기 때문에 가장 중요한 부분은 표기법에서 가장 큰 증가 함수이다. 실질적으로 말하자면 빅오 관점에서 $O(N)$과 $O(4N)$은 동일하다. 반면, $O(N \cdot M)$에서 점은 곱셈 연산자를 의미하며, N과 M이 모두 증가할 때 N과 M이 모두 증가하며 이때 $O(N)$과 $O(N \cdot M)$은 같지 않다. $O(N \cdot \log N)$은 $O(N)$보다 살짝 안 좋지만 $O(N^2)$만큼 나쁘지는 않다.

반면에 $O(1)$은 놀랍다. 이는 성능 지표의 특성이 어떤 알고리즘에 주어진 데이터 구조의 요소 개수와 관련이 없음을 의미하며, **상수 시간**이라고도 한다.

모든 레코드를 반복하여 데이터베이스에서 레코드를 찾는 검색 기능을 구현했다고 가정해 보자. 이는 알고리즘이 데이터베이스의 항목 수에 비례하여 선형적으로 증가한다는 것을 의미한다. 이번에는 데이터 저장을 위해 주판을 사용하고 있기 때문에 레코드 하나에 액세스하는 데 1초씩 걸린다고 가정해 보자. 이 경우에는 항목 60개가 있는 데이터베이스에서 항목을 검색하는 데 최대 1분이 걸린다. 이것이 $O(N)$ 복잡도이다. 같은 팀의 다른 개발자들은 표 2-1에 나오는 다른 알고리즘을 생각할 수 있다.

알고리즘의 실행 속도와 메모리 사용량이 증가하는 것을 빅오 표기법으로 제대로 설명할 줄 알아야 데이터 구조와 알고리즘을 잘 선택할 수 있다. 알고리즘을 직접 구현할 필요가 없더라도 빅오에 익숙해져야 한다. 복잡도를 잘 살피자.

▼ 표 2-1 복잡도가 성능에 미치는 영향

| 검색 알고리즘 | 복잡도 | 60개 행 중 레코드를 찾는 데 걸리는 시간 |
|---|---|---|
| 리사의 삼촌 차고에 있는 DIY 양자 컴퓨터 | $O(1)$ | 1초 |
| 이진 검색 | $O(\log N)$ | 6초 |
| 선형 검색(프레젠테이션 한 시간 전에 상사가 부탁했다.) | $O(N)$ | 60초 |
| 인턴이 실수로 for 루프 두 개를 중첩해서 넣었다. | $O(N^2)$ | 1시간 |
| 스택 오버플로에서 무작위로 가져온 일부 코드 중에는 검색하면서 중간에 체스 문제를 푸는 코드가 있다. 하지만 개발자가 이 부분을 삭제하지 않았다. | $O(2^N)$ | 365억 년 |
| 이 알고리즘은 실제 레코드를 찾는 대신 우리가 원하는 특정한 순서로 레코드들을 정렬하기 위한 배열을 찾으려고 한다. 좋은 소식이 하나 있다면, 이 개발자는 더 이상 여기서 일하지 않는다. | $O(N!)$ | 이 우주가 끝날 때까지 |

## 2.2 내부 데이터 구조

STREET CODER

태초에 공허함이 있었다. 첫 번째 전기 신호가 메모리의 첫 번째 비트에 닿아 데이터가 되었다. 이 데이터는 자유 부동 바이트에 불과했다. 이 바이트들이 모여 구조가 되었다.

— Init 0:1

데이터 구조는 데이터를 어떻게 배치하는지에 대한 것이다. 데이터를 어떤 방식으로 배치하는가에 따라서 데이터가 더 유용해질 수 있다. 쇼핑 목록을 읽을 때는 구매할 제품의 목록을 한 줄에 하나씩 배치하는 편이 더 좋다. 그리드로 만들 때는 곱셈표가 더 유용하다. 더 나은 프로그래머가 되려면 데이터 구조가 어떻게 동작하는지를 이해하고 있어야 한다. 이것은 마치 자동차 보닛을 열고 내부가 어떻게 돌아가는지 보는 것과 같다.

배열을 예로 들어 살펴보자. 배열은 프로그래밍에서 가장 단순한 데이터 구조 중 하나이며, 요소가 메모리 내에 연속해 배치된다. 다음과 같은 배열이 있다고 가정해 보자.

```
var values = new int[] { 1, 2, 3, 4, 5, 6, 7, 8 };
```

그림 2-2와 같이 데이터가 메모리에 배치될 거라고 상상할 수 있다.

▼ 그림 2-2 배열의 기호 표현

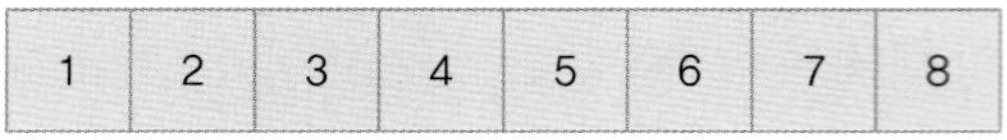

실제 메모리에는 이런 식으로 배치되지 않는다. .NET에서 모든 객체는 특정 헤더를 갖기 때문이다. 이 헤더에는 그림 2-3과 같이 가상 메서드 테이블 포인터와 길이 정보가 들어 있다.

▼ 그림 2-3 메모리 내 배열의 실제 레이아웃

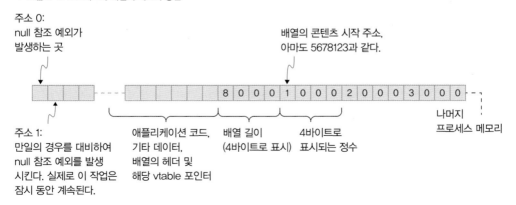

RAM은 정수를 그대로 저장하지 않기 때문에 그림 2-4와 같이 실제 RAM에 어떻게 배치되는지를 보면 훨씬 더 현실적이다. 이 책에서 이러한 내용을 다루는 이유는, 여러분이 이러한 저수준의 개념을 두려워하지 않기를 바라기 때문이다. 이 개념을 이해해 두면 프로그래밍의 모든 방면에서 도움이 될 것이다.

▼ 그림 2-4 프로세스와 배열의 메모리 공간

주소 0:
null 참조 예외가
발생하는 곳

배열의 콘텐츠 시작 주소,
아마도 5678123과 같다.

8 0 0 0 1 0 0 0 2 0 0 0 3 0 0 0

나머지
프로세스 메모리

주소 1:
만일의 경우를 대비하여
null 참조 예외를 발생
시킨다. 실제로 이 작업은
잠시 동안 계속된다.

애플리케이션 코드,
기타 데이터,
배열의 헤더 및
해당 vtable 포인터

배열 길이
(4바이트로 표시)

4바이트로
표시되는 정수

실제 RAM은 이렇지 않다. 모든 프로세스에는 최신 운영 체제의 작동 방식과 관련된 전용 메모리 영역이 있기 때문이다. 하지만 이 레이아웃은 자체 운영 체제나 장치 드라이버를 직접 개발하지 않는 한 항상 보게 될 것이다.

대체로 데이터를 어떻게 배치하느냐에 따라 작업을 더 빠르고 효율적으로, 혹은 그 반대로 만들 수 있다. 몇 가지 기본적인 데이터 구조와 내부 작동 방식을 아는 것이 중요하다.

## 2.2.1 문자열

문자열은 프로그래밍 세계에서 가장 인간적인 데이터 타입이라고 볼 수 있다. 문자열은 텍스트 데이터를 의미하며 사람이 읽을 수 있다. 다른 데이터 타입이 더 적합할 경우에는 굳이 문자열을 사용할 필요가 없지만, 실제로 자주 필요하며 사용하기도 편리하다. 문자열을 사용할 때는 몇 가지 기본 사실을 미리 알고 있어야 한다.

문자열은 용도나 구조적인 측면에서 배열과 유사하지만 .NET에서 문자열은 불변이다. 불변이란 어떤 데이터 구조를 초기화한 후에는 내부 내용을 변경할 수 없다는 것을 의미한다. 쉼표를 구분자로 하여 여러 사람의 이름을 단일 문자열로 만든다고 가정해 보자. 그리고 우리 모두가 20년 전으로 시간 여행을 떠났다고 상상해 보자. 다음 코드처럼 구현할 수 있을 것이다.

```
public static string JoinNames(string[] names) {  → 문자열을 초기화하지 않는다면 기본값 null을 가질 것이다.
    string result = String.Empty;                    그대로 이용한다면 널 검사에 의해 예외가 발생할 수 있다.
    int lastIndex = names.Length - 1;    → 마지막 요소의 인덱스
    for (int i = 0; i < lastIndex; i++) {
        result += names[i] + ", ";
    }
    result += names[lastIndex];      → 이렇게 하면 문자열이 쉼표로 끝나는 것을 방지할 수 있다.
    return result;
}
```

언뜻 보면 result라는 문자열이 있고 실행하는 동안 동일한 문자열을 수정하는 것처럼 보일 수 있지만 사실은 그렇지 않다. result에 새로운 값을 할당할 때마다 메모리에 새로운 문자열을 만든다. .NET은 새 문자열의 길이를 결정하고, 이에 따라 새 메모리를 할당하고, 다른 문자열에 있는 내용을 새로 만든 메모리에 복사하여 이를 반환한다. 이는 꽤 연산량이 많은 작업이며, 가비지 컬렉션할 문자열과 그 흔적이 길어질수록 비용이 증가한다.

이러한 문제를 해결할 수 있는 무료 프레임워크 도구가 있다. 성능에 크게 신경 쓰지 않는 사람이

라고 해도, 더 나은 성능을 얻기 위해 로직을 바꾸거나 특별한 기술을 도입할 필요가 없는 도구이므로 한번 사용해 봐도 좋을 것이다. 이러한 도구 중 하나가 StringBuilder이다. 이를 이용하면 ToString 함수를 호출하여 최종 문자열을 한 번에 만들 수 있다.

```csharp
public static string JoinNames(string[] names) {
    var builder = new StringBuilder();
    int lastIndex = names.Length - 1;
    for (int i = 0; i < lastIndex; i++) {
        builder.Append(names[i]);
        builder.Append(", ");
    }
    builder.Append(names[lastIndex]);
    return builder.ToString();
}
```

StringBuilder는 문자열을 늘릴 때마다 메모리를 재할당하고 복사하는 대신 내부적으로 연속 메모리 블록을 사용한다. 따라서 처음부터 문자열을 만드는 것보다 더 효율적이다.

물론 다음과 같이 관용적이고 훨씬 더 짧은 코드를 사용할 수도 있다. 하지만 항상 이런 식의 코드를 사용할 수 있는 것은 아니다.

```csharp
String.Join(", ", names);
```

보통 문자열을 초기화할 때 이를 한꺼번에 연결하는 것도 괜찮다. 필요한 총 길이를 계산한 후 버퍼를 한 번만 할당하면 되기 때문이다. 예를 들어 덧셈 연산자와 공백을 이용하여 이름과 성을 결합하는 함수가 있을 경우, 여러 단계를 거치는 것이 아니라 다음과 같이 한 번에 하나씩 새 문자열을 만드는 것이다.

```csharp
public string ConcatName(string firstName, string middleName, string lastName) {
    return firstName + " " + middleName + " " + lastName;
}
```

만약 firstName + " " 연산이 먼저 새로운 문자열을 만들고, 그다음 middleName을 더하면서 다시 새 문자열을 만들었다면 이 방식은 좋은 방법이라고 보기 힘들다. 하지만 실제로 컴파일러는 최종 문자열을 위해 String.Concat() 함수를 1번 호출한다. 즉, 최종 문자열의 길이를 구한 후 그에 따른 새 버퍼를 만들고 문자열을 할당하여 최종 결과를 한 번에 반환한다. 따라서 확실히 빠르다. 그러나 여러 문자열을 if 절 혹은 루프로 연결한다면 이것까지는 컴파일러가 최적화할 수 없다. 문자열을 연결해도 될 때와 그렇지 않은 때를 알아야 한다.

즉, 불변성은 절대 깰 수 없고 신성하게 보호해야 하는 것이 아니다. 문자열이나 다른 불변 구조를 그 자리에서 수정하는 방법이 있지만 이는 대부분 안전하지 않으며, 비현실적인 코드와 연관되어 있다. 이러한 문자열은 .NET 런타임에 의해 중복 삭제되고 해시 코드와 같은 일부 속성이 캐시화되기 때문에, 일반적으로 불변 구조를 수정하는 것을 권장하지 않는다. 내부적인 구현은 불변성의 특징에 크게 의존한다.

문자열 함수는 기본적으로 현재 **문화권**에서 동작한다. 따라서 여러분이 만든 앱이 다른 나라에서는 동작하지 않아 곤란할 수도 있다.

> Note ≡ 일부 프로그래밍 언어에서는 문화권을 로케일(locale)이라고도 한다. 이는 문자열 정렬, 날짜/시간 표시, 테이블 위에 도구 배치 등과 같이 지역별 특정한 작업을 수행하기 위한 규칙 집합을 의미한다. 현재 운영 체제가 사용하는 것이 현재 문화권이라고 생각할 수 있다.

문화권을 이해하면 문자열 작업이 더 안전해지고 빨라질 수 있다. 예를 들어 다음과 같이 주어진 파일 이름에 .gif 확장자가 있는지 탐지하는 코드를 생각해 보자.

```
public bool isGif(string fileName) {
    return fileName.ToLower().EndsWith(".gif");
}
```

제법 똑똑한 방법이다. 문자열을 소문자로 바꾸기 때문에 .GIF 또는 .Gif와 같이 다양한 대소문자 조합이 확장자가 되는 경우를 방지할 수 있다. 문제는 모든 언어가 동일한 소문자를 가지고 있는 것은 아니라는 것이다. 예를 들어 튀르키예어에서는 I의 소문자가 i가 아니라 점이 없는 I라고 알려진 ı이다. 이 코드는 튀르키예에서 실행되지 않을 것이고, 아마도 아제르바이잔과 같은 일부 다른 나라에서도 실행되지 않을 것이다. 문자열을 소문자로 바꿈으로써, 사실 우리는 새로운 문자열을 만들고 있다. 앞에서 배운 것처럼 이는 비효율적이다.

.NET은 ToLowerInvariant와 같이 일부 문화권에 따라 영향을 받지 않는 버전의 문자열 메서드를 제공한다. 또한, 불변이면서 순서적 대안을 갖는 StringComparison 값을 받는 동일한 메서드의 일부 오버로드도 제공한다. 따라서 동일한 메서드를 좀 더 안전하고 빠르게 작성할 수 있다.

```
public bool isGif(string fileName) {
    return fileName.EndsWith(".gif", StringComparison.OrdinalIgnoreCase);
}
```

이 메서드를 사용하면 새로운 문자열을 만드는 것을 피할 수 있다. 현재 문화권에 따른 복잡한 규칙을 포함하지 않는 문화권에서도 문자열을 안전하고 빠르게 비교하게 해 주는 메서드를 사용하는 셈이다. StringComparison.InvariantCultureIgnoreCase를 사용할 수도 있을 것이다. 하지만 순서 비교와는 달리, 이것은 몇 가지 번역 규칙을 더 추가하는 것이다. 그 예로는 파일 이름이나 다른 리소스 식별자에 문제를 일으킬 수 있는 독일어의 움라우트나 자소를 라틴어로 처리하는 것 (ß 대 ss) 등이 있다. 순서 비교는 문자 값을 추가적인 번역 없이 직접 비교한다.

## 2.2.2 배열

지금까지 메모리 안에서 배열(array)이 어떻게 보이는지를 살펴보았다. 배열은 배열 크기를 초과하지 않는 개수만큼의 여러 항목을 저장하는 데 유용하다. 즉, 크기를 키우거나 바꿀 수 없는 정적 구조이다. 더 큰 배열을 원한다면 배열을 새로 만들고 이전 배열을 복사해야 한다. 배열에 대해 알아야 할 몇 가지 사항은 다음과 같다.

배열은 문자열과 달리 변경이 가능하다. 이것이 바로 배열이 하는 일이다. 배열 안의 내용을 자유롭게 가지고 놀 수 있다. 사실 배열을 불변으로 만드는 것은 정말 어렵고, 이를 시도하더라도 배열을 그저 부족한 인터페이스 후보자로 만드는 결과가 된다. 다음 속성을 살펴보자.

```
public string[] Usernames { get; }
```

속성에 세터(setter)가 없어도 여전히 타입이 배열이므로 변경이 가능하다. 변경하는 것을 막는 것은 아무것도 없다.

```
Usernames[0] = "root";
```

이 클래스를 여러분 혼자 사용한다 하더라도 상황이 복잡해질 수 있다. 절대적으로 필요한 경우가 아니라면 스스로 상태를 바꾸도록 놔둬서는 안 된다. 이 상태는 아무것도 아닌 게 아니라 모든 악의 근원이다. 앱의 상태 변수가 적을수록 문제도 줄어든다.

여러분의 목적에 맞게 가장 작은 기능을 가진 타입을 고수하도록 노력하라. 항목을 그저 순차적으로 검토하는 경우라면 가능한 한 IEnumerable<T>를 사용하자. 반복적으로 액세스할 수 있는 카운트도 필요하다면 ICollection<T>를 사용하자. LINQ 확장 메서드 .Count()를 참고하자. Count()에는 IReadOnlyCollection<T>를 지원하는 타입을 특수하게 처리하는 코드가 있다. 따라서 IEnumerable에 사용하더라도 대신 캐시된 값을 반환할 수 있다.

배열은 함수의 로컬 스코프 안에서 사용하기에 가장 적합하다. 다른 목적을 위해 IReadOnly

Collection<T>나 IReadOnlyList<T> 또는 ISet<T>와 같이 IEnumerable<T>에 추가로 노출하기에 더 적합한 타입이나 인터페이스가 있다.

### 2.2.3 리스트

리스트(list)는 StringBuilder의 작동 방식과 비슷하게 크기가 가변적인 배열처럼 동작한다. 거의 모든 곳에서 배열 대신 리스트를 사용할 수 있지만 불필요한 성능 저하가 발생할 것이다. 배열은 직접 액세스를 사용하는 반면 리스트에서는 인덱스된 액세스를 사용하는데, 이는 **가상 함수를 호출**하기 때문이다.

객체 지향 프로그래밍에는 **다형성**이라는 좋은 특징이 있다. 다형성은 객체의 인터페이스 변경 없이도 기본 구현에 따라 객체가 동작할 수 있다는 것을 의미한다. IOpenable 인터페이스 타입을 가진 변수 a가 있다고 하자. 할당된 객체의 유형에 따라 a.Open() 함수는 파일을 열거나 네트워크를 연결할 수 있다. 이는 객체 초반에 해당 유형으로 호출할 가상 함수와 매핑한 테이블을 참조함으로써 이뤄진다. 이때 테이블을 **가상 메서드 테이블** 또는 줄여서 **vtable**이라고 한다. 이렇게 하면 Open 함수가 동일한 유형의 모든 객체에 있는 가상 테이블의 동일한 항목으로 매핑되겠지만, 테이블에서 실제 값을 찾을 때까지는 해당 항목이 어디로 이어질지 알 수 없다.

정확히 무엇을 호출할지 모르기 때문에 이를 **가상 호출**이라고 한다. 가상 호출은 가상 메서드 테이블에서 추가로 조회해야 하므로 일반 함수 호출보다 약간 느리다. 함수 호출 몇 번이 크게 문제가 되는 건 아니지만 알고리즘 내에서 수행되면 오버헤드가 다항적으로 증가할 수 있다. 따라서 초기화 이후 리스트 크기가 증가하지 않는 경우에는 로컬 스코프의 리스트 대신 배열을 사용할 수 있다.

보통 이렇게 자세한 내용까지는 거의 생각해 본 적 없을 것이다. 하지만 그 차이를 알게 되면 상황에 따라 리스트보다 배열을 선호할 수 있다.

리스트는 StringBuilder와 비슷하다. 둘 다 동적으로 증가하는 데이터 구조이지만, 크기를 늘리는 방식에서 리스트가 덜 효율적이다. 리스트 크기를 늘려야 할 때는 더 큰 크기의 배열을 새로 할당하고 기존 내용을 여기에 복사한다. 반면 StringBuilder는 메모리 덩어리를 함께 묶어 두는 방식으로, 복사하지 않아도 된다. 리스트의 버퍼 영역은 버퍼 크기 한계에 도달할 때마다 크기를 늘리는데, 버퍼의 크기를 매번 두 배로 할당하므로 시간이 지날수록 크기를 늘릴 필요성이 줄어든다. 하지만 여전히 이것은 당면한 작업에 대해 특정 클래스를 사용하는 것이 일반적인 클래스를 사용하는 것보다 더 효율적이라는 것을 보여주는 예다.

또한, 전체 용량을 잘 설정하면 리스트만으로도 뛰어난 성능을 얻을 수 있다. 리스트에 크기를 미리 지정하지 않으면 크기가 없는 빈 배열로 시작한다. 그런 다음 몇 가지 항목이 들어오면 거기에 맞게 용량을 늘리고, 꽉 차면 이 용량을 두 배로 늘리면 된다. 리스트를 생성할 때 용량을 미리 설정하면 불필요한 확장 및 복사 작업을 막을 수 있다. 리스트에 포함될 최대 항목 수를 미리 알고 있는 경우 이러한 점을 기억하자.

그렇다고 아무 이유 없이 리스트의 용량을 지정하는 습관을 들이지는 마라. 이 때문에 불필요한 메모리 오버헤드가 누적될 수 있다. 정확히 알고나서 결정을 내리는 습관을 갖자.

## 2.2.4 연결 리스트

연결 리스트(linked list)는 요소가 메모리 안에서 연속적이지 않고 각 요소가 다음 항목의 주소를 가리키는 리스트를 말한다. 삽입이나 삭제 작업에 O(1) 복잡도를 가지므로 유용하다. 개별 항목은 메모리 내 어디에나 저장되기 때문에 인덱스별로 액세스할 수 없으며, 계산할 수도 없다. 하지만 리스트의 처음이나 끝에 주로 액세스하거나 항목을 열거하기 위한 목적이라면 그만큼 빠르게 액세스할 수도 있다. 그렇지 않으면 연결 리스트에 항목을 확인하는 작업은 배열이나 리스트와 같이 O(N) 복잡도를 갖는다. 그림 2-5는 연결 리스트의 레이아웃 예이다.

▼ 그림 2-5 연결 리스트의 레이아웃

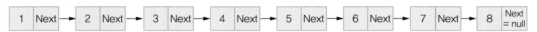

그렇다고 해서 연결 리스트가 항상 일반 리스트보다 빠르다는 뜻은 아니다. 전체 메모리 블록을 한 번에 할당하고 추가적인 참조 검색을 수행하는 대신 각 요소를 위해 개별적으로 메모리를 할당한다면 성능이 저하될 수 있다.

큐나 스택 구조가 필요할 때마다 연결 리스트가 필요할 수 있다. 하지만 .NET은 이를 모두 지원한다. 따라서 시스템 프로그래밍에 관심이 없는 한, 면접 이외의 일상 업무에서는 연결 리스트를 사용할 필요가 없다. 이상적으로는 그렇겠지만, 불행하게도 면접관들은 연결 리스트를 이용한 골치 아픈 질문을 좋아하기 때문에 여전히 이에 익숙해지는 것이 중요하다.

> **아니, 연결 리스트를 반대 방향으로 뒤집지 않는다.**
>
> 면접에서 코딩 질문에 답하는 것은 소프트웨어 개발직을 위한 통과 의례이다. 대부분 코딩 질문은 일부 데이터 구조와 알고리즘을 다룬다. 연결 리스트는 이러한 주제의 일부이며 어떤 면접관은 연결 리스트를 거꾸로 만들거나 이진 트리를 반전시키는 질문을 할 수 있다.

🔵 계속

아마 실제 직장에서는 이러한 업무를 절대 시키지 않을 것이다. 면접관은 면접자가 자신이 하는 일을 얼마나 잘 알고 있는지를 판단하기 위해 데이터 구조와 알고리즘에 대한 지식을 테스트하는 것뿐이다. 면접자가 적합한 데이터 구조를 필요한 곳에 올바르게 사용할 수 있는지를 확인하기 위해 노력하는 것이다. 또한, 분석적 사고와 문제 해결 능력을 테스트하고 싶어하기 때문에 면접자는 자신의 생각을 말로 잘 표현하고 사고 과정을 면접관과 공유하는 것이 중요하다.

언제나 주어진 문제를 꼭 풀어야 하는 것은 아니다. 면접관은 보통 특정 기본 개념에 대해 잘 알고 있으면서도 가끔 길을 잃더라도 길을 다시 찾을 수 있는 사람을 채용하고 싶어한다.

예를 들어 나는 마이크로소프트에 지원한 사람들에게 코딩 질문을 하고, 코드에서 버그를 찾는 추가 질문을 했다. 지원자들의 기분이 별로 나빠지는 않았을 것 같다. 버그가 있는 것은 당연히 예견된 것이었고 코드에 얼마나 버그가 없는지로 평가하는 것이 아니라 버그를 얼마나 잘 찾아 내는가에 따라 평가하기 때문이다.

면접은 자리에 적합한 사람을 찾는 것과 더불어 함께 일할 때 즐거운 사람을 찾는 것이다. 호기심이 많고 열정적이며 끈기 있고 다른 동료의 일을 흔쾌히 도와줄 것 같은 성격 좋은 사람으로 보이는 것은 중요하다.

이전 세대의 프로그래밍에서는 메모리 효율성이 우선이었기 때문에 연결 리스트가 더 인기 있었다. 리스트의 크기를 키우기 위해 킬로바이트의 메모리를 할당할 여유가 없었던 시기가 있었다. 이때는 스토리지를 철저히 관리해야 했다. 연결 리스트는 이를 위한 완벽한 데이터 구조였다. 삽입이나 삭제 작업에 O(1) 복잡도를 가지는 거부하기 힘든 특성 때문에 여전히 운영 체제 커널에서는 자주 사용된다.

## 2.2.5 큐

큐(queue)는 인류 문명에서 가장 기본적인 형태의 데이터 구조이다. 데이터를 삽입한 순서대로 리스트에서 항목을 읽을 수 있다. 다음 항목을 읽고 새로운 항목을 삽입하기 위한 별도의 공간을 유지하는 한, 큐는 일종의 배열이 될 수 있다. 오름차순 숫자를 큐에 추가한다면 그림 2-6과 같은 형태가 될 것이다.

❤ 그림 2-6 큐의 상위 레벨 레이아웃

MS-DOS 시대 PC의 키보드 버퍼는 간단한 바이트 배열을 사용하여 키 입력을 저장하였다. 버

퍼를 이용하여 느리거나 응답이 없는 소프트웨어 때문에 키 입력이 누락되는 것을 방지했는데, 버퍼가 가득 차면 BIOS에서 경고음이 울리기 때문에 키 입력이 더 이상 기록되지 않는다는 것을 알 수 있다. 다행히 .NET은 기존의 Queue<T>를 함께 제공한다. 이는 구현에 대한 세부 정보와 성능에 대한 걱정 없이 사용할 수 있는 클래스이다.

## 2.2.6 딕셔너리

**해시맵** 혹은 **키/값**으로도 알려진 딕셔너리(dictionary)는 가장 유용하고 많이 사용되는 데이터 구조 중 하나이다. 우리는 이 데이터 구조의 능력을 당연하게 여기는 경향이 있다. 딕셔너리는 키와 값을 저장할 수 있는 컨테이너이다. O(1) 복잡도의 상수 시간 안에 키를 사용하여 값을 검색할 수 있다. 즉, 데이터 검색 속도가 매우 빠르다. 왜 이렇게 빠를까? 숨겨진 비밀이 뭘까?

비밀은 단어 **해시**에 있다. **해싱**이란 임의의 데이터에서 숫자 하나를 생성하는 것을 의미하는 용어이다. 생성된 숫자는 결정론적이어야 한다. 즉, 동일한 데이터는 동일한 숫자를 생성해야 하지만, 반드시 고유한 값을 생성할 필요는 없다. 해시 값을 계산하는 방법은 여러 가지다. 일부 객체를 해싱하는 로직은 GetHashCode에 구현되어 있다.

해시는 언제나 동일한 값을 가지므로 검색할 때 사용하면 좋다. 예를 들어 해시 값이 모두 있는 배열일 경우 배열 인덱스를 사용하여 해당 값을 검색할 수 있다. 하지만 이러한 배열은 모든 int가 4바이트를 차지하고 약 40억 개 정도의 값을 가질 수 있기 때문에 생성된 딕셔너리마다 약 16기가 바이트가 필요할 것이다.

딕셔너리는 훨씬 더 작은 배열을 할당하고 해시 값의 고른 분포에 의존한다. 해시 값 자체를 조회하는 대신 '해시 값을 배열 길이로 나눈 나머지'를 조회한다. 정수 키가 있는 딕셔너리가 항목 6개인 배열을 할당하여 인덱스를 보관하고, 정수에 대한 GetHashCode() 메서드가 해당 값을 반환한다고 가정해 보자. 즉, 배열 인덱스가 0에서 시작하므로 항목이 매핑될 위치를 찾는 공식은 단순히 value % 6이 된다. 1부터 6까지 숫자 배열을 그림 2-7과 같이 분산 배치한다.

▼ 그림 2-7 딕셔너리의 항목 분포

| 6 | 1 | 2 | 3 | 4 | 5 |
|---|---|---|---|---|---|

딕셔너리 용량을 초과하면 무슨 일이 일어날까? 물론 중복되는 항목이 있을 수 있으므로 딕셔너리는 중복되는 항목을 동적으로 증가하는 배열에 보관한다. 1부터 7까지 키가 있는 항목을 저장

하면 그림 2-8과 같은 배열이 된다.

▼ 그림 2-8 딕셔너리의 중복 항목 보관

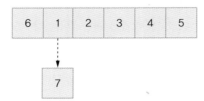

왜 이런 이야기를 하는 걸까? 일반적으로 딕셔너리의 키 검색 성능은 O(1)이지만, 연결 리스트의 검색 오버헤드는 O(N)이기 때문이다. 즉, 중복 횟수가 증가하면 검색 성능이 저하된다. 예를 들어 항상 4를 반환하는 GetHashCode 함수가 있다고 가정해 보자.[2]

```
public override int GetHashCode() {
    return 4; // 주사위를 던져서 얻은 숫자
}
```

이 경우 새로운 항목을 추가할 때 딕셔너리의 내부 구조는 그림 2-9와 같다.

▼ 그림 2-9 GetHashCode()를 엉망으로 만들 때의 딕셔너리

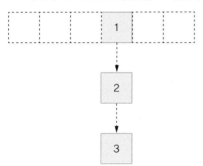

해시 값을 잘못 사용할 경우 딕셔너리가 연결 리스트보다 나은 점이 없다. 이러한 항목을 딕셔너리에서 다루려면 추가로 작업해야 하므로 성능이 더 나빠질 수 있다. 따라서 가장 중요한 점은 GetHashCode 함수의 결과가 가능한 한 고유해야 한다는 것이다. 겹치는 부분이 많을수록 딕셔너리 성능이 저하되고, 딕셔너리 성능이 저하될수록 애플리케이션의 실행이 힘들어지며, 이러한 애플리케이션이 발생시키는 손해가 회사 전체를 힘들게 한다. 결국 고통은 우리의 몫이다. 못 하나가 없어서 나라를 잃는다는 말처럼 때로는 작은 실수가 큰 결과를 초래할 수 있다.

---

2    xkcd 만화에서 난수에 대해 훌륭한 영감을 받았다. https://xkcd.com/221

가끔은 고유한 해시 값을 계산하기 위해 클래스의 여러 속성 값을 결합해야 할 때가 있다. 예를 들어 깃허브(GitHub)에서 리포지터리(저장소) 이름은 사용자별로 고유하다. 즉, 모든 사용자는 동일한 이름의 리포지터리를 가질 수 있으며 리포지터리의 이름만으로는 고유한 리포지터리를 선택할 수 없다. 이름만 사용한다고 가정하면 더 많은 충돌이 발생한다. 즉, 해시 값을 결합해야 한다. 마찬가지로 웹 사이트가 주제에 따라 고유한 값을 갖는다면 같은 문제를 겪게 될 것이다.

해시 값을 효율적으로 결합하려면 해당 범위를 알고 이것을 어떻게 비트로 표현할지 생각해야 한다. 덧셈 연산이나 단순 OR/XOR 연산과 같은 연산자를 사용하더라도 예상보다 더 많은 충돌이 발생할 수 있다. 시프트 연산도 활용해야 한다. 적절한 GetHashCode 함수는 전체 32비트 정수에 걸쳐 적당한 분포를 얻기 위해 비트 연산을 사용한다.

이런 코딩 작업은 싸구려 해커 영화의 해킹 장면처럼 보일 수 있다. 이 개념에 익숙한 사람이라도 이해하기 애매하고 어렵다. 우리는 기본적으로 32비트 정수 중 하나를 16비트로 변환하고 여기서 가장 낮은 바이트를 가운데로 옮기고, 다른 32비트 정수와 함께 XOR 연산(^)을 실행하여 충돌 가능성을 크게 낮춘다. 코드는 다음과 같다. 어쩌면 너무 어렵다고 느낄 수 있다.

```
public override int GetHashCode() {
    return (int)(((TopicId & 0xFFFF)<< 16)
        ^ (TopicId & 0xFFFF0000 >> 16)
        ^ PostId);
}
```

운 좋게도 .NET 코어와 .NET 5가 나오면서 HashCode 클래스에서는 충돌을 최소화하는 방식으로 해시 값을 결합하는 것을 추상화했다. 두 값을 결합하려면 단지 다음과 같이 작성하기만 하면 된다.

```
public override int GetHashCode() {
    return HashCode.Combine(TopicId, PostId);
}
```

해시 코드는 딕셔너리의 키뿐만 아니라 집합과 같은 다른 데이터 구조에서도 사용할 수 있다. 헬퍼 함수를 이용해 적절한 GetHashCode를 작성하는 것이 훨씬 더 쉬워졌다. 그래서 이 부분을 그냥 넘길 이유가 없다. 계속 지켜보자.

그럼 딕셔너리를 사용하지 말아야 할 때는 언제일까? 키-값 쌍을 단순히 순차적으로 검사해야 한다면 딕셔너리는 아무런 이점도 없다. 심지어는 성능을 해칠 수 있다. 불필요한 오버헤드를 막으려면 List<KeyValuePair<K,V>>를 대신 사용하는 것이 좋다.

## 2.2.7 해시 집합

고유한 값만 저장할 수 있다는 점을 제외하고 집합(set)은 배열이나 리스트와 같다. 우리가 방금까지 알아본 해시 기반의 맵 덕분에 딕셔너리 키와 같은 O(1) 검색 성능을 가지는 것은, 배열이나 리스트에 비해 집합이 갖는 장점이다. 즉, 주어진 배열이나 리스트에 어떤 항목이 들어 있는지 확인하기 위해 많이 검사해야 하는 경우 집합을 사용하는 것이 더 빠를 수 있다. .NET에서는 HashSet이라고 하며 무료로 사용할 수 있다.

HashSet은 조회나 삽입이 빠르기 때문에 교집합(intersection)이나 합집합(union)을 구하는 작업에도 적합하다. 심지어 이러한 기능을 제공하는 메서드를 함께 제공한다. 이러한 장점을 잘 활용하려면 GetHashCode( ) 구현에 다시 주의를 기울여야 한다.

## 2.2.8 스택

스택(stack)은 후입 선출법(Last In First Out, LIFO)을 따르는 큐라고 볼 수 있다. 상태를 저장하고 저장했던 순서와 반대로 복원할 경우에 유용하다. 실제로 미국의 자동차 운전 면허 공단 사무소를 방문할 때 스택을 사용해야 하는 경우가 있다. 먼저 5번 카운터로 가면 카운터 직원은 서류를 확인하고 요금 결제에 문제가 있다는 것을 알게 된다. 그리고 13번 카운터로 보낸다. 13번 카운터의 직원은 서류에 사진이 없는 것을 보고 이번에는 47번 카운터로 보내 사진을 찍으라고 한다. 그리고 나서 13번 카운터로 다시 갔다가 거기서 요금 결제 영수증을 가지고 5번 카운터로 돌아가면 운전 면허증을 받을 수 있다. 카운터 목록과 이를 순서대로 처리하는 방법은 스택과 유사하며, 일반적으로 실제 이 사례보다는 훨씬 효율적이다.

스택은 배열로 표현할 수 있다. 다른 점은 새 항목을 어디에 넣고 다음 항목을 어디에서 읽느냐는 것이다. 오름차순으로 숫자를 더해서 스택을 만든다면 그림 2-10과 같을 것이다.

▼ 그림 2-10 스택의 기본 구조

스택에 값을 추가하는 것을 보통 **푸시**(push)라고 하며, 스택에서 다음 값을 읽는 것을 **팝핑**(popping)이라 한다. 스택은 어떤 단계를 역추적하는 데 유용하다. **호출 스택**은 예외가 발생한 위치뿐만 아니라 어떤 실행 경로를 따랐는지 보여주기 때문에 이미 익숙할 것이다. 함수는 스택을 사용해 실행을 완료한 후 반환할 위치를 알고 있다. 함수를 호출하기 전에 반환 주소가 스택에 추가되기 때문이다. 함수가 호출자에게 값을 반환할 때 스택에 푸시된 마지막 주소를 읽고 CPU는 해당 주소에서 작업을 계속 실행한다.

## 2.2.9 호출 스택

**호출 스택**(call stack)은 함수의 반환 주소를 저장해 호출된 함수의 실행이 완료되면 반환할 위치를 알려주는 데이터 구조이다. **스레드**당 호출 스택 하나를 가진다.

모든 애플리케이션은 하나 이상의 개별 프로세스에서 실행된다. 프로세스를 통해 메모리와 리소스를 분리할 수 있다. 모든 프로세스는 하나 이상의 스레드를 갖는다. 스레드는 실행 단위를 의미하며, 모든 스레드는 운영 체제에서 서로 병렬로 실행되므로 **멀티스레딩**이라는 용어를 사용한다. 4코어 CPU 컴퓨터로도 운영 체제는 스레드 수천 개를 병렬로 실행할 수 있다. 대부분의 스레드는 다른 스레드가 완료되기를 기다렸다가 빈 슬롯에 스레드를 채우는 식으로 동작하기 때문에 모든 스레드가 병렬로 실행되는 것처럼 느껴진다. 이는 단일 CPU에서도 멀티태스킹이 가능하도록 한다.

이전의 유닉스 시스템에서는 프로세스가 애플리케이션 리소스를 위한 컨테이너이자 실행 단위였다. 이런 방식은 단순하면서도 훌륭했지만 **좀비 프로세스**와 같은 문제를 야기했다. 스레드는 실행 수명과 바로 연결되기 때문에 좀 더 가벼우며 이러한 문제가 없다.

모든 스레드에는 고정된 메모리로서 자체 호출 스택이 있다. 전통적으로 스택은 프로세스 메모리 공간에서 **위**에서 **아래**로 늘어나며, 맨 위는 메모리 공간의 끝을 의미하고 맨 아래는 누구나 아는 널 포인터(null pointer), 주소 0을 의미한다. 항목을 호출 스택에 푸시하는 것은 항목을 거기에 놓고 **스택 포인터**를 줄이는 것을 의미한다.

모든 좋은 것이 그렇듯, 스택에도 끝이 있다. 크기가 고정되며, 크기를 초과하면 CPU가 `StackOverflowException`을 발생시킨다. 일을 하다 보면 자기가 만든 함수를 호출할 때 자주 만나게 될 것이다. 스택은 꽤 크기 때문에 일반적인 경우, 한계까지 도달할 염려가 없다.

호출 스택은 반환 주소뿐만 아니라 함수의 매개변수와 로컬 변수도 포함한다. 로컬 변수는 메모리를 거의 차지하지 않으므로 할당 및 할당 해제와 같은 추가적인 메모리 관리 단계가 필요하지 않다. 따라서 스택을 사용하는 것이 매우 효율적이다. 스택은 빠르지만 크기가 고정되고, 사용하는 함수와 그 수명이 같다. 함수를 반환할 때 스택 공간이 반환된다. 그렇기 때문에 소량의 로컬 데이터를 저장하는 것이 이상적이다. 따라서 C#이나 자바와 같은 관리되는 런타임은 클래스 데이터를 스택에 저장하지 않고 대신 참조만 저장한다.

이것이 바로 특정 경우에 값 타입이 참조 타입보다 더 나은 성능을 가질 수 있는 또 다른 이유다. 값 타입은 복사로 전달되지만 로컬로 선언된 경우에만 스택에 존재한다.

# 2.3 타입에 대한 과대 포장은 무엇인가?

프로그래머는 데이터 타입을 당연한 것으로 여긴다. 심지어 어떤 사람들은 프로그래머가 각 변수의 타입을 결정하는 것과 같은 복잡한 세부 사항을 다룰 필요가 없기 때문에 자바스크립트나 파이썬과 같이 **동적 타이핑** 언어를 쓸 때 더 빠르다고 주장하기도 한다.

> Note ≡ **동적 타이핑**은 프로그래밍 언어의 변수나 클래스 멤버의 데이터 타입이 런타임 동안 변경될 수 있음을 의미한다. 자바스크립트는 동적 타이핑을 지원하는 언어이기 때문에 변수에 문자열을 할당한 다음 동일한 변수에 정수를 할당할 수 있다. C#이나 스위프트와 같은 정적 타이핑 언어는 이것을 허용하지 않는다. 이에 대한 내용은 나중에 자세히 설명하겠다.

그렇다. 모든 변수, 모든 매개변수, 모든 코드의 멤버 타입을 지정하는 것은 번거로운 일이지만, 더 빨라지기 위해서는 전체적인 접근 방식을 도입해야 한다. 빨라지는 것은 코드를 작성하는 것뿐만 아니라 코드를 유지하는 관점에서도 중요하다. 방금 해고되서 더 이상 유지보수를 걱정할 필요가 없는 사람이라면 괜찮겠지만 이와는 별개로 소프트웨어 개발은 단거리 경주가 아닌 마라톤과 같다.

개발 초기에 미리 실패를 경험하는 것은 개발의 모범 사례 중 하나이며, 데이터 타입은 코딩 과정에서 발생할 수 있는 어려움을 초기에 방어할 수 있는 수단 중 하나이다. 타입은 더 큰 부담이 되기 전에 일찍 실패를 경험하고 그 실수를 고칠 수 있게 해준다. 실수로 문자열을 정수와 혼동하지 않도록 하는 명백한 장점 외에도, 다른 식으로도 데이터 타입을 사용할 수 있다.

## 2.3.1 타입에 강해지기

대부분의 프로그래밍 언어에는 타입이 있다. 베이직과 같은 가장 단순한 프로그래밍 언어도 문자열과 정수 타입을 가지고 있다. 이와 유사한 언어 중 일부는 심지어 실수를 위한 타입도 가지고 있다. Tcl, REXX, Forth 등과 같이 **타입리스**(typeless)라고 불리는 몇 가지 언어가 있다. 이러한 언어들은 일반적으로 문자열이나 정수와 같은 단일 타입에서만 동작한다. 타입을 염두에 둘 필요가 없기 때문에 프로그래밍하는 것은 편할지 몰라도, 이렇게 작성된 프로그램은 느리며 버그가 쉽게 발생한다.

타입은 기본적으로 코드의 정확도를 무료로 검사하기 때문에 기본 타입 시스템을 이해하는 것은 생산적인 프로그래머가 되는 데 큰 도움이 된다. 타입을 구현하는 방법은 프로그래밍 언어가 인터프리터 방식인지 혹은 컴파일 방식인지와 밀접하게 관련되어 있다.

- 파이썬이나 자바스크립트와 같은 **인터프리터 방식의 프로그래밍 언어**를 사용하면 컴파일 단계 없이 즉시 텍스트 파일의 코드를 실행할 수 있다. 이러한 특성으로 인해 변수가 유연한 타입을 갖는 경향이 있다. 즉, 이전에 정수였던 변수에 문자열을 할당할 수 있고, 심지어는 문자열과 숫자를 함께 추가할 수도 있다. 이러한 언어는 타입을 구현하는 방법 때문에 일반적으로 동적 타입 언어라고 불린다. 인터프리터 언어를 사용하면 타입을 따로 선언하지 않아도 되므로 코드를 훨씬 빨리 작성할 수 있다.
- **컴파일 방식의 프로그래밍 언어**는 더 엄격하다. 엄격한 정도는 언어를 설계한 사람들이 여러분에게 얼마나 많은 고통을 주고 싶은지에 달려 있다. 예를 들어 러스트는 매우 엄격하고 완벽주의적이며 오류가 없는 프로그래밍 언어로, 언어계의 **독일식 공학**이라 할 수 있다. C 역시 독일식 공학이라고 할 수 있지만, 조금 다르다. 규칙을 어기다가 나중에 대가를 치르는 경우가 있기 때문이다. 두 언어 모두 정적 타입 언어로, 한 번 선언된 변수는 타입을 변경할 수 없다. 하지만 러스트는 C#과 같이 **강하게 타이핑**되는 반면, C는 **약하게 타이핑**된다고 볼 수 있다.

**강한 타이핑**(strong typed)과 **약한 타이핑**(weakly typed)은 서로 다른 타입의 변수에 다른 타입의 값을 할당할 수 있는지, 즉 프로그래밍 언어가 얼마나 관대한지를 의미한다. 그런 의미에서 C는 보다 유연하다. 포인터를 정수에 할당하는 데 문제가 없으며 반대의 경우도 문제없다. 반면에 C#은 보다 엄격하다. 포인터/참조나 정수 타입은 서로 호환되지 않는다. 표 2-2는 다양한 프로그래밍 언어가 어떤 범주에 속하는지 보여준다.

▼ 표 2-2 프로그래밍 언어의 타입 엄격성

| | 정적 타입의 변수는 런타임 시 변경할 수 없다. | 동적 타입의 변수는 런타임 시 변경할 수 있다. |
|---|---|---|
| **강한 타이핑**: 서로 다른 타입으로 대체할 수 없다. | C#, 자바, 러스트, 스위프트, 코틀린, 타입스크립트, C++ | 파이썬, 루비, 리스프 |
| **약한 타이핑**: 서로 다른 타입으로 대체할 수 있다. | 비주얼 베이직, C | 자바스크립트, 비주얼 베이직 스크립트 |

엄격한 프로그래밍 언어는 답답하게 느껴질 수 있다. 러스트와 같은 언어는 심지어 인생과 존재 이유에 대해 의문을 갖도록 만들기도 한다. 타입을 선언하고 필요할 때 명시적으로 변환하는 것은 번거로운 행정 절차처럼 보인다. 예를 들어 자바스크립트에서는 모든 변수, 인수, 멤버의 타입을 선언하지 않아도 된다. 여러 프로그래밍 언어가 타입 없이도 잘 돌아가는데 왜 명시적인 타입으로 스스로에게 부담을 줘야만 할까?

답은 간단하다. 타입을 통해 우리는 더 안전하고, 더 빠르고, 더 쉽게 유지보수할 수 있는 코드를 작성할 수 있다. 변수 타입을 선언하고 클래스에 주석을 달아서 시간을 손해보더라도, 디버깅할 버그가 줄어들고 성능 문제가 덜 발생하기 때문에 잃어버린 시간은 금방 만회할 수 있다.

이러한 명백한 이점 외에도 타입은 약간의 소소한 이점도 추가로 가지고 있다. 함께 알아보자.

## 2.3.2 유효성 증명

유효성 증명은 사전 정의된 타입을 사용하는, 잘 알려지지 않은 이점 중 하나이다. 모든 게시물에 특정 글자 수만 허용하는 마이크로블로그 플랫폼을 개발하고 있다고 가정해 보자. 이 가상의 마이크로블로그 플랫폼에서는 @ 접두사로 다른 유저를, # 접두사와 게시물 ID(식별자)로 다른 게시물을 언급할 수 있다. 검색 창에 게시물 ID를 입력하여 게시물을 검색할 수도 있다. 또한, @ 접두사와 사용자 이름을 함께 입력하면 해당 사용자의 프로필을 띄워 준다.

사용자 입력은 항상 유효성 검사를 해야 한다. 사용자가 # 접두사 뒤에 숫자가 아닌 문자를 입력하면 어떻게 될까? 사용자가 허용된 길이보다 더 긴 숫자를 입력한다면? 이러한 예외 상황은 알아서 해결될 것 같지만, 보통은 애플리케이션을 중단시킨다. 잘못된 입력으로 인해 코드 어딘가에서 예상치 못한 예외가 발생하기 때문이다. 이렇게 프로그램이 갑자기 멈추는 것은 사용자 입장에서 최악의 경험이다. 사용자는 무엇이 잘못되었는지 모르고, 다음에 무엇을 해야 할지도 모른다.

해당 입력을 검사하지 않고 표시할 경우 보안 문제가 발생할 수도 있다.

데이터의 유효성 검사는 코드 전반에 걸쳐 유효성을 증명하는 것이 아니다. 클라이언트가 입력 유효성을 검사할 수 있지만, 예를 들어 타사 앱에서는 유효성 검사 없이 요청을 보낼 수도 있다. 웹 요청을 처리하는 코드에서는 유효성 검사를 할 수 있지만, API 코드와 같은 다른 앱에서는 유효성 검사 없이 서비스 코드를 호출할 수 있다. 마찬가지로 데이터베이스 코드는 서비스 계층이나 유지 관리 작업과 같은 여러 소스의 요청을 받을 수 있다. 따라서 데이터베이스에 올바른 레코드를 삽입하는지 확인해야 한다. 그림 2-11은 애플리케이션에서 입력에 대한 유효성을 검사하는 지점을 보여준다.

❤ 그림 2-11 검증되지 않은 데이터 소스와 반복적으로 데이터를 검증해야 하는 위치

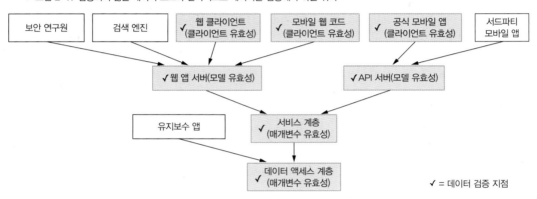

이렇게 하면 결국 코드의 여러 부분에서 입력에 대한 전반적인 유효성 검사를 할 수 있다. 그리고 유효성 검사가 일관성이 있는지 확인해야 한다. 식별자가 -1이거나 사용자 프로파일이 ' OR 1=1---(6.3.4절에서 살펴볼 SQL 삽입 공격)인 게시물이 입력되는 것을 원하지 않을 것이다.

타입은 유효성 증명을 넘겨줄 수 있다. 게시물 식별자를 위한 정수 값이나 사용자 이름을 위한 문자열 값을 전달하는 대신 생성 단계에서 입력을 검증하는 클래스나 구조체를 전달할 수 있기 때문에 유효하지 않은 값이 포함되는 것은 불가능하다. 이는 간단한 것 같지만 강력하다. 매개변수로 포스트 식별자를 받는 함수는 정수 대신 PostId라는 클래스를 요구한다. 이렇게 하면 생성자가 먼저 유효성 검사를 한 후에 유효성 증명을 그대로 전달한다. 이때 정수일 경우에는 유효성 검사를 다시 해야 하지만, PostId인 경우에는 이미 유효성 검사를 통과한 상태가 된다. 다음 코드에서 볼 수 있듯이 유효성 검사를 거치지 않고는 PostId 객체를 만들 수 없기 때문에 다시 그 내용을 확인하지 않아도 된다. 코드에서 PostId를 구성하는 유일한 방법은 생성자를 호출하는 것이다. 생성자는 값의 유효성을 검사하고 유효하지 않으면 예외를 발생시킨다. 즉, 유효하지 않은 PostId 인스턴스를 가질 수 없다.

```
public class PostId{
    public int Value { get; private set; }      → 외부 코드로 값을 변경할 수 없다.
    public PostId(int id) {        → 이 객체를 생성하려면 반드시 생성자를 사용해야 한다.
        if (id <= 0) {
            throw new ArgumentOutOfRangeException(nameof(id));
        }
        Value = id;
    }
}
```

**예제의 코딩 스타일**

중괄호를 어디에 놓느냐 하는 문제는 프로그래밍에서 탭과 스페이스 다음으로 아직 합의점을 찾지 못한 가장 많이 논의되는 주제이다. 개인적으로는 대부분의 C 계열의 언어, 특히 C#과 스위프트에서 올맨(Allman) 스타일[3]을 선호한다. 올맨 스타일에서는 모든 중괄호 문자를 각 줄에 단독으로 놓는다. 스위프트는 열린 중괄호가 선언문과 같은 선상에 있는 1TBS(One True Brace Style, 개선된 K&R 스타일)를 사용할 것을 공식적으로 추천한다. 그러나 여전히 사람들은 1TBS나 너무 좁고 읽기 힘들기 때문에 블록 선언 후에 항상 여분의 빈 줄을 남겨야 한다고 느낀다. 빈 줄을 추가하면 사실상 올맨 스타일이 되지만, 사람들은 그것을 인정하지 않는다.

올맨 스타일은 C#의 기본값이며, 모든 중괄호는 각 줄에 단독으로 존재한다. 개인적으로 이것이 1TBS나 K&R보다 훨씬 더 읽기 쉽다고 생각한다. 참고로 자바는 1TBS 스타일을 사용한다.

책 지면의 한계로 인해 올맨 스타일을 구현하지는 못했지만, 여러분은 C#을 사용할 때 올맨 스타일을 고려해 보길 바란다. 더 읽기 쉬울 뿐만 아니라 C#에서 가장 일반적인 스타일이기 때문이다.

하지만 실제로 그 길을 가기로 결정한다면 앞에서 본 코드처럼 그렇게 쉽지는 않을 것이다. 예를 들어 기본적으로 서로 다른 두 PostId 객체를 비교하는 것은 두 객체가 동일한 값을 가진다고 해도 클래스 내용이 아닌 참조만 비교하기 때문에 예상한 대로 동작하지 않는다(이 장 뒷부분에서 참조와 값에 대해 설명하겠다). 문제 없이 작동하려면 주위에 스캐폴딩(Scaffolding)(프로토타입이나 테스트용 코드)을 추가해야 한다. 다음은 기본 체크리스트이다.

• 일부 프레임워크 함수와 라이브러리가 클래스의 두 인스턴스를 비교하기 위해 Equals 메서드에 의존할 수 있으므로 Equals 메서드에 대한 오버라이드(override)를 구현해야 한다.

• 등호 연산자(== 혹은 !=)를 사용하여 값을 직접 비교하려는 경우에는 클래스에서 **연산자 오버로드**를 구현해야 한다.

• Dictionary<K,V>의 클래스를 키로 사용하려면 GetHashCode 메서드를 오버라이드해야 한

---

3  [역주] 컴퓨터 프로그래밍에서 사용하는 들여쓰기 방식 가운데 한 가지 방식을 의미하는데, 에릭 올맨(Eric Allman)의 코딩 스타일이라 올맨 스타일이라고 부른다. 자세한 예는 위키백과에서 찾아 보자.

다. 이 장의 뒷부분에서 해싱과 딕셔너리의 관계에 대해 설명하겠다.

- String.Format과 같은 문자열 형식의 지정 함수는 ToString 메서드를 사용하여 출력에 적합한 클래스의 문자열 표현을 얻는다.

**꼭 필요한 경우가 아니면 연산자 오버로딩은 사용하지 마라.**

연산자 오버로드란 프로그래밍 언어에서 ==, !=, +, -와 같은 연산자의 동작을 변경하는 방법이다. 연산자 오버로딩을 배운 개발자는 적합하지 않은 클래스에 이상하게 동작하는 자신만의 언어를 만드는 경향이 있다. 예를 들면 db += record와 같은 구문으로 테이블 레코드를 삽입하기 위해 += 연산자를 오버로딩한다. 이러한 의도를 알아채는 것은 거의 불가능하며, 설명서를 읽지 않는다면 절대 발견할 수 없을 것이다. 타입이 오버로드되는 연산자를 검색하는 IDE 기능도 없다. 연산자 오버로딩을 불필요하게 사용하지 마라. 심지어 본인조차도 그것이 무엇을 위한 것이었는지 잊어버리고 자책하게 될 것이다. 연산자 오버로딩은 등가 연산자와 타입캐스팅(typecasting) 연산자를 대체하기 위한 목적으로만, 꼭 필요할 때만 사용하라. 꼭 필요하지 않다면 이를 구현하는 데 시간을 낭비하지 마라.

클래스가 표현하는 값과 클래스 자체를 의미론적으로 동일하게 만들기 위해 일부 코드에서는 연산자 오버로드를 사용할 것이다. 숫자와 마찬가지로 클래스에서도 == 연산자는 같은 방식으로 작동해야 한다.

코드 2-2는 모든 등가 연산자 예제를 위해 필요한 모든 요소를 갖춘 PostId 클래스를 보여준다. 여기서 ToString()을 오버라이드하여 클래스가 문자열 형식과 호환되고, 디버깅하는 동안 값을 검사하기가 더 수월해진다. GetHashCode()를 재정의하여 값 자체가 int에 완벽하게 맞을 수 있으므로 Value를 직접 반환한다. Equals() 메서드를 오버라이드하여 고유한 값이 필요하거나 이 값을 검색할 경우 클래스의 컬렉션에서 동등성 검사가 제대로 동작하도록 한다. 마지막으로 ==나 != 연산자를 재정의하여 해당 값에 접근하지 않고도 PostId 값과 직접 비교할 수 있게 한다.

Note ≡ 단지 값을 나타내기 위한 불변 클래스를 이 거리에서는 **값 타입**이라고 한다. 책에 나올 만한 이러한 용어를 아는 것도 좋지만, 용어에만 집중하기보다는 이들의 효용성에 집중하라.

**코드 2-2** 값을 포함하는 클래스의 전체 구현

```
public class PostId{
    public int Value { get; private set; }
    public PostId(int id) {
        if (id <= 0) {
            throw new ArgumentOutOfRangeException(nameof(id));
        }
        Value = id;
    }
```

```
    public override string ToString() => Value.ToString();
    public override int GetHashCode() => Value;              ┐→ System.Object 재정의,
    public override bool Equals(object obj) {                ┘  화살표 구문 표기법 사용
        return obj is PostId other && other.Value == Value;
    }
    public static bool operator ==(PostId a, PostId b) {     → 등가 연산자에 대한 코드 오버로드
        return a.Equals(b);
    }
    public static bool operator !=(PostId a, PostId b) {     → 등가 연산자에 대한 코드 오버로드
        return !a.Equals(b);
    }
}
```

**화살표 구문**

화살표 구문은 C# 6.0 버전에서 도입되었으며, 단일 반환문으로 일반 메서드 구문과 동일하다. 화살표 구문을 활용하면 코드를 더 쉽게 읽을 수 있다. 화살표 구문의 사용에는 정답이 없다. 코드가 읽기 쉽다면 맞게 사용한 것이고, 읽기 어렵다면 틀리게 사용한 것이다.

```
public int Sum(int a, int b) {
    return a + b;
}
```

두 메서드는 동일하다.

```
public int Sum(int a, int b) => a + b;
```

일반적으로 필요하지는 않지만, 클래스가 정렬이나 비교가 필요한 컨테이너에 있어야 할 경우에는 다음 두 가지 추가적인 기능을 구현해야 한다.

- 등가 연산만으로는 순서를 결정할 수 없으므로 IComparable<T>를 구현하여 순서를 정하는 기능을 제공해야 한다. 코드 2-1에서는 식별자에 순서가 없기 때문에 이것을 사용하지 않았다.

- 더 작거나 큰 연산자를 사용하여 값을 비교해야 할 경우라면 이와 관련한 다른 부등호 연산자(<, >, <=, >=) 역시 구현해야 한다.

이는 단순히 정수를 전달하는 경우와 비교하면 할 일이 너무 많아 보일 수 있다. 하지만 팀 단위로 작업하는 큰 프로젝트에서는 효과를 볼 수 있다. 다음 절에서 더 많은 이점을 확인할 수 있을 것이다.

유효성 컨텍스트를 활용하기 위해 항상 새로운 타입을 생성할 필요는 없다. 상속을 활용하여 공통적인 규칙을 갖는 원시 타입을 포함하는 기본 타입을 생성할 수 있다. 예를 들어 다른 클래스에도 적용할 수 있는 일반적인 식별자 타입을 만들 수 있다. 코드 2-1의 경우 PostId 클래스 이름을 DbId로 바꾸고 모든 타입을 이끌어 낼 수 있다.

PostId, UserId, TopicId와 같이 새로운 타입이 필요할 때마다 DbId를 상속하는 방식으로 필요에 따라 이것을 확장할 수 있다. 여기서 다른 타입과 분명하게 구분하기 위해 동일한 타입에 기능적으로 완전히 다른 변화를 줄 수 있다. 또한, 자신만의 방식으로 클래스를 특수하게 만들기 위해 코드를 추가할 수도 있다.

```
public class PostId: DbId {
    public PostId(int id): base(id) { }          → 같은 타입에 새로운 변화를 주기 위해 상속을 사용한다.
}
public class TopicId: DbId {
    public TopicId(int id) : base(id) { }
}
public class UserId: DbId {          → 같은 타입에 새로운 변화를 주기 위해 상속을 사용한다.
    public UserId(int id): base(id) { }
}
```

DbId 타입에서 용도별로 파생된 타입(예를 들어 PostId, UserId, TopicId)을 함께 사용한다면 설계의 구성 요소마다 다양한 용도에 따라 코드상에서 타입 간의 차이를 더 쉽게 구분할 수 있다. 또한, 함수에 잘못된 타입의 식별자를 전달하는 것을 방지할 수 있다.

> Note ☰  문제에 대한 해결책을 안다면 사용하지 않아야 할 때가 언제인지도 알아야 한다. 이러한 재사용성 시나리오에는 예외가 없다. 단순한 프로토타입을 위해 정교하게 작업하지 않아도 되며, 사용자 지정 클래스도 필요하지 않을 수 있다. 함수에 동일한 종류의 값을 자주 전달하면서 검증이 필요한지 여부를 잊는다면 클래스에 대신 포함하여 전달하는 것이 더 나은 경우도 있다.

사용자 정의 데이터 타입은 원시 타입보다 설계를 더 잘 설명할 수 있고 반복적인 유효성 검사를 피할 수 있으므로 버그 예방에도 도움이 된다. 번거롭더라도 구현할 가치가 있다. 또한, 사용 중인 프레임워크가 이미 필요한 타입을 제공하고 있을 수도 있다.

### 2.3.3 무조건 프레임워크를 사용하지 말고 똑똑하게 활용하라

.NET은 다른 프레임워크와 마찬가지로 일반적으로 미리 알 수 없거나 무시할 수 있는 특정 데이

터 타입을 추상화하는 데 유용한 도구를 제공한다. URL, IP 주소, 파일 이름, 날짜와 같은 사용자 지정 텍스트 기반의 값은 문자열로 저장한다. 이러한 기존 데이터 타입 중 몇 가지와 함께 이를 활용하는 방법에 대해 알아보자.

이러한 데이터 타입을 위한 .NET 기반 클래스를 이미 알고 있을 수도 있지만, 다루기 쉬운 문자열을 훨씬 선호할 수도 있다. 문자열을 사용할 때 발생할 수 있는 문제는 유효성 검사에 대한 증거가 부족하다는 점이다. 주어진 문자열이 이미 유효성 검사를 통과했는지 함수에서는 알 수 없다. 때문에 예상하지 못한 실패를 겪거나 재검증을 위해 불필요한 코드가 발생하여 속도가 느려지게 된다. 이 경우에는 특정 데이터 타입을 위해 미리 만든 클래스를 사용하는 편이 더 나을 수 있다.

우리에게 있는 유일한 도구가 망치라면 모든 문제가 못처럼 보일 것이다. 문자열도 마찬가지이다. 문자열은 콘텐츠를 저장하기 위해 일반화된 훌륭한 타입이며 구문 분석, 분할, 병합 등을 다루기가 매우 쉽다. 정말 매력적이다. 하지만 문자열에 대한 이러한 자신감은 종종 우리로 하여금 이미 있는 도구를 다시 개발하게 만든다. 문자열로 일을 처리하기 시작하면 그럴 필요가 없는 경우에도 문자열 처리 함수로 모든 것을 처리하려 하는 경향이 생긴다.

하나의 예를 생각해 보자. 불분명한 이유로 재정적인 어려움에 처한 Supercalifragilisticexpiali docious라는, 단축 URL을 제공하는 회사의 조회 서비스를 작성하는 임무를 맡았다고 하자. 그리고 여러분이 회사의 유일한 희망이다. 회사의 서비스는 다음과 같이 동작한다.

1. 사용자는 다음과 같이 긴 URL을 입력한다.

   https://llanfair.com/pwllgw/yngyll/gogerych/wyrndrobwll/llan/tysilio/gogo/goch.html

2. 서비스는 긴 URL에 대한 짧은 코드를 만들고 다음과 같이 짧은 URL을 새로 생성한다.

   https://su.pa/mK61

3. 사용자가 웹 브라우저에서 단축 URL로 접속할 때마다 원래의 긴 URL 주소로 리디렉션된다.

여러분이 구현할 함수는 단축 URL에서 짧은 코드를 추출하는 것이다. 문자열에 기반한 접근 방식은 다음과 같다.

```
public string GetShortCode(string url){
    const string urlValidationPattern =
    @"^https?://([\w-]+.)+[\w-]+(/[\w- ./?%&=])?$";      → 정규 표현식
    if (!Regex.IsMatch(url, urlValidationPattern)) {        문자열 구문 분석과 오컬트 호출 의식에 사용한다.
        return null;      → 올바른 URL이 아니다.
    }
```

```
    // 마지막 / 이후 부분을 가져온다.
    string[] parts = url.Split('/');
    string lastPart = parts[^1];      → C# 8.0에 도입된 새로운 구문으로,
    return lastPart;                    어떤 범위의 마지막에서 두 번째 항목을 참조한다.
}
```

이 코드는 처음에는 꽤 괜찮아 보이지만, 가상의 사양을 충분히 고려한다면 이미 버그가 있다는
것을 알 수 있다. URL에 대한 유효성 검사 패턴이 불완전하며, 잘못된 URL이 들어오는 것을 허
용하고 있으며, URL 경로에 슬래시가 여러 번 있을 수 있다는 점을 간과하고 있다. 심지어 URL
의 마지막 부분을 얻기 위해 불필요한 문자열 배열을 만들고 있다.

> Note ≣    어떤 사양이 있을 때만 버그가 존재할 수 있다. 만약 아무런 사양도 없다면 버그라고 주장할 수 있는 것은
> 아무것도 없다. 기업들은 "오, 그런 특별한 예외가 있다"라는 식으로 버그를 처리하여 논란을 피할 수 있다. 그저 "이
> 기능이 예상대로 잘 동작하는가?"라는 질문에 답할 수 있는 한, 사양은 문서도 필요 없이 우리 마음 속에만 존재할 수
> 도 있다.

더 중요한 것은 이 논리가 코드에서 분명하지 않다는 점이다. 더 나은 방법은 다음 코드와 같이
.NET 프레임워크의 Uri 클래스를 활용하는 것이다.

```
public string GetShortCode(Uri url){    → 우리가 기대하는 것은 분명하다.
    string path = url.AbsolutePath;     → 봐라, 더 이상 정규 표현식이 필요하지 않다!
    if (path.Contains('/')) {
        return null;      → 올바른 URL이 아니다.
    }
    return path;
}
```

이번에는 문자열 구문을 직접 분석하지 않았다. 이미 이 함수를 호출할 때 처리했다. string 대신
Uri를 써서 더 서술적이고 쓰기 쉬운 코드가 되었다. 구문 분석이나 유효성 검사가 코드 초기에
일어나기 때문에 디버깅하기도 더 쉬워진다. 책의 뒷부분에서 디버깅에 대한 내용을 다루고 있지
만, 가장 좋은 디버깅은 애초에 디버깅을 하지 않는 것이다.

.NET은 int, string, float 등과 같은 원시 데이터 타입 외에도 다른 많은 유용한 데이터 타입을
제공한다. 예를 들어 IPAddress는 유효성 검사 기능뿐만 아니라 요즘 사용되는 IPv6를 지원하기
때문에 string에 비해 IP 주소를 저장하기에 더 좋은 대안이 되며, 믿기 어려울 정도의 기능을 제
공한다. 이 클래스에는 로컬 주소를 정의하는 멤버도 있다.

```
var testAddress = IPAddress.Loopback;
```

이런 식으로 루프백 주소가 필요할 때마다 일일이 127.0.0.1을 쓰지 않고 빠르게 불러올 수 있다. IP 주소를 잘못 입력하면 문자열을 사용할 때보다 더 빨리 이를 잡아낸다.

또 다른 데이터 타입으로는 TimeSpan이 있다. 이름에서 알 수 있듯이 어떤 기간을 표현하기 위한 타입이다. 기간(duration)은 특히 캐싱이나 기한 만료가 필요한 거의 모든 소프트웨어 프로젝트에서 사용된다. 우리는 기간을 컴파일 시간 상수로 정의하려는 경향이 있다. 최악은 다음과 같이 정의하는 것이다.

```
const int cacheExpiration = 5; // 분
```

캐시 만료 시간의 단위가 분 단위인 것은 소스 코드를 보지 않고는 알 수 없다. 적어도 변수 이름에 시간 단위를 포함하는 것이 좋다. 이래야만 나중에 직장 동료나 본인이 소스 코드를 훑어 보지 않고도 해당 타입을 바로 알 수 있을 것이다.

```
public const int cacheExpirationMinutes = 5;
```

이 방법이 더 낫지만, 어떤 함수에서 다른 시간 단위를 입력으로 받는다면 동일한 기간이더라도 다음과 같이 변환해야 한다.

```
cache.Add(key, value, cacheExpirationMinutes * 60);
```

추가로 작업해야 하며, 추가로 변환해야 한다는 것을 기억해야 한다. 당연히 실수하기 쉽다. 60을 잘못 입력하여 이상한 값이 입력될 수 있으며, 이와 같은 단순한 계산 착오 때문에 이를 디버깅하거나 불필요하게 성능을 최적화하려고 몇 날 밤을 샐 수도 있다.

TimeSpan은 이런 점에서 대단히 훌륭하다. 호출 함수가 TimeSpan을 매개변수로 받지 않더라도 TimeSpan 말고 다른 방식으로 기간을 정의할 이유가 없다.

```
public static readonly TimeSpan cacheExpiration = TimeSpan.FromMinutes(5);
```

얼마나 보기 좋은가! 선언된 변수가 기간이라는 것을 바로 알 수 있다. 더 좋은 점은 다른 곳에서 그것의 단위를 알 필요가 없다는 것이다. TimeSpan을 받는 모든 함수에 전달하기만 하면 된다. 함수가 특정 단위(예를 들어 분 단위)를 정수로 받는다면 다음과 같이 호출할 수 있다.

```
cache.Add(key, value, cacheExpiration.TotalMinutes);
```

기간을 분 단위로 변환한다. 훌륭하다!

이와 유사하게 유용한 다른 타입도 많다. 예를 들어 DateTimeOffset은 DateTime과 같이 특정 날

짜나 시간을 표현하는 동시에 시간대 정보도 포함한다. 이를 이용하면 컴퓨터나 서버의 표준 시간대 정보가 갑자기 변경되더라도 데이터가 손실되는 일을 막을 수 있다. 사실 DateTime보다 DateTimeOffset을 사용하게 될 것이다. DateTime으로 쉽게 변환할 수 있기 때문이다. 또한, 연산자 오버로드 덕분에 TimeSpan이나 DateTimeOffset에 산술 연산자를 함께 사용할 수 있다.

```
var now = DateTimeOffset.Now;
var birthDate = new DateTimeOffset(1976, 12, 21, 02, 00, 00, TimeSpan.FromHours(2));
TimeSpan timePassed = now - birthDate;
Console.WriteLine($"It's been {timePassed.TotalSeconds} seconds since I was born!");
```

> Note ≡ 날짜와 시간을 다루는 것은 꽤 까다로운 개념이며, 특히 글로벌 프로젝트에서 이러한 에러가 쉽게 발생한다. 이런 이유로 존 스킷의 Noda Time과 같이 부족한 부분을 채워주는 별도의 서드 파티 라이브러리가 있다.

.NET은 우리 삶을 더 편하게 해주는 훌륭한 유틸리티로 가득 차 있다. 이것을 공부하는 것은 지루한 시간 낭비처럼 보일 수도 있지만, 문자열을 활용하거나 임시적으로 구현하는 방법을 생각해 내려고 노력하는 것보다 훨씬 빠르다.

## 2.3.4 오타 이상의 타입

코드에 주석을 남기는 것은 꽤나 귀찮은 일이기 때문에 나는 주석을 다는 것을 반대한다. 잠깐, 내게 키보드를 집어던지기 전에 뒤에 나올 부분까지 읽어주길 바란다. 코드에 주석을 달지 않더라도 코드 자체만으로 충분히 설명할 수 있다. 특히 데이터 타입은 코드 설명에 도움을 줄 수 있다.

거대한 지하 감옥과 같은 여러분의 프로젝트 코드 베이스에서 다음과 같은 코드를 만났다고 생각해 보자.

```
public int Move(int from, int to) {
    // 실제 코드
    return 0;
}
```

이 함수는 무슨 작업을 위한 걸까? 무엇이 움직인다는 것일까? 매개변수는 무엇을 의미할까? 함수의 반환 결과는 무엇을 의미할까? 타입에 대해 명시하지 않으면 이러한 질문에 대한 답을 얻기가 어려울 것이다. 코드를 분석해 보거나 이를 포함하고 있는 클래스를 찾아 볼 수도 있다. 하지만 시간이 걸릴 것이다. 경험으로 비추어 볼 때 이름을 더 잘 짓는다면 훨씬 더 나아진다.

```
public int MoveContents(int fromTopicId, int toTopicId) {
    // 실제 코드
    return 0;
}
```

훨씬 나아졌다. 하지만 아직 어떤 결과가 반환될지를 알 방법이 없다. 오류 코드를 반환하는 건지, 이동한 항목의 개수를 반환하는 건지, 아니면 이동 작업에서 충돌로 인한 새로운 토픽 식별자를 반환하는 건지 알 수 없다. 어떻게 코드 주석에 의존하지 않고 정보를 전달할 수 있을까? 당연하게도, 타입을 활용하는 방법이 있다. 대신 다음 코드를 생각해 보자.

```
public MoveResult MoveContents(int fromTopicId, int toTopicId) {
    // 실제 코드
    return MoveResult.Success;
}
```

조금 더 명확해졌다. int가 이동 함수의 결과라는 것을 이미 알고 있었기 때문에 크게 추가된 것이 없다고 생각할 수 있다. 하지만 분명 차이가 있다. 이제 비주얼 스튜디오나 VS Code에서 F12 키를 눌러 MoveResult 타입의 기능을 쉽게 확인할 수 있다.

```
public enum MoveResult{
    Success,
    Unauthorized,
    AlreadyMoved
}
```

이제는 한층 더 좋아졌다. 변경 사항은 메서드의 API를 이해하는 데 도움을 줄 뿐만 아니라 함수에서 실제 코드 자체를 향상시킨다. 어떤 상수 값이나 하드 코딩된 정수 값을 사용하는 대신 더 분명한 MoveResult.Success를 볼 수 있기 때문이다. 열거형은 클래스의 상수 값과 달리 전달될 수 있는 값을 제한하고 고유한 타입의 이름을 사용하므로 의도를 설명하기에 더 좋다.

이 함수는 정수 값을 매개변수로 받는 퍼블릭(public)한 API이므로 일부 검증(validation)을 통합해야 한다. 검증은 이미 널리 사용되고 있기 때문에 internal 코드나 private 코드 구현에서도 필요할 수 있다. 따라서 원래 코드에 유효성 검사 로직이 있다면 더 좋을 것이다.

```
public MoveResult MoveContents(TopicId from, TopicId to) {
    // 실제 코드
    return MoveResult.Success;
}
```

보다시피 코드를 적당한 위치로 옮기고 타입을 사용하여 이해하기 쉽게 만들 수 있다. 컴파일러는 타입의 이름을 정확하게 썼는지 확인하기 때문에 오타가 발생하는 것을 방지한다.

## 2.3.5 nullable이 아니라 non-nullable이라 했어야 한다

이 업계에 오래 몸담은 개발자라면 모두 한 번쯤은 NullReferenceException을 만나게 된다. 널 (null)을 처음 고안한 것으로 잘 알려진 토니 호어[4]는 애초에 이것을 처음 만든 것이 '10억 달러의 실수'라고 했다. 하지만 절망적이기만 한 것은 아니다.

---

**널에 대한 짧은 이야기**

널은 값이 없음을 의미하거나 프로그래머의 무관심을 상징하는 값이다. 보통 값이 0인 것과 동일한 의미를 갖는다. 값이 0인 메모리 주소는 메모리의 유효하지 않은 영역을 의미하기 때문에, 현재의 CPU는 이 유효하지 않은 액세스를 포착하여 쉬운 예외 메시지로 변환한다. 널 액세스를 확인할 수 없었던 과거에는 컴퓨터가 중지되거나 손상되거나 재부팅되곤 했다.

어쨌든 코드에서 누락된 값을 설명해야 하므로 정확히는 널 자체가 문제가 되지는 않는다. 널은 어떠한 목적 때문에 존재한다. 기본으로 모든 변수에 널을 할당할 수 있지만, 예기치 않게 널이 할당돼도 확인하지 않는다는 것이 문제다. 결국 예기치 않은 위치에 널이 할당되고 결국 충돌이 발생할 것이다.

자바스크립트는 마치 타입 시스템에 아무런 문제가 없는 것처럼 다른 널 두 개를 가지고 있다. 널과 undefined(아직 할당하지 않은 값)이다. 널은 값이 없다는 것을, undefined는 아직 할당조차 되지 않은 값을 의미한다. 마음이 아프더라도, 자바스크립트는 그냥 원래 이렇다고 받아들여야 한다.

---

C# 8.0은 **nullable 참조**라는 새로운 기능을 도입했다. 기본적으로 참조에 널을 할당할 수 없다는 내용인데 언뜻 보기에는 단순한 변화로 보인다. 사실 이게 전부다. nullable 참조는 아마도 제네릭이 도입된 이후 C# 언어에서 가장 중요한 변화일 것이다. nullable 참조에 대한 다른 모든 기능은 이 핵심 변경과 관련이 있다.

그런데 이 이름에서 혼란스러운 부분이 있는데, 참조가 C# 8.0 이전에 이미 nullable했다는 것이다. 프로그래머에게 이름이 의미하는 바를 더 잘 이해시키고자 했다면 **non-nullable 참조**라는 이

---

4    영국의 컴퓨터 과학자로 퀵 정렬을 고안했다.

름을 붙였어야 했다고 생각된다. 개인적으로 나는 **nullable 타입**을 도입하게 된 과정을 잘 알기 때문에 왜 이렇게 이름을 지었는지도 이해하고 있다. 하지만 실제 많은 개발자는 이것이 전혀 새롭지 않다고 느낄 수 있다.

모든 참조가 nullable일 때 참조를 입력으로 받는 모든 함수는 유효한 참조와 널, 두 가지 다른 값을 받을 수 있다. 널을 예상하지 않은 함수는 값을 참조하려고 할 때 충돌을 일으킨다.

기본적으로 참조를 non-nullable로 설정한다면 문제가 달라진다. 함수를 호출하는 코드가 동일한 프로젝트에 존재하는 한 함수에는 더 이상 널이 들어오지 않는다. 다음 코드를 살펴보자.

```
public MoveResult MoveContents(TopicId from, TopicId to) {
    if (from is null) {
        throw new ArgumentNullException(nameof(from));
    }
    if (to is null) {
        throw new ArgumentNullException(nameof(to));
    }
    // 실제 코드
    return MoveResult.Success;
}
```

Note ≡   is null 구문이 낯설게 보일 수 있다. 나는 최근 마이크로소프트의 선임급 엔지니어들이 트위터에서 벌인 토론을 읽은 후 x == null보다 is null을 사용하기 시작했다. is 연산자는 오버로드될 수 없으므로 항상 정확한 결과를 반환하는 것이 보장된다. 마찬가지로 x != null 대신 x is object 구문을 비슷하게 사용할 수 있다. 내 코드 안에서는 non-nullable 검사를 사용하면 널 검사를 수행할 필요가 없지만, 라이브러리를 게시할 경우라면 외부 다른 사람의 코드에서 널을 사용해 코드를 호출할 수 있다. 이 경우에 널 검사를 명시적으로 수행해야 할 수도 있다.

### 코드에서 충돌이 발생할 경우 왜 널을 확인해야 할까?

함수를 시작할 때 인수가 널인지 확인하지 않는다면 함수는 해당 널 값을 참조할 때까지 계속 실행될 것이다. 즉, 반쯤 작성된 레코드와 같이 원하지 않는 상태에서 작업이 중단되거나, 중단까지는 아니어도 사용자가 눈치채지 못하게 잘못된 작업을 수행할 수 있다. 가능한 한 일찍 실패하고 처리되지 않은 상태는 피하는 것이 좋다. 충돌을 두려워하지 마라. 버그를 발견할 수 있는 기회다.

초기에 실패하면 예외에 대한 스택을 훨씬 더 깔끔하게 추적할 수 있다. 함수의 실패 원인인 매개변수를 정확히 알 수 있다.

항상 널 값을 확인할 필요는 없다. 선택적으로 원하는 값을 받을 수 있으며 널은 이런 의도를 표현하는 가장 간단한 방법일 뿐이다. 오류 처리에 대해서는 나중에 더 자세히 설명하겠다.

프로젝트 전체 또는 파일별로 널 검사를 실행할 수도 있다. 개인적으로 새 프로젝트를 시작할 때 항상 프로젝트 전체에 널 검사를 활성화하는 것을 추천한다. 여러분이 처음부터 올바른 코드를 작성하도록 권장할 뿐만 아니라 버그 수정에 소요되는 시간도 줄일 수 있기 때문이다. 파일별로 널 검사를 활성화하려면 파일 시작 부분에 #nullable enable을 추가하면 된다.

> *Pro Tip* ☰　활성화/비활성화 컴파일러 지시문은 항상 활성화/비활성화의 반대가 아닌 restore로 끝낸다. 이렇게 하면 전역 설정에 영향을 주지 않는다. 이것은 글로벌 프로젝트 설정을 조작할 때 도움이 된다. 그렇지 않으면 귀중한 피드백을 놓칠 수 있다.

nullable 검사를 활성화하면 코드는 다음과 같다.

```
#nullable enable
public MoveResult MoveContents (TopicId from, TopicId to) {
    // 실제 코드
    return MoveResult.Success;
}
#nullable restore
```

널 값 또는 nullable 값으로 MoveResult 함수를 호출하려고 하면 실행 중간에 오류가 발생하는 대신 컴파일러에서 즉시 경고가 표시된다. 코드를 실행하기도 전에 오류를 확인할 수 있다. 경고를 무시하고 그냥 계속 실행할 수도 있지만 절대 그러지 않길 바란다.

처음에는 예전처럼 클래스를 쉽게 선언할 수 없기 때문에 nullable 참조가 귀찮을 수 있다. 수신자의 이름과 이메일을 받고 데이터베이스에 회의 결과를 기록하는 등록 웹 페이지를 개발하고 있다고 가정해 보자. 클래스에는 광고 네트워크에서 전달된 자유로운 형식의 문자열인 캠페인 소스 필드가 있다. 이 문자열에 값이 없는 경우, 광고를 참조하지 않고 페이지에 직접 액세스한다는 것을 의미한다. 이 클래스는 다음과 같다.

```
#nullable enable
class ConferenceRegistration
{
    public string CampaignSource { get; set; }
    public string FirstName { get; set; }
    public string? MiddleName { get; set; }      → 중간 이름은 선택 사항이다.
    public string LastName { get; set; }
    public string Email { get; set; }
    public DateTimeOffset CreatedOn { get; set; }    → 데이터베이스에 기록을 작성한 날짜가
}                                                       있으면 이후 조사에 유용하다.
#nullable restore
```

코드에서 클래스를 컴파일하려고 하면 non-nullable 선언된 모든 문자열, 즉 MiddleName과 CreatedOn을 제외한 모든 속성에 대해 컴파일러 경고가 표시된다.

```
Non-nullable property '…' is uninitialized. Consider declaring the property as
nullable.
```

중간 이름은 선택 사항이므로 MiddleName을 nullable로 선언한다. 이것 때문에 컴파일러 오류가 발생하지 않았다.

> Note ≡  선택 사항을 나타낼 때 빈 문자열을 사용하는 대신 널을 사용하라. 빈 문자열을 사용하면 동료들이 그 의도를 이해할 수 없다. 빈 문자열이 유효한 값인지 아니면 선택 사항을 의미하는지 알 수가 없다. 하지만 널은 분명하다.

### 빈 문자열에 대해

앞으로 여러분은 선택 사항을 나타내는 것 이외의 목적으로 빈 문자열을 선언해야 할 때가 있을 것이다. 이때 빈 문자열을 나타내기 위해 "" 표기법을 사용하지 마라. 텍스트 편집기, 테스트 실행기 출력 창 또는 연속 통합 웹 페이지와 같이 코드를 볼 수 있는 다양한 환경 때문에 코드를 단일 공백이 있는 문자열("")과 혼동하기 쉽다. 이미 존재하는 타입을 활용하려면 명시적으로 String.Empty로 빈 문자열을 선언해야 한다. 소문자 클래스 이름 string.Empty와 함께 사용하거나 코드 규칙을 활용할 수도 있다. 여러분의 의도를 전달할 수 있도록 코딩하라.

반면에 CreatedOn은 구조체이므로 컴파일러는 0으로 채우기만 하면 된다. 이로 인해 컴파일러 오류가 발생하지 않지만 여러분은 여전히 컴파일러 오류를 피하고 싶을 것이다.

컴파일러 오류를 수정할 때 개발자의 첫 번째 반응은 컴파일러가 제안하는 제안을 모두 적용하는 것이다. 앞의 예에서 컴파일러가 제안한 것이 nullable로 속성을 선언하는 것이지만, 이렇게 하면 이해가 달라진다. 갑자기 이름과 성에 대한 속성도 선택 사항으로 지정하는데 그래서는 안 된다. 선택 사항에 대해 어떤 방법을 사용할지 생각해 봐야 한다.

속성을 널로 만들지 않으려면 스스로 몇 가지 질문을 해야 한다. 먼저 "속성에 기본값이 있을까?"라고 질문해 보자.

이 경우 생성자에서 기본값을 할당할 수 있다. 그러면 코드를 검토할 때 클래스 동작에 대해 더 나은 생각을 얻을 수 있을 것이다. 캠페인 소스 필드에 기본값이 있다면 다음과 같이 쓸 수 있다.

```
public string CampaignSource { get; set; } = "organic";
public DateTimeOffset CreatedOn { get; set; } = DateTimeOffset.Now;
```

이렇게 컴파일러 경고를 제거할 수 있고, 자신의 코드를 읽는 다른 사람에게 의도를 전달할 수 있다.

하지만 이름과 성은 선택 사항일 수 없으며 기본값을 가질 수 없다. 기본값으로 John과 Doe를 절대 사용하지 마라. "이 클래스를 어떻게 초기화할 것인가?"를 생각해 보라.

클래스를 사용자 지정 생성자로 초기화하여 잘못된 값을 허용하지 않으려면 생성자에서 속성 값을 할당하고 변경할 수 없도록 private set으로 선언해야 한다. 이에 대해서는 불변성을 다룬 절에서 더 논의할 것이다. 다음과 같이 기본값이 널인 선택적 매개변수를 사용하여 생성자에서 옵션을 표시할 수도 있다.

**코드 2-3** 불변 클래스 예제

```
class ConferenceRegistration{
    public string CampaignSource { get; private set; }
    public string FirstName { get; private set; }
    public string? MiddleName { get; private set; }
    public string LastName { get; private set; }
    public string Email { get; private set; }
    public DateTimeOffset CreatedOn { get; private set; } = DateTime.Now;

    public ConferenceRegistration(
        string firstName,
        string? middleName,
        string lastName,
        string email,
        string? campaignSource = null) {      → 널로 옵션을 나타낸다.
        FirstName = firstName;
        MiddleName = middleName;
        LastName = lastName;
        Email = email;
        CampaignSource = campaignSource ?? "organic";
    }
}
```

→ 모든 속성은 private set을 갖는다.

"하지만 이건 할 일이 너무 많다"라고 우는 소리가 들린다. 동의한다. 불변 클래스를 만드는 것은 이 정도로 어렵지는 않을 것이다. 다행히 C# 팀은 이것을 훨씬 더 쉽게 하기 위해 C# 9.0에 **record types**라는 새로운 구조를 도입했다. 하지만 C# 9.0을 사용할 수 없다면 결정을 내려야 한다. 버그를 줄이고 싶은가, 아니면 최대한 빨리 코딩을 끝내고 싶은가?

> **우리를 도와줄 record types**
>
> C# 9.0은 record types를 도입하여 불변 클래스를 매우 쉽게 만들 수 있다. 예를 들어 코드 2-3의 클래스를 다음과 같이 간단히 표현할 수 있다.
>
> ```
> public record ConferenceRegistration(
>     string CampaignSource,
>     string FirstName,
>     string? MiddleName,
>     string LastName,
>     string Email,
>     DateTimeOffset CreatedOn);
> ```
>
> 매개변수 목록에서 지정한 인수와 같은 이름의 속성을 자동으로 초기 설정하고 속성을 불변으로 만들기 때문에 record 코드는 코드 2-3에 표시된 클래스와 정확히 동일하게 동작한다. 세미콜론으로 선언을 끝내는 대신 일반 클래스처럼 record 블록 본문에 메서드와 추가 생성자를 추가할 수도 있다. 정말 대단하며 시간도 아낄 수 있다.

본디 인간은 미래에 일어날 일에 대한 비용을 추정하는 것에 매우 서툴고, 보통 당장 눈앞의 미래만 생각하기 때문에 이 질문에 대한 답을 결정하는 것은 어렵다. 샌프란시스코는 현재 COVID-19 팬데믹으로 도시 봉쇄 정책을 따르고 있다. 내가 이 책을 쓸 수 있었던 이유도 사실은 인류가 이 전염병의 미래 비용을 제대로 예측하지 못했기 때문이다. 우리 모두 이러한 예측에 형편없다. 이 사실을 인정하자.

다음을 생각해 보자. 단순히 생성자를 이용하여 널 검사 누락과 잘못된 상태로 인한 전체 클래스의 버그를 제거할 수 있는 기회가 있다. 또는 원래대로 버그 보고서, 이슈 트래커, PM과의 회의, 관련 버그 분류 및 수정 등 보고된 모든 버그에 대한 결과를 처리할 수도 있다. "좋아, 이제 그만, 세다트가 시키는 대로 할게"라고 마음먹기 전까지 같은 클래스의 또 다른 버그를 만나게 될 것이다. 여러분은 어떤 길을 택하겠는가?

전에 말했듯이, 이를 위해서는 코드의 어느 부분에서 버그가 얼마나 많이 발생할지 예상하는 일종의 직관이 필요하다. 무슨 제안이든 맹목적으로 따라서는 안 된다. 나중에 벌어질 **실패**, 즉 코드가 얼마나 변화할지에 대한 감각을 가져야 한다. 코드가 많이 바뀔수록 버그는 더 쉽게 생길 것이다.

하지만 이 모든 것을 마쳤고 "아니, 괜찮을 거야, 그건 고생할 가치가 없어"라고 결정했다고 가정해 보자. 다음과 같이 nullable 검사를 유지한다고 하더라도 미리 필드를 초기화하면 널 안전성을 어느 정도는 얻을 수 있다.

```
class ConferenceRegistration
{
    public string CampaignSource { get; set; } = "organic";
    public string FirstName { get; set; } = null!;
    public string? MiddleName { get; set; }
    public string LastName { get; set; } = null!;
    public string Email { get; set; } = null!;
    public DateTimeOffset CreatedOn { get; set; }
}
```

→ 새로운 생성자에서 null!를 사용하자.

느낌표(bang) 연산자(!)는 컴파일러에게 정확히 "내가 무엇을 하고 있는지 알고 있다"라고 말한다. 이 경우, "이 클래스를 만든 후 즉시 해당 속성을 초기화할 것이다. 그렇지 않으면 nullability 검사가 전혀 작동하지 않는다는 것을 받아들인다"라고 말한다. 기본적으로 이렇게 속성을 즉시 초기화하겠다는 약속을 지킨다면 여전히 무효성을 보장할 수 있다.

팀원 모두가 이를 납득하지 못할 수도 있고 나중에 결국 속성을 초기화할 수도 있기 때문에 이는 살얼음 위를 걷는 것과 같다. 여러분이 이러한 위험을 관리할 수 있다면 이 방식을 고수해도 된다. 객체에 대한 기본 생성자와 설정할 수 있는 속성이 필요한 Entity 프레임워크와 같은 일부 라이브러리에서는 불가피할 수도 있다.

**Maybe⟨T⟩는 죽었고, Nullable⟨T⟩는 오래 살아남았다!**

C#에서 nullable 타입은 정확성을 강제하기 위해 컴파일러를 지원하지 않는다. 여기서 실수하면 전체 프로그램에 충돌을 일으킬 수 있기 때문에 이것은 그동안 선택 사항을 표시하는 열등한 방법으로 여겨졌다. 이 때문에 사람들은 널 참조 예외를 발생시킬 위험이 없는 Maybe⟨T⟩ 혹은 Option⟨T⟩와 같은 자신만의 선택적 타입을 구현했다. C# 8.0은 널 값에 대한 컴파일러 안전성 검사를 아주 잘하며, 이로 인해 자신만의 선택 타입을 구현해 사용하는 시대는 공식적으로 끝났다. 컴파일러는 임시방편으로 구현한 것보다 nullable 타입을 더 잘 검사하고 최적화할 수 있다. 또한, 연산자와 패턴을 매칭하여 언어에서 구문을 지원 받을 수도 있다. Nullable⟨T⟩ 만세!

nullability 검사는 여러분이 작성 중인 코드에 대한 의도를 파악하는 데 도움을 준다. 이를 통해 여러분은 그 값이 정말 선택적인지 아니면 선택적일 필요가 전혀 없는지에 대해 더 명확하게 생각할 것이다. 이를 통해 여러분은 버그를 줄이고 더 나은 개발자가 될 수 있을 것이다.

## 2.3.6 무료 성능 향상

프로토타입을 작성할 때 성능을 우선으로 고려할 필요는 없지만 데이터 타입, 데이터 구조, 알고리즘의 성능 특성을 기본으로 이해하고 있다면 성능을 더 높이는 방향으로 나아갈 수 있다. 어쩌면 자신도 모르는 사이에 더 빠른 코드를 작성할 수도 있을 것이다. 특정 작업을 위해 일반적인 타입 대신에 특정한 타입을 사용하면 백그라운드에서 도움이 될 수도 있다.

기존의 타입은 더 효율적인 스토리지(저장 공간)를 **무료로** 사용할 수 있다. 예를 들어 유효한 IPv6 문자열은 최대 65자인 반면, IPv4 주소는 최소 7자이다. 즉, 문자열 기반 스토리지는 14~130바이트를 차지하며 객체 헤더를 포함할 경우 30~160바이트를 차지한다. 이와 달리 IPAddress 타입은 IP 주소를 일련의 바이트로 저장하고 20~44바이트를 사용한다. 그림 2-12는 문자열 기반의 스토리지와 좀 더 '원시적인' 데이터 구조 사이의 메모리 레이아웃 차이를 보여준다.

▼ 그림 2-12 공통적인 객체 헤더를 제외한 데이터 타입의 스토리지 차이

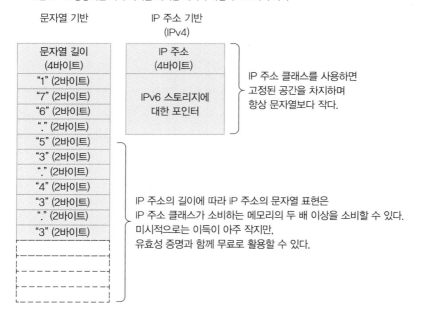

별로 큰 차이가 없어 보일 수도 있지만, 이것이 무료라는 점을 기억하자. IP 주소가 길어질수록 더 많은 공간을 절약하게 된다. 또한, 동시에 유효성 증명을 제공하므로 전달된 객체가 코드 전체에 유효한 IP 주소를 보유하고 있다는 것을 안전하게 신뢰할 수 있다. 이처럼 타입이 데이터 뒤에 숨겨진 의도를 설명하기 때문에 코드를 읽기가 더 쉬워진다.

반면에 우리 모두가 세상에 공짜 점심은 없다는 사실을 잘 알고 있다. 여기서 문제는 뭘까? 사용하면 안 될 때는 언제일까? 문자열을 바이트로 분해하기 위해 문자열 구문 분석을 위한 약간의 오버헤드가 발생한다. 일부 코드는 문자열을 검토하여 IP 주소가 IPv4 인지, IPv6 주소인지 확인하

고 그에 따라 최적화된 코드를 사용하여 구문을 분석한다. 구문 분석 후 문자열의 유효성을 검사하기 때문에 나머지 코드에서는 유효성 검사를 다시 하지 않아도 된다. 이러한 장점이 구문 분석 때문에 발생하는 약간의 오버헤드를 상쇄한다. 처음부터 올바른 타입을 사용하면 전달된 인수가 올바른 타입인지 확인하는 데 드는 오버헤드를 피할 수 있다. 마지막으로 올바른 타입을 선호하는 것은 값 타입이 유용한 경우에도 마찬가지로 적용된다. 값 타입의 이점에 대해서는 다음 절에서 자세히 알아보자.

성능과 확장성은 단일 차원의 개념이 아니다. 7장에서 다시 설명하겠지만, 예를 들어 데이터 스토리지를 최적화하면 실제로 성능이 저하될 수 있다. 그러나 어떤 작업에 특정 유형을 사용하고 데이터에 특화된 유형을 사용하는 것은 대부분 아주 쉬운 일이다.

## 2.3.7 참조 타입 대 값 타입

참조 타입과 값 타입의 차이는 타입이 메모리에 저장되는 방식과 꽤 관련이 있다. 간단히 말해 값 타입의 실제 변수 값은 호출 스택에 저장되는 반면, 참조 타입은 **힙**에 저장되고, 실제 값에 대한 참조만 호출 스택에 저장된다. 다음은 코드에서 이것이 어떻게 돌아가는지 보여주는 간단한 예이다.

```
int result = 5;       → 원시 값 타입
var builder = new StringBuilder();       → 참조 타입
var date = new DateTime(1984, 10, 9);       → 모든 구조체가 값 타입이다.
string formula = "2 + 2 = ";       → 원시 참조 타입
builder.Append(formula);
builder.Append(result);
builder.Append(date.ToString());
Console.WriteLine(builder.ToString());       → 말도 안 되는 수식을 출력한다.
```

자바에는 int와 같은 원시적인 것을 제외하고는 값 타입이 없다. 추가적으로 C#은 자신만의 고유한 값 타입을 정의할 수 있다. 참조 타입과 값 타입의 차이를 안다면 올바른 작업에 올바른 타입을 사용할 수 있으므로 좀 더 효율적인 프로그래머가 될 수 있다. 배우는 것도 어렵지 않다.

**참조**는 관리되는 **포인터**와 유사하다. 포인터는 일종의 메모리 주소이다. 그림 2-13에서 보듯이 일반적으로 메모리를 아주 긴 바이트 배열로 상상할 수 있다.

는 것이 합리적이다.

하지만 코드를 변경하지 않으면 결국 문제가 발생할 수 있다. 새로운 기능을 구현하기 위해서 무언가를 부수고 다시 만들어야 한다면 개발에 방해가 될 수 있기 때문이다. 기존 코드를 그대로 두고 최대한 건드리지 않은 채로 새로운 코드에 모든 것을 추가하는 데 익숙할 수 있다. 하지만 코드를 변경하지 않고 그대로 두면 더 많은 코드가 필요할 수 있으며, 결국 유지보수해야 하는 코드의 양만 증가시킬 뿐이다.

기존 코드를 바꿔야 한다면 이것은 더 큰 문제이다. 이번에는 조용히 넘어갈 수 없다. 기존 코드가 특별한 작업 방식과 밀접하게 연결되어 있다면 수정하는 것 자체가 매우 어려울 수 있다. 이 상황에서 코드를 변경하면 다른 여러 곳을 함께 변경해야 할 수도 있다. 변화에 대한 기존 코드의 이러한 저항을 **코드 경직성**(code rigidity)이라고 한다. 그것은 코드가 더 경직될수록 이 코드를 조작하기 위해 더 많은 코드를 깨버려야 한다는 것을 의미한다.

### 3.1.1 코드 경직성에 맞서라

코드 경직성에는 여러 요인이 있으며, 그중 하나는 코드에 너무 많은 종속성(또는 의존성)이 있는 경우이다. 종속성은 프레임워크 어셈블리, 외부 라이브러리, 내 코드의 다른 엔터티 등 다양한 것과 연관될 수 있다. 코드가 얽힐 경우 모든 유형의 종속성은 문제를 일으킬 수 있다. 종속은 축복이면서 동시에 저주일 수도 있다. 그림 3-1은 끔찍한 종속성 그래프를 가진 소프트웨어를 보여준다. 구성 요소 중 하나가 손상되면 거의 모든 코드를 변경해야 하는 수준으로, 이는 매우 극단적인 경우이다.

▼ 그림 3-1 종속성 지옥

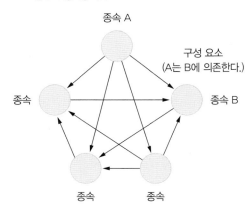

종속성은 왜 문제가 될까? 종속성을 추가하는 것을 고려할 때, 모든 구성 요소를 다른 고객으로 간주하거나 모든 계층을 요구 사항이 서로 다른 시장 집단이라고 생각해 보자. 여러 시장의 고객에게 서비스를 제공하는 것은 단일 시장의 고객에게 서비스를 제공하는 것보다 더 큰 책임이 따른다. 고객의 요구 사항이 각자 다르기 때문에 다양한 요구 사항을 충족해야 한다. 종속성 체인 (dependency chains)을 결정할 때 이러한 관계를 생각해 보자. 이상적으로는 가능한 한 적은 유형의 고객에게 서비스를 제공하도록 노력해야 한다. 이것은 구성 요소 또는 전체 계층을 최대한 단순하게 유지하기 위한 중요한 요소다.

우리는 종속성을 피할 수 없으며, 코드를 재사용하려면 종속성은 필수적이다. 코드 재사용은 두 가지 조항으로 이뤄진 계약이다. 구성 요소 A가 구성 요소 B에 의존적이라고 할 때 첫 번째 조항은 'B가 A에게 서비스를 제공할 것'이다. 흔히 간과하는 두 번째 조항은 'B를 변경할 때마다 A를 유지보수해야 한다'이다. 종속성 체인을 잘 구분하여 관리한다면 코드 재사용으로 인한 종속성은 문제가 없다.


## 3.1.2 빠르게 옮기고 깨버리자

컴파일도 안 되는 데다 테스트에 실패할 수도 있는데 왜 코드를 깨야 할까? 서로 얽혀 있는 의존성이 코드의 경직성을 유발하여 변화에 저항성을 갖게 하기 때문이다. 이것은 시간이 지날수록 여러분을 더 느리게 만들며, 결국 여러분을 멈추게 할 것이다. 초반에 종속성을 끊는 것이 더 쉽기 때문에 당장 코드가 잘 동작하더라도 이러한 문제를 인식하고 코드를 깨야 한다. 그림 3-2에서 종속성이 우리 손을 어떻게 묶어 놓는지를 볼 수 있다.

종속성이 없는 구성 요소를 수정하는 것이 가장 쉽다. 그 외 다른 것을 깨뜨리는 것은 불가능하다. 어떤 구성 요소가 다른 구성 요소 중 하나에 의존하는 경우, 종속성은 일종의 계약을 의미하기 때문에 이때는 약간의 경직성이 발생한다.

이는 B에서 인터페이스를 변경하면 A도 변경해야 한다는 의미이다. 인터페이스를 변경하지 않고 B의 구현을 변경하더라도 일단 B를 부순 셈이기 때문에 A를 깰 수 있다. 단일 구성 요소에 종속된 구성 요소가 여러 개일 경우 문제는 더 커진다.

A를 변경하려면 종속된 구성 요소도 변경해야 하며, 그중 하나라도 망가질 위험성이 존재하기 때문에 더 어렵다. 프로그래머들은 코드를 더 많이 재사용할수록 시간을 더 많이 절약할 수 있다고 생각하는 경향이 있다. 하지만 이로 인해 어떤 대가를 치러야 하는지를 고민해 봐야 한다.

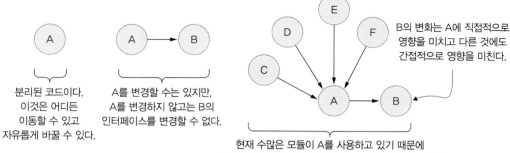

분리된 코드이다.
이것은 어디든
이동할 수 있고
자유롭게 바꿀 수 있다.

A를 변경할 수는 있지만,
A를 변경하지 않고는 B의
인터페이스를 변경할 수 없다.

B의 변화는 A에 직접적으로
영향을 미치고 다른 것에도
간접적으로 영향을 미친다.

현재 수많은 모듈이 A를 사용하고 있기 때문에
C, D, E, F의 코드를 바꾸지 않고는 A를 변경할 수 없다.

### 3.1.3 경계를 존중하라

여러분이 가져야 할 첫 번째 습관은 의존성에 대한 **추상화 경계**를 넘지 않는 것이다. 추상화 경계는 코드의 계층 주위에 그리는 논리적 경계로, 주어진 계층의 관심사 집합을 의미한다. 예를 들어코드에 웹, 비즈니스, 데이터베이스 계층을 추상화할 수 있다. 그림 3-3처럼 코드를 계층화할 때 DB 계층은 웹 계층이나 비즈니스 계층을 몰라야 하며, 웹 계층도 DB 계층을 알아서는 안 된다.

❤ 그림 3-3 피해야 할 추상화 경계 위반

웹 계층은
웹 요청만
처리하고
관련 비즈니스
함수를 호출한다.

비즈니스 계층은
비즈니스 관련
코드만 포함한다.

DB 계층은
데이터베이스
쿼리만 처리한다.

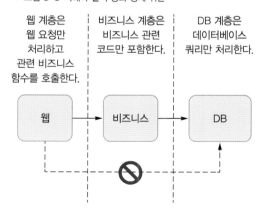

경계를 넘는 것은 왜 좋지 않은걸까? 그 이유는 바로 추상화의 장점을 없애기 때문이다. 하위 계층의 복잡성을 상위 계층으로 끌어올리면 하위 계층에서 일어나는 모든 변경 사항과 그 영향을 관리해야 한다. 각각의 구성원이 각자의 계층을 책임지는 팀이 있다고 생각해 보자. 경계를 넘는다면 웹 계층의 개발자가 갑자기 SQL을 배워야 할 수도 있다. 이뿐만 아니라 DB 계층의 개발자가 필요 이상으로 많은 사람과 소통해야 할 수도 있다. 결국 개발자에게 불필요한 책임과 부담만 지울 뿐이다. 사람들을 납득시킬 합의점을 찾기 위한 시간만 기하급수적으로 늘어날 것이다. 시간도, 추상화의 가치도 잃게 된다.

이러한 경계 문제와 마주친다면 코드를 깨버려 동작이 멈추게 하고, 위반 요소를 제거하고, 코드를 리팩터링하고, 그 영향을 처리하라. 코드에 의존하는 다른 부분도 수정해야 한다. 이런 경우에는 코드를 깰 위험이 있더라도 방심하지 말고 즉시 차단해야 한다. 코드가 깨지는 것을 두려워한다면 그것은 잘못 설계된 코드이다. 좋은 코드는 깨지지 않는다는 뜻이 아니다. 깨졌을 때 조각을 다시 붙이는 것이 훨씬 더 쉽다는 뜻이다.

---

**테스트의 중요성**

코드 변경으로 어떤 시나리오가 실패하는지 확인할 수 있어야 한다. 기존에 가지고 있던 지식에 의존해 코드를 이해할 수 있겠지만, 시간이 지남에 따라 코드가 더 복잡해진다면 코드에 대한 이해는 더 이상 도움되지 않을 것이다.

그런 의미에서 테스트는 더 간단하다. 테스트는 지시 사항을 적어 놓은 목록일 수도 있고, 완전히 자동화된 테스트일 수도 있다. 자동된 테스트는 보통 한 번 작성해 두면 직접 실행하는 데는 시간을 낭비하지 않기 때문에 일반적으로 바람직한 편이다. 테스트 프레임워크 덕분에 꽤 간단하게 사용할 수 있다. 4장에서 이 주제에 대해 더 자세히 다룰 것이다.

---

### 3.1.4 공통적인 기능을 분리하라

그림 3-3은 웹 계층이 DB 계층과 공통적인 기능을 가질 수 없다는 것을 의미하는가? 아니, 물론 가질 수 있다. 그러나 그런 경우에는 별도의 구성 요소가 필요하다. 예를 들어 두 계층 모두 공통적인 모델 클래스에 의존적일 수 있다. 이 경우 그림 3-4와 같은 관계 다이어그램을 사용할 수 있다.

▼ 그림 3-4 추상화를 위반하지 않고 공통적인 기능 추출하기

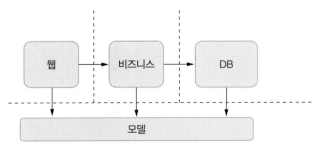

모델 계층은 다른 모든 계층에서 공유하는 추상화를 포함한다.

코드를 리팩터링하면 빌드 프로세스가 중단되거나 테스트가 실패할 수 있다. 또한, 이론적으로 절대 해서는 안 되는 짓이다. 하지만 나는 이러한 위반을 숨겨진 문제라고 생각한다. 즉시 이러한 문제에 주의를 기울여야 하고, 만약 이 과정에서 버그가 더 많이 발생한다면 코드가 작동을 멈춘 것이 아니라 이미 그곳에 있었던 버그가 이제서야 알아차리기 쉽게 드러난 것뿐이다.

예를 들어, 이모티콘으로만 소통할 수 있는 채팅 앱을 위해 API를 작성한다고 생각해 보자. 끔찍하게 들리겠지만, 한때 Yo를 포함한 문자만을 메시지로 보낼 수 있는 채팅 앱이 있었다.[2] 아마 이 앱보다는 나을 것이다.

모바일 기기의 요청을 받아서 웹 계층으로 앱을 설계하고, 실제 작업을 수행하는 **비즈니스 계층**(일명 **로직 계층**)을 호출한다. 이렇게 분리하면 웹 계층 없이 비즈니스 계층을 테스트할 수 있다. 나중에 모바일 웹 사이트와 같은 다른 플랫폼에서도 동일한 비즈니스 로직을 사용할 수 있다. 따라서 비즈니스 로직을 분리하는 것이 당연하다.

> Note ≡ 비즈니스 로직이나 비즈니스 계층에서 말하는 **비즈니스**는 실제 비즈니스와 관련된 것을 의미하는 것이 아니라, 추상적인 모델을 가진 애플리케이션의 핵심 로직을 의미한다고 보는 것이 알맞다. 틀림없이, 비즈니스 계층 코드를 보면 애플리케이션이 더 높은 수준에서 어떻게 동작하는지 알게 될 것이다.

비즈니스 계층은 데이터베이스나 스토리지 기술에 대해 아무것도 모른다. 필요할 때 DB 계층을 호출할 뿐이다. DB 계층은 데이터베이스 기능을 DB와 분리된 형태로 캡슐화한다. 이렇게 분리하면 스토리지 계층의 모의 구현을 비즈니스 계층에 쉽게 연결할 수 있기 때문에 비즈니스 로직을 테스트하기가 더 쉬워진다. 더 중요한 것은 이 아키텍처로 비즈니스 계층이나 웹 계층의 코드를 한 줄도 변경하지 않고 백그라운드에서 DB를 변경할 수 있다는 점이다. 그림 3-5에서 이러한 종류의 계층화가 어떤 모습인지 볼 수 있다.

▼ 그림 3-5 모바일 앱 API의 기본 아키텍처 예제

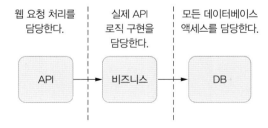

웹 요청 처리를 담당한다.    실제 API 로직 구현을 담당한다.    모든 데이터베이스 액세스를 담당한다.

API → 비즈니스 → DB

---

2   Yo라는 채팅 앱에서는 'Yo'가 포함된 문자만 보낼 수 있었다. 한때 이 앱은 1,000만 달러의 가치가 있었다. 이 회사는 2016년에 문을 닫았다. https://en.wikipedia.org/wiki/Yo_(app).

여기서 단점은 API에 새로운 기능을 추가할 때마다 새로운 비즈니스 계층 클래스나 메서드, 관련 DB 계층의 클래스와 메서드를 만들어야 한다는 것이다. 특히 마감이 코앞이고 기능이 비교적 단순한 경우에는 작업량이 많아 보일 수 있다. "단순한 SQL 쿼리를 위해 이런 모든 번거로움을 감수해야 하는 이유는 무엇일까?"라고 생각할 수도 있다. 최전방에서 많은 개발자의 환상을 실현시키고 기존의 추상화를 거슬러 보자.

## 3.1.5 예제 웹 페이지

사용자가 보내고 받은 메시지의 총 수를 보여주는 새로운 통계 탭을 구현하라는 지시를 받았다고 가정해 보자. 백엔드에서의 단순한 SQL 쿼리는 다음과 같다.

```
SELECT COUNT(*) as Sent FROM Messages WHERE FromId=@userId
SELECT COUNT(*) as Received FROM Messages WHERE ToId=@userId
```

API 계층에서 이러한 쿼리를 실행할 수 있다. ASP.NET 코어나 웹 개발, SQL에 익숙하지 않더라도 모바일 앱으로 반환할 모델을 정의하는 코드 3-1 정도는 쉽게 이해할 수 있을 것이다. 모델을 자동으로 JSON 형식으로 직렬화한다. 그런 다음 SQL 서버 데이터베이스를 위한 연결 문자열을 가져온다. 이 문자열로 데이터베이스에 연결하고 쿼리를 실행한 다음 결과를 반환한다.

코드 3-1의 StatsController 클래스는 웹 처리에 대한 추상화이다. 여기에는 수신된 쿼리 변수가 함수 인수로 있고 URL은 컨트롤러 이름으로 정의되며 결과는 객체로 반환된다. 따라서 코드 3-1의 https://yourwebdomain/Stats/Get?userId=123과 같은 URL을 사용하면 MVC 인프라가 쿼리 변수를 함수 인수에 매핑하고, 반환된 객체를 JSON 결과에 자동으로 매핑한다. URL, 쿼리 문자열, HTTP 헤더, JSON 직렬화를 실제로 처리하지 않아도 되기 때문에 웹 처리 코드를 작성하는 것이 훨씬 간단하다.

**코드 3-1** 추상화를 위반하여 기능 구현하기

```
public class UserStats {      → 모델을 정의한다.
    public int Received { get; set; }
    public int Sent { get; set; }
}

public class StatsController: ControllerBase {      → 컨트롤러
    public UserStats Get(int userId) {      → API 엔드포인트
        var result = new UserStats();
```

```
        string connectionString = config.GetConnectionString("DB");
        using (var conn = new SqlConnection(connectionString)) {
            conn.Open();
            var cmd = conn.CreateCommand();
            cmd.CommandText =
              "SELECT COUNT(*) FROM Messages WHERE FromId={0}";
            cmd.Parameters.Add(userId);
            result.Sent = (int)cmd.ExecuteScalar();
            cmd.CommandText =
              "SELECT COUNT(*) FROM Messages WHERE ToId={0}";
            result.Received = (int)cmd.ExecuteScalar();
        }
        return result;
    }
}
```

이 코드를 구현하는 데 아마 5분 정도 걸렸던 것 같다. 코드 자체는 매우 간단해 보인다. 우리는 왜 추상화에 신경을 쓰는 걸까? 이렇게 API 계층에 모든 것을 넣으면 되지 않을까?

이러한 솔루션은 완벽한 설계가 필요하지 않은 시제품을 제작할 때 적합할 수 있다. 하지만 생산 시스템에서 이런 결정을 내린다면 신중해야 한다. 생산 시스템을 중단할 수 있는가? 몇 분 정도 사이트가 다운되어도 괜찮을까? 괜찮다면 사용해도 상관없다. 다른 팀원의 생각은 어떨까? API 계층의 유지 관리자가 이러한 SQL 쿼리를 여기저기에 넣는 것을 좋아할까? 테스트는 어떤가? 이 코드를 테스트하고 올바르게 실행되는지 확인하려면 어떻게 해야 할까? 여기에 새 필드를 추가하는 것은 어떤가? 다음날 사무실에서 벌어질 일을 상상해 보자. 사람들이 여러분을 안아주며 칭찬할까? 아니면 여러분의 책상과 의자에 압정을 박아둘까?

실제 데이터베이스 구조에 종속성을 추가한 꼴이 된 것이다. 코드에서 사용한 Messages 테이블이나 데이터베이스 기술의 레이아웃을 변경해야 하는 경우, 코드의 모든 부분을 확인하여 새로운 데이터베이스나 새로운 테이블 레이아웃과 함께 모든 것이 잘 동작하는지 확인해야 한다.


## 3.1.6 빚을 지지 마라

프로그래머는 보통 미래의 사건과 비용을 예측하는 데 능숙하지 않다. 마감일을 맞추기 위해 불리한 결정을 내렸던 과거의 순간에 발생한 혼란 때문에 다음 마감일을 맞추기가 더욱 어려워진다. 보통 이것을 **기술 부채**(technical debt)라고 부른다.

기술 부채는 이미 우리가 의식하고 있는 결정이다. 무의식적인 것은 **기술적인 미숙함**(technical ineptitude)이라고 부른다. 부채라고 하는 이유는 제때 갚지 않으면 예기치 못한 시점에 그 코드가 여러분을 찾아와서 쇠파이프로 여러분의 다리를 부러트릴 것이기 때문이다.

다양한 이유로 기술 부채가 쌓일 수 있다. 때론 임의의 값을 위해 상수 변수를 만드는 수고를 감당하는 대신 그 값을 그냥 전달하는 것이 더 쉬워 보일 수 있다. "거기에는 문자열이 좋을 것 같다", "이름을 줄여서 나쁠 것 없다", "일단 다 복사하고 일부를 바꾸자", "그냥 정규 표현식을 사용하자." 이 모든 사소한 잘못된 결정이 여러분과 여러분 팀 성과의 발목을 잡을 것이다. 또한, 시간이 지나면 작업 처리 속도가 현저하게 저하될 것이다. 점점 더 느려지고, 일에 대한 만족감도 줄고, 경영진의 긍정적인 피드백도 줄어들 것이다. 게으름을 잘못 피워서 실패를 자초하는 것이다. 제대로 된 게으름을 피우자. 미래에 올 달콤한 게으름을 위해 일하자.

기술 부채를 다루는 가장 좋은 방법은 당분간 미루는 것이다. 앞으로 더 큰 일이 있다면 가볍게 워밍업할 기회로 사용하자. 코드가 멈출 수도 있다. 코드의 경직된 부분을 확인하고 세분화된 유연성을 확보하는 기회로 삼자. 문제를 해결하고 코드를 수정한 다음에 아직 충분히 제대로 동작하지 않는다고 생각되면 모든 변경 내용을 취소하자.

# 3.2 처음부터 다시 작성하라

코드를 변경하는 것이 위험하다면 처음부터 작성하는 것은 훨씬 더 위험할 것이다. 본질적으로는 아직 테스트가 안 된 시나리오의 코드가 멈출 수 있음을 의미한다. 코드를 처음부터 전부 다시 작성하는 것은 결국 모든 버그를 처음부터 고치는 것을 의미하기도 한다. 이는 설계 결함을 해결하는 데 있어 비용적인 측면이 매우 떨어지는 방법으로 간주된다.

하지만 이것도 이미 잘 돌아가는 코드에만 해당되는 말이다. 이미 작업하는 코드를 처음부터 새로 시작하는 것이 축복일 수도 있다. 왜 그럴까? 이 모든 것은 새로운 코드를 작성할 때 벌어지는 다음과 같은 절망의 소용돌이와 관련이 있다.

1. 심플하고 우아한 설계로 시작한다.
2. 코드를 작성하기 시작한다.
3. 생각지 못했던 에지 케이스가 드러난다.

4. 설계를 수정하기 시작한다.

5. 그러다 보면 현재 설계가 요구 사항에 적합하지 않다는 것을 깨닫게 된다.

6. 설계를 다시 조정하려고 살펴보니 코드를 너무 많이 수정해야 한다. 그래서 다시 하는 것을 피한다. 코드 한 줄 한 줄이 수치심을 더한다.

7. 이제 설계는 프랑켄슈타인처럼 아이디어와 코드가 함께 뒤섞인 괴물이 된다. 우아함과 단순함은 사라지고, 모든 희망도 사라진다.

이제 여러분은 매몰 비용의 오류라는 무한 반복에 빠지게 된다. 이미 작성한 코드를 위해 보낸 시간 때문에 코드를 다시 작업하는 것을 꺼리게 된다. 하지만 여전히 중요한 문제가 해결되지 않았기 때문에 설계가 효과적일 거라고 스스로 확신하는 데 며칠을 보낸다. 결국에는 이 문제를 해결할 수도 있겠지만, 몇 주를 더 잃을 수도 있다. 스스로 어려움에 빠졌다는 이유로 말이다.

## 3.2.1 지우고 다시 써라

말했듯이 **처음부터 다시 시작하라.** 이미 작업한 모든 것을 버리고 처음부터 다시 작성하라. 이것이 얼마나 새롭고 빠른 방식인지, 여러분은 상상할 수 없을 것이다. 처음부터 다시 작성하는 것은 매우 비효율적이며 두 배의 시간이 걸릴 것이라고 생각할 수도 있지만, 이미 한 번 해봤기 때문에 그렇지 않다. 이미 문제를 해결하는 방법을 알고 있다. 처음부터 다시 시작해서 얻을 수 있는 효과는 그림 3-6과 같다.

❤ 그림 3-6 동일한 결과를 기대하면서 무언가를 반복할 때의 학습 효과

소요 시간

첫 번째 시도.
"완벽한 디자인이다"

두 번째 반복.
"좋아, 단순하게 만들어보자."

세 번째 반복.
"이 코드를 위해 도구를 작성해 볼까?"

네 번째 반복.
"봐라, 이제 더 이상 손 댈 게 없다!"

무언가를 두 번째로 할 때 속도가 얼마나 빨라졌는지 과장해서 말하기는 어렵다. 영화에 등장하는 해커들과 달리, 우리는 대부분의 시간을 모니터를 보며 지낸다. 뭘 작성한다기보다 올바른 방법이

무엇일지 생각하고 고민한다. 프로그래밍은 정교한 공예품을 만든다기보다는 복잡한 의사 결정 트리의 미로를 탐색하는 것에 더 가깝다. 처음부터 미로를 다시 시작할 때 우리는 이미 발생할 수 있는 불상사, 익숙한 함정, 이전에 도전해서 알게 된 미로의 특징을 이미 알고 있다.

새로운 무언가를 개발하는 데 꽉 막힌 느낌이 든다면 처음부터 다시 작성하라. 이전에 작업했던 복사본도 저장하지 말라고 하고 싶지만, 정말 빠르게 다시 할 수 있을지 확신이 없을 때는 저장하고 싶을 것이다. 인정한다. 그렇다면 복사본을 어딘가에 저장해 두라. 하지만 장담하건대 이전에 작업한 코드를 볼 필요도 없을 것이다. 이미 우리 마음 속에 있기 때문이다. 새로운 코드는 훨씬 더 빨리 우리를 인도할 것이고, 이번에는 같은 절망의 소용돌이에 빠지지 않을 것이다.

더 중요한 건 처음부터 다시 시작할 때는 이전보다 훨씬 더 이른 시점에 잘못된 곳으로 가고 있음을 깨달을 수 있다는 것이다. 이는 함정 레이더를 장착한 것과 같다. 어떤 특징을 올바른 방법으로 개발하는 선천적인 감각을 얻게 될 것이다. 이런 식으로 프로그래밍하는 것은 마블의 〈스파이더 맨〉이나 〈라스트 오브 어스〉와 같은 콘솔 게임을 하는 것과 매우 유사하다. 계속 죽으면서 그 부분에서 다시 시작한다. 죽고 다시 살아나는 거다. 반복을 통해 게임 실력이 더 나아지듯이, 프로그래밍도 반복할수록 더 잘하게 된다. 처음부터 다시 시작하면 단일 기능을 개발하는 기술이 향상된다. 또한, 일반적으로 향후 작성할 모든 코드에 대한 개발 기술도 향상된다.

주저하지 말고 하던 것을 버리고 처음부터 다시 작성하라. 매몰 비용의 오류에 빠지지 마라.

STREET CODER

# 3.3 / 코드가 멈추지 않았어도 개선하자

코드의 경직성을 해결하는 방법 중 하나는 코드가 굳지 않도록 계속 휘젓는 것이다. 비유하자면 그렇다. 좋은 코드는 변경하기 쉬워야 하며, 필요한 부분을 변경하기 위해 수천 곳을 변경하지 않아도 되는 코드이다. 당장 변경할 필요가 없는 코드라고 해도 장기적으로 도움이 될 수 있다면 변경해야 한다. 코드 종속성을 업데이트하고, 앱을 유동적으로 유지하며, 변경하기 어려운 가장 경직된 부분을 정기적으로 확인하는 습관을 만들어 놓으면 좋다. 또한, 마치 **정원 가꾸기**처럼 규칙적으로 코드의 작은 문제를 처리한다면 코드를 개선할 수 있다.

### 3.3.1 미래를 향한 경주

필연적으로 패키지 생태계에서 제공하는 패키지를 하나 이상 사용하게 될 것이다. 그리고 패키지가 잘 동작하는 한 그대로 둘 것이다. 문제는 또 다른 패키지를 추가하려고 할 때 이미 사용하는 패키지의 최신 버전이 필요한 경우에 발생한다. 패키지를 점진적으로 업그레이드하고 최신 상태를 유지하는 것보다 이렇게 업그레이드하는 것이 훨씬 더 고통스러울 수 있다. 그림 3-7에서 이러한 갈등을 확인할 수 있다.

▼ 그림 3-7 해결하기 힘든 버전 충돌

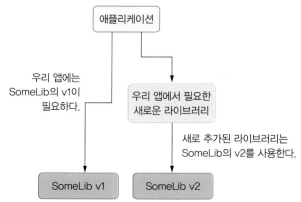

두 라이브러리의 파일 이름은 SomeLib.dll로 v2는 v1과 호환되지 않는다.
해결하기 어려운 상황 때문에 시간을 많이 허비하게 된다.

대부분의 경우 패키지 유지 관리자는 여러 개의 중간 버전이 아닌 두 주요 버전 간의 업그레이드 시나리오만 고려한다. 예를 들어, 인기 있는 Elasticsearch 검색 라이브러리는 주요 버전 업그레이드를 하나씩 수행해야 하며, 한 버전에서 다른 버전으로 직접 업그레이드하는 것을 지원하지 않는다.

.NET은 동일한 패키지의 여러 버전의 문제를 어느 정도 방지하기 위해 **바인딩 리디렉션**을 지원한다. 바인딩 리디렉션은 .NET이 이전 버전의 어셈블리에서 최신 버전으로 호출을 전달하거나 그 반대 방향으로 전달하도록 하는 애플리케이션 구성 옵션이다. 물론 이것은 두 패키지가 모두 호환될 때만 동작한다. 프로젝트 속성 화면에서 바인딩 리디렉션 자동 생성을 선택할 경우 비주얼 스튜디오가 이를 지원하기 때문에 일반적으로 바인딩 리디렉션을 직접 처리할 필요가 없다.

정기적으로 패키지를 최신 상태로 유지하는 것에는 두 가지 중요한 이점이 있다. 첫째, 유지보수하는 동안 현재 버전으로 업그레이드하는 수고를 분산시킨다. 모든 단계가 덜 고통스러워질 것이다. 둘째, 더 중요한 것은 이러한 모든 사소한 업그레이드가 작고 미묘하게 코드나 설계를 손상시킬 수 있다는 것이다. 우리는 앞으로 나아가기 위해 이것을 수정해야 한다. 이는 바람직하지 않은 것처럼 들릴 수 있지만, 테스트가 있는 한 코드와 설계를 조금씩 개선할 수 있다.

검색 작업에 Elasticsearch를 사용하고, JSON을 파싱하거나 생성할 때 Newtonsoft.Json을 사용하는 웹 애플리케이션이 있을 수 있다. 이 두 라이브러리들은 가장 자주 쓰이는 것 중 하나이다. 여기서 문제는 새로운 기능을 활용하기 위해 Newtonsoft.Json 패키지를 업그레이드해야 할 때 발생한다. Elasticsearch 패키지는 이전 버전을 사용해야 시작하는데, Elasticsearch를 업그레이드하려면 Elasticsearch를 다루는 코드도 함께 수정해야 한다. 어떻게 해야 할까?

대부분의 패키지는 단일 버전 업그레이드만을 지원한다. 예를 들어 Elasticsearch는 5에서 6으로 업그레이드할 것을 가정하고 업그레이드 방법에 대한 가이드라인을 제공한다. 5에서 7로 업그레이드하기 위한 가이드라인은 존재하지 않는다. 각 업그레이드 단계를 개별적으로 적용해야 한다. 일부 업그레이드에서는 상당히 많은 코드를 수정해야 한다. Elasticsearch 7은 거의 처음부터 코드를 다시 작성해야 될 정도다.

코드를 변경하지 않고 안전하게 이전 버전을 유지하는 것이 좋을 수도 있지만, 어느 시점이 되면 이전 버전에 대한 지원은 끝나고 설명서와 예제 코드도 더 이상 유지되지 않는다. 사람들은 새로운 프로젝트를 시작할 때 최신 버전을 사용하기 때문에 스택 오버플로는 새로운 버전에 대한 답변으로 채워지게 된다. 이전 버전을 지원해주던 네트워크는 시간이 지남에 따라 약해진다. 이는 매년 패키지를 업그레이드하는 것을 더욱 어렵게 만들고, 우리를 절망으로 밀어넣는다.

이 문제에 대한 나의 해결책은 미래를 향한 경주에 동참하는 것이다. 즉, 라이브러리를 최신 상태로 유지하는 것이다. 라이브러리 업그레이드를 습관화하라. 이렇게 하면 코드에 가끔씩 문제가 생기고, 그 덕분에 코드의 어느 부분이 더 취약한지 알 수 있으며, 테스트의 범위를 추가할 수 있다.

이러한 업그레이드로 코드가 손상될 수도 있지만, 중요한 것은 이러한 작은 문제를 미리 발생시켜 처리하면 나중에 해결하기 아주 까다로운 거대한 장애물이 생기는 것을 방지할 수 있다는 것이다. 가상으로 미래에 발생할 이익에 투자할 뿐만 아니라 패키지 업그레이드에 관계없이 앱의 종속성을 유연하게 유지하고, 다음에 있을 코드 변경으로 프로그램이 쉽게 망가지지 않도록 수정하는 데 투자하고 있는 것이다. 개발하고 있는 앱이 변화에 대한 저항성이 적을수록, 설계와 유지보수의 용이성 측면에서는 더 좋다.

### 3.3.2 코드를 깔끔하게 만드는 것은 작성하는 것만큼 중요하다

내가 컴퓨터에서 가장 먼저 좋아했던 부분은 결정론이었다. 우리가 작성한 코드는 항상 같은 방식으로 동작한다. 확실하다. 잘 동작하는 코드는 항상 잘 동작하고, 아닌 코드는 항상 아니다. 나는 이러한 점이 정말 좋았다. 당시의 나는 참 순수했다. 그동안 일하면서 CPU 속도에 따라 또는 하루 중 특정 시간에만 가끔씩 관찰되는 버그를 수없이 보았다. 이 거리의 첫 번째 진실은 '모든 것은 변한다'라는 것이다. 코드는 계속 바뀐다. 요구 사항이 달라지고 문서도 바뀐다. 환경도 바뀔 것이다. 환경을 설정해야 코드를 안정적으로 실행할 수 있다.

이제 이것을 알았으니, 긴장을 풀고 코드에 손을 대도 괜찮다고 말해주고 싶다. 어차피 일어날 일이므로 변화를 두려워해서는 안 된다. 이는 작업 중인 코드를 개선하는 것을 주저하지 말아야 한다는 것을 의미한다. 개선 사항이 사소한 것일 수 있다. 필요한 주석을 추가하고, 불필요한 주석을 제거하고, 더 나은 이름을 사용하는 것들 말이다. 코드가 살아있도록 하라. 코드에 변화를 많이 줄수록 코드 변경에 대한 저항력이 줄어들 것이다. 코드를 수정하면 고장이 발생하고, 고장으로 취약한 부분을 인지하고 관리하기 쉽게 만들 수 있기 때문이다. 여러분의 코드가 어디서 어떻게 고장났는지 더 깊이 이해해야 한다. 결국 여러분은 어떠한 변화가 가장 덜 위험할지에 대해 판단할 수 있는 선천적인 감각을 갖게 될 것이다.

나는 이런 종류의 코드 개선 활동을 **정원 가꾸기**라고 부른다. 반드시 새로운 기능을 추가하거나 버그를 수정하는 것은 아니지만, 코드를 수정할 때는 살짝이라도 나아지는 부분이 있어야 한다. 이러한 변화는 마치 하룻밤 사이에 산타가 선물을 두고 가거나 사무실에 있는 분재가 신비롭게 살아나는 것처럼, 다음 개발자가 코드를 볼 때 코드를 더 잘 이해하게 되거나 코드에 대한 테스트 범위를 향상시킬 수 있다.

왜 직장 생활에서 아무도 알아주지 않는 귀찮고 굳은 일을 해야 하느냐고? 이상적으로는 이러한 부분을 인정받고 보상도 받아야 하지만, 항상 그렇지는 않을 수 있다. 심지어 동료의 반발을 살 수도 있다. 그들은 여러분이 만든 변화를 좋아하지 않을 수도 있기 때문이다. 코드를 부수지 않고 워크플로를 부술 수도 있다. 여러분이 개선하려고 시도하는 동안 원래 개발자가 의도했던 것보다 더 나쁜 설계가 될 수도 있다.

이 또한 역시 예상한 일이다. 코드를 더 능숙하게 다루기 위한 유일한 방법은 코드를 많이 바꿔보는 것이다. 변경 내용을 쉽게 되돌릴 수 있는지 확인하라. 다른 사람이 화를 낼 경우 변경 내용을 다시 되돌릴 수 있도록 하라. 또한, 다른 사람에게 영향을 줄 수 있는 변경 사항일 경우에는 이를 통해 동료와 소통하는 법도 배울 수 있다. 좋은 의사소통은 소프트웨어 개발을 향상시킬 수 있는 가장 큰 기술이다.

사소한 코드 개선의 가장 큰 이점은 우리를 프로그래밍에 아주 빠르게 몰입할 수 있도록 만든다는 것이다. 대규모 프로젝트는 정신적으로 가장 무거운 아령과 같다. 보통 이렇게 큰 변화를 어디서부터 시작해야 할지, 어떻게 처리해야 할지 잘 모른다. "아, 그건 너무 어려워서 그냥 고생만 할 거야"라는 비관적인 생각이 프로젝트 시작을 미루게 만든다. 미루면 미룰수록, 코딩하는 것이 더 두려워질 것이다.

코드를 살짝 개선하는 것은 더 큰 문제를 해결할 수 있을 만큼 충분히 준비할 수 있도록 정신적인 바퀴를 돌리게 하는 요령이다. 여러분은 이미 코딩을 하고 있기 때문에 소셜미디어만 검색해보다가 코딩으로 전환하려는 사람들의 뇌보다 뇌의 기어 전환이 훨씬 수월할 것이다. 관련된 뇌의 인지 부분은 이미 활성화되었을 것이고 더 큰 프로젝트를 위한 준비가 이미 되어 있을 것이다.

개선할 부분이 없다면 코드 분석기의 도움을 받을 수 있다. 코드 분석기는 코드에서 사소한 문제를 찾는 데 유용한 도구이다. 사용하는 코드 분석기의 옵션을 사용자 지정으로 설정하여 최대한 사람들의 기분이 상하지 않도록 하라. 그것에 대해 어떻게 생각하는지 동료와 함께 이야기해 보라. 그들이 사소한 문제를 해결하는 데 귀찮아 한다면 처음 발생하는 문제는 여러분이 맡아서 해결하겠다고 약속하고 이를 준비하는 기회로 사용하라. 아니면 명령줄 도구나 비주얼 스튜디오에서 자체적으로 제공하는 코드 분석 기능을 사용하여 팀의 코딩 가이드라인을 위반하지 않고 코드 분석을 실행할 수 있다.

이러한 변경 사항은 코딩을 위한 워밍업이기 때문에 굳이 적용할 필요는 없다. 예를 들어 특정한 수정 사항을 적용할 수 있는지 확신할 수 없고 다소 위험해 보일 수 있지만, 이미 작업을 많이 한 상태라고 가정해 보자. 그렇다고 해도 여러분이 배웠듯이, 그것을 날려버려라. 언제든지 처음부터 다시 시작할 수 있다. 작업한 것을 날려버리는 것에 대해 너무 걱정하지 마라. 마음에 걸리면 백업을 하라. 하지만 나라면 전혀 걱정하지 않을 것이다.

변경한 내용에 대해 팀에서 문제가 없을 경우 해당 내용을 게시하라. 아무리 작은 변화라도 개선에 대한 만족감은 더 큰 변화를 만드는 동기 부여가 되어줄 것이다.

## 3.4 스스로 반복하라

반복이나 **복사─붙여넣기 형태의 프로그래밍**은 소프트웨어 개발 분야에서 선호하지 않는 개념이다. 괜찮은 충고가 대부분 그렇듯이, 결국 하나의 종교처럼 변질되고, 사람을 고통스럽게 한다.

이 개념을 선호하지 않는 이유는 다음과 같다. 코드를 하나 작성한다. 다른 곳에서 동일한 코드가 필요하다. 초보자의 성향상 같은 코드를 복사해서 붙여넣고 사용할 것이다. 지금까지는 다 괜찮다. 그러나 이후 복사해 붙여넣은 하나의 코드에서 버그가 발견된다. 이제 코드 두 군데를 변경해야 하며 둘을 동기화시켜야 한다. 일이 더 많아지고 결국에는 마감일을 놓치게 될 것이다.

있을 법한 이야기 아닌가? 이 문제에 대한 해결책은 복사–붙여넣기를 하는 대신 코드를 공유 클래스나 모듈에 넣고 두 군데에서 이 공유 클래스를 사용하는 것이다. 공유 코드를 변경하면 이를 참조하는 모든 곳에서 마법처럼 코드가 변경되므로 시간을 많이 절약할 수 있다.

지금까지는 다 좋다. 하지만 이것이 항상 옳은 것은 아니다. 이 원칙을 상상할 수 있는 모든 상황에 맹목적으로 적용한다면 문제가 발생할 것이다. 코드를 재사용할 수 있는 클래스로 리팩터링하려고 할 때 한 가지 놓치기 쉬운 부분은 사용자가 본질적으로 새로운 종속성을 생성하며 이 종속성이 설계에 영향을 미친다는 것이다. 심지어 때로는 무언가를 더 해야 할 수도 있다.

공유 종속성의 가장 큰 문제는 소프트웨어에서 공유 코드를 사용하는 부분마다 요구 사항에 차이가 있다는 것이다. 이런 일이 생기면 개발자는 보통 동일한 코드를 사용하면서 다른 요구에 응한다. 즉, 공유 코드가 두 가지 다른 요구 사항을 충족시키도록 선택적 매개변수나 조건부 논리를 추가한다. 이 방법은 실제 코드를 더 복잡하게 만들고, 결국에는 얻는 것보다 잃을 게 더 많아지게 만든다. 어느 시점부터는 복사–붙여넣기 코드보다 더 복잡한 설계를 생각하게 된다.

예를 들어, 온라인 쇼핑 웹 사이트를 위한 API를 작성하는 업무를 맡았다고 생각해 보자. 클라이언트는 다음 PostalAddress라는 클래스로 표현되는 고객의 배송 주소를 변경해야 한다.

```
public class PostalAddress {
  public string FirstName { get; set; }
  public string LastName { get; set; }
  public string Address1 { get; set; }
  public string Address2 { get; set; }
  public string City { get; set; }
  public string ZipCode { get; set; }
  public string Notes { get; set; }
}
```

대문자화하는 것과 같이 필드에 정규화를 적용해야 한다. 이를 통해 사용자가 정확하게 입력하지 않더라도 필드가 제대로 표시되게 한다. 업데이트 함수는 아마도 다음과 같이 일련의 정규화 작업과 데이터베이스의 업데이트처럼 보일 것이다.

```
public void SetShippingAddress(Guid customerId, PostalAddress newAddress) {
    normalizeFields(newAddress);
    db.UpdateShippingAddress(customerId, newAddress);
}

private void normalizeFields(PostalAddress address) {
    address.FirstName = TextHelper.Capitalize(address.FirstName);
    address.LastName = TextHelper.Capitalize(address.LastName);
    address.Notes = TextHelper.Capitalize(address.Notes);
}
```

대문자화하는 메서드는 첫 번째 문자를 대문자로 만들고 나머지 문자열을 소문자로 만드는 식으로 동작한다.

```
public static string Capitalize(string text) {
    if (text.Length < 2) {
        return text.ToUpper();
    }
    return Char.ToUpper(text[0]) + text.Substring(1).ToLower();
}
```

이것은 발송 메모와 이름에 대해 잘 동작할 것이다. gunyuz는 Gunyuz가 되고. PLEASE LEAVE IT AT THE DOOR는 Please leave it at the door로 바뀐다. 택배 기사의 걱정을 조금 덜어줄 수 있다. 애플리케이션을 잠시 돌려본 후에 이제 도시 이름도 정규화해보고 싶어졌다면, normalizeFields 함수에 다음과 같이 추가한다.

```
address.City = TextHelper.Capitalize(address.City);
```

이제 샌프란시스코에서 주문을 받으면 San francisco로 정규화된다. 여러분은 대문자화하는 함수의 로직을 바꿔 어절마다 첫 번째 문자를 대문자화했다. 그래서 도시 이름이 San Francisco가 되도록 했다. 하지만 이렇게 하면 배달 메모가 Please Leave It At The Door가 되어 버린다. 모두 대문자일 때보다는 낫지만, 직장 상사가 완벽한 것을 원한다면 어떻게 해야 할까?

코드를 가능한 한 조금 고치는 가장 쉬운 방법은 Capitalize 함수를 변경하는 것이다. 이러한 경우를 처리하기 위해 매개변수를 하나 추가한다. 코드 3-2는 매개변수 everyWord를 추가로 받아서 모든 단어를 대문자로 바꿀지 혹은 첫 번째 단어만 대문자로 바꿀지를 결정한다. 매개변수 이름을 isCity로 하지 않은 것은 Capitalize 함수의 문제를 해결하는 데 사용하지 않기 때문이다. 이름은 호출하는 쪽이 아니라 상황에 따라 설명할 수 있어야 한다. 다시 본론으로 돌아와서, everyWord가 참이면 텍스트를 어절별로 나누고 각 어절에 대해 자신을 호출하여 각 어절을 개별적으로 대문자화한 다음 단어들을 새로운 문자열로 다시 결합한다.

**코드 3-2** 대문자화 함수의 초기 구현

```
public static string Capitalize(string text,
bool everyWord = false) {      → 새로 추가한 매개변수
    if (text.Length < 2) {
        return text;
    }
    if (!everyWord) {        → 첫 문자만 대문자로 바꾸는 경우
        return Char.ToUpper(text[0]) + text.Substring(1).ToLower();
    }
    string[] words = text.Split(' ');
    for (int i = 0; i < words.Length; i++) {
        words[i] = Capitalize(words[i]);      → 동일한 함수를 호출하여 모든 단어를 대문자로 만든다.
    }
    return String.Join(" ", words);
}
```

벌써 복잡해 보인다. 하지만 조금만 참고 들어 봐라. 이에 대한 확신을 가졌으면 한다. 일단 함수의 동작 원리를 바꾸는 것이 가장 간단한 해결책으로 보인다. 매개변수와 if 문을 추가하기만 하면 된다. 이렇게 사소한 모든 변화를 이런 방식으로 처리하는 나쁜 습관(거의 반사적으로 일어나는 나쁜 습관)이 생기게 되고 이로 인해 코드는 엄청나게 복잡해진다.

앱에서 내려받아야 할 파일 이름을 대문자로 바꿔야 한다고 가정해 보자. 이미 문자의 대소문자를 수정하는 함수가 있고 파일 이름을 대문자로 만들고 밑줄로 단어를 구분해야 한다. 예를 들어 API가 'invoice report(송장 보고서)'를 입력으로 받을 경우, 이를 Invoice_Report로 변환해야 한다. 이미 대문자화 함수가 있기 때문에 본능적으로 제일 먼저 이 함수의 동작을 약간 수정하려고 할 것이다. 추가할 동작을 표현하는 일반적인 이름이 없으므로 filename이라는 새로운 매개변수를 추가한다. 그리고 중요한 위치에서 매개변수를 확인한다. 대문자와 소문자로 변환할 때 튀르키예 지역 컴퓨터의 파일 이름이 갑자기 ?nvoice_Report가 되지 않도록 ToUpper나 ToLower와 같은 함수의 문화권 불변 버전을 사용해야 한다. ?nvoice_Report에 점선으로 표시된 I가 있는가? 이를 코드로 구현하면 다음과 같다.

**코드 3-3** 무엇이든 가능한 맥가이버 칼과 같은 함수

```
public static string Capitalize(string text,
bool everyWord = false, bool filename = false) {      → 새 매개변수
    if (text.Length < 2) {
```

```
            return text;
        }
        if (!everyWord) {
            if (filename) {        → 파일 이름 관련 코드
                return Char.ToUpperInvariant(text[0])
                    + text.Substring(1).ToLowerInvariant();
            }
            return Char.ToUpper(text[0]) + text.Substring(1).ToLower();
        }
        string[] words = text.Split(' ');
        for (int i = 0; i < words.Length; i++) {
            words[i] = Capitalize(words[i]);
        }
        string separator = " ";
        if (filename) {
            separator = "_";       → 파일 이름 관련 코드
        }
        return String.Join(separator, words);
    }
```

우리가 무슨 괴물을 만들었는지 보라. 요구 사항을 교차 절단한다(독립적으로 처리하여 연결한다)는 원칙을 위반하고 파일 명명 규칙을 Capitalize 함수에 포함시켰다. 그래서 일반적이기보다는 갑자기 특정한 비즈니스 로직의 일부가 되어버렸다. 그렇다. 코드를 최대한 재사용하고는 있지만, 앞으로의 일을 정말 어렵게 만들고 있다.

또한, 설계에도 없던 새로운 대소문자 규칙(모든 단어가 대문자화되지 않는 새로운 파일 이름 형식)이 생겨버렸다. everyWord가 거짓이고 filename이 참일 때 이 조건이 성립한다. 일부러 그런 것은 아니지만, 이미 그렇게 되어버렸다. 다른 개발자는 이 동작에 의존할 수밖에 없으며, 시간이 지나면 점점 스파게티 코드가 된다.

나는 더 깔끔한 방식을 제안하려고 한다. **함수를 만들어 반복 사용하라.** 모든 로직을 동일한 코드에 병합하는 대신, 약간의 반복이 있는 코드로 별도의 함수를 만들면 사용 사례마다 별도의 함수를 가지게 된다. 첫 글자만 대문자로 바꾸는 것도 있고, 모든 어절의 첫 글자만 대문자로 바꾸는 것도 있고, 파일 이름을 실제로 형식화하는 것도 따로 둔다. 이 함수들을 같은 곳에 놓을 필요도 없다. 예를 들어 파일 이름과 관련된 코드는 이를 필요로 하는 비즈니스 로직 근처에 놓을 수 있다. 대신 의도가 훨씬 더 잘 전달되는 함수 세 개를 갖게 된다. 첫 번째는 CapitalizeFirstLetter로 그 기능을 더 명확히 보여준다. 두 번째는 CapitalizeEveryWord로 무엇을 하는지 잘 설명해준다. 모든 단어에 대해 CapitalizeFirstLetter 함수를 호출하며, 이전에 재귀를 사용할 경우 그 이유를 추

측해야 했던 것보다 훨씬 이해하기가 쉽다. 마지막으로 FormatFilename 함수가 있는데, 이 함수는 대문자화만을 위해 사용하는 것이 아니기 때문에 완전히 다른 이름을 사용한다. 이것은 처음부터 구현된 대문자화를 위한 로직을 모두 가지고 있다. 이렇게 하면 다음 코드에 나오는 것처럼 파일 이름에 대한 형식 규칙이 변경될 때 대문자화하는 작업과는 별개로, 여기에 어떤 영향을 미칠지 고민할 필요 없이 자유롭게 이 함수를 수정할 수 있다.

**코드 3-4** 가독성과 유연성이 훨씬 뛰어난 반복을 이용한 코딩

```
public static string CapitalizeFirstLetter(string text) {
    if (text.Length < 2) {
        return text.ToUpper();
    }
    return Char.ToUpper(text[0]) + text.Substring(1).ToLower();
}

public static string CapitalizeEveryWord(string text) {
    var words = text.Split(' ');
    for (int n = 0; n < words.Length; n++) {
        words[n] = CapitalizeFirstLetter(words[n]);
    }
    return String.Join(" ", words);
}

public static string FormatFilename(string filename) {
    var words = filename.Split(' ');
    for (int n = 0; n < words.Length; n++) {
        string word = words[n];
        if (word.Length < 2) {
            words[n] = word.ToUpperInvariant();
        } else {
            words[n] = Char.ToUpperInvariant(word[0]) +
                word.Substring(1).ToLowerInvariant();
        }
    }
    return String.Join("_", words);
}
```

이렇게 모든 로직을 함수 하나에 넣지 않아도 된다. 이런 방식은 호출한 곳에서 요구하는 사항이 다를 때 특히 중요하다.

### 3.4.1 재사용 대 복사

코드를 재사용할 것인지 아니면 다른 곳에서 복사할 것인지는 어떻게 결정할까? 이를 결정하는 가장 큰 요인은 호출자의 요청을 어떻게 프레임화할 것인지, 즉 발신자의 요구 사항이 실제로 무엇인지 설명하는 것이다. 파일 이름을 형식화해야 하는 함수의 요구 사항을 서술할 때 우리가 하고 싶은 것(대문자화)과 상당히 비슷한 함수가 이미 있다면 우리의 뇌는 이미 있는 함수를 사용하자는 편향된 정보를 즉시 뇌로 보낼 것이다. 파일 이름이 정확히 같은 방식으로 대문자화되는 경우라면 이러한 생각이 의미 있을 수 있지만 요구 사항에 있는 차이를 생각하면 위험 신호로 봐야 한다.

컴퓨터 과학에서 다음 세 가지는 어렵다고 여겨진다. 그 세 가지는 바로 캐시 무효화, 이름 짓기, off-by-one 오류[3]이다. 이름을 올바르게 정하는 것은 코드 재사용에서 서로 상충하는 문제를 이해할 때 가장 중요한 요소 중 하나이다. Capitalize라는 이름은 이 함수를 제대로 나타낸다. 처음 만들 때는 NormalizeName이라고 부를 수 있었지만, 다른 분야에서는 이것을 재사용하기 어려웠을 것이다. 우리가 시도한 것은 가능한 한 실제 기능에 가깝게 이름을 짓는 것이었다. 이런 방식으로, Capitalize 함수는 논란의 여지없이 다른 목적을 모두 뒷받침할 수 있고, 더 중요한 것은 이것이 어디에 사용되든 어떻게 동작하는지 더 잘 설명한다는 것이다. 그림 3-8에서 이름을 정하는 다양한 방식이 실제 동작을 설명하는 데 어떤 영향을 미치는지 확인할 수 있다.

❤ 그림 3-8 실제 기능에 최대한 가까운 이름을 선택한다

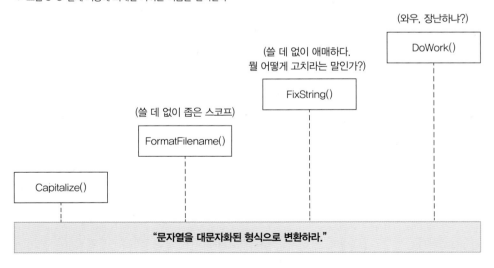

---

3  이는 필 칼튼이 'Off-by-one 오류'를 빼고 말한 유명한 인용구를 레온 밤브릭이 살짝 비튼 것이다. https://twitter.com/secretGeek/status/7269997868

"이 함수는 문자열의 각 어절 첫 글자를 대문자로 변환하고, 나머지 글자를 모두 소문자로 변환한다"와 같이 실제 기능을 더 자세히 설명할 수는 있겠지만, 이 모든 것을 하나의 이름으로 만들기는 어렵다. 이름은 가능한 한 짧으면서 동시에 모호하지 않아야 한다. 그런 면에서 Capitalize라는 이름은 쓸만하다.

코드의 관심사를 아는 것은 우리에게 필요한 중요한 기술이다. 보통 함수나 클래스의 특징을 분류하기 위해 인격을 부여한다. "이 함수는 이런 건 신경 안 써"라고 마치 사람을 대하듯 말한다. 마찬가지로 코드 조각이 무엇에 관심이 있는지 이해할 수 있다. 모든 어절의 첫 글자만 대문자로 바꾸는 함수는 입력된 내용이 도시인지 아닌지는 신경 쓰지 않기 때문에 isCity 대신 everyWord라는 매개변수 이름을 사용했다. 도시는 함수의 관심사가 아니기 때문이다.

관심사와 비슷하게 이름을 지정하면 사용 패턴이 더 분명해진다. 그렇다면 왜 파일 이름의 형식을 지정하는 함수 이름을 FormatFilename이라고 했을까? CapitalizeInvariantAndSeparateWithUnderscores라고 하는 게 낫지 않았을까? 아니다. 함수는 여러 일을 처리하지만, 결국 작업 하나만 수행해야 한다. 해당하는 작업의 이름을 따서 명명해야 한다. 함수 이름에 'and'나 'or'를 사용해야 한다고 느낀다면 함수 이름을 잘못 정했거나 함수에 너무 많은 책임을 부여한 것이다.

이름은 코드의 관심사 중 하나일 뿐이다. 코드의 위치나 모듈, 클래스 등은 코드의 재사용 여부를 판단하는 지표가 될 수 있다.

## 3.5 지금 새로운 것을 시도하라

튀르키예에는 "지금 발명품을 고안하지 마라"라는 말이 있다. 이 말은 "지금 새로운 것을 시도해서 문제를 일으키지 마라, 그럴 시간이 없다"는 것을 의미한다. 이미 존재하는 바퀴를 다시 발명하는 것은 문제가 있다. 심지어 컴퓨터 과학에는 이러한 현상에 대한 병리학적인 용어도 있다. **NIH 증후군**[4]이라는 용어인데, 이미 발명된 제품을 스스로 발명하지 않으면 밤에 잠을 잘 수 없는 유형의 사람을 일컫는다.

실제로 쓸 수 있고 이미 잘 알려진 대안이 있는데 이것을 처음부터 다시 만든다면 엄청나게 노력

---

4 **역주** '여기서 개발한 것이 아니다'라는 의미로 제3자가 개발한 기술이나 연구 성과는 인정하지 않는 배타적 조직 문화 또는 그러한 태도를 말한다. 출처: 위키백과

해야 할 것이고 확실히 힘든 일이 될 것이다. 또한, 실수하기도 쉽다. 문제는 기존의 것을 재사용하는 것이 표준이 되어 버려 더이상 무언가를 만드는 것이 불가능해질 때 발생한다. 이러한 관점이 점점 굳어지면 결국 "절대로 아무것도 발명하지 마라"는 신념으로 바뀐다. 하지만 무언가를 발명하는 것을 두려워해서는 안 된다.

첫째, 의문을 품는 사고방식을 가진 사람들이 발명가가 된다. 스스로 질문하는 것을 멈춘다면 생각은 점점 둔해지고 결국에는 단순 노동자처럼 변한다. 질문하는 사고방식을 가지지 못한 사람이 자신의 일을 최적화하는 것은 불가능하다. 따라서 우리는 이러한 태도를 피해야 한다.

둘째로, 모든 발명품에 대안이 있는 것은 아니다. 자신이 만든 추상화 역시 일종의 발명품이다. 클래스, 설계, 여러분이 생각한 도우미 기능 모두가 일종의 발명품이며, 생산성 향상에 도움이 된다. 우리는 새로운 것들을 발명해야 한다.

나는 항상 나를 팔로우한 사람과 내가 팔로우한 사람들에 대한 트위터 통계 보고서를 제공하는 웹사이트를 만들고 싶었다. 문제는 트위터 API가 어떻게 작동하는지 배우고 싶지 않았다는 것이다. 이를 다루기 위한 라이브러리가 있다는 것을 알지만 **이 라이브러리**가 어떻게 작동하는지 배우고 싶지도 않고, 더 중요한 것은 해당 라이브러리에 구현된 것들 때문에 내 설계에 영향을 주고 싶지 않았던 것이다. 특정 라이브러리를 사용하면 해당 라이브러리의 API에 얽매이게 되며, 라이브러리를 변경하려면 모든 곳에서 코드를 다시 작성해야 한다.

이러한 문제를 다루는 방법은 새로운 것을 발명하는 것이다. 우리는 꿈의 인터페이스를 생각해 내고, 우리가 사용하는 라이브러리 앞에 추상화로 놓는다. 이러한 방식으로 특정 API 설계에 얽매이는 것을 피할 수 있다. 우리가 사용하는 라이브러리를 바꾸고 싶다면 코드의 모든 부분이 아니라 해당하는 추상화만 바꾸면 된다. 나는 아직도 트위터 웹 API가 어떻게 작동하는지 모르지만, 트위터 API에 접근할 수 있는 권한을 식별할 수 있는 무언가가 포함된 일반적인 웹 요청이라고 생각한다. 아마 트위터에서 어떤 항목을 얻어오는 작업을 할 것이다.

프로그래머라면 먼저 반사적으로 패키지를 찾고, 그 패키지를 코드에 통합하는 방법을 설명하는 문서를 확인한다. 이 대신, 새로운 API를 직접 발명해서 사용하면 결국 뒤에서 사용하는 라이브러리를 호출할 수 있다. API는 요구 사항에 맞게 최대한 단순해야 한다. 스스로 자신이 고객이라고 생각해 보자.

먼저 API의 요구 사항을 검토한다. 웹 기반 API는 애플리케이션에 권한을 부여하기 위해 웹에서 사용자 인터페이스를 제공한다. 트위터에서 권한을 요청하는 페이지를 열고 사용자가 확인하면 앱으로 다시 리디렉션한다. 즉, 인증을 위해 열어야 할 URL과 다시 리디렉션할 URL을 알아야 한다. 그런 다음 리디렉션된 페이지의 데이터를 사용하여 나중에 추가적으로 API를 호출할 수 있다.

일단 승인을 얻었다면 다른 것은 필요하지 않다. 이러한 목적을 떠올리며 다음과 같은 API를 상상해 보자.

**코드 3-5** 상상 속의 트위터 API

```
public class Twitter {
    public static Uri GetAuthorizationUrl(Uri callbackUrl) {        → 권한 부여 흐름을
        string redirectUrl = "";                                       처리하는 정적 함수
        // 리디렉션할 URL을 만들기 위해 여기서 무언가를 한다.
        return new Uri(redirectUrl);
    }

    public static TwitterAccessToken GetAccessToken(        → 권한 부여 흐름을 처리하는 정적 함수
    TwitterCallbackInfo callbackData) {
        // 이와 같이 무언가를 얻어야 한다.
        return new TwitterAccessToken();
    }
    public Twitter(TwitterAccessToken accessToken) {
    // 이것을 어딘가 저장해야 한다.
    }

    public IEnumerable<TwitterUserId> GetListOfFollowers(        → 우리가 원하는 실제 기능
    TwitterUserId userId) {
        // 이것이 어떻게 동작할지는 아직 모른다.
    }
}

public class TwitterUserId {
    // 트위터가 사용자 ID를 어떻게 설정하는지 아는 사람?
}

public class TwitterAccessToken {        → 트위터의 개념을 정의하는 클래스
    // 잘 모르겠지만 무언가 여기에 들어갈 것이다.
}

public class TwitterCallbackInfo {
    // 여기도 마찬가지로 잘은 모르지만 무언가 들어갈 것이다.
}
```

트위터 API가 실제로 어떻게 작동하는지 잘 알지는 못하지만, 새로운 트위터 API를 처음부터 다시 개발했다. 이것이 사용하기에 가장 좋은 API는 아닐 수 있다. 하지만 여러분 자신이 고객이기

때문에 여러분의 요구에 맞춰 설계하는 특권을 누릴 수 있다. 예를 들어 원본 API에서 어떻게 청크 단위로 데이터가 전송되는지 몰라도 되고, 좀 더 일반적인 API에서는 바람직하지 않을 수도 있는 실행 코드를 차단하고 기다리게 하더라도 신경 쓸 필요가 없다.

> Note ≡ 어댑터 역할을 하는 편리한 인터페이스를 갖는 이러한 접근법을 이 분야에서는 이미 **어댑터 패턴**이라고 부른다. 실제 유용성보다 용어를 강조하고 싶지는 않지만, 누군가 여러분에게 묻는다면 이제 답할 줄 알아야 한다.

우리가 정의한 클래스에서 인터페이스를 나중에 추출할 수 있으므로 구체적인 구현에 의존할 필요가 없고 테스트는 더 쉬워진다. 심지어 우리가 사용할 트위터 라이브러리가 그 구현을 쉽게 대체할 수 있도록 지원할지도 모른다. 가끔 여러분이 꿈꿔 온 설계가 실제 제품의 설계와 전혀 맞지 않는 경우를 만날 수도 있다. 이 경우 설계를 수정해야 하겠지만, 이는 설계가 기본 기술에 대한 이해임을 나타내는 좋은 신호다.

사실은 교훈을 주기 위해 약간의 거짓말을 첨가했다. 트위터 라이브러리를 처음부터 작성하지는 마라. 그렇다고 발명가의 사고방식에서 벗어나지도 마라. 이 두 가지는 함께 가야 하며, 둘 다 고수해야 한다.

# 3.6 / 상속을 사용하지 마라

객체 지향 프로그래밍(OOP)은 1990년대에 프로그래밍 세계에 등장했고, 구조화된 프로그래밍에서 패러다임 전환을 일으켰다. 이것은 혁명처럼 여겨졌다. 수십 년간 문제가 된 코드를 재사용하는 방법이 마침내 해결되었다.

OOP에서 가장 강조된 특징은 상속이었다. 코드 재사용을 상속된 종속성 집합으로 정의할 수 있다. 이렇게 하면 코드 재사용이 더 간단해질 뿐만 아니라 코드 수정도 더 간단해진다. 약간 다른 동작을 하게 하는 새로운 코드를 만들기 위해 원래 코드를 변경할 필요가 없어졌다. 그냥 원래 코드에서 파생된 코드를 만들고 바뀐 동작을 하도록 관련 멤버를 재정의하기만 하면 된다.

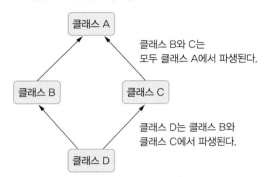

▼ 그림 3-9 다이아몬드 종속성 문제—클래스 D는 어떻게 동작해야 하는가?

클래스 B와 C는
모두 클래스 A에서 파생된다.

클래스 D는 클래스 B와
클래스 C에서 파생된다.

장기적으로 볼 때, 상속은 해결한 것보다 더 많은 문제를 야기했다. **다중 상속**이 그중 하나이다. 만약 여러분이 여러 클래스의 코드를 재사용해야 하고, 모든 클래스가 같은 이름의 메서드를 가지고 있다면 어떨까? 같은 서명을 가지고 있다면 어떻게 동작할까? 그림 3-9의 다이아몬드 종속성 문제는 어떤가? 이는 정말 복잡해서 극소수의 프로그래밍 언어로만 구현이 가능했다.

다중 상속보다 더 큰 문제는 **강한 결합**(tight coupling)이라고도 알려진 강한 종속성이었다. 앞에서 다루었듯이, 종속성은 모든 악의 근원이다. 상속의 고유한 특성 때문에 어떤 구체적인 구현에 얽매이게 되는데, 이것은 객체 지향 프로그래밍의 잘 알려진 원칙 중 하나를 위반하는 것으로 간주된다. 바로 **종속성 역전 원칙**(dependency inversion principle)의 위반이다. 종속성 역전 원칙은 코드가 이러한 구체적인 구현에 절대 의존해서는 안 된다고 명시한다.

왜 이런 원칙이 있는 걸까? 구체적인 구현에 얽매이게 되면 코드가 경직되기 때문이다. 앞서 봤듯이, 경직된 코드는 테스트하거나 수정하기가 매우 어렵다.

그럼 코드를 어떻게 재사용해야 할까? 추상화에서 어떻게 클래스를 물려 받을까? 간단하다. **합성**(composition)을 사용하면 된다. 클래스에서 상속받는 대신 생성자에서 매개변수로 추상화를 받는다. 구성 요소를 객체의 계층 구조라기보다는 서로를 지지하는 레고 조각으로 생각하라.

보통의 상속에서는 일반적인 코드와 그 변형 사이의 관계를 부모—자식 모델로 표현한다. 이와 대조적으로 합성은 공통 함수를 별도의 구성 요소로 생각한다.

---

**SOLID 원칙에 대하여**

객체 지향 프로그래밍의 다섯 가지 원칙을 나타내는 SOLID라는 유명한 약어가 있다. 하지만 문제는 SOLID가 우리를 더 나은 프로그래머로 만들기보다는 의미 있는 약어를 만들기 위해 억지로 끼워 맞춘 느낌을 준다는 것이다. 나는 이 다섯 가지 원칙이 같은 중요성을 가지고 있지 않으며, 심지어 어떤 것은 전혀 중요하지 않다고 생각한다. 이 원칙의 가치를 아무런 확신 없이 그대로 받아들이는 것을 결단코 반대한다.

❍ 계속

**S: 단일 책임 원칙**(single-responsibility principle)이란 신적인 위치의 클래스가 여러 가지 일을 하는 것과 반대로 한 클래스는 한 가지 일에만 책임을 져야 한다는 것을 의미한다. 여기서 한 가지 일이 무엇을 의미하는지는 우리가 결정하는 것이기에 약간 모호하다. 두 메서드가 있는 클래스는 여전히 한 가지 일을 담당한다고 말할 수 있을까? 심지어 신적인 클래스도 특정한 수준에서는 한 가지 일만 담당한다고 볼 수 있다. 예를 들면 바로 신적인 클래스가 되는 일 자체일 수 있다. 나라면 이것을 '명확한 이름의 원칙'이라고 대체하고 싶다. 즉, 클래스 이름은 모호함 없이 그 기능을 설명해야 한다. 이름이 너무 길거나 모호할 경우 클래스를 여러 클래스로 분할해야 한다.

**O: 개방-폐쇄 원칙**(open-closed principle)에 따르면 클래스는 확장을 위해서는 열려 있고 수정을 위해서는 닫혀 있어야 한다. 외부에서 이 클래스의 동작 방식을 수정할 수 있도록 클래스를 설계해야 한다는 뜻이다. 다시 말하지만, 이것은 매우 모호하고 심지어 시간을 낭비하게 할 수도 있다. 이러한 확장성은 설계 시 정해지는 내용이며, 때로는 바람직하지도 않고, 실용적이지도 않고, 심지어 안전하지도 않을 수 있다. 이는 마치 프로그래밍에 있어서 "레이싱 타이어를 사용하라"는 조언처럼 느껴진다. 대신 나라면 "확장성을 일종의 기능으로 취급하라"라고 말할 것이다.

**L:** 바바라 리스코프가 만든 **리스코프 치환 원칙**(Liskov substitution principle)은 사용된 클래스 중 하나를 파생 클래스로 대체할 경우 프로그램의 동작이 변경되어서는 안 된다고 명시한다. 이 조언은 타당하지만, 일상적인 프로그래밍 작업에서는 그렇게 중요하지 않을 수 있다. 마치 나에게는 "버그를 만들지 마라"처럼 들린다. 만약 인터페이스의 계약을 어기면 그 프로그램에는 버그가 발생할 것이다. 또 인터페이스를 잘못 설계했다면 버그가 있을 수 있다. 너무나 당연한 얘기다. 아마도 "계약을 고수하라"와 같이 더 간단하고 실행 가능한 조언으로 바꿀 수 있을 것이다.

**I: 인터페이스 분리 원칙**(interface segregation)은 일반적이고 광범위한 인터페이스보다 특정 목표를 위한 더 작은 인터페이스를 선호한다. 이는 분명히 잘못된 조언은 아니지만, 불필요하게 복잡하고 모호하다. 광범위한 인터페이스가 더 적합하고, 지나치게 세분화한 인터페이스는 오버헤드를 너무 많이 발생시킬 수도 있다. 인터페이스를 분할하는 것은 스코프가 아니라 설계의 요구 사항에 근거해야 한다. 단일 인터페이스가 해당 작업에 적합하지 않으면 세부 기준에 맞지 않더라도 자유롭게 분할해 보자.

**D: 종속성 역전 원칙**(dependency inversion principle)이 마지막 원칙이다. 다시 말하지만, 이는 그리 좋은 이름이 아니다. 추상화에 의존한다고만 할 수 있다. 즉, 구체적인 구현에 따른 의존성은 강한 결합이 형성되며, 이미 그 효과가 별로 바람직하지 않다는 것을 알고 있다. 그렇다고 해서 모든 종속성에 대한 인터페이스를 만들어야 하는 것은 아니다. 나는 그 반대로 말한다. 자신이 유연성을 선호하고 그것이 가치 있다고 판단한다면 추상화에 의존하는 것을 선호하고, 그렇지 않다면 구체적인 구현에 의존하라. 자신의 설계에 자기 코드를 맞춰야지 그 반대가 되어서는 안 된다. 다양한 모델로 자유롭게 실험해 보자.

합성은 부모-자식 관계라기보다 클라이언트-서버 관계에 더 가깝다. 스코프에서 재사용 코드의 메서드를 상속하는 대신 참조로 재사용 코드를 호출한다. 생성자에서 의존하는 클래스를 구성할 수도 있고, 더 좋은 것은 외부 종속성으로 사용할 수 있는 매개변수로 받을 수도 있다. 이처럼 관계를 좀 더 유연하게 변경할 수 있다.

매개변수로 받으면 구체적인 구현의 모의 버전을 주입하여 객체를 더 쉽게 단위 테스트할 수 있다는 추가적인 이점이 있다. 의존성 주입은 5장에서 더 자세히 알아볼 것이다.

상속 대신 합성을 사용하면 구체적인 참조 대신 인터페이스로 종속성을 정의해야 할 때도 있기 때문에 훨씬 더 많은 코드를 작성해야 한다. 하지만 동시에 종속성에서 벗어나 코드를 자유롭게 만들 수 있다. 합성을 사용하기 전에 장단점을 따져봐야 한다.

# 3.7 클래스를 사용하지 마라

오해하지 마라. 클래스는 훌륭하다. 클래스는 그들의 일을 하고 나서 길을 비켜준다. 하지만 2장에서 이야기한 바와 같이 그들은 참조로 작은 간접적인 오버헤드를 발생시키고, 값 타입에 비해 좀 더 많이 우회하는 동작을 요구한다. 대부분 이러한 점은 문제가 되지 않지만, 코드와 함께 잘못된 결정이 어떤 영향을 주는지를 이해하기 위해서는 그 장단점을 파악하고 있어야 한다.

값 타입이 유용할 수 있다. int, long, double과 같이 C#에서 제공하는 원시 타입은 이미 값 타입이다. 또한, enum이나 struct와 같은 구문을 사용하여 사용자 고유의 값 타입을 구성할 수도 있다.

## 3.7.1 열거형은 맛있다!

열거형(Enums)은 이산 순서를 나타내는 값을 저장하는 데 유용하다. 이산 값을 정의하기 위해 클래스를 사용할 수도 있지만, 열거형이 갖고 있는 특별한 장점이 부족하다. 물론 값을 하드 코딩하는 것보다는 클래스를 사용하는 게 여전히 더 낫다.

앱에서 만든 웹 요청의 응답을 처리하는 코드를 작성하는 경우, 다른 수치화된 응답 코드를 처리할 필요가 있다. 사용자가 지정한 위치로 국립 기상청의 날씨 정보를 쿼리하고 필요한 정보를 검색하는 기능을 작성한다고 가정해 보자. 코드 3-6에서는 API 요청을 위해 RestSharp를 사용한다. 그리고 HTTP 상태 코드로 성공 여부를 확인하고 요청이 성공할 경우 Newtonsoft.JSON을 사용해 응답을 구문 분석한다. 상태 코드를 확인하기 위해 if 줄에서 하드 코딩된 값(200)을 사용한다. 그런 다음 Json.NET 라이브러리를 사용해 응답을 동적 객체로 구문 분석한다.

**코드 3-6** 주어진 위치에 대한 NWS 예상 기온을 반환하는 함수

```
static double? getTemperature(double latitude, double longitude) {
    const string apiUrl = "https://api.weather.gov";
    string coordinates = $"{latitude},{longitude}";
    string requestPath = $"/points/{coordinates}/forecast/hourly";
```

```
        var client = new RestClient(apiUrl);
        var request = new RestRequest(requestPath);
        var response = client.Get(request);      → 요청을 NWS로 보낸다.
        if (response.StatusCode == 200) {      → 웹 요청의 성공 여부는 HTTP 상태 코드로 확인한다.
            dynamic obj = JObject.Parse(response.Content);      → 여기서 JSON을 분석한다.
            var period = obj.properties.periods[0];
            return (double)period.temperature;      → 와, 결과가 나왔다!
        }
        return null;
    }
```

하드 코딩된 값의 가장 큰 문제는 사람이 이 숫자를 기억하지 못한다는 것이다. 월급 명세서에 0이 몇 개 찍혀 있는지 볼 때를 제외하고, 우리는 한 번에 숫자를 파악하는 데 어려움을 겪는다. 숫자를 어떤 것과 연관시켜 쉽게 기억하기가 어렵기 때문에 직접 타이핑하는 것보다 단순한 이름을 사용하는 것이 더 쉽다. 게다가 직접 입력할 경우 실수하기도 쉽다. 하드 코딩된 값의 두 번째 문제는 값이 바뀔 수도 있다는 것이다. 다른 모든 곳에서 동일한 값을 사용하는 경우 이 값을 변경하려면 이 숫자가 포함된 모든 곳을 변경해야 한다.

숫자를 이용하는 또 다른 문제는 그 의도를 파악하기 힘들다는 것이다. 200과 같은 숫자는 뭐든 될 수 있다. 즉, 우리는 정확히 그것이 무엇을 의미하는지 알 수 없다. 그러니 값을 하드 코딩해서는 안 된다.

클래스는 값을 캡슐화하는 방법 중 하나이다. 다음과 같이 클래스를 이용해 HTTP 상태 코드를 캡슐화할 수 있다.

```
class HttpStatusCode {
    public const int OK = 200;
    public const int NotFound = 404;
    public const int ServerError = 500;
    // ... 등등
}
```

이렇게 하면 다음과 같이 코드를 변경해 HTTP 요청이 성공했는지도 확인할 수 있다.

```
if (response.StatusCode == HttpStatusCode.OK) {
...
}
```

이 버전이 문맥, 값의 의미, 어떤 맥락에서 무슨 의미인지를 바로 이해할 수 있을 만큼 훨씬 잘 설명한다. 완벽한 설명과도 같다.

그렇다면 열거형은 무엇을 위한 것일까? 클래스를 이용하면 안 될까? 어떤 값을 담기 위한 또 다른 클래스가 있다고 가정해 보자.

```
class ImageWidths {
    public const int Small = 50;
    public const int Medium = 100;
    public const int Large = 200;
}
```

다음 코드를 컴파일하면 true를 반환한다는 것이 중요하다.

```
return HttpStatusCode.OK == ImageWidths.Large;
```

이건 우리가 원하는 것이 아니다. 대신 이것을 열거형으로 작성하면 다음과 같다.

```
enum HttpStatusCode {
    OK = 200,
    NotFound = 404,
    ServerError = 500,
}
```

이렇게 코드를 작성하는 게 훨씬 수월하지 않은가? 사용 방법은 앞서 소개한 예제와 동일하다. 더 중요한 건 우리가 정의한 모든 열거형 타입은 구별된다는 점이며, 상수가 있는 클래스를 사용한 경우와 달리 값의 유형 안전성(type-safe)이 보장된다는 점이다. 열거형은 우리에게 축복인 셈이다. 서로 다른 두 열거형으로 똑같이 비교한다면 컴파일러는 다음과 같은 오류를 발생시킬 것이다.

```
error CS0019: Operator '==' cannot be applied to operands of type 'HttpStatusCode' and
'ImageWidths'
```

아주 좋다! 열거형은 컴파일하는 동안 서로 다른 타입을 비교하지 못하게 막아 우리의 시간을 아껴준다. 열거형을 이용해 클래스와 같이 값을 저장할 뿐만 아니라 그 의도도 전달할 수 있다. 또한, 열거형은 값 타입으로 정수 값을 전달하는 것만큼 속도도 빠르다.

## 3.7.2 구조체는 아주 좋다!

2장에서 말했듯이, 클래스에는 약간의 스토리지 오버헤드가 있다. 모든 클래스는 인스턴스를 만들 때 객체 헤더와 가상 메서드 테이블을 저장해야 한다. 또한, 클래스는 힙에 할당되며 가비지 컬렉션의 대상이 된다.

즉, .NET은 인스턴스화된 모든 클래스를 추적하다가 더 이상 필요하지 않은 인스턴스를 메모리에서 제거한다. 매우 효율적인 프로세스인데, 대부분 이런 프로세스가 있다는 것조차 눈치채지 못하니 마법과도 같다. 수동으로 메모리를 관리하지 않아도 되므로 클래스를 이용하는 것을 겁내지 않아도 된다.

대신 이런 장점을 언제 활용할 수 있는지를 알아 두는 것이 좋다. 구조체는 클래스처럼 속성, 필드, 메서드를 정의할 수 있다. 또한, 인터페이스도 구현할 수 있다. 하지만 구조체를 상속할 수 없으며 다른 구조체나 클래스에서 상속할 수도 없다. 구조체에는 가상 메서드 테이블이나 객체 헤더가 없기 때문이다. 호출 스택에 할당되며 가비지 컬렉션의 대상이 아니다.

호출 스택은 상위 포인터가 움직이는 연속된 메모리 블록일 뿐이다. 스택은 정리가 빠르고 자동이므로 매우 효율적인 스토리지 메커니즘이다. 항상 후입선출(LIFO, Last In First Out)이기 때문에 메모리가 단편화될 가능성은 없다.

스택이 그렇게 빠르다면 모든 것에 스택을 사용하면 어떨까? 힙이나 가비지 컬렉션이 있는 이유가 무엇일까? 바로 스택은 함수가 동작하는 동안에만 사용할 수 있기 때문이다. 함수가 반환되면 함수의 스택 프레임에 있던 모든 정보가 사라지고 다른 함수가 그 스택 공간을 사용한다. 함수보다 더 오래 살아남아야 하는 객체를 위해 힙이 필요하다.

또한, 스택은 크기가 제한적이다. '스택 오버플로' 웹 사이트의 이름이 이렇게 지어진 이유는 스택을 오버플로하면 애플리케이션이 충돌하기 때문이다. 스택을 배려하려면 스택의 한계를 알고 있어야 한다.

구조체는 경량화된 클래스라고 볼 수 있다. 값 타입이므로 스택에 할당된다. 즉, 구조체 값을 변수에 할당하는 것은 단일 참조가 해당 변수를 가리키는 것이 아니기 때문에 변수의 내용을 복사한다는 것을 의미한다. 복사하는 것은 포인터보다 큰 데이터에 대한 참조를 전달하는 것보다 느리다는 점을 알아야 한다.

구조체 자체가 값 타입이긴 하지만 참조 타입을 포함할 수도 있다. 예를 들어 구조체에 문자열이 들어 있다면 이는 참조 타입 안에 값 타입을 포함할 수 있는 것과 비슷하게 값 타입 내에 있는 참조 타입이 된다. 이어지는 그림들로 이를 자세히 설명하겠다.

정수 값만을 포함하는 구조체가 있다고 가정해 보자. 그림 3-10에서 보듯이 보통 정수 값을 포함하는 클래스에 대한 참조보다 작은 공간을 차지한다. 여기서 구조체와 클래스 변형은 아이디를 저장하기 위한 것이라고 가정해 보자. 다음은 같은 구조의 두 가지 다른 코드를 보여준다.

**코드 3-7** 클래스와 구조체 선언의 유사성

```
public class Id {
    public int Value { get; private set; }

    public Id (int value) {
        this.Value = value;
    }
}

public struct Id {
    public int Value { get; private set; }

    public Id (int value) {
        this.Value = value;
    }
}
```

코드의 유일한 차이는 struct와 class 키워드이다. 이와 같이 함수에서 객체를 만들 때 각 키워드가 저장되는 방식이 어떻게 다른지 알아보자.

```
var a = new Id(123);
```

그림 3-10은 이 둘이 어떠한 방식으로 배치되는지를 보여준다.

구조체는 값 타입이므로 구조체를 다른 구조체에 할당하면 참조의 복사본이 하나 더 만들어지는 것이 아니라 구조체 전체 내용의 복사본이 만들어진다.

```
var a = new Id(123);
var b = a;
```

그림 3-11은 이 경우 어떻게 구조체가 작은 타입을 저장하는 데 효율적인지를 보여준다.

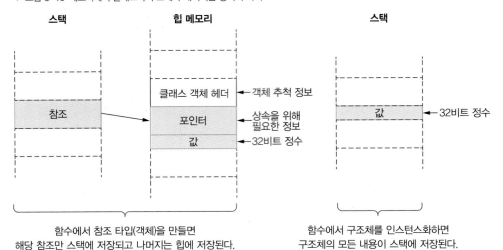

▼ 그림 3-10 메모리에서 클래스와 구조체가 배치되는 방식의 차이

함수에서 참조 타입(객체)을 만들면
해당 참조만 스택에 저장되고 나머지는 힙에 저장된다.

함수에서 구조체를 인스턴스화하면
구조체의 모든 내용이 스택에 저장된다.

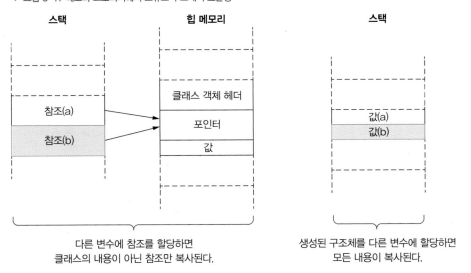

▼ 그림 3-11 메모리 스토리지에서 소규모 구조체의 효율성

다른 변수에 참조를 할당하면
클래스의 내용이 아닌 참조만 복사된다.

생성된 구조체를 다른 변수에 할당하면
모든 내용이 복사된다.

스택 스토리지는 함수를 실행하는 동안 일시적이지만 힙에 비해 매우 작다. .NET에서 힙이 8테라바이트의 데이터를 저장할 수 있는 반면 스택 크기는 1메가바이트이다. 스택은 속도가 빠르지만 큰 구조체를 저장하다 보면 금방 스토리지가 부족해질 수 있다. 또한, 큰 구조체를 복사하는 것은 참조를 복사하는 것보다 느리다. 아이디와 함께 다른 사용자 정보도 보관한다고 가정해 보자. 다음과 같이 구현할 수 있다.

**코드 3-8** 더 큰 클래스나 구조체 정의하기

```
public class Person {        → 여기서 class를 struct로 바꾸면 클래스를 구조체로 만들 수 있다
    public int Id { get; private set; }
    public string FirstName { get; private set; }
    public string LastName { get; private set; }
    public string City { get; private set; }

    public Person(int id, string firstName, string lastName, string city) {
        Id = id;
        FirstName = firstName;
        LastName = lastName;
        City = city;
    }
}
```

두 정의의 유일한 차이점은 struct와 class 키워드이다. 그러나 변수를 만들고 할당하는 것은 어떤 키워드냐에 따라 내부에서 벌어지는 일에 매우 큰 영향을 끼친다. 구조체나 클래스가 될 수 있는 Person이 들어간 간단한 코드를 생각해 보자.

```
var a = new Person(42, "Sedat", "Kapanoglu", "San Francisco");
var b = a;
```

그림 3-12는 변수 a를 b에 할당할 때 메모리 레이아웃에 나타나는 차이를 보여준다.

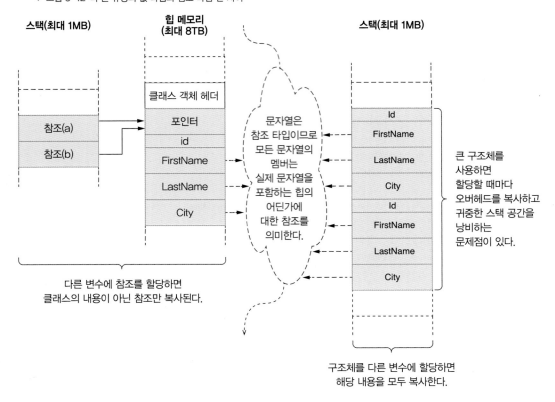

**❤ 그림 3-12** 더 큰 유형의 값 타입과 참조 타입 간 차이

호출 스택은 물건을 저장하는 데 매우 빠르고 효율적이다. 가비지 컬렉션 대상이 아니기 때문에 오버헤드가 적은 작은 값으로 작업할 때 좋다. 이들은 참조 타입이 아니므로 널일 수 없으며, 구조체에서는 널 참조 예외를 사용할 수 없다.

저장하는 방식에서 명백하게 알 수 있듯이 모든 것에 구조체를 사용할 수는 없다. 구조체에 대한 공통적인 참조를 공유할 수 없으므로 다른 참조에서 공통 인스턴스를 변경할 수 없다. 우리가 무의식적으로 자주 하지만 절대 깊이 생각하지는 않는 것이다. 만약 여러분이 구조체를 변경하길 원하며 get; private set; 대신 get; set; 수정자를 사용한다고 생각해 보자. 우리는 즉시 struct를 수정할 수 있다. 다음 코드를 살펴보자.

**코드 3-9** 가변 구조체

```
public struct Person {
    public int Id { get; set; }
    public string FirstName { get; set; }
    public string LastName { get; set; }
    public string City { get; set; }
```

```
        public Person(int id, string firstName, string lastName,    string city) {
            Id = id;
            FirstName = firstName;
            LastName = lastName;
            City = city;
        }
    }
```

가변 구조체를 이용한 다음과 같은 코드를 생각해 보자.

```
var a = new Person(42, "Sedat", "Kapanoglu", "San Francisco");
var b = a;
b.City = "Eskisehir";
Console.WriteLine(a.City);
Console.WriteLine(b.City);
```

어떤 결과를 예상했는가? 만약 클래스였다면 두 줄 모두 Eskisehir를 새로운 도시로 표시했을 것이다. 하지만 서로 다른 두 복사본을 가지고 있기 때문에 San Francisco와 Eskisehir가 출력된다. 따라서 나중에 실수로 변경되어 버그가 발생하지 않도록 구조체는 항상 불변으로 만드는 것이 좋다.

코드 재사용을 위해 상속보다는 합성을 선호해야 하지만, 주어진 종속성을 포함한다면 상속이 유용할 수도 있다. 이러한 경우 클래스는 구조체보다 훨씬 더 유연하다.

클래스는 할당에서 참조만 복사하기 때문에 크기가 클수록 더 효율적인 스토리지를 제공할 수 있다. 이 모든 것을 생각해 볼 때, 상속이 필요 없는 작고 불변의 값 타입이라면 구조체를 자유롭게 사용하는 게 더 낫다.

STREET CODER

# 3.8 불량 코드를 작성하라

모범 사례는 잘못된 코드에서 얻어진다. 또한, 모범 사례를 맹목적으로 적용하다 보면 코드를 망칠 수도 있다. 구조화 프로그래밍부터 객체 지향 프로그래밍, 심지어 함수형 프로그래밍까지 모든 것이 개발자가 더 나은 코드를 작성할 수 있도록 개발되었다. 모범 사례의 관점에서 일부 나쁜 관행은 '유해한 것'으로 지목되어 완전히 추방되기도 한다. 대표적인 몇 가지를 검토해 보자.

## 3.8.1 If/Else를 사용하지 마라

If/Else는 프로그래밍을 배우는 첫 번째 구조 중 하나이다. 컴퓨터의 기본 부분 중 하나인 논리 (로직)를 표현한 것이다. 우리는 If/Else를 사랑한다. 프로그램의 논리를 마치 하나의 길과 같이 순서도로 표현해 주기 때문이다. 하지만 이런 표현은 코드를 읽기 어렵게 만들 수도 있다.

다른 여러 프로그래밍 구조와 마찬가지로 If/Else 블록은 들여쓰기된 조건부 코드를 만든다. 데이터베이스에서 레코드를 처리하기 위해 마지막 섹션에서 Person 클래스에 일부 기능을 추가한다고 가정해 보자. Person 클래스의 City 속성이 변경되었는지 확인하고 Person 클래스가 유효한 레코드를 가리키면 데이터베이스에서도 그것을 변경하고자 한다. 이것을 구현하는 것은 꽤 복잡하다. 이런 것을 처리하는 더 나은 방법이 있다. 하지만 실제 기능보다는 코드가 어떻게 만들어지는지를 보여주고 싶다. 코드 3-10이 좋은 예가 되어줄 것이다.

**코드 3-10** If/Else가 넘쳐나는 코드의 예

```
public UpdateResult UpdateCityIfChanged() {
    if (Id > 0) {
        bool isActive = db.IsPersonActive(Id);
        if (isActive) {
            if (FirstName != null && LastName != null) {
                string normalizedFirstName = FirstName.ToUpper();
                string normalizedLastName = LastName.ToUpper();
                string currentCity = db.GetCurrentCityByName(
                    normalizedFirstName, normalizedLastName);
                if (currentCity != City) {
                    bool success = db.UpdateCurrentCity(Id, City);
                    if (success) {
                        return UpdateResult.Success;
                    } else {
                        return UpdateResult.UpdateFailed;
                    }
                } else {
                    return UpdateResult.CityDidNotChange;
                }
            } else {
                return UpdateResult.InvalidName;
            }
        } else {
            return UpdateResult.PersonInactive;
        }
    } else {
```

```
        return UpdateResult.InvalidId;
    }
}
```

내가 지금부터 이 함수가 어떤 일을 하는지에 대해 차근차근 설명하더라도, 5분 뒤에 이 함수를 다시 되돌아보면 아마 여전히 혼란스러울 것이다. 혼란스러운 원인 중 하나는 들여쓰기가 너무 많기 때문이다. 소수의 레딧(Reddit) 사용자를 제외한 사람들은 들여쓰기한 코드를 읽는 것에 익숙하지 않다. 해당 줄이 어느 블록에 속하는지, 컨텍스트가 무엇인지 판단하기 어렵기 때문이다. 논리를 따라가기도 어렵다.

불필요한 들여쓰기를 방지하기 위한 일반적인 원칙은 최대한 빨리 함수를 종료하고 이미 흐름이 else인 경우를 암시할 때는 else를 사용하지 않는 것이다. 코드 3–11에서는 함수 결과를 반환하는 구문이 이미 코드 흐름의 끝을 의미하므로, 이때는 더 이상 else가 필요하지 않다.

**코드 3–11** 봐라, 이제 더 이상 else가 없다!

```
public UpdateResult UpdateCityIfChanged() {
    if (Id <= 0) {
        return UpdateResult.InvalidId;
    }
    bool isActive = db.IsPersonActive(Id);
    if (!isActive) {
        return UpdateResult.PersonInactive;
    }
    if (FirstName is null || LastName is null) {
        return UpdateResult.InvalidName;
    }
    string normalizedFirstName = FirstName.ToUpper();
    string normalizedLastName = LastName.ToUpper();
    string currentCity = db.GetCurrentCityByName(
    normalizedFirstName, normalizedLastName);
    if (currentCity == City) {
        return UpdateResult.CityDidNotChange;
    }
    bool success = db.UpdateCurrentCity(Id, City);
    if (!success) {
        return UpdateResult.UpdateFailed;
    }
    return UpdateResult.Success;
}
```

→ 반환 후에는
   더 이상 코드가 실행되지 않는다.

여기서 사용되는 기술을 **행복한 경로** 따라가기(following the happy path)라고 부른다. 코드에서 **행복한 경로**는 다른 문제가 없을 때 실행되는 코드를 의미한다. 즉, 이상적으로 실행되는 코드를 말한다. 행복한 경로는 함수에서 가장 중요한 작업을 요약하여 보여주기 때문에 분명히 가장 읽기 쉬운 부분이다. else 구문의 코드를 조기에 반환하는 return 구문으로 변환하여, 코드를 읽는 사람이 러시아의 마트료쉬카 인형처럼 복잡한 if 구문들을 보는 것보다 훨씬 더 쉽게 행복한 경로를 확인할 수 있도록 한다.

초반에 유효성을 확인하고 최대한 빨리 반환하라. 예외적인 경우를 if 안에 넣고, 우리가 원하는 행복한 경로를 블록 밖에 놓도록 노력하라. 코드를 더 쉽게 읽고 관리하려면 이 두 가지에 빨리 익숙해져야 한다.

## 3.8.2 goto를 사용하라

프로그래밍의 이론적인 전체 원리는 메모리, 기본 산술 연산, if와 goto 구문으로 요약할 수 있다. goto 구문은 프로그램 실행 중에 임의의 위치로 직접 이동할 때 사용한다. 이 구문을 따라가기는 어려우며, 에츠허르 데이크스트라가 'goto 구문은 해로운 것으로 간주된다'[5]라는 제목의 논문을 발표한 이후 goto 사용은 권장되지 않는다. 데이크스트라의 논문에 대해서는 많은 오해가 있는데, 제목에 대한 오해가 대표적이다. 데이크스트라는 자신의 논문 제목을 'goto 구문에 반대하는 사례'로 정했지만, 파스칼 언어의 발명가이자 그의 편집자였던 니클라우스 비르트가 제목을 바꿨다. 이로 인해 데이크스트라의 입장이 보다 공격적으로 비춰졌고, goto에 대항한 전쟁은 goto에 대한 마녀사냥으로 바뀌었다.

이 일은 모두 1980년대 이전에 일어났다. 프로그래밍 언어는 goto 구문의 기능을 다루는 새로운 구조를 만들 시간이 충분했다. for/while 루프, return/break/continue 구문, 심지어 예외(exceptions)도 이전에는 goto로만 가능했던 특정 시나리오를 해결하기 위해 개발됐다. 이전의 BASIC 프로그래머라면 원시적인 예외 처리 메커니즘이었던 유명한 오류 처리 구문인 ON ERROR GOTO를 기억할 것이다.

대부분의 최근 언어는 더 이상 goto와 같은 구문을 지원하지 않는다. 하지만 C#은 이것을 지원하며, 함수에서 중복되는 종료 지점을 제거해야 되는 경우에 한하여 매우 잘 작동한다. 이해하기 쉬운 방식으로 goto 구문을 사용하고, 시간을 아끼면서 동시에 버그가 덜 발생하도록 하는 것이 가

---

5  자세한 내용은 https://dl.acm.org/doi/10.1145/362929.362947을 참고하자.

능하다. 마치 이것은 〈모탈 컴뱃〉[6]의 3단 콤보를 맞추는 것과 같다.

종료 지점은 호출자에게 무언가를 반환하는 함수의 구문이다. C#에서 모든 return은 종료 지점을 의미한다. 아주 오래 전에는 프로그래밍 언어의 종료 지점을 없애는 것이 지금보다 더 중요했는데, 이는 당시 수동으로 코드를 정리하는 것이 프로그래머의 일상에서 중요한 부분이었기 때문이다. 함수를 반환하기 전에 무엇을 할당하고 무엇을 정리해야 하는지 기억하고 있어야 했다.

C#은 try/finally 블록이나 using 구문 같은 구조화된 코드 정리를 위한 훌륭한 도구를 제공한다. 둘 모두 시나리오에 맞지 않는 경우가 있으며 이때 정리를 위해 goto를 사용할 수 있다. 하지만 실제로 goto 구문은 중복을 제거할 때 더 빛이 난다. 온라인 쇼핑을 위한 웹 페이지에서 배송 주소를 입력하는 폼(form)을 개발한다고 가정해 보자. 웹 폼은 다단계 유효성 검증을 보여주는 데 유용하며, 이를 위해 ASP.NET 코어를 사용한다면 폼을 제출하는 액션이 필요하다. 이를 위해 코드 3-12와 같이 작성할 수 있다. 클라이언트에서 일어나는 모델 검증이 있지만, 동시에 주소 검증 API를 사용하여 이 주소가 정말 맞는지 확인하는 서버 검증도 함께 해야 한다. 유효성 검사 후 우리는 데이터베이스에 정보를 저장할 수 있다. 만약 성공하면 사용자를 청구 정보 페이지로 리디렉션한다. 그렇지 않으면 우리는 배송지 입력 폼을 다시 표시해야 한다.

**코드 3-12** ASP.NET 코어로 만든 배송지 입력 폼 처리 코드

```
[HttpPost]
public IActionResult Submit(ShipmentAddress form) {
    if (!ModelState.IsValid) {
        return RedirectToAction("Index", "ShippingForm", form);
    }
    var validationResult = service.ValidateShippingForm(form);
    if (validationResult != ShippingFormValidationResult.Valid) {
        return RedirectToAction("Index", "ShippingForm", form);
    }                                                                      → 중복된 종료 지점
    bool success = service.SaveShippingInfo(form);
    if (!success) {
        ModelState.AddModelError("", "Problem occurred while " +
        "saving your information, please try again");
        return RedirectToAction("Index", "ShipingForm", form);
    }
    return RedirectToAction("Index", "BillingForm");      → 행복한 경로
}
```

---

6  1992년에 나온 대전 격투 게임이다.

복사—붙여넣기와 관련된 몇 가지 문제는 이미 논의했지만, 코드 3-12에서의 중복된 종료 지점은 또 다른 문제를 야기한다. 세 번째 return 구문에 오타가 있는 것을 발견했는가? 실수로 문자 하나를 빠트렸다. 이 부분이 문자열 안에 들어 있기 때문에 프로덕션에 이 폼을 저장할 때 문제가 발생하거나, 컨트롤러에 대한 정교한 테스트를 만들지 않는 이상 버그를 발견할 수 없다. 이러한 경우 중복으로 인한 문제가 발생할 수 있다. 코드 3-13에서 볼 수 있듯이 goto 구문은 단일 goto 레이블 아래에서 return 구문을 병합하는 데 도움을 주기도 한다. 우리는 행복한 경로 안에 오류가 발생하는 사례를 위해 새로운 레이블을 만들고, goto를 사용하여 함수 내 여러 부분에서 이 레이블을 재사용한다.

**코드 3-13** 공통적인 종료 지점을 단일 return 문으로 병합하기

```
[HttpPost]
public IActionResult Submit2(ShipmentAddress form) {
    if (!ModelState.IsValid) {
        goto Error;
    }
    var validationResult = service.ValidateShippingForm(form);
    if (validationResult != ShippingFormValidationResult.Valid) {
        goto Error;
    }                                                              → 중복된 종료 지점
    bool success = service.SaveShippingInfo(form);
    if (!success) {
        ModelState.AddModelError("", "Problem occurred while " +
        "saving your shipment information, please try again");
        goto Error;
    }
    return RedirectToAction("Index", "BillingForm");
Error:      → 목적지 레이블
    return RedirectToAction("Index", "ShippingForm", form);      → 공통적인 종료 코드
}
```

이런 식으로 통합했을 때의 장점은 공통적인 종료 코드에 더 많은 것을 추가하려는 경우 한 곳에만 추가하면 된다는 것이다. 오류가 발생할 때 클라이언트에 쿠키를 저장한다고 가정해 보자. 다음과 같이 Error 레이블 뒤에 원하는 코드를 추가하기만 하면 된다.

**코드 3-14** 공통 종료 코드에 쉽게 다른 코드를 추가할 수 있다

```
[HttpPost]
public IActionResult Submit3(ShipmentAddress form) {
    if (!ModelState.IsValid) {
```

```
        goto Error;
    }
    var validationResult = service.ValidateShippingForm(form);
    if (validationResult != ShippingFormValidationResult.Valid) {
        goto Error;
    }
    bool success = service.SaveShippingInfo(form);
    if (!success) {
        ModelState.AddModelError("", "Problem occurred while " +
        "saving your information, please try again");
        goto Error;
    }
    return RedirectToAction("Index", "BillingForm");
Error:
    Response.Cookies.Append("shipping_error", "1");    → 쿠키를 저장하는 코드
    return RedirectToAction("Index", "ShippingForm", form);
}
```

goto를 이용하여 우리는 실제로 들여쓰기를 더 적게 하여 가독성이 더 좋은 코드를 갖게 되었고, 시간을 아끼게 되었고, 한 부분만 변경하면 되기 때문에 앞으로 코드를 더 쉽게 변경할 수 있게 되었다.

goto와 같은 구문은 이것에 익숙하지 않은 동료를 여전히 당혹스럽게 만들 수 있다. 다행히 C# 7.0은 이와 동일한 작업을 수행하기 위해 사용할 수 있는 로컬 함수를 도입했다. 아마도 더 이해하기 쉬운 방식일 것이다. 일반적인 에러를 반환하고 goto를 사용하는 대신 그 결과를 반환하는 error라는 로컬 함수를 선언한다. 코드 3-15에서 실제 error가 작동하는 모습을 볼 수 있다.

**코드 3-15** goto 대신 로컬 함수 사용하기

```
[HttpPost]
public IActionResult Submit4(ShipmentAddress form) {
    IActionResult error() {    → 로컬 함수
        Response.Cookies.Append("shipping_error", "1");
        return RedirectToAction("Index", "ShippingForm", form);
    }
    if (!ModelState.IsValid) {
        return error();    → 공통적인 오류 반환
    }
    var validationResult = service.ValidateShippingForm(form);
    if (validationResult != ShippingFormValidationResult.Valid) {
        return error();
    }
```

```
    bool success = service.SaveShippingInfo(form);
    if (!success) {                                         ⟶ 중복된 종료 지점
        ModelState.AddModelError("", "Problem occurred while " +
        "saving your information, please try again");
        return error();
    }
    return RedirectToAction("Index", "BillingForm");
}
```

또한 로컬 함수를 사용하면 이 함수의 맨 위에 오류 처리를 선언할 수 있는데, 이는 Go와 같은 최신 프로그래밍 언어의 표준이며, defer와 같은 구문을 사용하여 오류 처리를 선언할 수 있다. 그러나 이 코드에서는 error() 함수를 명시적으로 호출하여 실행해야 한다.

# 3.9 코드 주석을 작성하지 마라

16세기에 살았던 시난이라는 튀르키예 건축가가 있다. 그는 이스탄불의 수많은 유명 건축물을 지었다. 그의 건축 솜씨에 대한 이야기에 따르면, 시난이 죽고 수백 년이 지난 후에 한 무리의 건축가들이 그의 건물 중 하나를 복원하기 시작했다. 그들이 교체해야 할 아치형 통로 중 하나에 쐐기돌이 있었는데, 조심스럽게 이 돌을 제거하자 돌 블록 사이에 끼워진 작은 유리병 안에 메모가 들어 있었다. 이 메모에는 "이 쐐기돌은 300년 밖에 가지 않을 것이다. 이 메모를 읽고 있다면 아마 이 돌이 부서졌거나 여러분이 이것을 수리하려고 했기 때문이다. 새로운 쐐기돌을 정확하게 다시 설치할 수 있는 유일한 방법은 다음과 같다." 이 메모에는 쐐기돌을 제대로 교체하는 방법에 대한 기술적인 세부 사항이 적혀 있었다.

건축가 시난은 역사상 최초로 코드 주석을 제대로 사용한 인물로 볼 수 있다. 건물 곳곳에 글이 적혀 있는 반대 경우를 생각해 보자. 문에는 "이것은 문이다"라는 텍스트가 있고, 창문에는 "이것은 창문이다"라고 쓰여 있을 것이다. 모든 벽돌 사이에는 "이것은 벽돌이다"라는 메모가 담긴 유리병이 있을 것이다.

코드 자체로 설명이 충분한 경우에는 코드 주석을 작성할 필요가 없다. 불필요한 주석은 오히려 코드의 가독성을 해칠 수 있다. 주석을 위한 주석은 작성하지 마라. 주석이 꼭 필요할 때만 현명하게 사용하라.

다음 예제를 살펴보자. 코드 주석을 너무 많이 달면 다음처럼 보일 수 있다.

**코드 3-16** 모든 곳에 코드 주석을!

```
/// <summary>
/// 발송 주소 모델을 받아 데이터베이스에 그것을 업데이트한 다음,
/// 만약 문제가 없다면 사용자를 청구 페이지로 리디렉션한다.        → 함수의 문맥과 선언이 이미
/// </summary>                                                      이것들을 설명하고 있다.
/// <param name="form">받을 모델</param>
/// <returns>오류가 있을 경우 주소를 입력하는 폼으로
/// 다시 연결하고, 성공할 경우 청구서 양식 페이지로
/// 재연결한다.</returns>                                          ┌→ 함수의 문맥과 선언이
[HttpPost]                                                         │  이미 이것들을
public IActionResult Submit(ShipmentAddress form) {               └  설명하고 있다.
    // 쿠키를 저장하고 배송 정보를 입력하는 양식으로
    // 재접속하는 공용 오류 처리 코드
    IActionResult error() {                                        ┌→ 문자 그대로 다음에 오는
        Response.Cookies.Append("shipping_error", "1");            └  코드를 반복하고 있다.
        return RedirectToAction("Index", "ShippingForm", form);
    }
    // 모델 상태가 유효한지 검사한다.
    if (!ModelState.IsValid) {                                     ┌→ 다시 말하지만,
        return error();                                            └  완전 불필요하다.
    }
    // 서버 측 유효성 검증 로직으로 이 양식을 검증한다
    var validationResult = service.ValidateShippingForm(form);      → 또 다른 반복
    // 검증이 성공적인가?
    if (validationResult != ShippingFormValidationResult.Valid) {   → 제발!
        return error();
    }
    // 발송 정보를 저장한다.
    bool success = service.SaveShippingInfo(form);                 ┌→ 정말? 우리가
    if (!success) {                                                └  이 지경까지 온 거야?
        // 저장 실패. 사용자에게 오류를 보고한다.
        ModelState.AddModelError("", "Problem occurred while " +    → 농담 아니야.
        "saving your information, please try again");
        return error();
    }
    // 청구 양식으로 간다.                                          ┌→ 이건 절대
    return RedirectToAction("Index", "BillingForm");               └  짐작도 못했다.
}
```

지금 읽고 있는 코드는 주석 없이도 우리에게 스스로의 이야기를 들려준다. 그림 3-13에서 주석 없이 동일한 코드를 검토하고 그 안에 숨겨진 힌트를 찾아보자.

▼ 그림 3-13 코드의 힌트 읽기

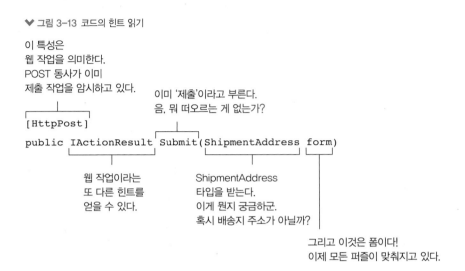

할 일이 많아 보일 수도 있다. 단지 이 코드가 무엇을 하는지 이해하기 위해 퍼즐 조각을 하나로 모으고 있기 때문이다. 하지만 시간이 지날수록 더 좋아질 것이다. 점점 더 적은 노력으로 더 잘 할 수 있게 될 것이다. 6개월 후에는 이 코드가 다른 사람의 것이 될 수도 있기 때문에, 여러분이 작성한 코드를 읽는 불쌍한 영혼의 삶을 개선하기 위해 할 수 있는 일을 해야 한다. 물론 여러분에게도 벌어질 수 있는 일이다.

### 3.9.1 이름을 잘 선택하라

좋은 이름의 중요성에 대해서는 이 장의 도입부에서 이미 다루었다. 가능한 한 코드의 기능을 명확하게 표현하거나 요약해 이름을 결정해야 한다고 이야기했다. 문맥이 완전히 명확하지 않다면 함수에 Process, DoWork, Make 등의 모호한 이름을 사용해서는 안 된다. 가끔은 평소보다 긴 이름을 사용해야 할 수도 있지만, 보통은 간결하면서도 괜찮은 이름을 만들 수 있다.

변수 이름도 마찬가지다. 루프 변수(i, j, n)나 좌표에 사용되는 x, y, z와 같이 누가봐도 명확한 경우에만 단일 문자로 된 변수 이름을 사용해야 한다. 언제나 설명이 들어간 이름을 사용하고 약어는 사용하지 않아야 한다. HTTP나 JSON과 같은 잘 알려진 이니셜이나 ID와 DB처럼 잘 알려진 약어를 사용하는 것은 괜찮지만, 일반적인 단어를 줄여서는 안 된다. 어쨌든 변수 이름은 한 번만 입력하며, 이후 나머지는 코드 자동 완성 기능으로 처리할 수 있다. 설명이 들어간 이름은 엄청난 장점을 가진다. 가장 중요한 점은 시간을 아낄 수 있다는 것이다. 설명이 담긴 이름을 고르면 변수를 사용하는 부분에 이를 설명하기 위한 문장 형태의 주석을 작성하지 않아도 된다. 사용 중인 프로그래밍 언어의 코드 작성 규칙에 대한 문서를 참고하라. 예를 들어 .NET 명명 규칙을 위한 마이크로소프트의 가이드라인 문서는 C#을 위한 훌륭한 참고 자료이다.[7]

## 3.9.2 함수를 활용하라

함수가 작을수록 더 이해하기 쉽다. 함수가 한 화면에 모두 들어가도록 작게 유지하라. 앞뒤로 화면을 스크롤하게 되면 코드가 무엇을 하는지 이해하기가 매우 불편해진다. 함수가 하는 모든 것을 한눈에 볼 수 있어야 한다.

그렇다면 어떻게 함수를 줄일 수 있을까? 초보자는 함수를 압축하기 위해 한 줄에 최대한 많은 것을 넣으려는 경향이 있다. 안 된다! 한 줄에 여러 구문을 사용하지 마라. 구문마다 항상 한 줄 이상을 띄워라. 함수에 빈 줄을 사용하여 관련 구문을 함께 묶을 수도 있다. 이러한 점을 떠올리며 다음 코드 3-17을 살펴보자.

**코드 3-17** 함수의 논리적 부분을 분리하기 위한 빈 줄 활용

```
[HttpPost]
public IActionResult Submit(ShipmentAddress form) {
    IActionResult error() {
        Response.Cookies.Append("shipping_error", "1");        → 오류 처리 코드 부분
        return RedirectToAction("Index", "ShippingForm", form);
    }
    if (!ModelState.IsValid) {
        return error();                                         → MVC 모델 유효성
    }                                                             검사 부분
    var validationResult = service.ValidateShippingForm(form);
    if (validationResult != ShippingFormValidationResult.Valid) {
        return error();                                         → 서버측 모델 유효성
    }                                                             검사 부분
    bool success = service.SaveShippingInfo(form);
    if (!success) {
        ModelState.AddModelError("", "Problem occurred while " +
        "saving your information, please try again");           → 저장 부분과
        return error();                                           성공적인 경우
```

---

7 자세한 내용은 https://docs.microsoft.com/en-us/dotnet/standard/design-guidelines/naming-guidelines를 참고하자.

```
    }
    return RedirectToAction("Index", "BillingForm");
}
```

이것이 함수를 더 작게 만드는 데 무슨 도움이 되냐고 반문할 수 있다. 그렇다. 사실, 이것은 함수를 더 크게 만든다. 하지만 이렇게 함수의 로직이 있는 부분을 구분하면 해당하는 부분을 의미 있는 함수로 리팩터링할 수 있다. 그리고 이는 작은 함수와 설명적인 코드를 동시에 갖는 열쇠가 된다. 이 논리를 이해하는 것이 간단하지 않다면 동일한 코드를 훨씬 더 이해하기 쉬운 청크로 리팩터링할 수 있다. 코드 3-18에서는 앞에서 확인한 논리적인 부분을 사용해 Submit 함수에서 로직을 추출한다. 기본적으로 유효성 검증 부분, 실제 저장하는 부분, 저장 오류 처리 부분, 성공적인 응답 부분이 있다. 이렇게 네 가지 부분만 함수의 본체에 남겨둔다.

**코드 3-18** 함수에 서술적인 기능만 유지

```
[HttpPost]
public IActionResult Submit(ShipmentAddress form) {
    if (!validate(form)) {      → 유효성 검증
        return shippingFormError();
    }
    bool success = service.SaveShippingInfo(form);      → 저장
    if (!success) {      → 오류 처리
        reportSaveError();
        return shippingFormError();
    }
    return RedirectToAction("Index", "BillingForm");      → 성공적인 응답
}

private bool validate(ShipmentAddress form) {
    if (!ModelState.IsValid) {
        return false;
    }
    var validationResult = service.ValidateShippingForm(form);
    return validationResult == ShippingFormValidationResult.Valid;
}

private IActionResult shippingFormError() {
    Response.Cookies.Append("shipping_error", "1");
    return RedirectToAction("Index", "ShippingForm", form);
}
```

```
private void reportSaveError() {
    ModelState.AddModelError("", "Problem occurred while " +
    "saving your information, please try again");
}
```

실제 함수는 너무 간단해서 거의 영어 문장처럼 읽을 수 있다. 단 한 줄의 주석도 없이 매우 서술적인 코드를 작성했다. 여기에서 핵심은 주석 한 줄을 쓰는 것보다도 일이 적다는 점이다. 또한, 이 프로젝트가 살아있는 동안 더 이상 주석을 유지 관리하기 위해 주석과 실제 코드를 동기화할 필요가 없다는 것을 안다면 여러분은 너무 감사해 고개를 마구 숙일 것이다. 정말이지 훨씬 낫다.

함수를 추출하는 것은 귀찮은 일처럼 보인다. 하지만 사실 비주얼 스튜디오와 같은 개발 환경에서는 쉬운 일이다. 코드에서 추출할 부분을 선택하고 Ctrl + . (마침표)를 누르거나 코드 옆에 나타나는 전구 아이콘을 선택하고 '메서드 추출(Extract Method)'을 선택하면 된다. 우리가 할 일은 여기에 이름을 붙이는 것이다.

이러한 조각을 추출할 때 같은 파일에 있는 코드 조각을 재사용할 수 있는 기회도 얻게 된다. 오류 처리 방식이 다르지 않다면 청구서를 작성하는 시간을 절약할 수 있다.

내가 코드 주석에 반대하는 것처럼 들린다면, 사실은 정반대다. 불필요한 주석을 줄이는 것은 유용한 주석을 보석처럼 빛나게 하며 이것은 주석을 유용하게 만드는 유일한 방법이다. 주석을 작성할 때 건축가 시난처럼 생각하라. "이것에 대한 설명이 필요한 사람은 누구일까?" 설명이 필요할 경우에는 최대한 명확하게 하고, 자세히 설명하고, 필요할 경우 ASCII 다이어그램을 그려 넣기도 하라. 같은 코드를 작업하는 개발자가 여러분에게 와서 코드의 기능을 묻거나 설명을 잊어버려서 코드를 잘못 수정하지 않도록, 원하는 만큼 문단을 작성하라. 프로덕션 서버가 중단될 때 그 코드를 올바르게 수정하는 것은 여러분에게 달려 있다. 여러분은 다른 모든 사람과 마찬가지로 이것에 대한 의무를 가진다.

공용 API와 같이 사용자가 코드에 접근할 수 없는 경우에는 주석이 유용한지 여부에 관계없이 주석을 작성해야 하는 경우가 있다. 그렇다고 기록된 주석이 코드를 이해하기 쉽게 만든다는 것을 의미하지는 않는다. 작고 이해하기 쉬운 깨끗한 코드를 작성해야 한다.

# 3.10 요약

- 논리적 종속성의 경계를 지켜 경직된 코드를 만들지 않도록 하라.
- 처음부터 다시 작성하는 것을 두려워하지 마라. 다음에 할 때는 이 일을 훨씬 더 빨리 할 수 있을 것이다.
- 앞길에 방해가 될 수 있는 종속성이 있다면 코드를 부수고 그것을 고쳐라.
- 코드를 최신 상태로 유지하고 정기적으로 발생하는 문제를 해결하여 스스로를 어려움에 처하지 않도록 하라.
- 논리적인 책임을 위반하지 않도록 코드를 재사용하는 대신 반복하라.
- 앞으로 코드 작성에 더 적은 시간이 걸리도록 스마트한 추상화를 개발하라. 추상화를 일종의 투자라고 생각하라.
- 사용하는 외부 라이브러리가 설계를 좌우하도록 내버려 두지 마라.
- 코드가 특정 계층에 얽매이지 않도록 하려면 상속보다는 합성을 선호하라.
- 위에서 아래로 읽기 쉬운 코드 스타일을 유지하도록 노력하라.
- 함수를 조기에 종료하고 불필요하게 if와 else를 사용하지 마라.
- 공통적인 코드를 한 곳에 두기 위해 goto 또는 로컬 함수를 사용하라.
- 나무와 숲을 구별할 수 없게 만드는 시시하고 중복적인 코드 주석을 피하라.
- 변수와 함수에 알맞은 이름을 지어 그 자체로 설명이 가능한 코드를 작성하라.
- 함수를 소화하기 쉬운 하위 함수로 쪼개 코드를 최대한 설명적으로 유지하라.
- 코드 주석이 유용할 때만 주석을 작성하라.

# 4<sup>장</sup>

# 맛있는 테스트

이 장에서 다룰 내용

- 왜 우리가 테스트를 싫어하는지와 왜 그것을 사랑하는지

- 테스트를 더 즐기는 방법

- TDD, BDD와 같이 세 글자로 된 용어를 피하기

- 테스트 대상을 결정하기

- 테스트로 일을 줄이기

- 테스트가 내게 기쁨[1]을 가져다주게 하기

---

1 **역주** 원서에서 사용한 스파크 조이(Spark Joy)란 표현은 정리 전문가 곤도 마리에가 그녀의 책에서 사용한 일본어 단어 ときめく(토키메쿠)를 영어로 옮기며 나온 것이다. 마음을 설레게 하거나 두근거리게 하는 무언가를 의미한다.

많은 소프트웨어 개발자가 테스트를 책 쓰는 것에 비유하곤 한다. 지루하고, 즐기기 어려우며, 눈에 띄는 성과가 없기 때문이다. 실제 작업에 비해 테스트는 상대적으로 중요도가 낮다고 여겨진다. 테스터는 너무 쉽게 일한다는 선입견에 시달린다.

개발자들이 테스트를 싫어하는 이유는 테스트를 소프트웨어 개발과 분리된 것으로 보기 때문이다. 프로그래머의 입장에서 소프트웨어를 구축하는 것은 코드를 작성하는 것이고, 반면에 관리자 입장에서 이것은 팀을 위해 올바른 방향을 설정하는 것이다. 마찬가지로 테스터에게는 제품의 품질이 중요하다. 소프트웨어 개발의 일부가 아니라는 인식 때문에 개발자들은 테스트를 외부적인 활동으로 생각하며, 가능한 한 참여하지 않으려고 한다.

테스트는 개발자의 작업에 필수적이며 개발자에게 도움이 될 수 있다. 코드 자체가 줄 수 없는 확신을 줄 수 있다. 그것은 여러분의 시간을 절약하고, 자신을 미워할 필요가 없게 만들어줄 수 있다. 지금부터 자세히 알아보자.

# 4.1 테스트의 유형

소프트웨어 테스트는 소프트웨어의 동작에 대한 자신감을 높이는 일이다. 테스트가 소프트웨어의 동작을 완전히 보장하는 것은 아니지만, 그 가능성을 상당히 높여 준다. 테스트의 유형을 분류하는 방법에는 여러 가지가 있지만, 이를 구분하는 가장 중요한 것은 테스트를 실행하거나 구현하는 방식이다. 테스트가 개발 시간에 가장 큰 영향을 끼치기 때문이다.

## 4.1.1 수동 테스트

테스트는 수동(manual)으로 진행할 수 있으며 이는 일반적으로 개발자를 위한 작업이다. 개발자가 코드를 직접 실행하고 그 동작을 검사하여 코드를 테스트한다. 수동 테스트에는 엔드 투 엔드 테스트(End To End Test)와 같이 자체적인 유형도 있다. 이는 소프트웨어에서 지원되는 모든 시나리오를 처음부터 끝까지 테스트하는 것을 의미한다. 엔드 투 엔드 테스트의 가치는 어마어마하지만 그만큼 시간이 많이 소요된다.

코드 리뷰(검토)는 효과가 보다 약하긴 하지만 테스트 방법 중의 하나로 간주된다. 여러분은 코드가 무슨 일을 하고 그것이 어느 정도까지 돌아갔을 때 어떤 동작을 할 것인지 이해할 수 있다. 코드가 어떻게 요구 사항을 충족시키는지 어렴풋하게 볼 수 있지만, 확실하게 말할 수는 없다. 테스트는 그 유형에 따라 코드가 작동하는 방식에 대한 다양한 수준의 확신을 가져다 줄 수 있다. 이런 의미에서 코드 리뷰는 일종의 테스트라고 볼 수 있다.

---

**코드 리뷰란?**

코드 리뷰의 주된 목적은 코드를 저장소에 푸시하기 전에 코드를 검사하고 그 안에서 잠재적인 버그를 찾기 위한 것이다. 실제 회의 형태로 진행할 수도 있고, 깃허브와 같은 웹 사이트를 이용할 수도 있다. 불행히도, 수년간 코드 리뷰는 개발자의 자존감을 완전히 무너뜨리는 통과 의례에서부터 어떤 글에서 본 소프트웨어 설계자의 부당한 수많은 인용 구문에 이르기까지, 다양하게 변질되어 왔다.

코드 리뷰에서 가장 중요한 부분은 직접 고칠 필요 없이 코드를 비판할 수 있는 마지막 기회라는 것이다. 코드 리뷰를 통과한 후에는 그 코드를 모두가 승인했기 때문에 우리 모두의 코드가 된다. 누군가가 여러분이 만든 끔찍한 $O(N^2)$ 정렬 코드를 문제 삼을 때마다 "마크, 코드 리뷰 때 미리 말했으면 좋았을 텐데"라고 말하고 무시해버릴 수 있다. 농담이다. 특히 이 책을 읽고 나서도 $O(N^2)$ 정렬 코드를 작성한다면 부끄러워해야 한다. 하지만 여전히 마크를 비난할 수도 있다! 철 좀 들어라. 동료들과 잘 지내라. 언젠가 동료가 필요할 거다.

이상적으로 코드 리뷰는 코드 스타일이나 형식에 대한 것이 아니다. 린터 혹은 코드 분석 도구라고 불리는 자동화된 도구가 이런 문제를 확인해 주기 때문이다. 대신 코드 리뷰는 주로 다른 개발자가 가져올 수 있는 버그나 기술적 부채에 대한 것이어야 한다. 코드 리뷰는 비동기식 페어 프로그래밍(pair programming)이라고 볼 수 있다. 모든 사람이 같은 내용을 이해하고 잠재적인 문제를 찾기 위해 집단 지성을 활용하는 효율적인 방법이다.

---

## 4.1.2 자동 테스트

여러분은 코드를 잘 작성하는 프로그래머이다. 즉, 여러분을 위해 컴퓨터가 무언가를 하도록 만들수 있다는 것이다. 테스트도 마찬가지이다. 본인 대신 코드를 테스트하는 코드를 작성할 수 있다. 프로그래머는 보통 개발 중인 소프트웨어를 위한 도구를 만드는 데 초점을 맞춘다. 개발 프로세스 자체에는 초점을 두지 않는다. 하지만 개발 프로세스도 도구만큼 중요하다.

자동 테스트는 그 스코프에 따라, 더 중요하게는 소프트웨어의 동작에 대한 신뢰도를 어느 정도 높이는가에 따라 크게 다를 수 있다. 가장 작은 형태의 자동 테스트는 단위 테스트(unit test)이다. 또한, 코드의 단일 단위인 공용(public) 함수 하나만 테스트하기 때문에 작성하기 가장 쉽다. 테스트는 클래스 내부의 세부 정보가 아닌 외부에서 접근 가능한 인터페이스를 검사하기 위한 것이기 때문에 공용이어야 한다. 단위(unit)에 대한 정의는 참고 자료마다 조금씩 다를 수 있다. 클래스 혹은 모듈이 될 수도 있고, 또는 이런 것을 논리적으로 배열한 것이 될 수 있다. 하지만 나는 함수를 대상 단위로 보는 것을 추천한다.

단위 테스트의 문제는 단위가 각자 정상적으로 작동하는지는 확인할 수 있지만, 이들이 함께 작동하는지를 보장할 수는 없다는 점이다. 결과적으로 이들이 함께 잘 돌아가는지 따로 테스트해야 한다. 이러한 테스트를 통합 테스트(integration test)라고 한다. 자동화된 UI 테스트가 올바른 사용자 인터페이스를 빌드하기 위해 프로덕션 코드를 실행한다면 이를 일반적으로 통합 테스트라고 한다.

## 4.1.3 위험을 감수하라: 프로덕션 환경에서의 테스트

나는 팀원 중 한 명을 위해 유명한 밈이 쓰인 포스터를 산 적이 있다. 포스터에는 "나는 코드를 항상 테스트하지 않는다. 테스트할 때는 프로덕션(운영) 환경에서 테스트한다"라고 적혀 있었다. 나는 이 포스터를 팀원 모니터 바로 뒤쪽의 벽에 걸어 놓았다.

> Tip ≡ 소프트웨어 전문 용어 중에서 프로덕션(production)이라는 용어는 실제 사용자가 액세스하는 라이브 환경을 의미하며, 변경 사항이 실제 데이터에 영향을 미친다. 많은 개발자가 이것을 자신들의 컴퓨터와 혼동한다. 이를 위해 개발 환경(development)이라는 용어가 있다. 이는 런타임 환경의 이름으로, 개발 환경이라는 것은 자신들의 컴퓨터에서 로컬로 코드를 실행하는 것을 말하며, 프로덕션 환경에 영향을 미치는 데이터에 영향을 주지 않는다는 것을 의미한다. 프로덕션 환경에 해를 끼치지 않도록 하는 방법으로는 프로덕션과 아주 유사한 원격 환경을 이용하는 것이 있다. 이를 스테이징(staging)이라고 하며 사이트 사용자에게 보여지는 실제 데이터에는 영향을 주지 않는다.

라이브 코드라고 불리는 프로덕션 환경에서 테스트하는 것은 나쁜 관행으로 간주된다. 아까 말한 포스터의 존재 이유는 분명하다. 오류로 인해 사용자나 고객을 잃을 수 있기 때문이다. 더 중요한 것은 프로덕션 운영이 중단될 때 전체 개발 팀의 워크플로가 중단될 가능성이 있다는 점이다. 탁트인 사무실에서 일하고 있다면 "젠장, 이게 뭐야?"라는 격양된 목소리와 함께 실망한 얼굴들, 치켜 올라간 눈썹, KITT[1] 속도계처럼 올라가는 슬랙 알림 수, 화가 머리끝까지 난 상사의 모습을 보고 무슨 일이 일어났다는 것을 쉽게 알아차릴 수 있을 것이다.

다른 나쁜 관행과 마찬가지로, 프로덕션 환경에서의 테스트가 항상 나쁜 것만은 아니다. 만약 테스트할 시나리오가 자주 사용되는 중요한 코드 경로와 관련된 부분이 아니라면 프로덕션에서 테스트하는 것이 문제가 되지 않을 수 있다. 이는 페이스북이 "빨리 움직이고 무언가 깨뜨려라"는 구호를 가진 이유로, 개발자로 하여금 코드 변경이 비즈니스에 미치는 영향을 평가하도록 하기 때

---

1 키트(KITT, Knight Industries Two Thousand)는 나이트 2000의 약자로, 미국의 1980년대 공상과학 TV 시리즈 나이트 라이더에 등장한 음성 인식 기능을 갖춘 자율 주행 자동차를 말한다. 주인공 역의 데이비드 해셀호프를 제외하고 이것을 아는 사람들은 아마 죽었을 것이다. 이것을 모르는 것이 정상이다. 저 남자는 불사신이다.

문이다. 2016년 미국 선거 이후 이 슬로건을 버리긴 했지만, 여전히 어떠한 본질을 지니고 있다. 자주 사용하지 않는 기능에 발생한 작은 고장이라면 최대한 빨리 위험을 감수하고 고치는 편이 나을 수도 있다는 것이다.

오류가 있더라도 사용자가 앱을 계속 사용할 거라고 생각한다면, 이런 시나리오에서는 코드를 테스트하지 않는 것도 괜찮을 수 있다. 나는 튀르키예에서 가장 인기 있는 웹 사이트 중 하나를 처음 몇 년 동안 자동화된 테스트 없이 운영했고, 수많은 오류와 서버의 다운타임을 겪어야만 했다. 그 이유는 바로 자동화된 테스트가 없었기 때문이다.

## 4.1.4 적합한 테스트 방법 선택하기

테스트 방법을 결정하려면 구현하거나 변경하려는 시나리오에 대한 특정 요소를 인지하고 있어야 한다. 그것들은 주로 위험과 비용이다. 부모님이 우리에게 심부름을 시킬 때 우리가 머리 속에서 계산했던 것과 비슷하다.

- 비용
    - 특정 테스트를 구현/실행하는 데 얼마나 많은 시간이 필요한가?
    - 몇 번 정도 반복해야 할까?
    - 테스트 코드를 변경하면 테스트할 줄 아는 사람이 있는가?
    - 이 테스트를 신뢰할 수 있게 유지하는 것이 얼마나 어려운가?

- 위험
    - 이 시나리오가 깨질 가능성은 얼마나 될까?
    - 시나리오가 깨지면 사업에 얼마나 큰 영향을 줄까? 손해가 클까? 혹시 이걸 망치면 해고될까?
    - 시나리오가 깨지면 얼마나 많은 시나리오가 함께 깨지게 될까? 예를 들어 우편물 발송과 관련된 기능이 중지되면 이 기능에 의존하는 다른 여러 기능도 역시 깨질 것이다.
    - 이 코드는 얼마나 자주 변경될까? 앞으로는 얼마나 바뀔 것으로 예상하는가? 모든 변화는 새로운 위험을 가져온다.

비용이 가장 적게 들면서 위험도 가장 적은 최적의 방법을 찾아야 한다. 모든 위험은 더 많은 비용을 초래한다. 테스트가 얼마나 많은 비용과 위험을 초래하는지에 대한 관념적인 트레이드오프를

133

도식화한 것을 그림 4-1에서 볼 수 있다.

▼ 그림 4-1 다양한 테스트 전략을 평가하기 위한 관념적인 모델의 예

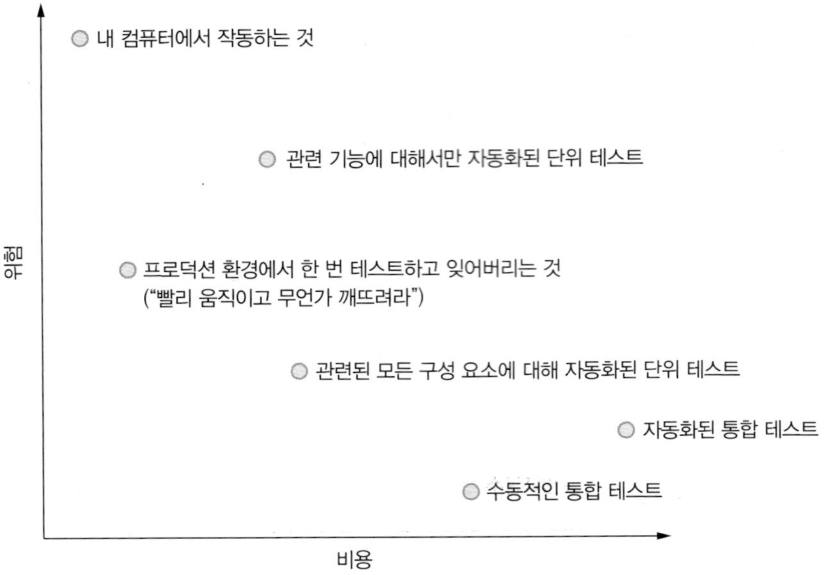

"내 컴퓨터에서는 잘 돌아간다"라고 다른 사람에게 너무 자신있게 말하지 마라. 이런 말은 속으로만 생각하는 게 좋다. 어떤 코드도 "내 컴퓨터에서 돌아가지는 않지만 이상하게 낙관적이다!"라는 식으로 설명할 수 없을 것이다. 물론, 여러분의 컴퓨터에서는 잘 돌아갈 것이다. 스스로 돌리지 못하는 코드를 배포할 생각은 누구도 하지 않을 것이기 때문이다. 일련의 책임이 없는 한, 이 기능을 테스트할지 말지를 생각하는 동안 이것을 진언으로 사용할 수 있다. 만약 여러분의 실수에 대해 아무도 책임지라고 요구하지 않는다면 시도하라. 이것은 직장에 초과 예산이 있어 여러분의 상사가 이러한 실수를 용납할 수 있음을 의미한다.

그러나 버그를 수정해야 한다면 "내 컴퓨터에서는 잘 돌아간다"는 식의 사고방식은 배포와 피드백 루프 사이에 시간 지연을 유발하기 때문에 매우 느리고 시간을 낭비하는 사이클에 빠지게 만든다. 개발자의 생산성에 있어서 한 가지 기본 문제는 이러한 방해가 상당한 지연을 발생시킨다는 것이다. 그 이유는 영역에 있다. 이미 코드 작성을 준비하는 워밍업 과정이 어떻게 생산성 향상에 도움을 주는지를 다루었다. 이러한 정신 상태를 때때로 '영역'이라고 부른다. 만약 생산적인 정신 상태에 있다면 여러분은 지금 '영역'에 있는 것이다. 마찬가지로, 방해를 받는다면 여러분은 작업을 멈추고 영역 밖으로 나와야 한다. 그리고 다시 워밍업해야 한다. 그림 4-2에서 볼 수 있듯이 자동화된 테스트는 기능의 완료에 대해 어느 정도 신뢰할 수 있게 될 때까지 우리가 영역에 있도록 해줌으로써 이 문제를 조금이나마 해결해 준다. 이것은 "내 컴퓨터에서는 잘 돌아간다"는 식의 사고방

식이 비즈니스와 개발자 모두에게 얼마나 비싼 비용을 치르게 하는지 두 가지 다른 사이클을 보여 준다. 영역을 벗어날 때마다 영역으로 다시 들어오기 위한 시간이 추가로 필요하며, 이 시간은 기능을 수동으로 테스트하는 데 필요한 시간보다도 길어질 수 있다.

수동 테스트를 통해서도 자동화된 테스트와 비슷하게 빠른 반복 주기를 얻을 수는 있지만 시간이 더 필요하다. 그렇기 때문에 자동화된 테스트가 낫다. 자동화된 테스트는 여러분이 계속 영역에 머물도록 하여 낭비되는 시간을 최소화한다. 논쟁의 여지는 있지만, 테스트를 작성하고 실행하는 것은 우리를 영역 밖으로 밀어내는 일종의 불연속적인 활동으로 볼 수도 있다. 물론, 단위 테스트를 실행하는 것은 매우 빠르고 몇 초 안에 끝난다. 반면에 테스트를 작성하는 것은 약간 불연속적인 활동으로 볼 수 있지만, 여전히 우리가 작성한 코드를 생각하게끔 한다. 이것을 재검토를 위한 실습이라고 생각할 수도 있다. 이 장은 일반적으로 단위 테스트에 대해 다루는데, 그림 4-1에서 볼 수 있듯이 비용 대 위험의 최적 지점에 있기 때문이다.

❤ 그림 4-2 "내 컴퓨터에서는 잘 돌아간다"는 사고방식과 자동화된 테스트의 개발 주기 비교

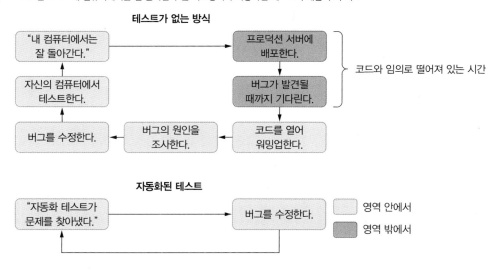

STREET CODER

## 4.2 걱정을 멈추고 테스트를 사랑하는 법

단위 테스트란 단일 단위(일반적으로 하나의 함수) 코드를 점검하는 테스트 코드를 작성하는 것이다. 가끔 단일 단위가 무엇을 의미하는지 논쟁하는 사람을 볼 수 있는데, 기본적으로 주어진 단

위를 분리하여 테스트할 수 있다면 큰 문제가 되지 않는다. 어차피 테스트 한 번으로 전체 클래스를 테스트할 수는 없다. 모든 테스트는 실제로 하나의 함수를 위한 단일 시나리오만을 테스트한다. 따라서 단일 함수를 여러 번 검사하는 것이 일반적이다.

테스트 프레임워크를 사용하면 테스트 코드를 최대한 쉽게 작성할 수 있지만 꼭 필요한 것은 아니다. 테스트 스위트(test suite)는 여러 테스트를 실행하고 그 결과를 보여주는 별도의 프로그램일 수 있다. 사실, 그것은 테스트 프레임워크가 사용되기 전에 프로그램을 테스트할 수 있는 유일한 방법이었다. 지금부터 간단한 코드 조각과 시간이 지남에 따라 단위 테스트가 어떻게 발전해 가는지를 보여 주고자 한다. 이를 통해 주어진 함수에 대한 테스트를 가장 쉽게 작성할 수 있게 될 것이다.

여러분이 Blabber라는 이름의 마이크로블로깅 웹 사이트에 게시물 날짜의 표시 방법을 바꾸는 업무를 맡았다고 가정해 보자. 현재는 게시물의 날짜를 전체 그대로 표시하고 있지만, 새로운 소셜 미디어의 흐름을 알아보니 사용자들은 게시물이 게시된 지 얼마나 지났는지를 초, 분 등 시간으로 간단히 표시하는 것을 선호하고 있었다. 즉, DateTimeOffset을 이용해 게시된 기간을 텍스트 표기를 위한 문자열로 변환해야 한다. 예를 들어 3시간을 '3h'로, 2분을 '2m'으로, 1초를 '1s'로 변환하는 함수를 개발해야 한다. 동시에 가장 중요한 시간 단위만 표시해야 한다. 예를 들어 게시물이 3시간 2분 1초 동안 게시된 경우에는 '3h'로 표시해야 한다.

코드 4-1은 이러한 기능을 하는 함수이다. 이 코드에서는 .NET에 있는 DateTimeOffset 클래스로 **확장 메서드**를 정의한다. 그래서 마치 DateTimeOffset의 네이티브 메서드처럼 이것을 원하는 곳 어디에서든 사용할 수 있다.

현재 시간과 게시물을 올린 시간 사이의 간격을 계산하고, 그 시간 간격의 가장 중요한 단위를 결정하기 위해 필드를 확인한다. 그리고 이를 기반으로 결과를 반환한다.

**코드 4-1** 날짜를 시간 간격을 표시하기 위한 문자열로 변환하는 함수

```
public static class DateTimeExtensions {
    public static string ToIntervalString(
    this DateTimeOffset postTime) {        → DateTimeOffset 클래스에 대한 확장 메서드를 정의한다.
        TimeSpan interval = DateTimeOffset.Now - postTime;        →시간 간격을 계산한다.
        if (interval.TotalHours >= 1.0) {
            return $" {(int)interval.TotalHours}h ";
        }
        if (interval.TotalMinutes >= 1.0) {
            return $" {(int)interval.TotalMinutes}m ";
        }
        if (interval.TotalSeconds >= 1.0) {
            return $" {(int)interval.TotalSeconds}s ";
        }
```

→ 이 코드를 더 짧게 혹은 성능을 향상시키도록 작성할 수 있지만 가독성을 희생해야 한다면 그러지 않는다.

```
            return " now ";
        }
    }
```

---

### 확장 메서드로 코드 자동 완성을 오염시키지 마라

C#은 소스 코드에 대한 직접적인 액세스 권한이 없는 경우에도 어떤 타입에 대해 추가적인 메서드를 정의할 수 있도록 멋진 문법을 제공한다. 어떤 함수의 첫 번째 매개변수 앞에 this 키워드를 붙이면 코드 자동 완성에서 이 함수가 해당 타입의 메서드 목록을 표시한다. 이것이 매우 편리하기 때문에 개발자는 확장 메서드를 정말 좋아하며 모든 것을 정적 메서드 대신 확장 메서드로 만드는 경향이 있을 정도다. 다음과 같은 간단한 메서드가 있다고 하자.

```
static class SumHelper {
    static int Sum(int a, int b) => a + b;
}
```

이 메서드를 호출하려면 SumHelper.Sum(amount, rate);를 작성해야 한다. 그리고 더 중요한 것은 SumHelper라는 클래스가 있다는 사실을 알고 있어야 한다는 것이다. 대신 다음과 같이 이것을 확장 메서드로 작성할 수 있다.

```
static class SumHelper {
    static decimal Sum(this int a, int b) => a + b;
}
```

이제 이 메서드를 다음과 같이 호출할 수 있다.

```
int result = 5.Sum(10);
```

좋아 보이지만 여기에는 문제가 있다. string이나 int와 같이 잘 알려진 클래스에 대한 확장 메서드를 작성할 때는 항상 코드 자동 완성에 이 메서드가 뜨게 된다. 코드 자동 완성은 어떤 식별자 뒤에 점을 입력할 때 비주얼 스튜디오에 표시되는 드롭다운 메뉴를 의미한다. 전혀 관련 없는 메서드 목록에서 원하는 메서드를 찾기 위해 헤매는 것은 정말 짜증나는 일이다.

보통 자주 사용되는 .NET 클래스에 특별한 목적을 위한 메서드를 추가하지 마라. 자주 활용될 만한 일반적인 메서드에 대해서만 그렇게 하라. 예를 들어 string 클래스에서 Reverse라는 메서드는 괜찮을 수 있다. 하지만 MakeCdnFilename은 그렇지 않다. MakeCdnFilename은 사용 중인 콘텐츠 전송 네트워크(Content Delivery Network, CDN)에 적합한 파일 이름을 만들어야 하는 특수한 경우에만 필요하다. 그 외에는 본인뿐만 아니라 팀의 다른 개발자들을 성가시게 할 수 있다. 사람들이 여러분을 싫어하게 만들지 마라. 더 중요한 것은, 스스로를 미워하게 만들지 마라. 이러한 경우에 Cdn.MakeFilename()과 같은 정적 클래스와 구문을 완벽하게 사용할 수 있다.

클래스 안에 메서드를 만들 수 있는 경우에는 확장 메서드를 만들지 마라. 종속성 경계를 넘어 새로운 기능을 도입하려는 경우에만 이 작업을 수행하는 것이 좋다. 예를 들어 웹 구성 요소에 종속되지 않는 라이브러리에서 정의된 어떤 클래스를 사용하는 웹 프로젝트가 있을 수 있다. 나중에 이 웹 프로젝트에서 웹 기능과 관련된 특정 기능을 해당 클래스에 추가할 수 있다. 라이브러리를 웹 구성 요소에 종속시키는 대신 이 웹 프로젝트의 확장 메서드에만 새로운 종속성을 도입하는 것이 좋다. 불필요한 의존성은 양발의 신발끈을 하나로 묶는 꼴이 될 수 있다.

이 함수는 모호한 사양을 가지고 있고, 이것을 위한 몇 가지 테스트를 작성하기 시작할 수 있다. 표 4-1과 같이 이 함수가 제대로 작동하는지 확인하기 위해 가능한 입력과 예상되는 출력 결과를 표로 작성하는 것이 좋다.

❤ 표 4-1 변환 함수에 대한 샘플 테스트 사양

| 입력 | 출력 |
| --- | --- |
| < 1 second | "now" |
| < 1 minute | "<seconds>s" |
| < 1 hour | "<minutes>m" |
| >= 1 hour | "<hours>h" |

만약 DateTimeOffset이 클래스라면 널이 입력될 때도 테스트해야 한다. 하지만 이것은 구조체이므로 널일 수 없다. 이로 인해 테스트 하나를 줄일 수 있었다. 일반적으로는 이런 표를 만들지 않으며, 대신 이 표를 정신 모델(mental model)로 관리할 수 있다. 하지만 자신이 의심스러울 때는 반드시 표를 작성해 보라.

테스트는 다양한 DateTimeOffset을 입력으로 하는 함수 호출과 다양한 문자열과의 비교로 이루어져야 한다. 이때 Date-Time.Now는 항상 변하기 때문에 테스트 신뢰성에 문제가 생길 수 있다. 테스트가 어떤 특정 시간에 실행된다는 보장도 없다. 만약 다른 테스트를 실행 중이거나 컴퓨터 속도가 느려진다면 출력이 now일 경우에 대한 테스트가 쉽게 실패할 수 있다. 즉, 이는 우리가 만든 테스트가 불안정하고 때때로 실패할 수 있다는 것을 의미한다.

다시 말해 설계에 문제가 있다는 의미이다. 간단히 해결하는 방법은 호출자가 이 차이를 계산하여 DateTimeOffset 대신 TimeSpan을 함수로 전달하고 함수를 결정론적으로 만드는 것이다. 보다시피 코드를 중심으로 테스트를 작성하면 설계 문제도 확인할 수 있다. 이는 테스트 주도 개발(Test-Driven Development, TDD) 접근 방식의 장점 중 하나이다. 여기서 우리는 TDD를 사용하지 않았다. 다음 코드와 같이 함수를 쉽게 변경하여 TimeSpan을 직접 입력으로 받을 수 있다는 것을 알고 있기 때문이다.

코드 4-2 수정된 설계

```
public static string ToIntervalString(
    this TimeSpan interval) {        → 대신 TimeSpan을 입력으로 받는다.
    if (interval.TotalHours >= 1.0) {
        return $"{(int)interval.TotalHours}h";
    }
```

```
        if (interval.TotalMinutes >= 1.0) {
            return $"{(int)interval.TotalMinutes}m";
        }
        if (interval.TotalSeconds >= 1.0) {
            return $"{(int)interval.TotalSeconds}s";
        }
        return "now";
    }
```

테스트 케이스는 바뀌지 않았지만, 테스트는 훨씬 더 신뢰할 수 있게 되었다. 더 중요한 건, 서로 다른 두 작업을 분리하여 두 날짜 사이의 차이를 계산하고 그 시간 차이를 문자열로 변환한다는 점이다. 코드에서 신경 써야 할 요소를 분리하는 것은 설계를 향상하는 데 도움이 된다. 시간 차이를 계산하는 것도 귀찮을 수 있다. 이를 위한 별도의 래퍼(wrapper) 함수를 가질 수도 있다.

이제 함수가 작동하는 것을 어떻게 확인할 수 있을까? 이것을 그냥 프로덕션 환경에 배포하고 몇 분 정도 기다리면 된다. 아무 문제도 발생하지 않는다면 그냥 가도 좋다.

아니면 이 함수를 테스트하는 프로그램을 작성하고 그에 따른 결과를 볼 수도 있다. 코드 4-3은 이러한 프로그램의 예를 하나 보여준다. 프로젝트를 참조하는 일반 콘솔 애플리케이션으로, System.Diagnostics 네임스페이스에서 Debug.Assert 메서드를 사용해 전달되는지 확인한다. 함수가 예상하는 결과 값을 반환하도록 한다. asserts는 Debug 구성에서만 실행되기 때문에 처음에 컴파일러 지시문을 사용하면 다른 구성에서는 이 코드가 돌아가지 않도록 만들 수 있다.

**코드 4-3** 원시 단위 테스트

```
#if !DEBUG       → asserts가 돌아가도록 만들기 위해 전처리기 구문이 필요하다.
#error asserts will only run in Debug configuration
#endif
using System;
using System.Diagnostics;
namespace DateUtilsTests {
    public class Program {
        public static void Main(string[] args) {
            var span = TimeSpan.FromSeconds(3);
            Debug.Assert(span.ToIntervalString() == "3s", "3s case failed");    ┐→ 초 단위를 위한
                                                                                 │  테스트 케이스
            span = TimeSpan.FromMinutes(5);
            Debug.Assert(span.ToIntervalString() == "5m", "5m case failed");    ┐→ 분 단위를 위한
                                                                                 │  테스트 케이스
            span = TimeSpan.FromHours(7);
            Debug.Assert(span.ToIntervalString() == "7h", "7h case failed");    ┐→ 시간 단위를 위한
                                                                                 │  테스트 케이스
```

```
            span = TimeSpan.FromMilliseconds(1);
            Debug.Assert(span.ToIntervalString() == "now", "now case failed");
        }
    }
}
```
> 1초 미만인 경우를
> 위한 테스트 케이스

---

그렇다면 왜 단위 테스트 프레임워크가 필요할까? 모든 테스트를 이런 식으로 작성하면 되지 않을까? 물론 할 수는 있다. 하지만 더 많은 작업이 필요하다. 유의해야 할 사항은 다음과 같다.

- 빌드 도구와 같은 외부 프로그램에서는 일부 테스트가 실패했는지 찾아낼 방법이 없다. 이를 보완하기 위해 그 주변에서 특별한 처리를 해야 한다. 함께 제공되는 테스트 프레임워크나 테스트 러너(test runner)는 이를 쉽게 처리할 수 있다.

- 테스트를 하다가 처음으로 실패가 발생하면 프로그램이 종료될 수 있다. 더 많은 실패가 일어날수록 더 많은 시간이 필요할 것이다. 테스트를 계속해서 반복할 것이고 결국 더 많은 시간을 낭비하게 될 것이다. 테스트 프레임워크는 컴파일러 오류와 같이 일괄적으로 모든 테스트를 실행할 수 있고, 모든 오류를 한 번에 보고할 수 있다.

- 어떤 테스트를 선택적으로 실행하는 것은 불가능하다. 특정 기능에 대해 작업 중일 때는 테스트 코드를 디버깅하여 작성한 함수를 디버깅할 수 있다. 테스트 프레임워크를 사용하면 나머지 테스트를 실행하지 않고도 특정 테스트만 디버깅할 수 있다.

- 테스트 프레임워크는 코드에서 놓친 테스트 범위를 확인하는 데 도움이 되는 코드 적용 범위 보고서를 만들어 줄 수 있다. 이것은 임시 테스트 코드를 작성하는 것만으로는 불가능하다. 적용 범위 분석 도구를 작성해야 한다면 테스트 프레임워크를 만드는 작업을 함께 수행하는 것이 좋다.

- 테스트는 서로 의존적이지는 않지만 순차적으로 실행되기 때문에 전체 테스트 세트를 실행하는 데 시간이 오래 걸린다. 일반적으로 테스트 사례가 적을 경우에는 문제가 되지 않지만, 중간 규모의 프로젝트에서는 다양한 테스트를 수천 개 실행할 수도 있다. 스레드를 생성하고 테스트를 병렬로 실행할 수 있지만 너무 많은 작업이 필요하다. 테스트 프레임워크는 간단한 스위치 하나로 이 모든 것을 실행할 수 있다.

- 오류가 발생하면 문제가 있다는 것만 알 뿐 문제의 본질이 무엇인지는 전혀 알 수 없다. 만약 문자열이 일치하지 않는다면 어떤 종류의 불일치인가? 함수가 널을 반환한 것일까? 문자가 하나 추가된 것일까? 테스트 프레임워크는 이러한 세부 정보까지 보고할 수 있다.

- .NET에서 제공하는 Debug.Assert를 사용하는 것 이외의 다른 것을 사용한다면 추가적인 코드, 즉 스캐폴딩(scaffolding)을 작성해야 한다. 만약 그 길로 들어섰다면 기존 프레임워크를 사용하는 편이 훨씬 낫다.
- 어떤 테스트 프레임워크가 더 나은지에 대한 끝없는 논쟁에 참여한다면, 완전히 잘못된 이유를 토대로 우월감을 느끼는 잘못을 범하게 될 수도 있다.

이제 코드 4-4와 같이 테스트 프레임워크를 사용하여 동일한 테스트를 작성해 보자. 지구를 방문한 외계 생명체가 개발한 것으로 추정되는 xUnit을 제외하고, 다른 많은 테스트 프레임워크는 서로 유사하다. 원칙적으로 약간의 문법 차이를 제외하고는, 어떤 프레임워크를 사용하는지는 별로 중요하지 않다. 여기서 우리는 NUnit을 사용하고 있지만 여러분이 원하는 프레임워크를 대신 사용할 수도 있다. 프레임워크를 사용하면 코드가 깔끔해진다. 테스트 코드 대부분은 실제로 표 4-1에 있는 입력/출력의 텍스트 버전이라고 할 수 있다. 테스트하고 있는 게 무엇인지는 분명하다. 더 중요한 것은 비록 테스트 메서드 하나만 가지고 있지만 테스트 러너로 각 테스트를 개별적으로 실행하거나 디버깅할 수 있는 기능을 가지고 있다는 것이다. TestCase 속성과 함께 코드 4-4에서 사용한 기술을 **매개변수 테스트**(parameterized test)라고 한다. 특정한 입출력 세트가 있는 경우, 각 테스트를 위해 별도의 테스트 함수를 반복적으로 작성하는 것을 피하려면 입출력 세트를 데이터로 선언해야 한다. 이렇게 하면 동일한 함수에서 이것을 반복적으로 사용할 수 있다. 마찬가지로 ExpectedResult 값을 결합하고 이를 반환하는 함수를 선언하면 Asserts를 명시적으로 작성하지 않아도 된다. 프레임워크가 자동으로 이 일을 해 줄 것이다. 와! 우리가 할 일이 줄어들었다!

비주얼 스튜디오의 테스트 탐색기 창에서 [보기] → [테스트 탐색기]를 눌러 다음 테스트를 실행할 수 있다. 아니면 명령 프롬프트 창에서 dotnet 테스트를 실행하거나 NCrunch와 같은 다른 테스트 러너를 사용할 수도 있다. 비주얼 스튜디오의 테스트 탐색기에서 테스트한 결과는 그림 4-3과 같다.

▼ 그림 4-3 눈을 뗄 수 없는 테스트 결과

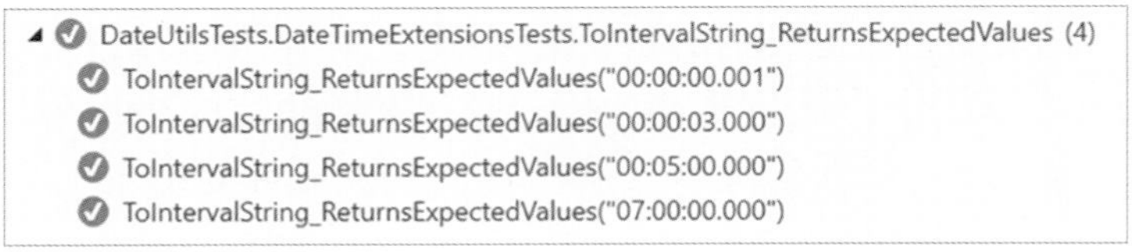

```
▲ ✓ DateUtilsTests.DateTimeExtensionsTests.ToIntervalString_ReturnsExpectedValues (4)
    ✓ ToIntervalString_ReturnsExpectedValues("00:00:00.001")
    ✓ ToIntervalString_ReturnsExpectedValues("00:00:03.000")
    ✓ ToIntervalString_ReturnsExpectedValues("00:05:00.000")
    ✓ ToIntervalString_ReturnsExpectedValues("07:00:00.000")
```

```
using System;
using NUnit.Framework;
namespace DateUtilsTests {
    class DateUtilsTest {
        [TestCase("00:00:03.000", ExpectedResult = "3s")]
        [TestCase("00:05:00.000", ExpectedResult = "5m")]
        [TestCase("07:00:00.000", ExpectedResult = "7h")]
        [TestCase("00:00:00.001", ExpectedResult = "now")]
        public string ToIntervalString_ReturnsExpectedValues(string timeSpanText) {
            var input = TimeSpan.Parse(timeSpanText);      → 문자열을 입력 타입으로 변환
            return input.ToIntervalString();       → assertions가 필요 없다!
        }
    }
}
```

테스트 실행 단계에서 함수 하나가 실제 다른 함수 4개로 어떻게 분할되는지, 그리고 테스트 이름과 함께 해당 인수를 어떻게 표시하는지를 그림 4-3에서 볼 수 있다. 더 중요한 것은 단일 테스트를 선택하거나 실행하거나 디버깅할 수 있다는 것이다. 그리고 테스트가 실패한다면 코드의 문제를 정확하게 알려주는 훌륭한 보고서를 보게 될 것이다. 실수로 now 대신 nov라고 썼다고 가정해 보자. 다음과 같은 테스트 오류가 표시될 것이다.

```
Message:
        String lengths are both 3. Strings differ at index 2.
        Expected: "now"
        But was:  "nov"
        ------------^
```

오류가 있다는 것을 알려 줄 뿐만 아니라 오류가 발생한 위치도 정확하게 설명해 준다.

테스트 프레임워크는 사용하기가 정말 쉽다. 게다가 얼마나 효율적으로 우리 일을 줄여주는지 알고 나면 여러분은 아마 테스트 작성하는 것을 더 좋아하게 될 것이다. 이는 마치 비행을 앞둔 NASA의 우주선 점검등에 '시스템 다운'이 뜬 것과 같다. 또한, 여러분을 위해 자기 일을 열심히 하고 있는 작은 나노봇이라고 볼 수도 있다. 테스트를 사랑하자. 테스트 프레임워크를 사랑하자!

# 4.3 TDD와 같이 약어로 된 용어를 사용하지 마라

모든 성공적인 종교가 그렇듯, 단위 테스트도 여러 종파로 나뉜다. 테스트 주도 개발(TDD)과 행동 주도 개발(BDD)이 그 예다. 나는 개인적으로 소프트웨어 업계에 의심의 여지없이 따를 만한 새로운 패러다임과 표준을 만드는 것을 정말 좋아하는 사람이 있고, 그저 의심 없이 그것들을 따르는 것을 좋아하는 사람이 있다고 믿는다. 우리가 할 일은 생각을 너무 많이 하지 않고 그것들을 따르는 것이기 때문에 우리는 관습과 관례를 사랑한다. 그것은 우리로 하여금 많은 시간을 쓰게 하고 테스트를 싫어하게 만들 수도 있다.

TDD의 핵심은 실제 코드를 작성하기 전에 테스트를 먼저 작성하는 것이 더 나은 코드 작성을 이끌어 낸다는 것이다. TDD에서는 클래스에 코드를 한 줄이라도 작성하기 전에 해당 클래스에 대한 테스트를 먼저 작성해야 한다고 규정하고 있다. 작성하는 코드는 실제 코드를 구현하는 방법을 위한 가이드라인을 조성한다. 먼저 테스트 코드를 작성한다면 컴파일이 안 될 것이다. 실제 코드를 작성하기 시작하면 컴파일이 가능해진다. 그런 다음 테스트를 실행하면 실패하게 된다. 그 후 테스트를 통과하기 위해 코드 버그를 수정한다. 테스트에 이름을 짓는 방법과 레이아웃에 차이가 있지만, BDD 역시 테스트를 우선하는 접근법이다.

TDD와 BDD가 갖고 있는 철학이 완전히 쓸데없는 얘기라고 볼 수는 없다. 먼저 어떤 코드를 어떻게 테스트할지 생각할 때 이것은 코드 설계에 영향을 줄 수 있다. TDD의 문제는 사고방식이 아니라 실습, 즉 관습적인 접근에 있다. 테스트를 작성하라. 실질적인 코드가 아직 없기 때문에 컴파일러 오류가 발생할 것이다. 코드를 작성한 후 테스트 오류를 수정하라. 나는 오류를 싫어한다. 오류는 내가 실패하고 있다는 느낌을 준다. 편집기에 있는 수많은 빨간줄, 오류 목록 창에 있는 STOP 표시, 모든 경고 아이콘은 나를 혼란스럽게 하고 집중하지 못하게 한다.

코드를 한 줄이라도 쓰기 전에 테스트에 집중하면 원래 문제의 영역을 넘어 테스트에 대해 더 많이 생각하게 된다. 테스트 자체를 더 잘 작성하기 위한 방법을 생각하기 시작할 것이다. 여러분은 프로덕션 코드 자체가 아니라 테스트 작성과 테스트 프레임워크의 구문 요소, 테스트 구성에 시간을 더 많이 할애할 것이다. 이것은 테스트의 목적이 아니다. 테스트 때문에 고민해서는 안 된다. 테스트는 작성하기 가장 쉬운 코드여야 한다. 만약 그렇지 않다면 뭔가를 잘못하고 있는 것이다.

코드를 작성하기 전에 테스트를 작성하면 매몰 비용의 오류가 발생한다. 3장에서 종속성이 코드를 더 경직되게 만들었던 것을 기억하는가? 놀랍다! 테스트도 역시 코드에 종속적이다. 완벽한 테스트 스위트를 얻었다고 치자. 그러고 나면 코드 설계를 변경하는 것이 내키지 않을 것이다. 이 말은 테스트도 함께 변경해야 함을 의미하기 때문이다. 코드를 프로토타입화하면 유연성이 떨어지게 된다. 논쟁의 여지는 있지만, 테스트는 코드 설계가 실제로 잘 작동할지 여부에 대한 몇 가지 아이디어를 줄 수 있다. 하지만 이는 분리된 시나리오에서만 가능하다. 이후에 프로토타입이 다른 구성 요소와 잘 동작하지 않는다는 것을 발견하고 다른 테스트를 작성하기 전에 설계를 변경할 수 있다. 설계할 때 밑그림을 그리는 작업에 시간을 많이 할애할수록 좋은 경우도 있겠지만, 이 바닥에서는 보통 그렇지 않다. 설계를 빠르게 수정할 수 있는 능력이 필요하다.

프로토타입을 거의 다 만들어 놓고 잘 작동할 것 같으면 그때 테스트를 작성하는 것을 고려해 볼 수 있다. 물론 그렇게 하면 테스트는 코드를 변경하기 어렵게 만들지도 모른다. 하지만 동시에 코드가 어떻게 돌아가는지 알게 되어 자신감을 갖게 되고, 코드를 더 쉽게 변경할 수 있게 되므로 이는 곧 상쇄될 것이다. 그리고 테스트 작성과 코드 변경 속도가 조금씩 더 빨라질 것이다.

# 4.4 자신의 이득을 위해 테스트를 작성하라

테스트 작성은 당연히 소프트웨어를 향상시키지만, 사실은 우리의 생활 수준도 향상시킨다. 앞에서 이미 테스트 작성이 코드 설계 변경을 어떻게 제한할 수 있는지를 이야기했다. 테스트 코드를 나중에 작성하면 코드를 좀 더 유연하게 만들 수 있다. 나중에 코드를 완전히 잊은 후에라도 코드 동작을 중단시킬 걱정 없이 중요한 코드를 쉽게 변경할 수 있기 때문이다. 이것은 우리를 자유롭게 할 것이다. 매몰 비용의 오류와 거의 반대로 '보험'처럼 작동한다. 테스트 작성을 나중에 하는 것과의 차이점은 프로토타입 제작과 같이 빠르게 반복해서 수정이 이루어져야 하는 경우에 테스트 때문에 의욕을 잃지 않는다는 것이다. 어떤 코드를 철저히 점검해야 할까? 여러분이 취해야 할 첫 번째 단계는 이를 위한 테스트를 작성하는 것이다.

좋은 프로토타입을 만든 후 테스트 코드를 작성하는 것은 설계를 위한 재연습으로 볼 수 있다. 테스트를 생각하면서 코드를 전체적으로 다시 한 번 검토한다. 코드를 프로토타이핑할 때는 발견하지 못했던 특정한 문제를 파악할 수 있다.

앞에서 내가 코드를 작고 사소하게 수정하다 보면 좀 더 큰 코딩 작업에 대한 워밍업을 할 수 있다고 언급한 것을 기억하는가? 테스트 작성은 워밍업을 위한 훌륭한 방법이다. 누락된 테스트를 찾아서 추가한다. 중복되지 않는 한, 테스트가 더 많은 것은 결코 나쁘지 않다. 그것이 앞으로 할 일과 관련이 없다고 해도 상관없다. 단순히 테스트 범위를 맹목적으로 추가할 수 있으며, 어쩌면 이를 통해 버그도 발견할 수 있다.

테스트를 분명하고 이해하기 쉽게 작성할 경우 테스트 코드 자체가 명세서 혹은 문서로서의 역할도 할 수 있다. 각 테스트 코드는 어떻게 작성했는지와 이름을 어떻게 붙였는지를 통해 입력과 함수의 예상 출력을 설명해야 한다. 코드가 어떤 것을 설명하기에 가장 좋은 방법은 아닐 것이다. 하지만 아무것도 없는 것보다는 몇천 배 낫다.

동료가 여러분의 코드를 깨뜨리는 것이 싫은가? 테스트가 도움될 것이다. 테스트는 개발자가 깰 수 없는 코드와 명세 사이의 계약을 강요한다. 다음과 같은 주석을 달아야 할 상황을 피하게 해줄 것이다.

```
// 이 코드를 작성할 때,
// 나와 신만이 이 코드가 무엇을 하는지 알았다.
// 하지만 이제는 신만이 그것을 안다.[2]
```

테스트를 통해 버그가 수정되어 다시 나타나지 않는다는 것을 확인할 수 있다. 버그를 고칠 때마다 테스트를 추가하면 해당 버그를 다시 처리하지 않아도 될 것이다. 그렇지 않으면 또 다른 변화로 인해 버그가 다시 발생할지도 모른다. 테스트를 이렇게 활용한다면 시간을 굉장히 절약할 수 있다.

테스트는 소프트웨어와 개발자 모두를 더 나아지게 한다. 좀 더 효율적인 개발자가 되기 위해 테스트를 작성하라.

## 4.5 / 테스트 대상 결정하기

> 영원히 돌아갈 수 있는 것은 멈추지 않고,
> 이상한 영겁의 시간과 함께, 오히려 테스트가 중단될 수 있다.
>
> — H.P. 코드크래프트

테스트를 하나 작성하고 이 테스트가 성공적으로 통과하는 걸 보는 것은 하고자 하는 이야기의 절

---

2  이 악명 높은 주석은 원래 19세기에 살았던 작가 요한 파울 프리드리히 리히터가 했던 말에서 파생된 농담이다. 그는 단 한 줄의 코드도 작성한 적이 없다. 명언을 남겼을 뿐. https://quoteinvestigator.com/2013/09/24/god-knows/

반에 불과하다. 그렇지만 아직 여러분이 만든 함수가 작동한다는 뜻은 아니다. 코드가 깨지는 경우에 제대로 실패하는가? 가능한 모든 시나리오를 다루고 있는가? 무엇을 테스트해야 하는가? 만약 테스트가 버그를 찾는 데 도움이 되지 않는다면 여러분은 이미 실패한 것이다.

내가 아는 매니저 중 한 사람은 팀이 신뢰할 만한 테스트를 작성하는지 확인하기 위한 자신만의 노하우를 가지고 있다. 그는 프로덕션 코드에서 무작위로 라인을 제거하고 테스트를 다시 실행했다. 테스트에 통과한다면, 그 팀이 만든 테스트가 실패했다는 뜻이다.

물론 테스트할 사례를 파악하는 더 나은 방법이 있다. 명세서가 있다면 이를 활용하면 된다. 하지만 이 거리에서 명세서는 거의 찾아보기 힘들다. 명세서를 찾는 것보다 직접 만드는 것이 더 합리적일 수도 있다. 걱정하지 마라. 코드만 가지고 있더라도 테스트할 항목을 파악할 수 있는 방법이 있다.


## 4.5.1 경계를 존중하라

값 40억 개를 가진 단순한 정수를 입력으로 받는 함수를 호출한다고 하자. 그렇다면 이 함수가 모든 정수에 대해 동작하는지 테스트해야 할까? 아니다. 코드 안의 로직이 분기되거나 오버플로가 일어나는 입력 값을 확인한 다음 이 값을 중심으로 테스트해야 한다.

온라인 게임 사이트의 회원가입 페이지에서 회원의 생년월일에 따른 법적 나이를 확인하는 함수를 생각해 보자. 18세가 이 게임의 연령 제한이라고 가정한다면 18년 전에 태어난 회원에게는 별 문제가 없다. 단순히 연수를 계산하여 18세 이상인지만 확인하면 된다. 하지만 그 회원이 지난 주에 18세가 됐다면 어떨까? 그렇다고 그 회원이 평범한 그래픽에서 P2W(pay-to-win) 게임[3]을 즐기지 못하도록 만들 것인가? 물론 그렇지 않다.

IsLegalBirthdate라는 함수를 정의해 보자. 생일에는 시간대가 없기 때문에 DateTimeOffset 대신 DateTime 클래스를 사용한다. 만약 여러분이 사모아라는 나라에서 12월 21일에 태어났다면 여러분의 생일은 전 세계 어디서나 12월 21일이 된다. 100마일 정도 떨어진, 사모아보다 24시간 빠른 미국령 사모아에서도 마찬가지이다. 그저 매년 크리스마스 저녁 식사에 가족을 언제 초대할지에 대한 격렬한 토론이 있을 뿐이다. 아무리 생각해도 시간대가 이상한 것 같다.

어쨌든, 먼저 연도 차이를 계산한다. 정확한 날짜가 필요한 유일한 시간대는 그 사람의 18번째 생

---

3　**역주** P2W(페이 투 윈) 게임은 사용자가 돈을 지불하여 아이템이나 캐릭터들을 구매 가능하도록 하는 방식의 게임을 의미한다. 돈을 쓸수록 승리하거나 고득점 혹은 상위 랭커가 될 수 있는 가능성이 높아지도록 하는 비즈니스 모델을 갖고 있다.

일에 해당하는 연도일 것이다. 만약 올해가 그 연도라면 월과 일을 확인한다. 그런 경우가 아니라면 18세 이상인지만 확인한다. 코드 이곳저곳에 숫자 18을 적는 대신 법적 나이를 나타내는 상수를 사용한다. 숫자를 코드에 적는 것은 오타가 발생하기 쉽다. 혹시라도 여러분의 상사가 "법적 나이를 21살로 올릴 수 있습니까?"라고 묻는다면 이 상수 하나만 수정하면 되므로 편하다. 게다가 설명을 위해 코드에 18이 있는 곳마다 // 법적 연령이라는 주석을 입력하지 않아도 된다. 변수 이름으로 이런 설명을 대신할 수 있다. if 구문, while 루프, switch case 구문 등을 포함한 함수의 모든 조건부 구문은 특정한 입력 값만이 내부의 코드 경로를 실행하게 한다. 즉, 입력 매개변수와 조건문에 따라 입력 값의 범위를 나눌 수 있다. 코드 4-5에서 AD 1년 1월 1일부터 9999년 12월 31일 사이에 가능한 약 360만 가지의 모든 DateTime 값을 테스트하지 않아도 된다. 일곱 가지 입력만 테스트하면 끝이다.

**코드 4-5** 나이 검사 알고리즘

```
public static bool IsLegalBirthdate(DateTime birthdate) {
    const int legalAge = 18;
    var now = DateTime.Now;
    int age = now.Year - birthdate.Year;
    if (age == legalAge) {
        return now.Month > birthdate.Month
            || (now.Month == birthdate.Month
                && now.Day > birthdate.Day);
    }
    return age > legalAge;
}
```
→ 코드의 조건부 구문들

입력 값 7개는 표 4-2에 나와 있다.

▼ 표 4-2 조건에 따른 입력값 분할

|   | 년차 | 출생 월 | 출생 일자 | 기대 결과 |
|---|------|---------|-----------|-----------|
| 1 | = 18 | = Current month | < Current day | true |
| 2 | = 18 | = Current month | = Current day | false |
| 3 | = 18 | = Current month | < Current day | false |
| 4 | = 18 | < Current month | Any | true |
| 5 | = 18 | > Current month | Any | false |
| 6 | > 18 | Any | Any | true |
| 7 | < 18 | Any | Any | false |

단지 조건을 확인했을 뿐인데 갑자기 360만 개의 경우가 7개로 줄었다. 입력 범위를 분할하는 조건은 함수에서 가능한 코드 경로에 대한 입력 값의 경계를 정의하기 때문에 이것을 경계 조건이라고 부른다. 그런 다음 코드 4-6과 같이 이 입력 값에 대한 테스트를 작성할 수 있다. 기본적으로 테스트 테이블 정보를 입력으로 넣고 이를 DateTime으로 변환하여 함수를 실행한다. 법적인 나이 여부를 판단하는 것은 현재 시간에 따라 달라진다. 따라서 DateTime 값을 입력/출력 테이블에 직접 하드 코딩할 수 없다.

이전에 했던 것처럼 TimeSpan에 기반한 함수로 변환할 수도 있지만, 여기서 법적 나이는 정확한 날짜 수를 기준으로 하지 않고 대신 절대적인 날짜—시간을 기준으로 한다. 표 4-2는 우리의 정신 모델을 더 정확하게 반영하기 때문에 이를 기준으로 하면 더 좋다. 우리는 보다 작은 값을 위해 -1, 보다 큰 값을 위해 1, 같은 값을 위해 0을 사용하고, 이 값을 기준으로 실제 입력 값을 준비한다.

**코드 4-6** 표 4-2에서 테스트 함수를 생성

```
[TestCase(18, 0, -1, ExpectedResult = true)]
[TestCase(18, 0, 0, ExpectedResult = false)]
[TestCase(18, 0, 1, ExpectedResult = false)]
[TestCase(18, -1, 0, ExpectedResult = true)]
[TestCase(18, 1, 0, ExpectedResult = false)]
[TestCase(19, 0, 0, ExpectedResult = true)]
[TestCase(17, 0, 0, ExpectedResult = false)]
public bool IsLegalBirthdate_ReturnsExpectedValues(
int yearDifference, int monthDifference, int dayDifference) {
    var now = DateTime.Now;
    var input = now.AddYears(-yearDifference)      ┐
    .AddMonths(monthDifference)                     ├→ 여기서 실제 입력을 준비한다.
    .AddDays(dayDifference);                         ┘
    return DateTimeExtensions.IsLegalBirthdate(input);
}
```

드디어 해냈다! 가능한 입력 값의 수를 좁히고 구체적인 테스트 계획을 만들기 위해 해당 함수에서 무엇을 테스트해야 하는지 정확하게 파악했다.

함수에서 테스트할 대상을 찾을 때는 항상 명세서부터 시작하는 것이 맞다. 하지만 이 거리에서는 명세서가 아예 존재하지 않거나 오래 전에 사용되지 않았다는 것을 알게 될 것이다. 따라서 두 번째로 좋은 방법은 경계 조건에서부터 시작하는 것이다. 매개변수 테스트를 사용하면 테스트 코드를 반복적으로 작성하는 것보다 테스트할 대상에 집중할 수 있다. 각 테스트를 위해 새로운 함수를 만들어야 하는 경우도 있지만, 특히 이처럼 데이터 바인딩 테스트를 사용하면 매개변수 테스트로 시간을 상당히 절약할 수 있다.

## 4.5.2 코드 커버리지

코드 커버리지는 옛날 이야기 속에 나오는 마법과 같다. 테스트에 의해 호출된 코드가 얼마나 잘 실행되는지, 어떤 부분을 놓치고 있는지 추적하기 위해 코드의 모든 줄마다 콜백 함수를 주입해서 코드 커버리지를 측정한다. 이를 통해 코드의 어떤 부분이 실행되지 않았는지, 어떤 테스트가 누락되었는지를 알 수 있다.

개발 환경에서 기본으로 코드 커버리지를 측정하는 도구를 제공하는 경우는 거의 없다. 엄청나게 비싼 비주얼 스튜디오 버전이나 NCrunch, dotCover, NCover와 같은 다른 유료 서드 파티 도구가 있다. Codecov(https://codecov.io)는 온라인 저장소와 함께 연동할 수 있는 서비스로 무료 플랜을 제공한다. 이 책의 초안을 끝냈을 때를 기준으로 .NET에서 무료 코드 커버리지 측정은 비주얼 스튜디오 코드의 Coverlet 라이브러리나 코드 커버리지 리포팅 확장 프로그램을 통해서만 가능했다.

코드 커버리지 도구는 테스트할 때 코드의 어떤 부분이 실행되었는지 알려준다. 모든 코드 경로를 실행하기 위해 놓치고 있는 테스트 범위를 확인하기에 매우 편리하다. 하지만 이게 다가 아니다. 아직 가장 좋은 부분은 나오지도 않았다. 코드 커버리지 100%를 달성할 수는 있지만 아직 빠진 테스트 사례가 있을 수 있다. 이에 대해서는 이 장의 뒷부분에서 설명할 것이다.

다음 코드와 같이 회원의 나이가 정확히 18살인 경우 IsLegalBirthdate 함수를 호출하는 테스트를 제외한다고 가정해 보자.

---

**코드 4-7** 테스트 누락

```
//[TestCase(18, 0, -1, ExpectedResult = true)]
//[TestCase(18, 0, 0, ExpectedResult = false)]
//[TestCase(18, 0, 1, ExpectedResult = false)]     → 테스트 사례를 주석 처리한다.
//[TestCase(18, -1, 0, ExpectedResult = true)]
//[TestCase(18, 1, 0, ExpectedResult = false)]
[TestCase(19, 0, 0, ExpectedResult = true)]
[TestCase(17, 0, 0, ExpectedResult = false)]
public bool IsLegalBirthdate_ReturnsExpectedValues(
int yearDifference, int monthDifference, int dayDifference) {
    var now = DateTime.Now;
    var input = now.AddYears(-yearDifference)
    .AddMonths(monthDifference)
```

```
        .AddDays(dayDifference);
    return DateTimeExtensions.IsLegalBirthdate(input);
}
```

이 경우, 예를 들어 NCrunch과 같은 도구는 그림 4-4와 같이 테스트에서 누락된 커버리지를 보여준다. age == legalAge 조건과 일치하는 입력으로 함수를 호출하지 않기 때문에 if 구문 내의 반환문 옆에 있는 커버리지를 표시하는 동그라미가 회색으로 표시된다. 입력 값이 누락되었다는 뜻이다.

▼ 그림 4-4 누락된 코드 커버리지

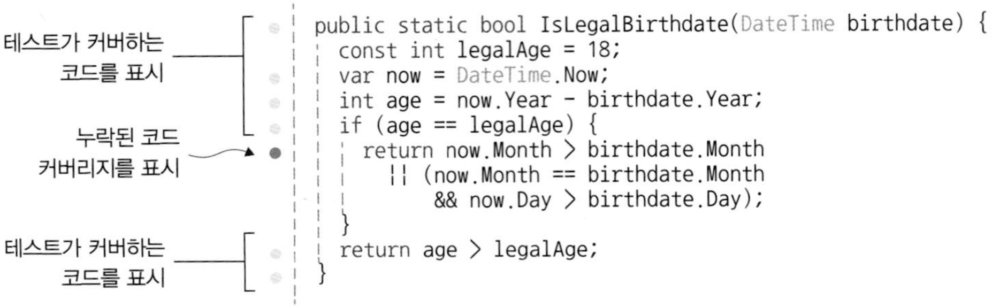

```
public static bool IsLegalBirthdate(DateTime birthdate) {
    const int legalAge = 18;
    var now = DateTime.Now;
    int age = now.Year - birthdate.Year;
    if (age == legalAge) {
        return now.Month > birthdate.Month
            || (now.Month == birthdate.Month
                && now.Day > birthdate.Day);
    }
    return age > legalAge;
}
```

테스트가 커버하는 코드를 표시
누락된 코드 커버리지를 표시
테스트가 커버하는 코드를 표시

주석 처리된 테스트의 주석을 제거하고 테스트를 다시 실행하면 그림 4-5와 같이 코드 커버리지가 100%가 되는 것을 볼 수 있다.

▼ 그림 4-5 완전한 코드 커버리지

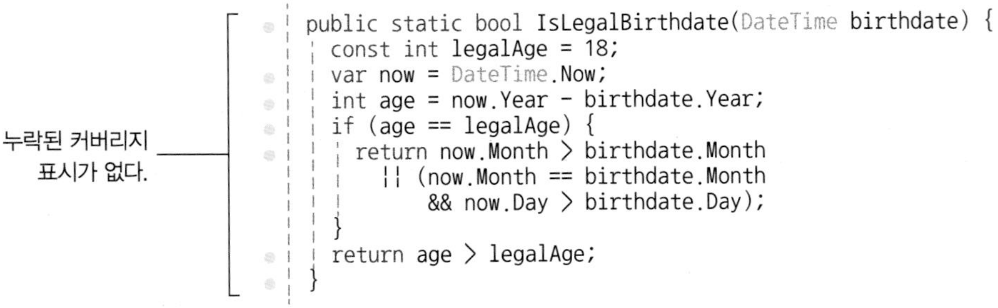

```
public static bool IsLegalBirthdate(DateTime birthdate) {
    const int legalAge = 18;
    var now = DateTime.Now;
    int age = now.Year - birthdate.Year;
    if (age == legalAge) {
        return now.Month > birthdate.Month
            || (now.Month == birthdate.Month
                && now.Day > birthdate.Day);
    }
    return age > legalAge;
}
```

누락된 커버리지 표시가 없다.

코드 커버리지를 도와주는 도구는 좋은 출발점이지만, 실제 테스트 커버리지를 보여주는 데 완전히 효과적이지는 않다. 여전히 입력 값과 경계 조건의 범위를 잘 이해하고 있어야 한다. 즉, 코드 커버리지 100%가 100% 테스트 적용 범위를 의미하는 것은 아니다. 어떤 리스트에서 항목을 인덱스에 따라 반환하는 다음과 같은 함수가 있다고 가정해 보자.

```
public Tag GetTagDetails(byte numberOfItems, int index) {
    return GetTrendingTags(numberOfItems)[index];
}
```

GetTagDetails(1, 0);이라고 함수를 호출하여 테스트한다면 테스트는 성공적일 것이며, 즉시 코드 커버리지 100%를 달성할 수 있다. 모든 사례를 테스트한 것일까? 그렇지 않다. 우리가 입력한 값만으로는 전혀 100%라고 볼 수 없다. numberOfItems가 0인데 인덱스가 0이 아닌 경우에는 무슨 일이 일어날까? 인덱스가 음수이면 어떻게 될까?

이러한 사례는 우리가 코드 커버리지에만 의존하여 모든 범위를 채우려고 해서는 안 된다는 것을 보여준다. 대신, 가능한 모든 입력을 고려하고 경계 값을 현명하게 처리하면서 테스트 적용 범위를 항상 의식하고 있어야 한다. 즉, 이 둘은 서로 배타적이지 않다. 두 가지 방법을 동시에 활용할 수 있다.

## 4.6 테스트를 작성하지 마라

물론 테스트는 우리에게 도움을 주지만, 테스트 작성을 완전히 피하는 것보다 더 좋은 것은 없다. 어떻게 테스트 코드를 작성하지 않고도 여전히 신뢰할 수 있는 코드를 유지할 수 있을까?

### 4.6.1 테스트를 작성하지 마라

존재하지 않는 코드를 테스트할 필요는 없다. 삭제된 코드에는 버그가 없다. 코드를 작성할 때 이 부분을 생각해 보라. 테스트할 가치가 있을까? 아마 코드를 작성할 필요가 전혀 없는 경우가 있을 것이다. 예를 들어 처음부터 구현하는 대신 기존의 패키지를 사용할 수 있을까? 우리가 구현하려는 것과 동일한 작업을 수행하는 클래스가 이미 존재한다면 그것을 활용할 수 있을까? 예를 들어 System.Uri 클래스를 활용하기만 하면 되는데 URL을 검증하기 위한 사용자 지정 정규식을 작성하고 싶을 수 있다.

물론 서드 파티 코드가 완벽하다거나 항상 사용자의 목적에 적합하다고 보장할 수는 없다. 나중에 서드 파티 코드가 적합하지 않다는 것을 알게 될 수도 있지만, 보통은 처음부터 새로 만들기 전에

이 정도 위험은 감수하는 것이 좋다. 마찬가지로, 작업 중인 코드 베이스에도 이미 다른 동료가 구현한 동일한 작업을 수행하는 코드가 있을 수 있다. 코드 베이스를 검색하여 무엇이 있는지 확인해 보자.

쓸만한 게 아무것도 없다면 이제 스스로 구현할 준비를 해야 한다. 바퀴를 재발명하는 것을 두려워하지 마라. 3장에서 다뤘듯이 이를 통해 배울 것이 아주 많을 것이다.

## 4.6.2 모든 테스트를 작성하려고 하지 마라

잘 알려진 **파레토 법칙**은 결과의 80%가 20%의 원인에서 나온다고 말한다. 일반적으로 이것을 **80:20 법칙**이라고 부른다. 이를 테스트에도 적용할 수 있다. 테스트를 현명하게 선택하면 20%의 테스트 커버리지로 80%의 신뢰성을 얻을 수 있다.

버그는 균일하게 발생하지 않는다. 모든 코드 라인이 버그가 발생할 확률을 동일하게 가지는 것은 아니다. 보통 더 자주 사용되거나 변경되는 코드에서 버그를 발견할 가능성이 더 높다. 이처럼 문제가 발생할 가능성이 높은 코드 영역을 **핫 패스**(hot path)라고 부른다.

이것이 바로 내가 만든 웹 사이트에서 했던 것이다. 나는 내가 만든 웹 사이트가 전 세계적으로 인기 있는 웹 사이트 중 하나가 된 후에도 어떠한 테스트도 작성하지 않았다. 그러다가 언제부터인가 텍스트 마크업 파서에서 너무 많은 버그가 발생하기 시작해 결국 테스트를 추가했다. 어쩌다 보니 마크다운(현재 가장 유명한 마크업 언어)이 개발되기 전에 마크다운과 거의 닮지 않은 나만의 마크업(간단한 조잡한 형태라서 에러가 많이 발생했던 거 같다)을 개발하게 되었다. 구문 분석 로직이 복잡하고 버그가 발생하기 쉬웠기 때문에 프로덕션에 배포한 후 모든 문제를 해결하는 것은 경제적 관점에서 불가능했다. 나는 이를 위해 테스트 스위트를 개발했다. 테스트 프레임워크가 등장하기 전이었기 때문에 나만의 것을 개발해야만 했다. 같은 버그가 나오는 것이 싫었기 때문에 버그가 더 발생할 때마다 점진적으로 테스트를 추가했다. 그리고 나중에 상당히 광범위한 테스트 스위트를 개발하여 수천 번의 실패한 프로덕션 배포를 줄일 수 있었다. 테스트는 잘 작동했다.

웹 사이트의 홈페이지를 열어 보는 것만으로도 다른 페이지와 공유하는 여러 코드 경로를 사용하고 있음을 알 수 있기 때문에 괜찮은 정도의 코드 범위를 제공한다. 이것을 거리에서는 **스모크 테스트**(smoke test)라고 부른다. 이 용어는 컴퓨터의 최초 프로토타입을 개발했을 때 연기가 나는지 보기 위해 컴퓨터를 켰던 것에서 비롯되었다. 만약 연기가 나지 않았다면 그것은 꽤 좋은 징조였다. 마찬가지로 중요한 공유 구성 요소에 좋은 테스트 적용 범위를 갖는 것이 코드 커버리지 100%를 갖는 것보다 더 중요하다. 큰 차이가 없다면 테스트로 커버되지 않는, 기본 생성자에 있는 코드 한 줄에 대한 테스트 커버리지를 추가하기 위해 몇 시간을 소비하지 마라. 이미 우리는 코드 커버리지가 전부가 아니라는 것을 알고 있다.

# 4.7 / 컴파일러가 코드를 테스트하도록 하라

강력한 타입의 프로그래밍 언어를 사용하면 타입 시스템을 활용하여 필요한 테스트 수를 줄일 수 있다. 이미 앞에서 nullable한 참조가 코드에서 널 검사를 회피하는 데 어떻게 도움을 주는지 언급한 적이 있다. 이는 널 관련 사례에 대한 테스트 작성의 필요성을 줄여 준다. 간단한 예를 살펴보자. 이전 절에서는 회원 가입을 하려는 사람이 18세 이상인지를 확인했다. 다음으로는 사용자가 선택한 사용자 이름(username)이 유효한지 확인해야 한다. 따라서 사용자 이름의 유효성을 확인하는 함수가 필요하다.

## 4.7.1 널 검사를 제거하라

사용자 이름에 대한 규칙은 영문 소문자와 숫자(최대 8자)만 가능하다고 지정하자. 이러한 사용자 이름에 대한 정규 표현식 패턴은 "^[a-z0-9]{1,8}$"이다. 우리는 코드 4-8과 같이 사용자 이름을 위한 클래스를 작성할 수 있다. 이 코드는 모든 사용자 이름을 표현할 수 있도록 Username 클래스를 정의한다. 지금부터는 이를 사용자 이름이 필요한 코드로 전달한 다음에 다시 입력을 검증한다는 식의 사고방식을 버리도록 하자.

유효하지 않은 사용자 이름이 절대 나오지 않도록 생성자에서 매개변수의 유효성을 검사하고, 올바른 형식이 아닐 경우 예외를 발생시킨다. 생성자를 제외한 나머지 코드는 비교 연산을 하는 시나리오에서 동작하게 했다. 기본 StringValue 클래스를 만들고 각 문자열에 기반한 값을 위한 클래스에 대해 최소 코드를 작성하면 이러한 클래스를 얻을 수 있다. 코드에 필요한 것이 무엇인지 명확히 하기 위해 나는 책에 구현한 코드를 중복해서 쓰고 싶었다. 매개변수에 대한 참조를 위해 하드 코딩된 문자열 대신 nameof 연산자를 사용하고 있다는 점에 주목하라. 이름을 바꾼 후에도 동기화된 이름을 유지할 수 있게 된다. 필드나 속성에도 사용할 수 있으며, 데이터가 별도의 필드에 저장되고 이름으로 그것을 참조해야 하는 테스트 사례에 특히 유용하다.

```csharp
public class Username {
    public string Value { get; private set; }
    private const string validUsernamePattern = @"^[a-z0-9]{1,8}$";

    public Username(string username) {
        if (username is null) {
            throw new ArgumentNullException(nameof(username));
        }
        if (!Regex.IsMatch(username, validUsernamePattern)) {
            throw new ArgumentException(nameof(username),
                "Invalid username");
        }
        this.Value = username;
    }

    public override string ToString() => base.ToString();
    public override int GetHashCode() => Value.GetHashCode();
    public override bool Equals(object obj) {
        return obj is Username other && other.Value == Value;
    }
    public static implicit operator string(Username username) {
        return username.Value;
    }
    public static bool operator==(Username a, Username b) {
        return a.Value == b.Value;
    }
    public static bool operator !=(Username a, Username b) {
        return !(a == b);
    }
}
```

→ 여기서 사용자 이름을 최종적으로 확인한다.

→ 클래스를 비교할 수 있도록 하는 우리의 일반적인 반복 상용구 코드

---

### 정규 표현식을 둘러싼 신화

정규 표현식은 컴퓨터 과학 역사상 가장 빛나는 발명품 중 하나이다. 우리는 존경하는 스티븐 콜 클레이니에게 정규 표현식을 빚지고 있다. 정규 표현식을 사용하면 문자 몇 개로 텍스트 파서를 만들 수 있다. light라는 패턴은 오직 light라는 문자열과 일치하지만, [ln]ight라는 패턴은 light와 night 모두와 일치한다. 마찬가지로 li(gh){1,2}t 패턴은 light과 lighght만 일치하며, 이는 오타가 아니라 아람 사로얀이 지은 단 한 단어로 된 시이다.

제이미 자윈스키는 "어떤 사람들은 문제에 직면했을 때 '그래 나는 정규 표현식을 사용할 거야'라고 생각한다"는 유명한 말을 남겼다. 하지만 이들은 이제 두 가지 문제를 갖게 된다. 정규 표현식이라는 구문은 특정한 구문 분석의 특징을 의미한다. 정규 표현식은 문맥을 고려하지 않기 때문에 정규 표현식 하나로는 HTML 문서에서 가장 안쪽에 있는

태그를 찾거나 닫는 태그가 일치하지 않는 경우를 탐색할 수 없다. 즉, 복잡한 구문 분석 작업에는 적합하지 않다. 하지만 중첩되지 않은 구조의 텍스트를 구문 분석하는 데는 사용할 수 있다.

정규 표현식은 적합한 상황에 사용하면 놀라울 정도로 효과적이다. 추가적으로 성능 향상이 필요할 경우 Regex Options.Compiled 옵션으로 Regex 객체를 생성하여 C#에서 미리 컴파일할 수 있다. 이 말은 필요에 따라 패턴을 기반으로 문자열을 구문 분석하는 사용자 정의 코드를 만들 수 있다는 것을 의미한다. 즉, 이 패턴은 C#으로 변하고 결국 기계 코드로 변한다. 연속적으로 동일한 Regex 객체를 호출하면 컴파일된 코드를 재사용하여 여러 번 반복할 경우에 성능이 향상될 수 있다.

성능이 얼마나 좋은지에 상관없이 더 간단한 대안이 있을 경우에는 정규 표현식을 사용해서는 안 된다. 예를 들어 문자열 길이를 확인해야 한다면 간단히 "str.Length== 5"라고 하는 게 "Regex.IsMatch (@"^.{5}$", str)"라는 정규 표현식보다 훨씬 빠르고 읽기 쉽다. 마찬가지로 string 클래스에는 StartsWith, EndsWith, IndexOf, Last-IndexOf, IsNullOrEmpty, IsNullOrWhiteSpace와 같이 일반적인 문자열 검사 작업에 필요한 성능 좋은 메서드가 많다. 항상 특정 사용 사례에는 정규식보다 이미 제공되는 메서드를 선택하는 것이 좋다.

그렇지만 정규 표현식은 개발 환경에서 강력한 도구가 될 수 있기 때문에 최소한 정규 표현식의 기본 문법을 아는 것은 중요하다. 꽤 복잡한 정규식을 활용하여 작업 시간을 절약할 수도 있다. 유명한 텍스트 편집기는 대부분 찾기 및 바꾸기 작업을 위해 정규식을 지원한다. "코드에 있는 수백 개의 괄호 문자를 코드 행 옆에 나타날 때만 다음 행으로 이동시키고 싶다"와 같은 작업을 말하는 것이다. 한 시간 동안 수동으로 이 작업을 하는 것이 아니라 여기에 맞는 정규 표현식 패턴을 생각해 낼 수 있다면 몇 분만에 이 작업을 끝낼 수 있다.

Username 생성자를 테스트하려면 코드 4-9와 같은 세 가지의 다른 테스트 메서드를 만들어야 한다. 하나는 다른 예외 타입이 발생했기 때문에 널이 될 가능성을 확인하기 위한 것이고, 또 하나는 널은 아니지만 유효하지 않은 입력을 위한 것이다. 마지막 하나는 유효한 입력을 유효하다고 인식하는지 확인하기 위한 것이다.

**코드 4-9** Username 클래스를 위한 테스트들

```
class UsernameTest {
    [Test]
    public void ctor_nullUsername_ThrowsArgumentNullException() {
        Assert.Throws<ArgumentNullException>(
            () => new Username(null));
    }

    [TestCase("")]
    [TestCase("Upper")]
    [TestCase("toolongusername")]
    [TestCase("root!!")]
    [TestCase("a b")]

    public void ctor_invalidUsername_ThrowsArgumentException(string username) {
```

```
        Assert.Throws<ArgumentException>(
            () => new Username(username));
    }

    [TestCase("a")]
    [TestCase("1")]
    [TestCase("hunter2")]
    [TestCase("12345678")]
    [TestCase("abcdefgh")]
    public void ctor_validUsername_DoesNotThrow(string username) {
        Assert.DoesNotThrow(() => new Username(username));
    }
}
```

Username 클래스가 있는 프로젝트를 위해 nullable 참조를 활성화했다면 널 사례에 대한 테스트를 작성하지 않아도 될 것이다. 유일한 예외는 우리가 공용 API를 작성할 때인데, 이 API는 nullable 참조 인지 코드(nullable-references-aware code)에 대해 실행되지 않을 것이다. 이 경우에는 널 값을 갖는지 확인해야 한다.

이와 유사하게 Username을 struct로 선언하면 값 타입이 되며, 이 경우 널 검사를 할 필요가 없어진다. 상황에 맞는 올바른 타입과 구조를 사용하면 테스트 횟수를 줄일 수 있다. 대신 컴파일러가 코드의 정확성을 보장할 것이다.

목적을 위해 특정 타입을 사용하면 테스트의 필요성이 줄어들 수 있다. 등록 함수가 문자열 대신 Username 객체를 입력으로 할 때 등록 함수에서는 해당 인수의 유효성을 검증하지 않아도 된다. 마찬가지로 함수가 Uri 클래스로 URL 인수를 받으면 더 이상 함수가 URL을 올바르게 처리하는지 여부를 확인할 필요가 없다.

## 4.7.2 범위 점검을 제거하라

유효하지 않은 입력 값의 범위를 줄이기 위해 부호가 없는 정수 타입을 사용할 수 있다. 표 4-3에서 부호가 없는 원시 정수 타입을 확인할 수 있다. 여기서 코드에 더 적합한 가능한 범위를 갖는 다양한 데이터 타입을 볼 수 있다. .NET에서 정수에 흔히 사용되는 타입이 int이기 때문에 해당 타입이 int와 직접 호환되는지도 생각해 봐야 한다. 아마 이러한 타입을 전에 본 적은 있지만, 추가적인 테스트 사례를 작성하지 않아도 된다는 것과 연결해서 생각해 본 적은 없을 것이다. 예를 들어 함수에 양수만 필요하다면 왜 귀찮게 int를 받아서 이 값이 음수인지 확인하고 예외를 던지는 것을 고려해야 할까? 대신 그냥 uint를 입력으로 받으면 어떨까?

▼ 표 4-3 다른 값의 범위를 갖는 다양한 정수 타입

| 이름 | 정수형 | 값의 범위 | 손실 없이 int에 할당할 수 있는가? |
|---|---|---|---|
| int | 32–bit signed | −2147483648..2147483647 | Duh |
| uint | 32–bit unsigned | 0..4294967295 | No |
| long | 64–bit signed | −9223372036854775808..9223372036854775807 | No |
| ulong | 64–bit unsigned | 0..18446744073709551615 | No |
| short | 16–bit signed | −32768..32767 | Yes |
| ushort | 16–bit unsigned | 0..65535 | Yes |
| sbyte | 8–bit signed | −128..127 | Yes |
| byte | 8–bit unsigned | 0..255 | Yes |

부호 없는 타입을 사용하면 함수에 음수 값을 전달하려고 할 때 컴파일러 오류가 발생한다. 음수 값을 변수로 전달하는 것은 명시적인 타입캐스팅을 통해서만 가능하며, 이를 통해 자신이 가지고 있는 값이 실제로 호출 위치에서 해당 함수에 적합한지 생각해 볼 수 있다. 인수가 음수 값을 갖는지 검증하는 것은 더 이상 함수의 책임이 아니다. 어떤 함수가 마이크로블로깅 웹 사이트의 트렌드 태그를 지정된 개수만큼만 반환한다고 가정해 보자. 코드 4−10에서와 같이 게시물의 행을 검색하기 위해 수많은 항목을 입력으로 받는다.

또한, 코드 4−10에서 GetTrendingTags 함수는 항목 수를 고려하여 항목을 반환한다. 트렌드 태그 목록에서 항목이 255개 이상인 경우는 없으므로 입력 값은 int 대신 byte를 활용한다. 이는 실제로 입력 값이 음수이거나 너무 큰 수일 가능성을 바로 제거한다. 우리는 더 이상 입력의 유효성을 확인하지 않아도 된다. 이를 통해 테스트 사례가 하나 줄어들고 입력 값의 범위도 더 좋아져 버그가 발생할 만한 영역이 즉시 감소한다.

**코드 4-10** 특정 페이지에 속한 게시물만 받는다

```csharp
using System;
using System.Collections.Generic;
using System.Linq;

namespace Posts {
    public class Tag {
        public Guid Id { get; set; }
```

```
        public string Title { get; set; }
    }

    public class PostService {
        public const int MaxPageSize = 100;
        private readonly IPostRepository db;

        public PostService(IPostRepository db) {
            this.db = db;
        }

        public IList<Tag> GetTrendingTags(byte numberOfItems) {      → 우리는 int 대신
            return db.GetTrendingTagTable()                             byte를 선택했다.
                .Take(numberOfItems)       → byte나 ushort는 int로 안전하게 전달될 수 있다.
                .ToList();
        }
    }
}
```

여기서 두 가지 일이 일어나고 있다. 먼저, 사용 사례를 위해 더 작은 데이터 타입을 선택했다. 우리는 트렌드 태그 박스에서 행(rows)을 수십억 개 지원할 생각이 없다. 수십억 개가 도대체 어떻게 표시될지도 모르겠다. 그래서 입력 공간을 좁혔다. 둘째, 음수가 될 수 없는 부호 없는 타입인 byte를 선택했다. 이런 식으로, 가능한 테스트 사례와 예외가 발생할 수 있는 잠재적인 문제를 피했다. LINQ의 Take 함수는 List에서 예외를 발생시키지 않지만, 마이크로소프트 SQL 서버와 같은 데이터베이스를 위한 쿼리로 변환될 때는 예외가 발생할 수도 있다. 타입을 변경하여 이러한 경우를 피할 수 있으니 굳이 테스트를 작성하지 않아도 된다.

.NET은 사실상 인덱싱이나 카운팅과 같은 여러 작업을 위해 int를 표준 타입으로 사용한다. 다른 타입을 선택하면 표준 .NET 구성 요소와 상호 작용해야 할 경우 값을 캐스팅하고 int로 변환해야 할 수도 있다. 잘난 체하다가 스스로를 곤경에 빠뜨리지 않도록 하자. 삶의 질과 코드를 작성하면서 얻는 즐거움은 여러분이 피하고자 하는 특정한 일회성 사례보다 더 중요하다. 미래의 어느 날 항목이 255개 이상 필요할 경우, 바이트 값에 대한 모든 참조를 short 또는 int로 대체해야 한다면 더 많은 시간이 걸릴 수 있다. 여러분은 가치 있는 명분을 위해 테스트 작성에서 본인을 보호하고 있는지 확인할 필요가 있다. 때로는 다른 타입을 다루는 것보다 추가로 테스트를 작성하는 것이 더 유리하다는 것을 발견할 수도 있다. 끝으로, 유효한 가치 범위를 알려주기 위해 어떤 타입을 사용하는 것이 얼마나 강력한지에 상관없이, 결국은 자신의 편의와 시간이 가장 중요하다.

### 4.7.3 유효 값을 확인하는 로직에서 중복을 제거하라

함수에서는 특정한 연산을 나타내기 위해 값을 사용할 때가 있다. 하나의 예로 C 프로그래밍 언어의 fopen 함수가 있다. 두 번째 문자열 매개변수는 열기 모드를 상징하며 이는 **파일을 읽기 위한 것**인지, **추가하기 위한 것**인지, 아니면 **쓰기 위한 것**인지를 나타낼 수 있다.

C가 나온 이후 수십 년 동안, .NET 팀은 더 나은 결정을 내리고 사례마다 별도의 함수를 만들어 왔다. File.Create, File.OpenRead, File.OpenWrite와 같은 별도의 메서드가 있으므로 매개변수를 추가하지 않아도 되고, 해당 매개변수를 파싱하지 않아도 된다. 매개변수를 잘못 전달하는 일은 이제 불가능하다. 매개변수가 없기 때문에 함수에서 매개변수를 파싱하는 버그도 없다.

어떤 연산의 유형을 나타내기 위해서는 이러한 값을 사용하는 것이 일반적이다. 하지만 대신에 의도를 더 잘 전달하고 테스트를 줄일 수 있는 별개의 함수로 분리하는 것을 고려해야 한다.

C#에서 자주 사용하는 것 중 하나는 불리언(Boolean) 매개변수를 사용하여 실행할 함수의 논리를 변경하는 것이다. 예를 들면 코드 4-11과 같이 트렌드 태그 검색 기능에 정렬 옵션이 있을 수 있다. 태그 관리 페이지에도 트렌드 태그가 필요하고 제목별로 정렬된 태그를 표시하는 것이 더 낫다고 가정해 보자. 열역학 법칙과는 반대로, 개발자들은 엔트로피를 지속적으로 잃는 경향이 있다. 그들은 나중에 이것이 얼마나 큰 짐이 될지는 생각하지 않고 항상 최소한의 엔트로피로 변화를 시도한다. 이 작업을 위해 개발자들은 본능적으로 불리언 매개변수를 추가하고 그것으로 모든 작업을 끝내려고 할 수 있다.

---

**코드 4-11** 불리언 매개변수

```
public IList<Tag> GetTrendingTags(byte numberOfItems,
bool sortByTitle) {      → 새로 추가된 매개변수
    var query = db.GetTrendingTagTable();

    if (sortByTitle) {      → 새로 추가된 조건부
        query = query.OrderBy(p => p.Title);
    }
    return query.Take(numberOfItems).ToList();
}
```

---

문제는 이렇게 불리언 변수를 계속 추가하다 보면 함수 매개변수의 조합 때문에 굉장히 복잡해질 수 있다는 점이다. 어제의 트렌드 태그가 필요한 또 다른 기능이 있다고 가정해 보자. 다음 코드에서 또 다른 매개변수를 추가한다. 이제 이 함수는 sortByTitle과 yesterdaysTags의 조합을 지원해야 한다.

```
public IList<Tag> GetTrendingTags(byte numberOfItems,
bool sortByTitle, bool yesterdaysTags) {        → 더 많은 매개변수
    var query = yesterdaysTags
        ? db.GetTrendingTagTable()
        : db.GetYesterdaysTrendingTagTable();       → 더 많은 조건부 함수
    if (sortByTitle) {
        query = query.OrderBy(p => p.Title);
    }
    return query.Take(numberOfItems).ToList();
}
```

여기에는 어떠한 경향성이 보인다. 이 함수의 복잡성은 불리언 매개변수가 많아짐에 따라 증가하고 있다. 실제로는 세 가지 다른 사용 사례가 있지만, 이 함수에는 경우의 수가 네 개이다. 추가된 모든 불리언 매개변수 때문에 아무도 사용하지 않는 함수의 가상 버전을 만들고 있다. 물론 언젠가는 누군가가 혹시 사용할지도 모르겠지만. 더 나은 접근법은 코드 4-13과 같이 각 요구 사항을 위해 별도의 함수를 만드는 것이다.

```
public IList<Tag> GetTrendingTags(byte numberOfItems) {
    return db.GetTrendingTagTable()
    .Take(numberOfItems)
    .ToList();
}

public IList<Tag> GetTrendingTagsByTitle(byte numberOfItems) {
    return db.GetTrendingTagTable()
    .OrderBy(p => p.Title)
    .Take(numberOfItems)               → 매개변수 대신
    .ToList();                            함수 이름으로
}                                         기능을 구분한다.

public IList<Tag> GetYesterdaysTrendingTags(byte numberOfItems) {
    return db.GetYesterdaysTrendingTagTable()
    .Take(numberOfItems)
    .ToList();
}
```

이제 테스트 사례가 하나 줄어들었다. 추가적인 이점으로 가독성이 훨씬 좋아졌으며 성능이 약간 향상되었다. 물론 얻는 이득은 미약하고 함수 하나하나는 눈에 잘 띄지 않지만, 코드를 확장해야 하는 경우에는 자기도 모르는 사이에 그 차이를 알 수 있다. 매개변수로 상태를 전달하는 것을 피하고 함수를 최대한 활용하면 할수록 이득은 기하급수적으로 증가할 것이다. 코드 4-14와 같이 공통 함수로 쉽게 리팩터링할 수 있는 반복적인 코드에 여전히 짜증이 날 수도 있다.

**코드 4-14** 공통적인 로직을 리팩터링한 별도의 함수들

```
private IList<Tag> toListTrimmed(byte numberOfItems, IQueryable<Tag> query) {
    return query.Take(numberOfItems).ToList();                                   ┐ 공통적인
}                                                                                ┘ 기능

public IList<Tag> GetTrendingTags(byte numberOfItems) {
    return toListTrimmed(numberOfItems, db.GetTrendingTagTable());
}

public IList<Tag> GetTrendingTagsByTitle(byte numberOfItems) {
    return toListTrimmed(numberOfItems, db.GetTrendingTagTable()
    .OrderBy(p => p.Title));
}

public IList<Tag> GetYesterdaysTrendingTags(byte numberOfItems) {
    return toListTrimmed(numberOfItems,
    db.GetYesterdaysTrendingTagTable());
}
```

우리가 얻는 이득은 여기에서는 인상적이지 않지만, 이러한 리팩터링은 다른 경우에 더 큰 차이를 만들 수 있다. 코드의 반복과 지옥 같은 매개변수 조합을 피하려면 리팩터링을 사용하는 것이 중요하다.

함수에 특정 연산을 지시하기 위해 사용하는 열거형 매개변수에도 동일한 기술을 사용할 수 있다. 쇼핑 목록과 같이 매개변수를 전달하는 대신 별도의 함수를 사용하고 함수 합성도 사용할 수 있다.

# 4.8 테스트 이름 정하기

이름에는 많은 것이 담겨 있다. 그렇기 때문에 생산 코드와 테스트 코드 모두에서 좋은 명명 규칙을 갖는 것이 중요하다. 물론 이들이 반드시 겹칠 필요는 없다. 적용 범위가 좋은 테스트의 이름이 정확하면 명세서처럼 사용할 수 있다. 테스트 이름에서 다음 항목을 구분할 수 있어야 좋은 이름이다.

- 테스트할 함수의 이름

- 입력 및 초기 상태

- 예상 동작

- 누구를 탓할 것인가

물론 마지막 하나는 농담이다. 기억이 날지 모르겠지만 이미 코드 리뷰에서 여러분이 그 코드를 승인했다. 여러분은 더 이상 다른 사람을 비난할 권리가 없다. 기껏해야 할 수 있는 건 그 책임을 분담하는 것이다. 나는 보통 "A_B_C" 형식으로 테스트 이름을 짓는다. 이것은 함수 이름을 짓는 일반적인 방식과는 상당히 다르다. 이전 코드에서는 TestCase 속성을 사용하여 테스트의 초기 상태를 설명할 수 있었기 때문에 이름을 짓는 데 더 간단한 규칙을 사용했다. 나는 ReturnsExpectedValues를 추가로 사용하지만 여러분은 단순히 함수 이름의 끝에 Test를 붙일 수도 있다. 함수 이름이 코드 자동 완성 목록에 나타날 때 혼동될 수 있으므로 함수 이름만 단독으로 사용하지 않는 것이 좋다. 마찬가지로 만약 함수가 아무 입력도 받지 않거나 초기 상태에 의존하지 않는 경우에는 이를 설명하는 부분을 건너뛸 수 있다. 여기서의 목적은 여러분이 테스트를 다루는 데 더 적은 시간을 할애할 수 있도록 하기 위한 것이지, 명명 규칙에 대한 훈련을 받는 것이 아니다.

사용자가 정책 약관에 동의하지 않을 경우 등록 코드가 실패를 반환하는지 확인하기 위해 직장 상사가 등록 양식에 대한 새로운 유효성 검사 규칙 작성을 요청했다고 가정해 보자. 그림 4-6처럼 테스트 이름은 Register_LicenseNotAccepted_ShouldReturnFalse가 될 수도 있을 것이다.

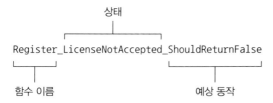

❤ 그림 4-6 테스트 명칭의 구성 요소

하지만 이것은 유일한 규칙이 아니다. 어떤 사람은 각 함수를 위해 테스트할 내부 클래스를 만들고 상태와 기대 동작만으로 테스트 이름을 정하는 것을 선호하지만, 나는 그것이 불필요하고 번거롭다고 생각한다. 자신에게 가장 적합한 규칙을 선택하는 것이 가장 중요하다.

# 4.9 요약

- 애초에 테스트 작성을 많이 하지 않음으로써 테스트 작성에 대한 경멸을 극복할 수 있다.
- 테스트 주도 개발이나 그와 유사한 패러다임은 테스트 작성이 더욱 싫어지게 만들 수 있다. 내게 행복감을 주는 테스트를 작성하려고 노력하라.
- 특히 매개변수화된 데이터 기반 테스트와 함께 테스트 프레임워크를 이용하면 테스트 작성을 위한 수고를 크게 줄일 수 있다.
- 함수 입력의 경계 값을 잘 분석하면 테스트 수를 크게 줄일 수 있다.
- 데이터 타입을 적절하게 사용하면 불필요한 테스트를 많이 작성하지 않아도 된다.
- 테스트는 코드의 품질만을 보장하는 것이 아니라 여러분의 개발 기술과 처리량을 향상시키는 데도 도움을 줄 수 있다.

memo

# 5<sup>장</sup>

# 보람 있는 리팩터링

3장에서는 변화에 대한 저항으로 소프트웨어 개발자가 어떻게 몰락했는지를 살펴봤다. 리팩터링은 코드의 구조를 바꾸는 기술이다. 마틴 파울러에 따르면[1], 레오 브로디는 1984년에 그의 저서 〈Thinking Forth〉(Punchy Publishing, 2004)에서 이 용어를 만들었다. 내가 어렸을 때 가장 좋아했던 영화인 〈백 투 더 퓨처〉나 〈가라테 키드〉만큼 오래된 용어이다. 훌륭한 코드를 작성하는 것은 보통 효율적인 개발자가 되기 위한 조건의 절반 정도에 불과하다. 나머지 절반은 코드 변화에 기민하게 대응하는 것이다. 이상적으로 우리는 생각하는 속도만큼 빠르게 코드를 작성하고 수정해야 한다. 키보드를 누르고, 문법을 손보고, 키워드를 외우고, 커피 필터를 바꾸는 것은 모두 여러분의 아이디어와 실제 제품 사이를 가로막는 장애물이다. 인공지능이 우리를 위해 프로그래밍하도록 하려면 아마 시간이 좀 더 걸릴 것이기 때문에, 리팩터링 기술을 연마하는 것은 좋은 생각이다.

IDE는 리팩터링에 중요한 역할을 한다. 키 입력 하나로 클래스의 이름을 변경하고(윈도우용 비주얼 스튜디오의 F2) 해당 클래스에 대한 모든 참조의 이름을 즉시 변경할 수 있다. 또한, 리팩터링 옵션 대부분에 액세스할 수도 있다. 주로 사용하는 편집기의 자주 사용하는 단축키를 숙지할 것을 강력히 추천한다. 시간을 절약하는 것과 동시에 다른 동료에게 멋있게 보일 수 있다.

# 5.1 우리는 왜 리팩터링을 하는가?

변화는 피할 수 없고, 특히 코드 변화는 두 배로 더 그렇다. 리팩터링은 단순히 코드를 변경하는 것 외의 목적을 수행한다. 리팩터링으로 할 수 있는 것은 다음과 같다.

- **반복을 줄이고 코드 재사용을 증가시킨다:** 다른 구성 요소에서 재사용할 수 있는 클래스를 공통 위치로 이동시켜 다른 구성 요소에서도 사용할 수 있도록 한다. 마찬가지로 코드에서 메서드를 추출하여 이것을 재사용할 수 있다.

- **여러분의 정신 모델과 코드를 더 가깝게 한다:** 이름이 중요하다. 어떤 이름은 쉽게 이해되지 않을 수도 있다. 객체 이름을 바꾸는 것은 리팩터링 과정의 일부이며, 여러분의 정신 모델과 더 잘 맞고 더 나은 설계를 달성하는 데 도움이 될 수 있다.

---

1  마틴 파울러의 리팩터링의 어원, https://martinfowler.com/bliki/EtymologyOfRefactoring.html

- **코드를 더 이해하기 쉽고 유지관리하기 쉽도록 만든다:** 긴 함수를 더 작고 유지관리하기 쉬운 함수로 분할하여 코드의 복잡성을 줄일 수 있다. 마찬가지로 복잡한 데이터 타입을 더 작은 부분으로 그룹화한다면 모델을 더 쉽게 이해할 수 있다.

- **특정 클래스에 버그가 발생하지 않도록 한다:** 클래스를 구조체로 변경하는 것과 같은 특정 리팩터링 작업은 2장에서 다룬 것처럼 널과 관련된 버그를 방지할 수 있다. 마찬가지로 프로젝트에서 널이 가능한 nullable 참조를 활성화하고, 데이터 타입을 널이 불가능한 참조로 변경하면 기본적으로 연산을 리팩터링하는 버그를 방지할 수 있다.

- **중요한 아키텍처 변화를 준비할 수 있다:** 변화를 위한 코드를 미리 준비한다면 코드가 크게 변경되더라도 더 빨리 일을 실행할 수 있다. 다음 절에서 이러한 문제가 어떻게 발생할 수 있는지를 알아볼 것이다.

- **코드의 경직된 부분을 없앨 수 있다:** 종속성 주입을 통해 종속성을 제거하고 느슨하게 결합된 설계를 얻을 수 있다.

개발자 대부분은 리팩터링을 일상적인 프로그래밍 작업의 일부로 생각한다. 하지만 리팩터링은 코드를 작성하지 않더라도 별도의 외부 작업으로 생각해야 한다. 코드 파악이 쉽지 않다면 코드를 읽기 위한 목적으로 리팩터링을 할 수 있다. 리처드 파인만은 "어떤 주제를 정말 배우고 싶다면 그 주제에 대한 책을 써라"라고 말한 적이 있다. 비슷한 맥락에서, 코드를 리팩터링함으로써 그 코드를 제대로 알 수 있다.

단순한 리팩터링 작업에는 어떠한 지침도 전혀 필요하지 않다. 클래스 이름을 변경하길 원하는가? 그냥 하면 된다. 메서드나 인터페이스를 추출하고 싶은가? 이런 작업은 매우 간단하다. 비주얼 스튜디오의 오른쪽 클릭 메뉴에서 쉽게 찾을 수 있다. 윈도에서는 Ctrl 단축키로도 가능하다. 대부분의 경우, 리팩터링 작업은 코드 신뢰성에 전혀 영향을 주지 않는다. 하지만 코드 베이스에서 중요한 아키텍처 변경과 관련해서는 몇 가지 조언이 필요하다.

STREET CODER

# 5.2 아키텍처 변경

한 번에 큰 아키텍처 변경을 수행하는 것은 결코 좋은 생각이 아니다. 기술적으로 어렵기 때문이 아니다. 대부분 길고 광범위한 작업의 특성상, 큰 변화는 수많은 버그와 통합 문제를 발생시키기 때문이다. 여기서 통합 문제란 대규모 변경 작업을 수행할 경우 다른 개발자의 변경 사항을 통합하지 못하고 장기간 작업해야 된다는 것을 의미하며, 이를 그림 5-1에서 볼 수 있다. 이것 때문에 나중에 곤란해질 수 있다. 모든 작업이 완료될 때까지 기다렸다가 그 기간 동안 변경된 모든 코드를 수동으로 적용하고, 발생하는 모든 충돌을 본인이 해결할 것인가? 아니면 자신이 변경을 완료할 때까지 다른 팀원들의 작업을 중지시킬 것인가? 보통 리팩터링할 때 이러한 문제가 발생하며 새로운 기능을 개발할 때는 이와 같은 문제가 발생하지 않는다. 다른 개발자와 충돌할 가능성이 훨씬 낮기 때문인데, 이 기능 자체가 애초에 존재하지 않았을 것이기 때문이다. 이러한 이유로 리팩터링은 점진적으로 하는 것이 더 낫다고 할 수 있다.

❤ 그림 5-1 한 번에 대규모의 리팩터링을 하는 것이 안 좋은 이유

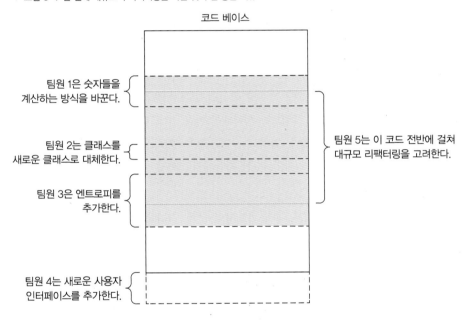

로드맵을 만들려면 목적지가 있어야 하며, 우리의 현재 위치를 알아야 한다. 최종적으로 어떤 결과를 얻기 원하는가? 모든 것을 한 번에 상상하는 것은 불가능할 수 있다. 특히 대형 소프트웨어는 머리로 이해하기가 정말 어렵다. 대신 특정한 요구 사항을 가질 수는 있다.

마이그레이션 예제를 살펴보자. 마이크로소프트에는 두 가지 형태의 .NET이 있다. 첫 번째는 출시된 지 수십 년 된 .NET 프레임워크이고, 두 번째는 2016년에 출시된(이전에는 .NET 코어로 알려졌던) .NET이다. 이 책을 쓰는 현재에는 여전히 마이크로소프트가 이 두 가지 모두를 지원하고 있지만, 마이크로소프트는 앞으로 .NET을 유지하고 .NET 프레임워크의 지원을 중단하려고 할 것이다. .NET 프레임워크에서 .NET으로 마이그레이션해야 할 가능성이 아주 높다.

## .NET 프레임워크는 끝났다. .NET이여 영원하라!

.NET이란 이름은 인터넷이 널리 퍼지던 1990년대에는 많은 것을 의미했다. 심지어 .net이라는 잡지도 있었는데, 인터넷에 대한 글이었고 느린 버전의 구글과 같은 역할을 했다. 웹을 검색하는 것은 일반적으로 '인터넷을 서핑하는 것', '정보의 초고속도로를 여행하는 것', '사이버 공간과 연결되는 것'과 같이 사람들을 혹하게 하는 은유적 동사와 신조어의 조합으로 불렸다.

.NET 프레임워크는 1990년대 후반 개발자를 돕기 위해 만들어진 최초의 소프트웨어 생태계이다. 런타임, 표준 라이브러리, C#용 컴파일러, 비주얼 베이직, 그리고 이후에는 F# 언어까지 생겨났다. 자바에는 .NET 프레임워크와 같은 JDK(Java Development Kit)가 있다. 자바 런타임, 자바 언어 컴파일러, 자바 가상 머신, 그리고 자바로 시작하는 다른 많은 것이 여기 들어 있다.

시간이 지나면서 .NET 프레임워크와 직접 호환되지 않는 다른 .NET 요소도 나오기 시작했다. 예를 들면 .NET 컴팩트 프레임워크나 Mono 같은 것이다. 서로 다른 프레임워크 간에 코드를 공유할 수 있도록 하기 위해 마이크로소프트는 .NET Standard와 같이 .NET 기능의 공통적인 하위 집합을 정의하는 공통 API 규격을 만들었다. 자바의 경우, 오라클이 변호사를 동원하여 호환되지 않는 모든 대안을 성공적으로 제거했기 때문에 자바는 이와 유사한 문제를 겪지 않고 있다.

마이크로소프트는 이후 크로스 플랫폼의 차세대 .NET 프레임워크를 만들었다. 처음에는 이것을 .NET 코어라고 불렀고, 최근에는 그냥 .NET으로 이름을 변경했다. 그러면서 처음 나온 것이 바로 .NET 5이다. .NET 프레임워크와 직접 호환되지 않지만, 공통적인 .NET Standard 하위 집합을 이용하여 상호 운용할 수 있다.

.NET 프레임워크는 여전히 산소 호흡기를 달고는 있지만, 아마도 5년 후에는 보기 힘들 것이다. .NET 프레임워크 대신 .NET을 사용할 것을 강력하게 권한다. 이런 이유 때문에 마이그레이션 시나리오를 기반으로 한 예제를 선택했다.

목적지로 향하는 동안, 여러분이 어디에 있는지 알아야 한다. 여러분에게 헬리콥터를 타고 가다가 안개 속에서 길을 잃은 CEO에 대한 이야기를 해 주고 싶다. 그들은 한 건물의 발코니에 누군가 있는 것을 보았다. CEO는 "내게 좋은 생각이 있어요. 그 사람에게 가까이 가 주세요."라고 요청했고, 그와 가까워진 CEO가 소리쳤다, "저기요! 우리가 지금 어디쯤에 있는지 아시나요?" 그 사람은 "네, 여러분들은 헬리콥터에 타고 있죠."라고 대답했다. CEO는 "오케이, 그렇다면 우리는 대학 캠퍼스의 공학 건물 위에 있는 게 틀림없겠네요."라고 말했다. 발코니에 있던 사람이 놀라며 "그걸 어떻게 알았죠?"라고 물었다. CEO는 "여러분의 대답은 기술적으로 맞는 말이었지만, 전혀 쓸모가 없었어요."라고 대답했다. 그 사람은 "그럼 여러분은 CEO겠군요!"라고 소리쳤고, 이제 그 CEO가 놀라서 "어떻게 알았어요?"라고 물었다. 그 사람은 "여러분은 길을 잃었고, 어디에 있는지, 어디로 가고 있는지 전혀 모르고 있으면서 그것이 제 탓이라고 하고 있으니까요."라고 답했다.

어쩌면 엔지니어와 CEO 사이에 영화 〈매트릭스〉와 같은 싸움이 일어났을 수도 있다. 이 모든 일은 조종사가 발코니에 정밀하게 접근하는 기술은 연습했지만 GPS 읽는 법은 나몰라라 했기 때문에 벌어진 것이다.

Blabber라는 이름의 마이크로블로깅 웹 사이트가 .NET 프레임워크와 ASP.NET으로 작성되어 있고 우리는 이것을 새로운 .NET 플랫폼과 ASP.NET 코어로 옮기고 싶다고 가정해 보자. 안타깝게도 ASP.NET 코어와 ASP.NET은 양방향으로 호환되지 않으며 약간의 소스만이 호환 가능하다. 플랫폼의 코드는 책의 소스 코드에 포함되어 있다. ASP.NET 템플릿에는 수많은 상용 코드가들어 있기 때문에 여기에 전체 코드를 나열하지는 않을 것이다. 대신 리팩터링 로드맵을 작성하는데 도움이 될 만한 건축적인 세부 사항만 개략적으로 설명할 것이다. 리팩터링 프로세스를 이해하기 위해 ASP.NET의 아키텍처 혹은 웹 앱이 어떻게 작동하는지를 알 필요는 없다. 이런 지식들은리팩터링 작업과 직접적인 관련이 없기 때문이다.

## 5.2.1 구성 요소를 식별하라

대규모 리팩터링을 하는 가장 좋은 방법은 코드를 의미론적으로 다른 구성 요소로 나누는 것이다. 리팩터링의 유일한 목적을 위해 코드를 여러 부분으로 나누어 보자. 프로젝트는 우리가 추가한 일부 모델 클래스와 컨트롤러가 있는 ASP.NET MVC 애플리케이션이다. 그림 5-2와 같이 대략적인 구성 요소 목록을 작성할 수 있다. 정확하지 않아도 괜찮다. 어차피 바뀔 것이기 때문에 생각나는 대로 막 적어도 된다.

구성 요소를 작성한 후에는 그림 5-2의 .NET 5 예와 같이 이들 중 구성 요소 몇 개를 최종 목적지로 직접 보낼 수 있는지에 대한 평가를 시작한다. 여기서 최종 목적지란 최종 결과를 상징하는 최종 상태를 의미한다. 어떤 요소도 망가뜨리지 않고 최종 상태로 조작할 수 있을까? 어떤 작업을 좀 더 해야 할까? 구성 요소별로 이를 평가하고, 우선순위를 정하기 위해 이러한 추측성 질문을 활용한다. 지금은 추측만으로도 충분하기 때문에 정확하지 않아도 괜찮다. 표 5-1과 같은 작업 추정표를 만들 수 있다.

▼ 그림 5-2 구성 요소의 초기 평가

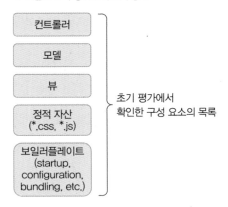

초기 평가에서
확인한 구성 요소의 목록

▼ 표 5-1 구성 요소를 조작하는 상대적 비용과 위험성을 평가한다

| 요소 | 필요한 변경 사항 | 다른 개발자와의 충돌 위험 |
| --- | --- | --- |
| 컨트롤러 | 최소 | 높음 |
| 모델 | 없음 | 중간 |
| 뷰 | 최소 | 높음 |
| 정적 자산 | 다소 | 낮음 |
| 보일러플레이트 | 재작성 | 낮음 |

### MVC란?

컴퓨터 과학의 전체 역사는 엔트로피와의 싸움으로 요약할 수 있다. 모든 엔트로피의 창조자인 플라잉 스파게티 괴물(Flying Spaghetti Monster)을 믿는 신자들에 의해 스파게티라고도 알려져 있다. MVC는 코드를 세 부분으로 나누어 너무 많은 상호 의존성을 줄이는, 즉 코드가 스파게티 코드가 되는 것을 방지하고자 하는 아이디어이다. 세 부분은 사용자 인터페이스가 어떻게 보일지 결정하는 부분, 비즈니스 로직을 모델링하는 부분, 두 부분을 통합하는 부분으로 이뤄진다. 각각 뷰, 모델, 컨트롤러라고 한다. 이 외에도 애플리케이션 코드를 MVVM(모델, 뷰, 뷰 모델) 또는 MVP(모델, 뷰, 프레젠테이션)와 같이 논리적으로 구분되는 부분으로 분할하려는 다른 유사한 시도도 많이 있지만, 이 모든 것 뒤에 숨겨진 아이디어는 거의 동일하다. 서로 다른 관심사를 분리하는 것이다.

이러한 구획화는 코드 작성, 테스트 작성, 리팩터링에 도움될 수 있다. 계층 간의 종속성을 더 쉽게 관리할 수 있기 때문이다. 그러나 과학자 데이비드 월퍼트와 윌리엄 맥레디가 '공짜 점심 없음' 정리에서 웅변했듯이, 공짜 점심은 없다. MVC의 이점을 얻으려면 보통 약간 더 많은 코드를 만들어야 하고, 작업할 파일도 더 많고, 하위 디렉터리도 더 많이 있어야 되고, 화면 앞에서 욕을 하는 순간도 더 자주 경험할 것이다. 하지만 큰 그림에서 본다면 여러분은 더 빨라지고 더 효율적으로 작업하게 될 것이다.

## 5.2.2 작업량과 위험도를 추정하라

얼마나 많은 작업이 필요할지를 어떻게 알 수 있을까? 이를 알기 위해서는 두 프레임워크가 어떻게 작동하는지에 대해 막연하게라도 알고 있어야 한다. 최종 목적지를 향한 걸음을 떼기 전에 목적지를 아는 것이 중요하다. 이러한 추측 중 일부는 틀릴 수 있다. 하지만 이러한 것을 실천하는 주된 이유는 가능한 한 오랜 시간 동안 어떤 것도 깨뜨리지 않고 업무량을 줄이기 위한 작업의 우선순위를 지정하기 위함이다.

예를 들어 나는 컨트롤러와 뷰의 구문이 프레임워크 간에 크게 다르지 않기 때문에 최소한의 노력만 필요함을 이미 알고 있다. 따라서 HTML 헬퍼나 컨트롤러 구조의 구문으로 작업할 것이며, 아마 아무 문제없이 진행될 것이다. 마찬가지로 정적인 자산을 ASP.NET 코어에서 wwwroot/ 폴

더 아래로 옮길 것이다. 약간의 작업이 필요하지만 직접 전송할 수는 없다. ASP.NET 코어에서 시작 코드와 구성을 완전히 정비한 것도 알고 있다. 즉, 나는 처음부터 다시 시작해야 할 것이다.

다른 개발자들은 모두 기능에 대한 작업을 할 것이며, 컨트롤러, 뷰, 모델을 이용한 작업을 할 것이라고 가정해 보자. 기존 모델의 비즈니스 로직이나 기능이 자주 바뀌지는 않을 거라고 예상하기 때문에 모델에는 중간 정도의 위험도를, 컨트롤러와 뷰에는 좀 더 높은 위험도를 할당한다. 여러분이 리팩터링하는 동안 다른 개발자는 계속 코드 작업을 수행하고 있다는 사실을 기억하라. 다른 사람의 작업 흐름을 중단하지 않고 최대한 빨리 작업을 워크플로에 통합할 수 있는 방법을 찾아야 한다. 이를 위한 실현 가능성이 가장 높은 구성 요소는 표 5-1의 모델과 같다. 갈등 가능성이 높더라도 최소한의 변화가 필요하기 때문에 갈등 해결은 간단해야 한다.

리팩터링할 때는 변경할 필요가 없다. 같은 구성 요소로 기존 코드와 새로운 코드를 동시에 만드는 방법은 무엇일까? 별도의 프로젝트로 옮기면 된다. 프로젝트 구조를 쉽게 변경하기 위해 종속성을 깨는 것에 대해서는 3장에서 이미 이야기했다.

## 5.2.3 평판

동료를 방해하지 않고 리팩터링을 하는 것은 고속도로에서 운전하면서 동시에 자동차의 타이어를 교체하는 것과 거의 비슷하다. 그것은 마치 오래된 건축물을 아무도 눈치채지 못하게 사라지게 했다가 다시 새로운 것으로 대체하는 착시 현상과도 유사하다. 이 작업을 수행할 때 가장 중요한 도구는 그림 5-3과 같이 코드를 공유 가능한 부분으로 추출하는 것이다.

▼ 그림 5-3 어떤 개발자도 눈치채지 못하는 리팩터링에 대한 환상

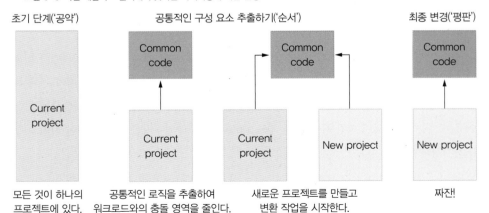

172

물론 저장소에 새로운 프로젝트가 생긴 것을 개발자가 눈치채지 못하는 일은 없을 것이다. 하지만 구현하려는 변경 사항을 다른 팀원에게 미리 전달하고 다른 사람도 쉽게 적응할 수 있게 한다면, 프로젝트가 진행됨에 따라 변경 사항을 구현하는 데는 문제가 없을 것이다.

예를 들어 Blabber.Models와 같은 별도의 프로젝트를 만든다고 가정해 보자. 모델 클래스를 해당 프로젝트로 옮긴 다음 웹 프로젝트에서 해당 프로젝트에 대한 참조를 추가한다. 코드는 이전처럼 계속 실행되겠지만, 이 새로운 코드는 Blabber가 아닌 Blabber.Models 프로젝트에 추가되어야 할 것이다. 또한, 동료들은 이러한 변화를 인지해야 한다. 그런 다음 새 프로젝트를 만들고 거기에서 Blabber.Models 참조를 만들 수 있다. 우리의 로드맵은 그림 5-4와 유사하다.

▼ 그림 5-4 프로젝트의 리팩터링 로드맵

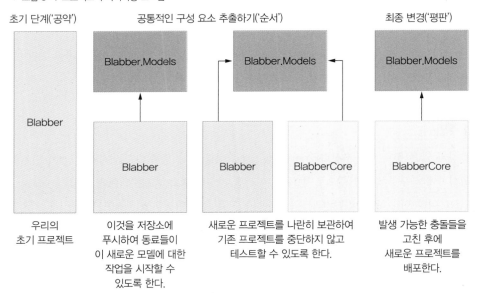

지금 이것을 다루는 이유는 메인 브랜치를 최대한 최신 상태로 유지하면서 우리 일을 줄이기 위해서다. 또한, 이 방법으로 장기간 리팩터링 작업을 수행하는 동안에도 다른 더 긴급한 작업을 일정에 끼워 넣을 수 있다. 이것은 비디오 게임의 체크포인트 시스템과 매우 유사하다. 〈갓 오브 워〉라는 비디오 게임에서는 처음으로 돌아가지 않고 같은 발키리 싸움부터 100번이라도 다시 시작할 수 있다. 빌드를 실패하지 않고 메인 브랜치에 통합할 수 있는 모든 것은 반복할 필요가 없는 가장 최신의 좋은 지점이 된다. 여러 통합 단계를 두고 작업을 계획하는 것이 대형 리팩터링을 수행하는 가장 현실성 높은 방법이다.

## 5.2.4 더 쉽게 리팩터링되도록 리팩터링하라

프로젝트 간 코드를 옮기려고 할 때는 쉽게 옮길 수 없는 강력한 종속성과 만나게 된다. 이 예제에서는 코드 중 일부가 웹 구성 요소에 종속될 수 있으며, 여기서 새 프로젝트인 BlabberCore로 코드를 옮기는 것은 의미가 없다. 이전의 웹 구성 요소를 사용하지 않기 때문이다.

이런 경우에는 합성이 여러분을 살려줄 것이다. 메인 프로젝트에서 제공할 수 있는 인터페이스를 추출하여 실제 종속성 대신 구현체에 전달할 수 있다.

현재 구현된 Blabber는 웹 사이트에 게시된 콘텐츠를 위해 인메모리 스토리지를 사용한다. 즉, 웹 사이트를 다시 시작할 때마다 모든 플랫폼 콘텐츠를 잃게 된다. 이는 포스트모던 예술 프로젝트엔 적합할지 모르지만, 웹 사이트의 사용자들은 어느 정도의 지속성을 기대한다. 사용 중인 프레임워크를 기반으로 Entity 프레임워크나 Entity 프레임워크 코어를 사용하되, 마이그레이션이 진행되는 동안 두 프로젝트 간의 공통적인 데이터베이스 액세스 코드를 공유한다면 마이그레이션을 위한 최종 단계에 필요한 실제 코드 작업은 훨씬 줄어들 것이다.

### 종속성 주입

다루고 싶지 않은 종속성을 추상화해 버릴 수 있다. 이를 위해 종속성을 위한 인터페이스를 만들고 생성자에서 구현체를 입력으로 받으며, 이러한 기술을 **종속성(또는 의존성) 주입**(Dependency injection, DI)이라 한다. **종속성 반전**과 혼동하지 마라. 종속성 반전은 기본적으로 "추상에 의존한다"고 하는 과장된 원칙이지만, 이 기술을 그렇게 표현한다면 오히려 덜 심오하게 들릴 수 있다.

종속성 주입이라는 용어는 약간의 오해의 소지를 가지고 있다. 어떤 외부의 간섭이나 방해를 암시하지만, 그런 일은 일어나지 않는다. 생성자처럼 초기화 중에 종속성을 받는 것이기 때문에 **종속성 수신**이라고 부르는 게 더 적절할 것 같다. DI는 **제어 반전**(Inversion of control, IoC)이라고도 불리는데, 이는 우리를 더욱 혼란스럽게 만든다. 일반적인 종속성 주입은 그림 5-5에서 보듯이 일종의 설계 변경을 의미한다. 종속성 주입이 없으면 코드에서 종속 클래스를 인스턴스화한다. 종속성 주입을 사용하면 생성자에서 종속된 클래스를 받게 된다.

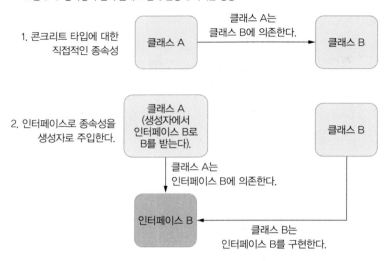

▼ 그림 5-5 종속성 주입이 클래스 설계 변경에 미치는 영향

1. 콘크리트 타입에 대한 직접적인 종속성

클래스 A — 클래스 A는 클래스 B에 의존한다. → 클래스 B

2. 인터페이스로 종속성을 생성자로 주입한다.

클래스 A (생성자에서 인터페이스 B로 B를 받는다).

클래스 B

클래스 A는 인터페이스 B에 의존한다.

인터페이스 B ← 클래스 B는 인터페이스 B를 구현한다.

단순하고 추상화된 코드에서 종속성 주입이 어떤 역할을 하는지 살펴보자. 이를 통해 실제로 일어나고 있는 변화에 집중할 수 있을 것이다. 이번 예제에서는 메인 메서드나 프로그램 클래스 없이 C# 9.0 최상위 프로그램 코드가 어떤 모습인지 확인할 수 있다. 실제로 다음 코드를 프로젝트 폴더 아래의 .cs 파일에 입력하고, 별도의 다른 코드 없이 바로 실행할 수 있다. 메서드 X가 호출될 때마다 클래스 A가 클래스 B의 인스턴스를 초기화하는 방법에 주목해 보자.

**코드 5-1** 직접적인 종속성을 사용하는 코드

```
using System;

var a = new A();      → 메인 코드는 여기서 A의 인스턴스를 생성한다.
a.X();

public class A {
    public void X() {
        Console.WriteLine("X got called");
        var b = new B();      → 클래스 A는 클래스 B의 인스턴스를 생성한다.
        b.Y();
    }
}

public class B {
    public void Y() {
        Console.WriteLine("Y got called");
    }
}
```

종속성 주입을 적용할 때는 코드가 생성자와 인터페이스를 통해 클래스 B의 인스턴스를 가져오므로 클래스 A와 B 사이의 종속 관계가 사라지게 된다. 코드 5-2에서 이를 어떻게 구현하는지 볼 수 있다. 그러나 규칙에는 차이가 있다. 클래스 B의 초기화 코드를 생성자로 옮겼기 때문에 항상 같은 B의 인스턴스를 새로 만드는 대신 같은 인스턴스를 사용한다. 이것은 코드 5-1에서 사용했던 방식이다. 가비지 컬렉터의 부하를 줄여주기 때문에 실제로 좋다. 하지만 시간이 지나서 클래스 상태가 바뀔 경우, 예기치 않은 동작이 발생할 수 있다. 이로 인해 동작이 깨질지도 모른다. 그렇기 때문에 애초에 테스트 커버리지를 설정하는 것이 좋다.

코드 5-2에서 우리가 해낸 것은 이제 우리가 만든 인터페이스(IB)를 유지하는 한, A의 코드를 깨뜨리지 않고 B에 대한 코드를 완전히 제거하고 전혀 다른 프로젝트로 옮길 수 있다는 것이다. 더 중요한 것은 그 코드와 함께 B에서 필요로 하는 모든 부분을 옮길 수 있다는 것이다. 이제 우리는 코드를 자유롭게 옮길 수 있게 되었다.

**코드 5-2** 종속성 주입을 활용한 코드

```
using System;

var b = new B();        → 호출자가 클래스 B를 초기화한다.
var a = new A(b);       → 그것을 매개변수로 클래스 A에 전달한다.
a.X();

public interface IB {
    void Y();
}

public class A {
    private readonly IB b;      → B의 인스턴스를 여기에 보관한다.
    public A(IB b) {
        this.b = b;
    }
    public void X() {
        Console.WriteLine("X got called");
        b.Y();      → B의 공통 인스턴스를 호출한다.
    }
}

public class B : IB {
    public void Y() {
        Console.WriteLine("Y got called");
    }
}
```

이 기술을 Blabber의 예제에 적용하고 메모리 대신 데이터베이스 스토리지를 사용하도록 코드를 변경하여 시스템이 재시작되어도 콘텐츠가 사라지지 않도록 만들어 보자. 이 예제에서는 데이터 베이스 엔진의 특정한 구현에 의존하는 대신(이 경우 Entity 프레임워크와 EF 코어) 구성 요소에 필요한 기능을 제공하는 인터페이스를 입력으로 받을 수 있다. 이것은 공통 코드가 특정 데이터베이스 기능에 따르더라도 서로 다른 기술을 가진 두 프로젝트에서 동일한 코드 베이스를 사용할 수 있다는 의미이다. 이를 위해 데이터베이스 기능을 가리키는 공통 인터페이스인 IBlabDb를 만들어 공통 코드에 사용한다. 다른 두 구현체는 동일한 코드를 서로 공유한다. 공통 코드는 서로 다른 DB 액세스 기술을 사용한다. 이것을 구현하면 그림 5-6과 같다.

▼ 그림 5-6 종속성 주입을 통해 공통 코드에서 다양한 기술을 사용한다

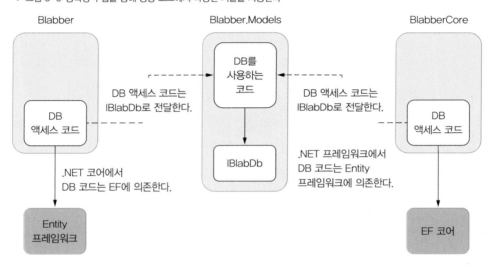

이를 구현하기 위해서는 먼저 우리가 리팩터링했던 Blabber.Models에서 BlabStorage의 구현을 수정한다. 그리고 대신 인터페이스에게 그 일을 넘긴다. BlabStorage 클래스의 인메모리 구현은 코드 5-3과 같다. 모든 요청 간에 공유되는 리스트의 정적 인스턴스를 저장하고 있으며 이것을 고정시켜 모든 것이 모순되지 않게 한다. 이 리스트에 새로운 항목을 추가만 하고 제거되지는 않기 때문에 Items 속성의 일관성을 걱정할 필요가 없다. 만약 그게 아니라면, 이는 문제가 될 것이다. Add() 메서드에서 Add 대신 Insert를 사용한다. 이 방법을 사용하는 이유는 별도의 정렬 없이 게시물을 작성 날짜에 따라 내림차순으로 관리할 수 있기 때문이다.

**코드 5-3** BlabStorage의 초기 인메모리 버전

```
using System.Collections.Generic;

namespace Blabber.Models {
```

```
    public class BlabStorage {
        public IList<Blab> items = new List<Blab>();      → 기본 빈 리스트 생성하기
        public IEnumerable<Blab> Items => items;
        public object lockObject = new object();      → 동시성을 허용하기 위해 잠금 객체를 사용하고 있다.
        public static readonly BlabStorage Default = new BlabStorage();      → 모든 곳에서 사용되는
                                                                                기본 싱글톤 인스턴스
        public BlabStorage() {
        }

        public void Add(Blab blab) {
            lock (lockObject) {
                items.Insert(0, blab);      → 가장 최근의 항목이 맨 위로 간다.
            }
        }
    }
}
```

종속성 주입을 구현할 때 우리는 인메모리 리스트와 관련된 모든 것을 제거하고, 그 대신 데이터
베이스와 관련된 모든 것에 대해 추상 인터페이스를 사용한다. 새로운 버전은 코드 5–4에서 보는
것과 같다. 데이터 스토리지의 로직과 관련된 것을 어떻게 제거하는지, 그리고 BlabStorage 클래
스가 어떻게 실제로 추상화되는지 볼 수 있다. BlabStorage는 어떤 것도 하지 않는 것처럼 보이지
만, 더 복잡한 작업이 추가될 때 두 프로젝트 간에 일부 로직을 공유할 수 있게 한다. 이 정도면 예
제를 위해 충분하다.

우리는 db라는 읽기 전용(read-only) 비공개 필드에 종속성을 유지한다. 객체를 생성한 후에 필드
가 바뀌지 않는다면 이 필드를 readonly 키워드로 표시하는 것이 좋다. 그러면 여러분이나 다른
동료들이 실수로 생성자 외부에서 이 필드를 수정하려고 할 때 컴파일러가 이를 파악할 수 있다.

**코드 5-4** 종속성 주입을 이용한 BlabStorage

```
using System.Collections.Generic;

namespace Blabber.Models {
    public interface IBlabDb {      → 종속성을 추상화하는 인터페이스
        IEnumerable<Blab> GetAllBlabs();
        void AddBlab(Blab blab);
    }

    public class BlabStorage {
        private readonly IBlabDb db;
```

```
        public BlabStorage(IBlabDb db) {        → 생성자에서 종속성을 받는다.
            this.db = db;
        }

        public IEnumerable<Blab> GetAllBlabs() {
            return db.GetAllBlabs();
        }                                        → 실제 작업을 수행하는 구성 요소에 맡긴다.

        public void Add(Blab blab) {
            db.AddBlab(blab);
        }
    }
}
```

우리의 실제 구현은 BlabDb라고 하며, 이는 인터페이스 IBlabDb를 구현하고 Blabber.Models가
아닌 BlabberCore 프로젝트에 상주한다. 서드 파티 소프트웨어를 설치하지 않아도 되기 때문에
실용적인 목적으로 SQLite(시퀄라이트라고 발음한다) 데이터베이스를 사용해 즉시 실행할 수 있
다. SQLite는 신이 인류를 포기하기 전에 세상에 주신 마지막 선물이다. 농담이다. 리처드 킵이
인류를 포기하기 전에 만들었다. BlabberCore 프로젝트는 코드 5-5와 같이 EF 코어에서 구현
한다.

일반적으로 EF 코어, Entity 프레임워크 또는 ORM(오브젝트 관계 매핑)에 대해 잘 알지 못할 수
도 있지만, 그래도 괜찮다. 보다시피 꽤 간단하다. AddBlab 메서드는 메모리에 새 데이터베이스
레코드를 만들고 Blabs 테이블에 보류 중인 삽입을 만든 다음, SaveChanges를 호출하여 데이터베
이스에 변경 사항을 기록한다. 마찬가지로 GetAllBlabs 메서드는 데이터베이스에서 모든 레코드
를 날짜에 대한 내림차순으로 가져온다. SQLite에서 DateTimeOffset 유형을 지원하지 않기 때문
에 표준 시간대 정보가 손실되지 않도록 날짜를 UTC로 변환하는 방법에 주목하자. 얼마나 많은
모범 사례를 배우든 언젠가는 효과가 없는 사례를 만나게 될 것이다. 그렇다면 여러분은 즉흥적으
로 적응하고 극복해야 할 것이다.

**코드 5-5** EF 코어 버전 나열

```
using Blabber.Models;
using System;
using System.Collections.Generic;
using System.Linq;

namespace Blabber.DB {
    public class BlabDb : IBlabDb {
```

```
private readonly BlabberContext db;          → EF 코어 DB 컨텍스트
public BlabDb(BlabberContext db) {           → 종속성 주입을 통한 컨텍스트 수신
    this.db = db;
}

public void AddBlab(Blab blab) {
    db.Blabs.Add(new BlabEntity() {
        Content = blab.Content,
        CreatedOn = blab.CreatedOn.UtcDateTime,    → DateTimeOffset을
    });                                               데이터베이스 호환 유형으로 변환
    db.SaveChanges();
}

public IEnumerable<Blab> GetAllBlabs() {
    return db.Blabs
    .OrderByDescending(b => b.CreatedOn)
    .Select(b => new Blab(b.Content,
    new DateTimeOffset(b.CreatedOn, TimeSpan.Zero)))    → DB-time을
    .ToList();                                             DateTimeOffset으로 변환
    }
  }
}
```

개발 워크플로를 중단하지 않고 리팩터링하는 동안 데이터베이스 스토리지 백엔드를 프로젝트에
도입할 수 있었다. 직접적인 의존성을 피하기 위해 의존성 주입을 사용했다. 더 중요한 것은 그림
5-7에서 볼 수 있듯이 이제 세션에 따라 시스템이 재시작하더라도 콘텐츠가 그대로 유지된다는
점이다.

▼ 그림 5-7 SQLite 데이터베이스에서 실행되는 Blabber의 스크린샷

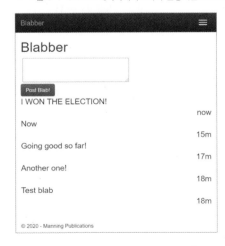

### 5.2.5 마지막 코스

이전 프로젝트와 새 프로젝트 사이에 공유할 수 있는 구성 요소를 가능한 한 많이 추출할 수 있겠지만, 결국 두 웹 프로젝트 간에 공유할 수 없는 코드 청크에 부딪히게 될 것이다. 예를 들어 구문이 동일하기 때문에 컨트롤러 코드는 ASP.NET과 ASP.NET 코어 사이에서 변경할 필요가 없지만, 완전히 다른 타입을 사용하기 때문에 둘 사이의 코드 공유는 불가능하다. ASP.NET MVC 컨트롤러는 System.Web.Mvc.Controller에서 파생되었다. 반면 ASP.NET 코어 컨트롤러는 Microsoft.AspNetCore.Mvc.Controller에서 파생되었다. 인터페이스로 컨트롤러 구현을 추상화하고 컨트롤러 클래스의 직계 후손이 아닌 해당 인터페이스를 사용하는 사용자 지정 클래스를 작성한다는 이론적인 해결책은 있지만, 이를 구현하기에는 일이 너무 많다. 만약 어떤 문제에 대한 우아한 해결책을 생각해냈다면, 여러분은 항상 스스로에게 "그럴 가치가 있나?"라고 되물어야 한다. 공학에서의 우아함은 항상 비용과 함께 고려되어야 한다.

즉, 어떤 시점이 되면 다른 개발자와의 충돌 위험을 감수하고, 그 코드를 새로운 코드 베이스로 전송해야 한다는 것을 의미한다. 나는 이것을 **마지막 코스**라고 부른다. 리팩터링에 대한 여러분의 이전 준비 작업 덕분에 시간이 더 짧아질 것이다. 이러한 작업으로 과정 마지막에 구획화된 설계를 얻게 될 것이고 향후 리팩터링 작업에 소요되는 시간은 줄어들 것이다. 이는 좋은 투자다.

이 예제의 프로젝트에서는 예외적으로 모델 구성 요소가 아주 작은 부분을 차지했고, 비용 절감 효과는 매우 미미했다. 그러나 대규모 프로젝트는 상당한 양의 공유 가능한 코드를 포함하고 있으므로 작업 요소를 많이 줄일 수 있을 것이다.

마지막 단계에서는 모든 코드와 자산을 새 프로젝트로 전송한 다음, 모든 것이 잘 돌아가도록 만들어야 한다. 나는 새로운 .NET 코드를 포함하는 BlabberCore라는 코드에 별도의 프로젝트를 추가했다. 이를 통해 일부 생성자를 .NET 코어로 어떻게 옮기는지 볼 수 있다.

# 5.3 신뢰할 만한 리팩터링

IDE는 여러분이 메뉴 옵션을 아무렇게나 선택하여 코드를 깨버리도록 내버려두지 않는다. 수동으로 어떤 이름을 변경하면 이 이름을 참조하는 다른 코드는 깨지게 된다. IDE에서 제공하는 이름 변경 기능을 사용한다면 이 이름에 대한 모든 참조의 이름이 함께 변경된다. 이것이 항상 보장되는 것은 아니다. 컴파일러도 모르게 특정한 이름을 참조할 수 있는 여러 가지 방법이 있다. 예를 들어 문자열을 사용하여 클래스를 인스턴스화할 수 있다. 마이크로블로깅 코드인 Blabber에서는 모든 콘텐츠를 blab라고 부르며, Blab이라는 콘텐츠를 정의하는 클래스가 있다.

**코드 5-6** 콘텐츠를 표현하는 클래스

```
using System;

namespace Blabber
{
    public class Blab
    {
        public string Content { get; private set; }      → 생성자는 잘못된 blab이 없는지 확인한다.
        public DateTimeOffset CreatedOn { get; private set; }
        public Blab(string content, DateTimeOffset createdOn) {
            if (string.IsNullOrWhiteSpace(content)) {
                throw new ArgumentException(nameof(content));
            }
            Content = content;
            CreatedOn = createdOn;
        }
    }
}
```

일반적으로 new 연산자를 사용하여 클래스를 인스턴스화하지만, 컴파일하는 동안 어떤 클래스를 생성하는지 모르는 경우와 같이 특별한 목적이 있는 경우에는 리플렉션(reflection)을 사용하여 Blab 클래스를 인스턴스화할 수 있다.

```
var blab = Activator.CreateInstance("Blabber.Models", "Blabber", "test content",
DateTimeOffset.Now);
```

문자열에서 어떤 이름을 참조할 때마다 IDE가 문자열 내용을 추적할 수는 없기 때문에 이름을 변경하면 코드가 손상될 위험이 있다. 바라건대, 우리가 인공지능(AI) 오버로드와 함께 코드 리뷰를 시작할 때는 이런 문제가 더 이상 없기를 바란다. 가상의 미래에서조차도 왜 우리가 작업을 하고 AI가 우리의 일을 평가하는지 모르겠다. AI가 우리 일을 대신해야 하는 게 아닌가? 우리가 인정하는 것보다 AI가 훨씬 더 똑똑하다는 것이 밝혀지고 있으니 희망을 걸어 보자.

AI가 세계를 장악하기 전까지는 여러분의 IDE는 완벽하게 신뢰할 수 있는 리팩터링을 보장할 수 없다. 그렇다. 4장에서 논의한 것처럼 문자열로 하드 코딩하는 대신 타입을 참조하기 위해

nameof( )와 같은 생성자를 사용하는 등 약간의 여유는 있지만, 여러분이 받는 도움은 아주 미약할 것이다.

신뢰할 수 있는 리팩터링의 비결은 테스트이다. 코드의 테스트 범위가 양호하다면 코드를 훨씬 자유롭게 변경할 수 있다. 따라서 일반적으로 장기 리팩터링 프로젝트를 시작하기 전에 관련 코드에 대해 누락된 테스트가 있다면 이것을 먼저 만드는 것이 좋다. 3장의 아키텍처 변경 사례를 예로 들면, 더 현실적인 로드맵은 전체 아키텍처에서 놓치고 있는 테스트를 추가하는 것을 포함할 것이다. 그때 우리는 이 과정을 건너뛰었다. 코드 베이스가 수동으로 테스트해도 될 만큼(예를 들어 앱을 실행하고, blab을 게시하고, 이것이 잘 나오는지 확인하는 것) 매우 작고 사소했기 때문이었다. 그림 5-8은 프로젝트에 테스트를 추가하는 단계를 포함하는 로드맵의 수정된 버전을 보여주며 이를 통해 안정적으로 리팩터링할 수 있다.

❤ 그림 5-8 테스트를 통한 신뢰할 수 있는 리팩터링

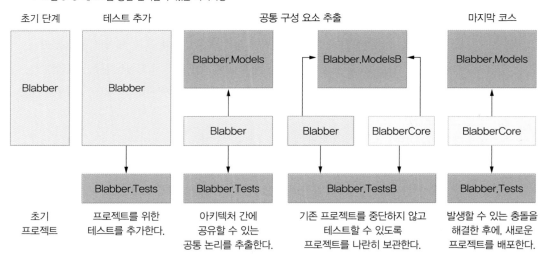

STREET CODER

# 5.4 리팩터링을 하지 않는 경우

리팩터링의 좋은 점은 코드를 개선할 방법을 생각하게 한다는 것이다. 리팩터링의 단점은 어느 순간에, 그것이 Emacs처럼 수단이 아닌 목적이 될 수도 있다는 것이다. 정보가 없는 사람을 위해 Emacs를 설명하자면, Emacs는 텍스트 편집기, 개발 환경, 웹 브라우저, 운영 체제, 그리고 포스

트 아포칼립스 롤플레잉 게임이다. 리팩터링에서도 동일한 현상이 발생할 수 있다. 모든 코드 조각을 잠재적인 개선의 여지가 있는 것으로 보기 시작한다. 여기에 너무 중독되어 변경을 위한 변경을 할 뿐, 그것을 통해 얻는 이득에 대해서는 고려하지 않는다. 이것은 여러분의 시간을 낭비할 뿐만 아니라 여러분이 가져온 모든 변화에 적응해야 하는 팀원의 시간까지도 낭비하는 것이다.

이 거리에서 일할 때는 충분히 좋은 코드와 가치에 대한 이해를 기본으로 길러야 한다. 물론 코드를 그대로 둔다면 녹슬 수도 있지만, 충분히 좋은 코드는 그 부담을 쉽게 견딜 수 있다. 충분히 좋은 코드에 대한 기준은 다음과 같다.

- 리팩터링하는 유일한 이유가 "이것이 더 우아한가"라면 이것은 커다란 위험 신호다. 우아하다는 것은 주관적일 뿐만 아니라 모호하고 의미가 없기 때문이다. "리팩터링은 구성 요소를 사용할 때마다 작성해야 하는 상용 코드의 양을 줄임으로써 구성 요소를 사용하기 쉽게 만든다", "리팩터링을 통해 새로운 라이브러리로 이동할 것이다", "구성 요소 X에 대한 의존성을 없앨 수 있다"와 같이 확실한 이점이 담긴 리팩터링의 이유를 생각해 내도록 노력하라.

- 대상의 구성 요소가 최소한의 구성 요소 집합에 의존하는가? 이는 나중에 쉽게 이동하거나 리팩터링할 수 있다는 것을 의미한다. 책의 리팩터링 예제는 코드의 경직된 부분을 식별하는 데 도움이 되지 않을 수 있다. 그렇다면 좀 더 확실한 개선 방안이 떠오를 때까지 미루는 것이 좋다.

- 테스트 범위가 아직 부족한가? 특히 구성 요소에 너무 많은 종속성이 있는 경우, 이는 리팩터링을 피해야 하는 즉각적인 위험 신호이다. 구성 요소에 대한 테스트가 부족하다는 것은 자신이 하고 있는 일을 모른다는 것을 의미하므로 리팩터링을 멈춰야 한다.

- 공통적인 의존 관계인가? 즉, 상당히 좋은 테스트 적용 범위와 정당성이 있더라도 팀원의 작업 흐름을 방해해 팀의 작업 환경에 영향을 미칠 수 있다. 이러한 비용을 보상하기에 여러분이 추구하는 이득이 충분하지 않다면 리팩터링을 뒤로 미루는 것을 고려해야 한다.

지금의 상황이 위의 기준 중 하나라도 충족한다면, 리팩터링을 피하거나 최소한 연기하는 것을 고려해야 한다. 일의 우선순위를 결정하는 것은 항상 상대적이고, 바다에는 항상 더 많은 물고기가 있다.

# 5.5 요약

- 표면에 드러난 것보다 더 많은 장점이 있으므로 리팩터링을 받아들여라.

- 점진적으로 대규모 아키텍처를 변경할 수 있다.

- 대규모 리팩터링 작업에서 발생할 수 있는 잠재적인 문제를 줄이기 위해 테스트를 사용하라.

- 비용뿐만 아니라 위험도 추정하라.

- 대규모 아키텍처를 변경할 때는 점진적인 작업을 위해 항상 마음 속에 혹은 어딘가 적힌 로드맵을 갖고 있어야 한다.

- 리팩터링할 때 밀접하게 연결된 종속성과 같은 장애물을 제거하기 위해 종속성 주입을 사용하라. 동일한 기술로 코드의 경직도를 줄이라.

- 득보다 실이 더 클 때는 리팩터링하지 않거나 뒤로 미루는 것을 고려하라.

memo

# 6

# 조사를 통한 보안

이 장에서 다룰 내용

- 보안에 대해 전체적으로 이해하기
- 위협 모델 활용하기
- SQL 삽입, CSRF, XSS, 오버플로와 같은 일반적인 보안 함정 방지하기
- 공격자의 공격력을 줄이는 기술 알아보기
- 암호를 올바르게 저장하기

보안은 고대 도시인 트로이에서 일어난 불행한 사건이 있었던 때부터 지금까지 자주 오해를 받는다. 트로이 사람들은 누구도 그들의 성을 뚫을 수 없다고 생각했고, 그들이 안전하다고 생각했다. 하지만 최근 사회적 플랫폼들과 마찬가지로, 그들은 적국의 사회 공학적 능력을 과소평가했다. 그리스인들은 전투에서 철수했고 키가 큰 목마 하나를 선물로 남겨 놓았다. 트로이인들은 기뻐했고 승리를 기념하기 위해 자신들의 성 안으로 목마를 가져갔다. 자정이 되자 속이 빈 목마 속에 숨어 있던 그리스 병사들이 밖으로 나왔고 도시를 함락시켰다. 적어도 이 이야기는 호메로스의 기록을 통해 우리가 알고 있는 것이며, 아마도 이것은 역사상 보안 실패의 첫 번째 사례일 것이다.

트로이 목마 이야기처럼 보안은 인간의 심리에 대한 넓고 깊은 용어이다. 이것이 바로 여러분이 받아들여야 할 첫 번째 관점이다. 보안은 소프트웨어나 정보에만 국한된 것이 아니라 사람과 환경에 대한 것이다. 보안 주제는 너무 방대하기 때문에 이 장만으로는 보안 전문가가 될 수 없다. 하지만 보안을 더 잘 이해하는 개발자가 될 수는 있다.

> **사후 공개와 책임 공개**
>
> 사후 공개란 보통 몹시 당황스러운 보안 사건 이후에 회사 블로그에 작성되는 긴 글이다. 경영진이 보안을 망쳤다는 사실을 숨기기 위해 최대한 노력하면서 가능한 한 많은 세부 사항을 투명하게 제공하는 것처럼 보이도록 작성한다.
>
> 책임 공개란 처음에는 문제를 파악하는 데 투자하지 않았던 회사에 문제를 해결할 충분한 시간을 제공한 후 보안 취약점을 공개하는 관행이다. 회사는 연구자가 죄책감을 느끼도록 감정적인 부담을 주기 위해 이 용어를 고안했다. 항상 보안 취약성 자체를 사고라고 부르지만, 결코 그들이 무책임했던 것이 아니며, 나는 차라리 처음부터 '시간 지정 공개'처럼 불렀어야 한다고 생각한다.

# 6.1 해커를 넘어서

일반적으로 소프트웨어 보안은 취약성, 남용, 공격, 해커를 떠올리게 한다. 그러나 보안은 겉보기에는 관련이 없는 다른 요인 때문에 침해될 수 있다. 예를 들어 실수로 사용자 이름과 비밀번호를 웹 로그에 기록할 수 있으며, 이는 데이터베이스보다 훨씬 덜 안전한 서버에 저장될 수 있다. 트위터와 같은 수십억 달러 규모의 회사들도 내부 로그에 일반 텍스트 암호를 저장하고 있다[1]고 알려져 있다. 이 경우 공격자는 해시된 암호를 해독하는 대신 액세스한 암호를 바로 사용할 수 있다.

---

[1] '트위터, 버그로 인해 일반 텍스트로 된 사용자 암호를 노출' 기사를 참조하라. https://www.zdnet.com/article/twitter-says-bug-exposed-passwords-in-plaintext/

페이스북은 개발자가 사용자의 친구 목록을 검색할 수 있도록 API를 제공했다. 한 회사는 2016년에 이 정보를 사용하여 사람들의 정치적 프로필을 생성했고 정밀한 표적 광고를 통해 미국 선거에 영향을 미쳤다. 이것은 설계한 대로 정확히 동작하는 기능이었다. 버그도 없었고, 보안 구멍과 백도어도 없었으며, 해커도 연루되지 않았다. 누군가가 이것을 개발했고, 다른 누군가는 이것을 활용했을 뿐이다. 정당하게 얻은 데이터로 다른 사람들을 조종하여 결국엔 피해를 끼쳤다.

인터넷에서 비밀번호 없이도 자신들의 데이터베이스에 접근할 수 있도록 내버려둔 회사가 얼마나 많은지를 알면 놀랄 것이다. MongoDB 혹은 Redis와 같은 데이터베이스 기술은 기본으로 사용자 인증을 사용하지 않기 때문에 사용자 인증을 원한다면 인증 기능을 수동으로 설정해야 한다. 수많은 개발자가 이를 설정하지 않고 있으며, 이것은 분명히 대규모 데이터 유출의 원인이 될 것이다.

개발자와 데브옵스(DevOps) 엔지니어 사이에는 "금요일에는 배포하지 마라"는 유명한 말이 있다. 논리는 단순하다. 만약 여러분이 무언가를 망친다면 주말 동안 그것을 처리할 사람이 아무도 없을 것이고, 이 때문에 여러분은 위험성이 높은 활동으로 한 주를 시작할 것이다. 이는 직원과 회사 모두에게 매우 안 좋은 영향을 미칠 수 있다. 주말 자체가 보안 취약점은 아니지만, 여전히 끔찍한 결과를 초래할 여지가 남아 있다.

이제 보안과 신뢰성의 관계를 알아보자. 보안은 테스트와 같이 서비스, 데이터, 비즈니스의 신뢰성을 나타내는 부분 집합이다. 보안을 신뢰성의 관점에서 보면 보안과 관련된 결정을 내리기가 더 쉬워진다. 이전 장에서 논의한 바와 같이 신뢰성의 다른 면(예를 들어 테스트)을 바라볼 때 그 과정을 통해 보안을 배울 수 있기 때문이다.

개발 중인 제품의 보안에 대해 전혀 책임이 없더라도 코드의 신뢰성을 고려하는 것은 나중에 문제가 발생하지 않도록 의사결정을 내리는 데 도움이 된다. 이 바닥 코더들은 그들의 현재뿐만 아니라 미래까지도 최적화한다. 우리의 목표는 인생에서 큰 성공을 거두기 위해 최소한의 일을 하는 것이다. 보안과 관련된 결정을 신뢰성에 대한 기술 부채로 보는 것은 전반적으로 우리의 삶을 최적화하는 데 도움이 된다. 이렇듯 잠재적으로 보안에 미치는 영향과 관계없이 모든 제품에 대해 코드의 신뢰성을 고려하는 것이 좋다. 예를 들어 신뢰할 수 있는 사용자만 액세스할 수 있는 액세스 로그의 내부 대시보드를 개발할 수 있다. 나중에 더 자세히 다루겠지만, SQL 문을 실행하기 위해 매개변수화된 쿼리를 사용하는 것과 같이 보안 소프트웨어의 모범 사례를 적용하는 것이 좋다. 일이 더 많아지는 것처럼 보일 수 있지만, 도움이 되는 습관을 개발하는 데 장기적으로 도움을 줄 것이다. 자기 계발에 방해가 되는 지름길은 더 이상 지름길이 아니다.

개발자도 사람이다. 사람이라면 주로 확률 계산에 대한 약점을 가지고 있다는 사실을 인정해야 한다. 나는 2000년대 초반에 거의 모든 플랫폼의 비밀번호로 'password'라는 영단어를 사용한 사람이므로, 이 사실을 잘 알고 있다. 그 누구도 내가 그렇게 멍청하다는 것을 알아채지 못했다. 다행히 해킹당한 적도 없었다. 적어도 내 비밀번호가 유출되지 않았고, 그 당시 많은 사람의 표적이 되지도 않았다. 이건 정확히 (또는 운으로) 내 위협 모델이 보안 문제를 해결했다는 것을 의미한다.

# 6.2 위협 모델링

**위협 모델**이란 보안 측면에서 무엇이 잘못될 수 있는지를 명확히 이해하는 것이다. 위협 모델에 대한 평가는 보통 "에이, 괜찮을 거야" 혹은 "야, 잠깐만…"으로 표현된다. 위협 모델의 목표는 수행해야 하는 보안 조치의 우선순위를 정하고, 비용을 최적화하며, 효율성을 높이는 것이다. 이 과정이 매우 복잡할 수 있기 때문에 위협 모델이라는 용어 자체가 매우 기술적으로 들릴 수 있다. 하지만 위협 모델을 이해하는 것은 그렇지 않다.

위협 모델은 보안 위험이 아닌 것이나 보호할 가치가 없는 것을 효과적으로 보여준다. 시애틀에 심각한 가뭄이 오거나 샌프란시스코의 집값이 떨어지는 것을 걱정하지 않는 것과 비슷하다. 물론 이러한 일이 일어날 가능성이 아예 없는 것은 아니지만 말이다.

우리는 무의식적으로 위협 모델을 만든다. 예를 들어 가장 일반적인 위협 모델 중 하나는 해킹, 정부 감시, 또는 전 애인에 대해 캐묻는 현 애인 등이 될 수 있다. 즉, 데이터가 유출되어 어떤 목적으로 사용되는지에 대해서는 크게 신경 쓰지 않는다. 대부분 유출된 데이터가 어떻게 활용될 수 있는지에 대한 상상력이 부족하기 때문이다. 인터넷 프라이버시(개인 정보 보호)는 그런 면에서 안전벨트와 같다. 평소에는 딱히 필요 없다고 느낄 수 있지만, 막상 필요한 상황이 닥치면 안전벨트가 우리의 생명을 구할 수 있다. 해커가 여러분의 주민등록번호를 빼내 신용 대출을 신청하고 그 돈을 모두 인출해 가서 큰 빚을 지게 된다면 한두 가지는 꼭 감춰야 한다는 것을 서서히 깨닫기 시작할 것이다. 만약 일이 꼬여서 여러분의 휴대폰 데이터가 어떤 살인자의 시간, 동선과 일치한다면 여러분은 개인 정보 보호를 열렬히 지지하게 될 것이다.

실제 위협 모델링은 조금 더 복잡하다. 여기에는 행위자, 데이터 흐름, 신뢰 경계를 분석하는 것이 포함된다. 위협 모델을 생성하기 위해 개발된 여러 공식적인 방법이 있다. 하지만 직책이 보안 연구원이거나 현재 근무 중인 기관에서 보안을 담당하는 경우가 아니라면 위협 모델링에 대한 정식으로 잘 갖춰진 방식이 필요하지는 않을 것이다. 하지만 보안 우선순위에 대한 기본적인 이해는 필요하다.

우선, 여러분은 이 분야의 철칙을 받아들여야 한다. 언젠가는 여러분의 앱이나 플랫폼에 보안 문제가 발생할 것이다. 이것을 피할 수는 없다. "그래도 이것은 내부 전용 웹 사이트일 뿐이다", "그래도 우리는 VPN 뒤에 있다", "하지만 이것은 암호화된 장치에서 돌아가는 모바일 앱일 뿐이다", "아무도 이 사이트를 모를 것이다", "하지만 우리는 PHP를 사용한다"라는 말은 모두, 특히 마지막 말은 전혀 도움이 되지 않는다.

보안 문제에서 필연성 역시나 상대적이다. 완벽하게 안전한 시스템은 없다. 은행, 병원, 신용평가회사, 원자로, 정부기관, 암호화폐 거래소 등 거의 모든 기관은 정도의 차이는 있지만 보안 사고를 이미 경험했다. 예를 들어 최고의 고양이 사진을 평가하는 여러분의 웹 사이트는 보안 사고에서 예외일 거라고 생각하겠지만, 중요한 것은 여러분의 웹 사이트가 정교한 공격을 위한 수단으로 사용될 수 있다는 것이다. 사용자 중 한 사람의 비밀번호가 그 사용자가 근무하는 핵 연구 시설에서 사용하는 비밀번호와 동일할 수 있다. 사람들은 비밀번호 여러 개를 기억하지 못하기 때문에 보통 하나의 비밀번호를 사용한다. 그림 6-1에서 이것이 어떻게 문제를 발생시키는지 볼 수 있다.

▼ 그림 6-1 보안이 항상 소프트웨어에 대한 것은 아니다

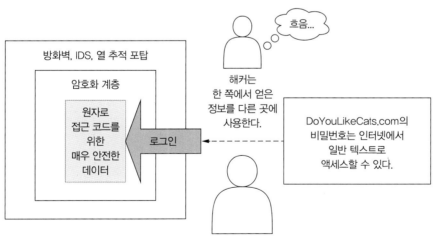

제임스는 두 개의 웹 사이트에서 아주 길고 복잡하지만
동일한 비밀번호를 사용하며, 이런 식으로 보안을 유지하고 있다고 생각한다.
제임스, 부디 행운을 빈다.

하지만 대부분의 해커는 웹 사이트를 해킹할 당시에는 이런 사실을 알지 못한다. 전 세계의 모든 웹 사이트를 개별적으로 돌아다니는 게 아니기 때문이다. 그들은 웹 사이트의 취약성을 스캔하는

어려운 작업을 수행하고 나중에 이 데이터를 수집하기 위해 로봇을 사용한다. 결국 로봇이 우리의 일을 대신하고 있다.

## 6.2.1 주머니에 들어갈 만큼 작은 위협 모델

모든 애플리케이션에 대해 위협 모델링을 해야 하는 것은 아니다. 보안 사고의 영향을 받지 않을 수도 있다. 하지만 최소한의 보안 코드를 작성해야 하며, 특정 원칙을 따른다면 그렇게 어렵지 않을 것이다. 기본으로 애플리케이션을 위한 소형 위협 모델이 필요하다. 소형 위협 모델은 다음과 같은 요소를 포함한다.

- **애플리케이션의 자산**: 기본적으로 소스 코드, 설계 문서, 데이터베이스, 개인 키, API 토큰, 서버 구성, 넷플릭스 시청 내역 등 손실되거나 유출되고 싶지 않은 모든 항목이 자산이다.

- **자산을 저장하는 서버**: 모든 서버는 일부 사용자 그룹에 의해 액세스되고, 일부 다른 서버에 액세스한다. 잠재적인 문제를 파악하려면 이러한 관계를 아는 것이 중요하다.

- **정보 민감성**: 여러분은 스스로에게 "만약 이 정보가 공개된다면 얼마나 많은 사람과 기관이 피해를 입을 것인가?", "이로 인한 잠재적인 피해가 얼마나 심각한가?", "정보 유출로 인해 감옥에 들어갔던 사람이 있었나?"라는 몇 가지 질문을 던짐으로써 이를 평가할 수 있다.

- **리소스에 대한 액세스 경로**: 애플리케이션이 데이터베이스에 액세스할 수 있다. 접근할 수 있는 다른 방법이 있는가? 누가 접근할 수 있는가? 접근 권한이 있는 사람이 얼마나 안전한가? 누군가가 그들을 속여서 데이터베이스에 접속하면 어떻게 될까? 그들은 ■■■■■■ ■■■■을 실행하여 프로덕션 데이터베이스를 쉽게 삭제할 수 있는가?[2] 정해진 사람만 소스 코드에 액세스할 수 있는가? 그렇다면 소스 코드에 액세스할 수 있는 모든 사용자는 프로덕션 데이터베이스에도 효과적으로 액세스할 수 있다.

이러한 정보를 가지고 기본 위협 모델을 종이에 그려볼 수 있다. 애플리케이션이나 웹 사이트를 사용하는 모든 사용자를 위한 위협 모델은 그림 6-2와 같다. 모든 사람이 모바일 앱과 웹 서버에만 액세스할 수 있다는 것을 볼 수 있다. 반면, 웹 서버는 데이터베이스와 같은 대부분의 중요한 리소스에 액세스할 수 있고 인터넷에 노출되어 있다. 즉, 그림 6-2를 통해 알 수 있듯이 외부에 노출되기 쉬운 웹 서버가 가장 위험한 자산이라고 볼 수 있다.

---

2  기밀 정보라서 수정했다. 따라서 데이터베이스는 안전하다.

일반 사용자 외에도 서버나 서버에 포함된 자산에 대한 액세스 권한이 다른 사용자 유형도 있다. 그림 6-3에서 다양한 사용자 역할의 유형이 어떻게 다른 서버에 접근하는지를 확인할 수 있다. 보통 CEO는 작은 것까지 모두 접근하고 제어하는 것을 좋아하기 때문에, 이 서버에 침투하기 가장 쉬운 방법은 CEO에게 이메일을 보내는 것이다. 다른 역할은 필요한 리소스에만 제한적으로 접근할 수 있을 것으로 예상하겠지만 그림 6-3과 같이 보통은 그렇지 않다.

▼ 그림 6-2 네트워크상의 서버 접근성

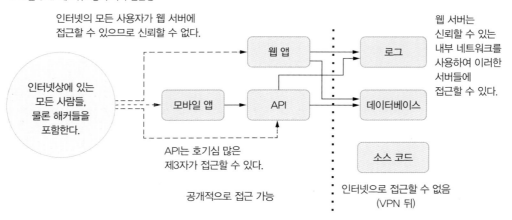

▼ 그림 6-3 권한이 있는 사용자 유형에 따른 서버 접근성

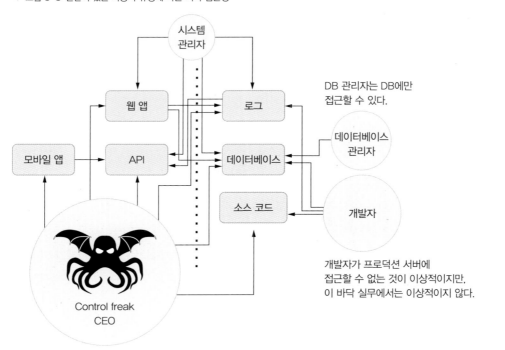

그림 6-3을 살펴보면 CEO에게 이메일을 보내 VPN에 로그인하여 무언가를 확인하고 피싱 웹 사이트로 리디렉션하면, 해커는 회사의 모든 것에 접근할 수 있게 된다. 위협 모델은 이러한 것을 명확하게 하고 위험 요소를 이해하는 데 도움을 준다.

모든 것을 통제하려고 집착하는 CEO가 비즈니스를 해칠 수 있는 첫 번째 후보라면, 웹 서버에서 실행되는 코드가 두 번째 후보이다. 서버에서 보안 업데이트가 지연되고 이 때문에 서버가 장악될 수 있다. 그러나 가장 나쁜 것은 웹 사이트의 폼에 텍스트를 입력하여 데이터베이스의 접근 권한을 얻거나 모든 데이터를 삭제하는 것이다.

해커나 봇이 자신의 목적을 이루기 위해 이용하기 가장 쉬운 엔트리 포인트(진입점, entry point) 중 하나는 여러분의 웹 애플리케이션이나 API이다. 이는 여러분의 애플리케이션이 유일하기 때문이다. 이것은 여러분의 서버에만 존재한다. 테스트한 사람도 여러분 한 명이 전부다. 서버의 모든 서드 파티 구성 요소는 수백만 번의 테스트, 버그 수정, 보안 감사를 반복했다. 이 모든 것을 위한 예산이 있다 하더라도 단기적으로는 시간이 없을 것이다.

경쟁자가 여러분과 경쟁할 수 있는 다른 방법이 없다면, 고용한 해커나 봇의 목표는 여러분의 서비스를 단순히 중단시키는 것(서비스 거부)부터 어딘가 같은 비밀번호를 사용하는 곳에서 귀중한 자원을 얻기 위해 사용자 데이터를 추출하는 것, 단지 여러분의 서버에 있는 개인 데이터에 접근하는 것까지 다양하다.

시도 가능한 위협이 있으면 그 구멍을 메우는 식으로 해당 위협을 해결하기 시작할 수 있다. 웹 앱이나 API가 인기 있는 후보 중 하나이기 때문에 웹 애플리케이션을 작성하는 동안 보안 코드를 작성하는 방법을 아는 것은 중요하다.

# 6.3 웹 앱을 안전하게 작성하라

모든 애플리케이션은 고유하지만, 코딩하는 동안 적용하기 쉬운 몇 가지 모범 사례를 사용하여 보안 문제에 대한 앱의 복원력을 높일 수 있다. 이 바닥의 코더로서, 우리는 이 모범 사례가 언제 최선인지와 언제 최선이 아닌지를 질문할 것이다. 프로그램을 작성하고 설계하는 방법만 바꿔도 방지할 수 있는 웹 애플리케이션에 대한 유명한 공격을 알아보자.

## 6.3.1 보안을 염두에 두고 설계하라

보안은 나중에 개선하기가 어렵다. 대부분 처음부터 안전하지 않은 설계 결정으로 코드를 작성하기 때문이다. 애플리케이션의 보안 속성을 바꾸려면 설계부터 다시 평가해야 할지도 모른다. 따라서 애플리케이션을 설계할 때부터 보안을 고려하는 것이 중요하다. 다음을 살펴보자.

1. 글로 적거나 머리 속에 있는 위협 모델을 검토하라. 위험, 지금 보안을 유지하는 데 드는 비용, 나중에 보안을 유지하는 데 드는 비용을 파악하라.

2. 앱에 필요한 보안 암호(데이터베이스 비밀번호, API 키)를 저장할 위치를 결정하라. 암호를 어렵게 만들어라. 모든 사용자가 소스 코드에 접근할 수 있다고 가정하라. 이 장의 뒷부분에서 암호 저장을 위한 모범 사례들을 살펴볼 것이다.

3. 최소한의 권한을 주도록 설계하라. 이상적으로 어떤 코드든 작업을 수행하는 데 필요한 것보다 더 많은 권한을 요구하지 말아야 한다. 예를 들어 여러분의 앱으로 정기적인 데이터베이스 복구 작업을 예약할 필요가 없다면 앱에 데이터베이스 관리자 권한을 주지 마라. 일부 작업만을 위해서 더 높은 권한이 필요한 경우에는 별도의 앱과 같이 별도의 독립된 엔터티(Entity)로 분할하는 것을 고려하라. 가능한 한 최소의 권한을 갖는 계정으로 웹 앱을 실행하라.

4. 이 원칙을 조직 전체에 적용하라. 누구도 일상적인 작업을 수행하는 데 필요하지 않은 리소스에 접근 권한을 가져서는 안 된다. CEO는 데이터베이스나 서버에 대한 접근 권한이 전혀 필요 없다. 이렇게까지 하는 이유는 아무도 믿을 수 없어서가 아니라 그들의 접근 권한이 외부의 개인이나 조직에 의해 유출될 수 있기 때문이다.

새로운 앱이나 새로운 기능에 대한 코드를 한 줄이라도 작성하기 전에 이러한 단계를 점검하면 장기적으로 훨씬 더 좋아질 것이다.

다음 절의 일부 주제는 웹/API 개발에만 적용되며, 예제는 일반적으로 단일 라이브러리에 특정되어 있다. 여러분이 개발 중인 작업이 원격으로 접근할 수 있는 작업이 아니라면 사용자 암호를 저장하는 부분으로 바로 넘어가도 된다.

## 6.3.2 은둔 보안 방식의 유용성

소프트웨어 보안은 시간과의 싸움이다. 소프트웨어가 얼마나 안전한지에 대한 여러분의 생각과는 상관없이, 소프트웨어 보안은 사람이 얼마나 안전한지 그리고 소프트웨어를 둘러싼 모든 것이 얼마나 안전한지에 달려 있다. 모든 보안 조치는 결국 깨질 수 있다. 사람들은 4096비트의 RSA 키를 깨기 위해서는 우주의 수명보다 더 오랜 시간이 걸릴 거라고 추정하곤 했다. 하지만 이것도 양자 컴퓨터가 나오기 전의 이야기이다. 즉, 모든 보안 조치의 유일한 목적은 시간을 벌고 공격자의 작업을 더 어렵게 만드는 것이다.

정보 보안 전문가들은 은둔 보안(security by obscurity)을 매우 싫어한다. 벤자민 프랭클린이 말했듯이, 숨기는 것으로 보안을 이루려는 사람들은 안전도 은둔도 받을 자격이 없다. 벤자민이 정확히 이렇게 말하지는 않았지만 의미는 비슷하다. 은둔 보안에 반대하는 이유는 이것을 통해 시간을 벌 수 없고, 시간을 벌더라도 미미한 수준이기 때문이다. 전문가들이 반대하는 부분은 숨기는 것으로 충분하다고 믿는 것이다. 하지만 숨기는 것으로 충분하지 않고, 그 자체로는 결코 효과적이지도 않다. 숨기는 방법에 우선순위를 둬서는 안 되며, 사용 가능한 리소스가 있을 때만 사용해야 한다. 만약 이 방법을 사용한다면 무의미한 수준의 보안을 얻을 것이다.

이 사실 하나는 분명히 하자. 무의미한 수준의 보안은 보안이 아니다. 프로젝트가 일정 수준까지 성장하는 동안 프로젝트를 유지할 수 있도록 감아두는 임시 붕대일 뿐이다. 엑시 쇠즐리크(Ekshi Sözlük)[3] 서비스 첫 해에, 내가 인증이 전혀 없는 모호한 URL 뒤에 관리 인터페이스를 두었던 것을 기억한다. 좀 더 자세히 설명하자면, 1999년이었고 웹 사이트의 사용자 수는 최대 1,000명이었으며 누구와도 URL을 공유하지 않았다. 정교한 인증이나 권한 메커니즘에 많은 투자를 하는 대신 사용자에 적합한 웹 사이트 성장에 초점을 두었다. 하지만 누군가 그것을 발견하는 것은 시간 문제라는 것을 분명히 알고 있었기 때문에 가능한 한 빨리 인증 시스템을 도입해 업그레이드했다.

마찬가지로 웹은 오랫동안 HTTP 프로토콜과 함께 했으며 비밀번호를 암호화하지 않고 Base64에서 인코딩한 기본 인증 체계를 사용해왔다.[4] 이것은 은둔 보안의 살아있는 증거였다. 물론 제정신인 보안 전문가라면 추천하지 않겠지만, 개발자들은 그 위험을 알든 모르든 간에 많은 웹 사이트에 이러한 방식의 보안을 사용했다. 공공 와이파이 액세스 지점과 같이 사용자와 동일한 네트워크에 있으면 그들이 사용한 사용자 세션에서 비밀번호와 웹 트래픽을 쉽게 추출할 수 있었다. 결국 중간자(Man-in-the-middle, MITM) 공격과 비밀번호 스키밍 애플리케이션이 널리 퍼지게 되었다. 이는 지난 10년 동안 HTTPS, HTTP/2, TLS 1.3, OAuth2와 같이 더욱 안전한 인증 프로토콜로 빠르게 전환하게 된 원인이 되었다. 은둔 보안은 바로 모두의 눈앞에서 수십 년간 잘 작동했다.

결론은 다음과 같다. 여러분의 위협 모델에 기초하여 보안의 우선순위를 정하라. 만약 여러분의

---

3   엑시 쇠즐리크는 튀르키예 최초의 소셜 네트워킹 서비스이며 온라인 사전으로, 위키백과나 레딧과 비슷하다.

4   Base64는 출력할 수 없는 문자를 읽기 어려운 문자로 변환하는 이진 인코딩 방식이다.

모델이 이것을 허용한다면, 개가 없어도 울타리에 '개 조심'이라는 표지판을 붙여 강도의 위험을 줄일 수 있는 것처럼 은둔 보안이 효과가 있을 수 있다.

보안은 완벽할 수 없으며 항상 사용자 경험과 보안 사이의 트레이드오프(tradeoff)를 맞닥뜨리게 될 것이다. 이는 마치 모바일 메신저 앱인 왓츠앱보다 더 안 좋은 보안 모델을 사용하지만, 훨씬 더 나은 사용성을 제공하기 때문에 보안의 취약성을 알면서도 텔레그램으로 갈아타는 것과 같다. 여러분이 내리는 트레이드오프 선택 결과에 대해 같은 수준의 인식을 갖는 것이 정말 중요하다. "에이, 은둔 보안은 나빠"라는 핑계로 모든 조치를 거부하는 것은 도움이 되지 않는다.

그럼에도 불구하고 실제 보안 비용은 점점 더 저렴해지고 있다. 예전에는 웹 사이트를 HTTPS 로 실행하기 위해 500달러짜리 SSL 인증서를 구입해야 했지만, 이제 Let's Encrypt(https:// letsencrypt.org)의 인증서를 사용해 완전히 무료로 HTTPS를 쓸 수 있게 되었다. 이제 프로젝트 에 라이브러리를 하나 연결하는 것만으로도 보안 인증 시스템을 갖출 수 있게 되었다. 좋은 보안 을 위한 요구 사항을 과장하고 있는지 않은지, 보안 상태가 정말 나쁜데도 은둔 보안을 사용하고 있다는 변명만 하고 있지는 않은지 확인하라. 노력에 비해 성과가 미미하고 위험이 상당히 클 때 는 항상 은둔 보안보다 실제 보안을 선호해야 한다. 숨기는 것만으로 진정한 보안을 얻을 수는 없 지만, 때때로 여러분이 이 문제를 해결할 때까지 시간을 벌 수는 있다.

## 6.3.3 자신만의 보안을 구현하지 마라

보안은 복잡하다. 해시, 암호화, 또는 스로틀링(throttling)[5]과 같은 보안 메커니즘을 직접 구현해서 는 안 된다. 실험용으로 코드를 작성하는 것은 당연히 괜찮지만, 프로덕션에서 자신만의 보안 코 드를 사용하면 안 된다. 이 조언은 또한 "자신만의 암호를 굴리지 마라"라는 관용구로 자주 쓰인 다. 보통 보안 관련 사양은 독자가 보안 소프트웨어 개발의 요구 사항을 모두 이해한다고 가정하 며, 일반 개발자의 경우에는 개발하는 동안 중요한 세부 사항을 놓쳐 보안이 전혀 이루어지지 않 을 수 있다.

해싱을 예로 들어보자. 심지어 암호학 전문가조차도 약점이 없고 암호학적으로 안전한 해시 알고 리즘을 만드는 데 어려움을 겪는다. SHA2 이전의 거의 모든 해시 알고리즘은 심각한 보안 취약점 을 갖고 있다.

여러분이 자신만의 해시 알고리즘을 작성할 정도로 모험적일 거라고 생각하지는 않지만, 문자열

---

5   **역주** 설정을 통해 동시 실행할 수 있는 요청을 제한하는 기술을 의미한다.

비교 함수를 직접 만드는 것이 안전하지 않기 때문에 이것을 구현하지 않아야 한다고 짐작했는가? 6.5절에서 암호 저장에 대해 자세히 설명할 것이다.

무언가를 처음부터 구현하지 않더라도, 일상적인 작업 방식을 변경하는 것만으로 취약성에 대한 방어력을 얻을 수 있다. 이러한 일반적인 공격 범위를 살펴볼 것이다. 하지만 이것은 어떤 광범위한 목록이 아니라 적절한 보안을 달성하는 데 큰 노력이 필요하지 않을 수 있다는 것을 보여주는 우선순위의 표본이라고 볼 수 있다. 여러분은 이전만큼 효과적이면서도 훨씬 더 안전한 소프트웨어를 작성할 수 있다.

## 6.3.4 SQL 삽입 공격

SQL 삽입 공격은 오래전에 이미 해결된 문제이지만 웹 사이트를 손상시키기 위해 여전히 널리 사용되는 방법이다. 이미 지구에서 사라졌어야 맞겠지만, 불행히도 아직까지 살아남아 있다.

공격은 아주 간단하다. 웹 사이트에서 돌아가는 SQL 쿼리가 하나 있다고 가정해 보자. 일반적인 시나리오인 해당 사용자의 프로필을 보기 위해 주어진 사용자 이름에서 사용자의 ID를 찾고 싶을 때, SQL 쿼리는 다음과 같다.

```
SELECT id FROM users WHERE username='<사용자 이름>'
```

주어진 사용자 이름을 입력으로 하여 쿼리문을 완성하는 간단한 방법은 문자열을 조작하여 사용자 이름을 이 쿼리에 포함시키는 것이다. 코드 6-1은 사용자 이름을 매개변수로 받아 문자열을 연결하여 실제 쿼리를 작성하는 간단한 GetUserId 함수를 보여준다. 이것은 일반적으로 초보자가 SQL 쿼리를 작성하는 접근 방식이며, 처음에는 괜찮아 보일 수 있다. 코드는 기본적으로 명령을 생성하고 주어진 사용자 이름을 대체한 후, 우리가 원하는 쿼리를 만들어 이를 실행한다. 레코드가 전혀 존재하지 않을 수 있으므로 널이 가능한 정수로 결과를 반환한다. 또한 문자열을 연결하지만, 2장에서 얘기한 바와 같이 루프 안에서 이것을 수행하지는 않는다는 점에 유의하자. 이 기술에는 중복 메모리 할당 오버헤드가 없다.

> **선택적 반환 값**
>
> 특히 −1 또는 0과 같이 값의 부재를 나타내기 위해 유사 식별자 대신 코드 6-1의 GetUserId 함수에서 널이 가능한 반환 유형을 사용한다. 컴파일러가 호출자의 코드에서 확인되지 않은 널 반환 값을 감지하고 프로그래밍 오류를 찾을 수 있기 때문이다. 우리가 0이나 −1과 같은 일반 정수 값을 사용했다면 컴파일러는 그것이 유효한 값인지 알 수 없었을 것이다. C# 8.0 이전 버전에서는 컴파일러에 이러한 여유가 없었다. 예전에 꿈꾸던 것이 지금은 현실이 되었다!

에 빠질 수도 있다. 하지만 쿼리 계획을 최적화하는 도구는 특정 값에 더 나은 쿼리 계획을 발견할 수도 있기 때문에 상수 값을 불필요하게 매개변수화해서는 안 된다. 예를 들어 항상 status 값으로 active를 사용하더라도 다음과 같은 쿼리를 작성할 수 있다.

```
SELECT id FROM users WHERE username=@username AND status=@status
```

쿼리 계획 최적화 도구는 모든 값을 status로 보낼 수 있다고 생각하고 @status의 모든 가능한 값에 대해 충분히 잘 작동하는 계획을 선택한다. 이는 active에 대한 잘못된 인덱스를 사용하여 성능이 낮은 쿼리를 얻을 수도 있음을 의미한다. 어쩌면 데이터베이스에 대한 내용이 그 다음 장에 나와야 할지도 모르겠다.

## 매개변수화된 쿼리를 사용할 수 없는 경우

매개변수화된 쿼리는 매우 다재다능하다. 심지어 코드에서 @p0, @p1, @p2와 같이 이름을 지정하고 루프에 매개변수 값을 추가하면 다양한 매개변수를 사용할 수도 있다. 그러나 매개변수화된 쿼리를 실제로 사용할 수 없거나 더 이상 쿼리 계획 캐시의 오염 방지를 원하지 않을 수 있다. 또는 매개변수화된 쿼리에서 지원하지 않는 패턴 매칭(LIKE 연산자와 %와 _ 같은 문자)과 같은 특정 SQL 구문이 필요할 수도 있다. 이 경우에 여러분이 할 수 있는 것은 이스케이핑하는 것보다 텍스트를 적극적으로 깨끗하게 만드는 것이다.

매개변수가 숫자일 경우, 정수와 문자열 사이를 두 번 이상 불필요하게 변환하더라도 문자열에 직접 넣지 말고 올바른 수치형 타입(int, float, double, decimal 등)으로 파싱하여 쿼리에 사용하라.

매개변수가 문자열이면서 특수 문자가 아예 필요하지 않거나 일부 특수 문자만 필요할 경우에는 문자열에서 유효하지 않은 문자를 모두 제거해야 한다. 거부된 요소의 목록 대신 허용된 요소의 목록을 갖는 것을 요즘에는 허용 목록이라고 부른다. 이렇게 하면 SQL 쿼리에 실수로 악성 문자가 몰래 들어오는 것을 방지할 수 있다.

일부 데이터베이스 추상화는 매개변수화된 쿼리를 일반적인 방식으로 지원하지 않는 것처럼 보일 수 있다. 매개변수화된 쿼리를 전달하는 다른 방법이 있는데, 예를 들어 Entity 프레임워크(EF) 코어는 동일한 작업을 수행하기 위해 FormattableString 인터페이스를 사용한다. 코드 6-2의 쿼리는 EF 코어를 사용할 때 코드 6-3과 같다. FromSqlInterpolated 함수는 FormattableString과 C#의 문자열 보간 구문을 함께 사용하여 영리하게 작업을 수행한다. 이렇게 하면 라이브러리는 문자열 템플릿을 사용하고, 인수를 매개변수로 바꾸고, 백그라운드에서 사용자도 모르게 매개변수화된 쿼리를 작성할 수 있다.

**나를 보간하고, 나를 복잡하게 만들고, 나를 높이라(영국 밴드 Rush에 대한 존경을 담아)**

태초에 `String.Format()`이 있었다. 여러분은 이것을 이용하여 문자열을 연결하는 지저분한 구문을 사용하지 않고 문자열을 이 함수로 대체한다. 예를 들어 a.ToString() + "+" + b.ToString() + "=" + c.ToString() 대신에 `String.Format("{0}+{1}={2}" a, b, a + b)`라고 한다. `String.Format`을 사용하면 결과 문자열이 어떻게 나올지 더 쉽게 이해할 수 있다. 하지만 어떤 매개변수가 어떤 표현에 해당하는지는 이해하기 어렵다. 그 후에 C# 6.0과 함께 문자열 보간 구문이 나왔다. 문자열 보간 구문을 이용하면 `$"{a}+{b}={a+b}"`으로 동일한 식을 쓸 수 있다. 아주 훌륭하다. 결과 문자열이 어떻게 보일지 이해하기 쉬우면서도 해당하는 변수가 템플릿의 어느 위치에 있는지를 분명하게 알 수 있다.

중요한 것은 `$."".."`가 `String.Format(..., ...)`을 위한 구문적 설탕(syntactic sugar)[7]이라는 것이다. 함수를 호출하기 전에 문자열을 처리한다. 함수 자체에 보간 인수가 필요하다면 `String.Format`과 유사한 새로운 함수 서명을 작성하고 작업을 더 복잡하게 하는 포맷팅을 호출해야 한다.

다행히도 새로운 문자열 보간 구문을 사용하면 문자열 템플릿과 인수를 모두 갖고 있는 `FormattableString` 클래스로 자동 캐스팅할 수 있다. 문자열 매개변수의 타입을 `FormattableString`으로 변경하면 함수가 문자열과 인수를 별도로 받을 수 있다. 이것은 로깅 라이브러리에서 텍스트 처리를 지연시키는 흥미로운 용도나 코드 6-3과 같이 문자열을 처리하지 않고 매개변수화된 쿼리로 이어지게 된다. `FormattableString`은 같은 목적으로 사용되는 자바 스크립트의 템플릿 리터럴과 거의 비슷하다.

---

**코드 6-3** EF 코어를 사용한 매개변수화된 쿼리

```
public int? GetUserId(string username) {
    return dataContext.Users        ┌→ 매개변수화된 쿼리를 만들기 위해
        .FromSqlInterpolated(       └  문자열 보간을 사용한다.        ┌→ FromSqlInterpolated로 전달될 때
        $@"SELECT * FROM users WHERE username={username}")           └  FormattableString으로 캐스팅한다.
        .Select(u => (int?)u.Id)    → nullable로 타입캐스팅하여 정수형 변수들에 대해
        .FirstOrDefault();             0 대신 null를 기본값을 설정한다.
}                                   └→ 결과가 있다면 쿼리로부터 첫 번째 값을 반환한다.
```

---

## 요약

사용자 입력을 위해 매개변수화된 쿼리를 너무 많이 사용하지 마라. 매개변수화는 강력하다. 애플리케이션의 보안을 지키고 동시에 쿼리 계획 캐시를 적절한 크기로 유지하는 데 이상적이지만, 잘 못된 쿼리 최적화와 같은 단점을 가진다. 이를 이해하고 상수 값에 사용하지 마라.[7]

---

7  역주 컴퓨터 언어에서 사람이 더 읽기 쉽고 이해하기 쉬운 구문을 의미한다. https://en.wikipedia.org/wiki/Syntactic_sugar

## 6.3.5 XSS

XSS(Cross-site Scripting)는 크로스 사이트 스크립팅 또는 사이트 간 스크립팅이라고 한다. CSS라고 줄여 쓸 수도 있지만 CSS는 이미 웹에서 자주 쓰이는 스타일링 언어를 의미하기 때문에 XSS라고 하는 게 낫다. 나는 극적인 효과를 위해 이를 자바스크립트 인젝션이라고 불렀어야 한다고 생각한다. 실제로 XSS를 프로그래밍에서 하는 크로스컨트리 스키와 같은 경쟁 스포츠라고 생각해 볼 수 있다. XSS를 잘 몰랐다면 XSS의 개념에 현혹되기 쉽다. "와, 여러 사이트에 걸쳐 스크립팅을 수행해 준다니 참 좋아 보인다"처럼 말이다.

XSS는 2단계 공격이다. 첫 번째는 페이지에 자바스크립트 코드를 삽입하는 기능이고, 두 번째는 네트워크를 통해 더 큰 자바스크립트 코드를 로드하여 웹 페이지에서 실행하는 것이다. 여기에는 여러 가지 장점이 있다. 세션 가로채기라고 하는데, 다른 세션의 세션 쿠키를 빼내어 사용자의 작업, 정보, 심지어 그들의 세션을 캡처하는 것이다.

### 미안하지만, 난 그걸 삽입할 수 없어

XSS는 주로 잘못 인코딩된 HTML에서 발생하며, 그런 점에서 SQL 삽입과 유사하다. 사용자 입력에 아포스트로피(') 대신, HTML 코드를 조작하기 위해 산형괄호(<)를 활용할 수 있다. 만약 HTML 코드를 수정할 수 있다면 또한 <script> 태그를 넣어 내부에 자바스크립트 코드를 추가할 수 있다.

간단한 예로 웹 사이트의 검색 기능을 들 수 있다. 무언가를 검색할 때 결과 페이지에 결과가 나열되겠지만, 아무런 결과가 없다면 대개 "판매용 타임머신 장치에 대한 검색 결과를 찾을 수 없다"라는 오류 메시지가 표시된다. 그렇다면 "<script>alert('hello!');</script>"를 검색하면 어떻게 될까? 출력이 제대로 인코딩되지 않은 경우 그림 6-4와 같은 화면을 볼 수 있다.

❤ 그림 6-4 여러분의 코드가 다른 사람의 웹 사이트에서 실행될 때 무엇이 잘못될 수 있을까?

alert 명령을 간단히 삽입할 수 있다면 확실히 다른 것도 더 삽입할 수 있다. 쿠키를 읽고 그것을 다른 웹 페이지로 보낼 수도 있다. 원격 URL에서 전체 자바스크립트 코드를 로드하여 이 페이지에서 그 코드를 실행할 수도 있다. 여기서 나온 용어가 바로 크로스 사이트(cross-site)이다. 자바스크립트 코드가 서드 파티 웹 사이트에 웹 요청을 보내도록 허용하는 것이 크로스 사이트 요청으로 간주된다.

## XSS 방지

XSS를 방어하는 가장 쉬운 방법은 특수 HTML 문자를 이스케이프하도록 텍스트를 인코딩하는 것이다. 이렇게 하면 표 6-1에서 볼 수 있듯이 순수 문자가 아닌 동등한 HTML 엔터티로 표시된다. 보통 이러한 테이블이 필요한 것은 아니고, 테스트가 잘된 기존 함수를 사용하여 인코딩을 수행한다. 표 6-1은 HTML에서 이러한 엔터티를 볼 때 이를 인식하기 위한 참고 자료이다. HTML 엔터티로 이스케이프하면 그림 6-5와 같이 사용자 입력은 HTML로 간주되지 않고 일반 텍스트로 표시된다.

▼ 표 6-1 특수 문자와 동일한 HTML 엔터티

| 문자 | 이스케이프된 HTML 엔터티 | 대체 |
|------|----------------------|------|
| & | &amp; | &#38; |
| < | &lt; | &#60; |
| > | &gt; | &#62; |
| " | &quot; | &#34; |
| ' | &apos; | &#39; |

▼ 그림 6-5 적절히 이스케이핑한다면 HTML에는 피해가 없을 것이다

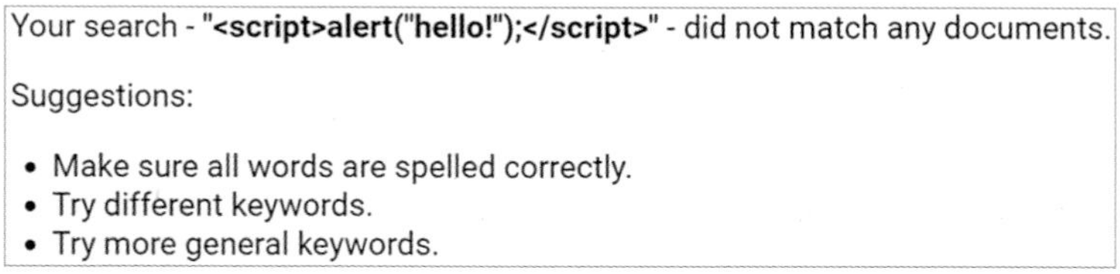

Your search - "**&lt;script&gt;alert("hello!");&lt;/script&gt;**" - did not match any documents.

Suggestions:

- Make sure all words are spelled correctly.
- Try different keywords.
- Try more general keywords.

많은 최신 프레임워크는 실제로 일반 텍스트를 위해 HTML을 인코딩한다. 다음 코드에서 자체 검색 엔진인 Fooble의 레이저(Razor) 템플릿 코드를 고려해 보자. 보다시피 전혀 인코딩하지 않고, 결과 HTML 페이지에 값을 직접 포함시키기 위해 @ 구문을 사용하고 있다.

**코드 6-4** 검색 엔진 결과 페이지에서 발췌한 내용

```
<p>
    Your search for <em>"@Model.Query"</em>     → 인코딩을 위해 추가적인 코드를 사용하지 않는다.
    didn't return any results.
</p>
```

쿼리 문자열을 직접 출력하더라도 그림 6-6과 같이 XSS 오류는 없다. 생성된 웹 페이지의 소스 코드를 보면 다음 예제에서 보는 것처럼 완벽하게 인용되는 것을 알 수 있다.

▼ 그림 6-6 XSS 공격을 완벽하게 회피한다

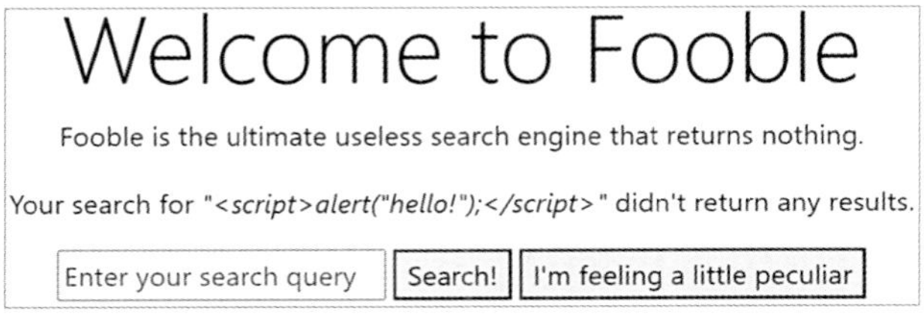


**코드 6-5** 실제 생성된 HTML 소스

```
<p>
    Your search for
    ↳ <em>"&lt;script&gt;alert(&quot;hello!&quot;);&lt;/script&gt;"</em>   → 모든 것이
    didn't return any results.                                          원하는대로 완벽히
</p>                                                                    이스케이핑되었다.
```

그렇다면 왜 XSS에 신경을 써야 할까? 바로 프로그래머가 인간이기 때문이다. 우아한 템플릿 기술이 등장했지만, 원래의 HTML 출력을 그대로 사용하는 것이 좋다고 생각할 만한 경우가 있다.

### 잘 알려진 XSS 함정

XSS에 관한 유명한 함정 중 하나는 모델에 HTML을 그대로 사용하는 것과 같은 관심사 분리에 대한 무지이다. 페이지 코드에 로직을 통합하는 것이 더 쉽기 때문에 HTML을 포함한 문자열을 반환하고 싶을 수 있다. 예를 들어 텍스트가 클릭되는지의 여부에 따라 `get` 메서드에서 일반 텍스트나 링크를 반환하고 싶다고 가정해 보자. ASP.NET MVC로 다음과 같이 코드를 입력하는 것이 더 쉬울 수 있다.

```
return View(isUserActive
    ? $"<a href='/profile/{username}'>{username}</a>"
    : username);
```

뷰에서는 다음과 같다.

```
@Html.Raw(Model)
```

이렇게 쉬운 방법 대신 다음 코드처럼 active와 username 변수를 함께 저장할 새로운 클래스를 만들 수도 있다.

```
public class UserViewModel {
    public bool IsActive { get; set; }
    public string Username { get; set; }
}
```

그런 다음 컨트롤러에서 해당 모델을 생성한다.

```
return View(new UserViewModel()
{
    IsActive = isUserActive,
    Username = username,
});
```

그 후 사용자 이름을 올바르게 렌더링하기 위해 다음과 같이 템플릿에 조건부 논리를 만든다.

```
@model UserViewModel
. . . other code here
@if (Model.IsActive) {
    <a href="/profile/@Model.IsActive">
        @Model.Username
    </a>
} else {
    @Model.Username
}
```

유일한 목표가 코드를 많이 작성하지 않는 것이라면 이 방법이 좋다고 하기에는 너무 할 일이 많아 보인다. 이러한 높은 간접 비용을 피할 수 있는 방법은 ASP.NET MVC에서 레이저 페이지 (Razor Page)로 전환하는 것으로, 작업이 훨씬 쉬워진다. 하지만 이것이 불가능하다면 기존 코드에서도 많은 것을 할 수 있는데, 예를 들어 튜플을 대신 사용하여 별도의 모델을 제거하는 것이다.

```
return View((Active: isUserActive, Username: username));
```

이렇게 하면 템플릿 코드를 그대로 지킬 수 있다. 새로운 클래스를 만들 때 재사용과 같은 장점이 있긴 하지만, 굳이 새로운 클래스를 만들지 않아도 된다. 코드 한 줄로 뷰 모델을 불변으로 선언하면 새로운 C# 레코드를 이용해 동일한 이점을 얻는다.

```
public record UserViewModel(bool IsActive, string Username);
```

레이저 페이지 애플리케이션은 더 이상 별도의 모델 클래스를 필요로 하지 않기 때문에 코드의 양을 줄이는 데 도움이 된다. 이 페이지에서 생성된 뷰–모델 클래스에 컨트롤러 로직을 캡슐화한다.

MVC 컨트롤러 또는 레이저 페이지 뷰 모델에 HTML 코드를 포함하는 것을 피할 수 없다면, 명시적 선언과 함께 잘 인코딩된 HTML 문자열을 정의할 수 있는 HtmlString이나 IHtmlContent 타입을 대신 사용하는 것을 고려해 보자. HtmlString으로 같은 시나리오를 만들어야 한다면 코드 6-6과 같이 만들 수 있다. ASP.NET은 HtmlStrings를 인코딩하지 않으므로 Html.Raw 구문으로 래핑하지 않아도 된다.

코드 6-6에서 XSS에 HTML 출력을 안전하게 구현하는 방법을 확인할 수 있다. 문자열 대신 IHTmlContent로 Username을 정의한다. 이 방법으로 레이저는 인코딩 없이 문자열의 내용을 직접 사용한다. 명시적으로 지정한 부분에 대해서만 HtmlContent-Builder로 인코딩을 처리한다.

**코드 6-6** HTML 인코딩을 위한 XSS 안전한 생성자 사용하기

```
public class UserModel : PageModel {
    public IHtmlContent? Username { get; set; }

    public void OnGet(string username) {
        bool isActive = isUserActive(username);
        var content = new HtmlContentBuilder();
        if (isActive) {
            content.AppendFormat("<a href='/user/{0}'>", username);   → 이 HTML은 사용자
        }                                                                이름만 인코딩한다.
        content.Append(username);       → 역시 사용자 이름을 인코딩한다.
        if (isActive) {
            content.AppendHtml("</a>");      → 여기에는 전혀 인코딩되지 않는다.
        }
        Username = content;
    }
}
```

## CSP

콘텐츠 보안 정책(Content Security Policy, CSP)은 XSS 공격에 대항하기 위한 또 다른 무기가 되어준다. 서드 파티 서버가 요청할 수 있는 리소스를 제한하는 HTTP 헤더를 의미한다. 예를 들어 최근 웹에는 글꼴, 스크립트 파일, 분석 코드, CDN 콘텐츠 등의 수많은 외부 리소스가 포함되기 때문에 CSP를 사용하기가 어렵다. 모든 리소스와 신뢰할 수 있는 도메인은 언제든지 바뀔 수 있다. 그래서 신뢰할 수 있는 도메인의 목록을 만들고 이것을 최신 상태로 유지하는 것은 쉽지 않다. 약한 강도로 암호화된 구문을 다루는 것도 어려우며 구문의 정확성을 확인하기도 어렵다. 웹 사이트가 아무런 경고 없이 계속 잘 돌아간다면 CSP가 올바른 걸까? 아니면 사용 중인 정책이 너무 유연한 걸까? 강력한 지원군이 될 수도 있지만, 나라면 이 주제를 대충 읽은 여러분을 혼란스럽게 하고 절벽으로 끌고 가는 위험을 감수하지는 않을 것이다. CSP 사용 여부와는 관계 없이 HTML 출력을 올바르게 인코딩해야 한다.

## 요약

HTML을 삽입하거나 인코딩을 완전히 우회하는 등의 편법을 사용하지 않는 것만으로도 XSS를 쉽게 피할 수 있다. HTML을 꼭 삽입해야 할 경우에는 값을 올바르게 인코딩하는 데 각별히 주의해야 한다. XSS를 의식하여 코드 양이 증가된다고 생각되면 코드 오버헤드를 줄일 수 있는 방법이 있다.

# 6.3.6 크로스 사이트 요청 위조(CSRF, XSRF)

HTTP 프로토콜에서 GET 대신 POST로 웹 내용을 수정하는 데는 이유가 있다. POST 주소를 클릭할 수 있는 링크로 만들 수 없으며 한 번만 게시할 수 있기 때문이다. 만약 실패하면 이를 다시 제출할 경우 브라우저에서 경고가 발생한다. 결과적으로 포럼에 무언가를 게시하거나, 로그인하거나, 의미 있는 사항을 변경하려면 보통 POST를 사용해야 한다. 비슷한 목적을 가진 DELETE와 PUT도 있지만, 일반적으로 사용되지 않으며 HTML 폼으로 트리거할 수 없다.

이러한 POST의 특징은 우리로 하여금 POST를 과도하게 신뢰하게 만든다. POST의 약점은 원래 폼이 POST 요청이 만들어진 도메인과 동일한 도메인에 상주할 필요가 없기 때문에 발생한다. 즉, 인터넷의 웹 페이지에도 같은 폼이 있을 수 있다. 그러면 공격자가 사용자를 속여 웹 페이지의 링크를 클릭하여 POST를 제출할 수 있다. https://twitter.com/delete/{tweet_id}라는 URL에서 트위터의 삭제 작업이 POST 작업으로 작동한다고 가정해 보자.

내 도메인인 streetcoder.org/about에 웹 사이트를 두고, 자바스크립트를 한 줄도 사용하지 않고 다음 코드와 같은 폼을 넣는다면 무슨 일이 일어날까?

**코드 6-7** 정말 완벽하게 순수한 웹 폼의 예

```
<h1>Welcome to the super secret website!</h1>
<p>Please click on the button to continue</p>
<form method="POST"
action="https://twitter.com/i/api/1.1/statuses/destroy.json">
    <input type="hidden" name="id" value="123" />
    <button type="submit">Continue</button>
</form>
```

다행히 123이라는 아이디의 트윗은 없겠지만, 만약 존재했고 트위터가 CSRF를 방어하는 방법을 모르는 작은 스타트업이었다면, 우리는 사용자에게 수상한 웹 사이트를 방문하라고 요청하는 것만으로도 다른 사람의 트윗을 삭제할 수 있었을 것이다. 자바스크립트를 사용할 수 있다면 웹 폼의 요소를 클릭하지 않고도 POST 요청을 전송할 수 있다.

이러한 종류의 문제를 방지하는 방법은 모든 폼을 위해 랜덤하게 생성된 번호를 사용하고, 폼 자체와 웹 사이트 응답 헤더 양쪽에 번호를 복제하는 것이다. 수상한 웹 사이트는 번호를 알 수 없고 웹 서버 응답 헤더를 조작할 수 없기 때문에 실제 사용자가 요청한 것처럼 만들 수 없다. 여기서 좋은 점은 주로 사용하는 프레임워크가 이 문제를 해결하기 때문에 클라이언트 측에서는 토큰을 생성하고 확인하기만 하면 된다는 것이다. ASP.NET 코어 2.0은 자동으로 폼에 이런 기능이 포함되어 있으므로 따로 작업하지 않아도 되지만, HTML 도우미와 같이 다른 방법으로 폼을 만드는 경우에는 해당 토큰이 검증되었는지 확인해야 한다. 이 경우 다음과 같은 도우미를 사용하여 템플릿에 요청 위조 토큰을 명시적으로 만들 수 있다.

```
<form method="post">
    @Html.AntiForgeryToken()
    ...
</form>
```

서버 쪽에서도 토큰이 검증되었는지 확인해야 한다. 보통 이것은 자동이지만, 여러분이 전체적으로 비활성화한 경우에는 ValidateAntiForgeryToken 속성을 사용하여 다음과 같이 특정 컨트롤러 작업이나 레이저 페이지에서 선택적으로 이것을 활성화할 수 있다.

```
[ValidateAntiForgeryToken]
public class LoginModel: PageModel {
    ...
}
```

CSRF(Cross-Site Request Forgery) 완화는 ASP.NET 코어와 같은 현대의 프레임워크에서 이미 자동화되어 있기 때문에 이것의 장점을 이해하기 위해 기본적인 것만 알아도 된다. 하지만 직접 구현해야 할 경우에 대비하여, 이것이 어떻게 그리고 왜 작동하는지 아는 것은 중요하다.

## 6.4 / 첫 번째 플러드 그리기

서비스 거부(Denial of service, DoS) 공격은 서비스가 멈추도록 만드는 가장 대표적인 이름이다. 단순히 서버가 중지, 중단, 충돌하거나 CPU 사용량이 급증하거나 사용 가능한 대역폭이 포화 상태가 되도록 만든다. 때때로 후자와 같은 공격 유형을 플러드(flood) 공격이라고 한다. 지금부터 이 공격을 어떻게 막을 수 있는지를 자세히 살펴볼 것이다.

굉장히 많은 일반 사용자가 정상적으로 접속하더라도 웹 사이트가 다운될 수 있기 때문에, 플러드에 대한 완벽한 해결책은 없다. 합법적인 사용자와 공격자를 구별하는 것은 어려운 일이다. DoS 공격을 완화하여 공격의 가능성을 줄이는 방법이 있는데, 유명한 방법 중 하나는 캡차를 활용하는 것이다.

### 6.4.1 캡차를 사용하지 마라

캡차(captcha)는 웹의 골칫거리이다. 진짜와 가짜를 분리하기 위해 잘 알려진 방법이지만, 서비스를 이용하는 사용자에게는 큰 장애물이다. 캡차의 기본 원리는 "점심으로 무엇을 먹을까?"와 같이 사람이라면 쉽게 풀 수 있지만 공격에 사용되는 자동화된 소프트웨어는 해결하기 어려운 수학적으로 복잡한 문제를 물어보는 과정을 통해 사람을 가려내는 것이다.

캡차의 문제점은 이러한 질문이 사람이 답변하기에도 어렵다는 것이다. "신호등이 있는 모든 사각형을 고르시오"라는 질문이 있다고 가정해 보자. 신호등의 전구를 포함하는 사각형만 고르면 되는 걸까 아니면 신호등을 둘러싸는 외부 철골도 포함하는 걸까? 신호등 기둥도 포함해야 할까? 다른 예로, 쉽게 읽을 수 있어야 하는 그래피티 같은 그림은 어떠한가? 이 글자들이 rn일까 아니면 그 냥 m일까? 이 글자가 1인가 아니면 7인가? 왜 이렇게 우리를 힘들게 하는 걸까? 이러한 경험은 그림 6-7에 잘 나타난다.

❤ 그림 6-7 나는 정말 사람인가?

캡차는 유용하지만 동시에 서비스 거부 공격만큼이나 유해하다. 애플리케이션이 성장하는 단계에 서는 UX에 마찰이 발생하는 것을 원하지 않을 것이다. 내가 1999년에 엑시 쇠즐리크를 처음 서 비스했을 때에는 로그인조차 없었다. 누구나 원하는 닉네임을 사용하여 바로 글을 쓸 수 있었다. 하지만 회원들이 서로의 닉네임을 사칭하여 글을 쓰기 시작하면서 문제가 발생했다. 회원들이 이 웹 사이트를 정말 사랑하기 시작한 후에 일어난 일이었다. 충분히 인기를 얻을 때까지 사용자를 힘들게 하지 마라. 봇이 여러분의 웹 사이트를 발견하고 공격하더라도 사용자들은 이미 여러분의 사이트를 사랑하기 때문에 약간의 고통을 감수할 것이다.

이 부분은 기술적인 문제를 위해 UX 마찰을 감수해야 하는 모든 종류의 해결책에 동일하게 적용 된다. 클라우드플레어(Cloudflare)의 "공격자인지 아닌지 결정할 때까지 5초 동안 기다려 주십시 오"라는 웹 페이지와 유사하다. 방문자의 53%는 웹 페이지가 로딩되기까지 기다리는 3초 안에 그 웹 페이지를 떠난다. 누군가 여러분의 웹 사이트를 공격하고 포화 상태로 만들 만큼 충분히 수익 성이 있다고 생각하는가? 지금 그 약간의 가능성만으로 캡차를 적용해 사실상 사용자를 잃고 있 는 것이다. 방문객의 53%를 매일매일 잃을 것인가, 아니면 모든 방문객을 한 달에 한 시간 동안만 잃을 것인가?

## 6.4.2 캡차의 대체 방안

성능을 고려하여 코드를 작성하고 캐시를 공격적으로 사용하며 필요에 따라 스로틀링을 사용하 라. 특정 프로그래밍 기술이 성능면에서 가져오는 장점들에 대해서는 이미 이야기했다. 앞으로 전체 장을 할애하여 성능 최적화를 다룰 것이다.

이 모든 것에는 예상치 못한 문제가 있다. 만약 IP 주소를 기준으로 스로틀링할 경우 회사와 같이 동일한 IP 주소를 사용하는 모든 사용자를 제한하게 된다. 사용자가 일정 수준 이상 늘어나면 상당량의 사용자 요청을 신속하게 처리하는 데 방해될 수 있다.

스로틀링에 대한 대안으로는 작업 증명(PoW, Proof of Work)이 있다. 아마 암호 화폐 분야에서 작업 증명에 대해 들어본 적이 있을 것이다. 요청을 하려면 컴퓨터나 장치가 일정 시간이 걸리는 정말 어려운 문제를 풀어야 한다. 이 방법 중 하나는 정수 인수분해이다. 또 다른 입증된 방법은 컴퓨터에게 생명, 우주, 만물의 의미를 묻는 것이다. 시간이 꽤 걸린다고 알려져 있다.

작업 증명은 클라이언트의 광범위한 리소스를 소비하게 하며 속도가 느린 장치의 경우 배터리 수명과 성능에 영향을 미친다. 또한, 사용자 경험에도 나쁜 영향을 미칠 수 있으며 이는 캡차보다도 더 나쁠 수 있다.

웹 사이트가 널리 알려지면 로그인 기능과 같이 좀 더 사용자 친화적인 어려움을 제시할 수 있다. 인증 확인은 빠를 수 있지만, 웹 사이트에 등록하고 이메일 주소를 확인하는 것에는 확실히 시간이 걸린다. 다시 말하지만, 이것은 일종의 사용자 마찰, 즉 사용자가 견뎌야 하는 불편함이다. 모바일 앱을 등록하거나 설치하는 등 웹 사이트의 콘텐츠에 접근하기 전에 사용자에게 무언가를 요청하면 사용자는 욕을 하며 웹 사이트를 떠날 가능성이 높다. 공격 가능성을 줄이기로 결정할 때는 이러한 장단점을 고려해야 한다.

## 6.4.3 캐시를 구현하지 마라

딕셔너리는 아마도 웹 프레임워크에서 가장 인기 있는 데이터 구조일 것이다. HTTP 요청이나 응답 헤더, 쿠키와 캐시 항목 모두가 딕셔너리 형태로 저장된다. 2장에서도 다뤘듯이, 딕셔너리는 O(1) 복잡성을 가지고 있어 엄청나게 빠르기 때문이다. 조회는 순식간에 이뤄진다.

딕셔너리의 문제는 너무 실용적이어서 무언가의 캐시를 보관하기 위해 딕셔너리를 사용하기로 결정할 수도 있다는 것이다. 심지어 .NET에는 ConcurrentDictionary라는 것도 있다. 이는 스레드 안전(thread-safe)하며 직접 만들어야 하는 캐시를 위한 매력적인 옵션이 될 수 있다.

프레임워크에 포함된 일반 딕셔너리는 사용자 입력에 기반한 키를 위해 설계된 것이 아니다. 사용자가 어떤 런타임을 사용하는지 공격자가 알면 해시 충돌 공격을 일으킬 수 있다. 2장에서 논의한 바와 같이 동일한 해시 코드에 해당하는 수많은 키로 요청을 전송할 수 있으며, 이 때문에 검색 복잡도가 O(1)이 아닌 O(N)에 가까워지게 되고 애플리케이션은 결국 무릎을 꿇게 될 것이다.

SipHash와 같이 웹을 담당하는 구성 요소를 위해 개발된 사용자 지정 딕셔너리는 일반적으로 더 나은 분산 속성을 가진 다른 해시 코드 알고리즘을 사용하므로 충돌 확률이 낮다. 이러한 알고리즘은 일반 해시 함수보다 평균적으로 약간 느릴 수 있지만, 충돌 공격에 대한 내성 때문에 최악의 경우에는 더 나은 성능을 보인다.

딕셔너리에는 기본적으로 강제 퇴거 메커니즘이 없으며, 그들은 무한대로 커질 수 있다. 로컬에서 테스트할 때는 괜찮아 보이지만 프로덕션 환경에서는 크게 실패할 수 있다. 이상적인 캐시 데이터 구조라면 메모리 사용량을 견제하기 위해 오래된 항목을 제거할 수 있어야 한다.

이러한 모든 요소 때문에, 가능하면 프레임워크에서 제공하는 기존의 캐시 인프라를 활용할 것을 추천한다. "이봐, 나도 알아. 난 캐싱을 위해 딕셔너리를 사용할거야"라는 생각이 들 때마다 이미 가지고 있는 인프라를 고려하라.

## 6.5 / 암호 저장하기

암호(비밀번호, 개인용 키, API 토큰)는 여러분의 왕국으로 들어가기 위한 열쇠이다. 비록 암호는 작은 데이터 조각이지만 비교할 수 없는 양의 데이터에 접근하는 것을 허용한다. 프로덕션 데이터베이스의 비밀번호를 알고 있는가? 그러면 모든 것에 접근할 수 있다. API 토큰을 가지고 있는가? 그렇다면 API가 허용하는 모든 것을 할 수 있다. 그렇기 때문에 암호는 위협 모델의 일부가 되어야 한다.

보안 위협에 대한 최상의 완화 조치 중 하나는 구획화다. 암호를 안전하게 보관하는 것은 보안 위협을 완화하는 한 가지 방법이다.

### 6.5.1 소스 코드에 암호를 유지하는 것

프로그래머는 해결 방안으로 가는 가장 짧은 길을 찾는 데 능숙하다. 그것은 지름길로 가는 것과 편법을 쓰는 것을 포함한다. 이런 성향으로 인해 우리는 소스 코드에 비밀번호를 넣고는 한다. 우리는 흐름에 마찰을 일으키는 어떤 것도 싫어하기 때문에 빠른 프로토타이핑을 좋아한다.

소스 코드에 암호를 저장하는 것이 괜찮다고 생각할 수 있다. 여러분 외에는 아무도 이 코드에 접근할 수 없거나 개발자가 이미 프로덕션 데이터베이스 비밀번호에 접근할 수 있기 때문이다. 따라서 소스 코드에 암호를 저장하는 것은 문제가 되지 않을 수 있다. 문제는 여러분이 시간적인 요소는 고려하지 않았다는 것이다. 장기적으로 모든 소스 코드는 깃허브에 호스팅될 것이다. 프로덕션 데이터베이스와 동일한 수준으로 신경 써서 소스 코드를 처리하지는 않지만, 오히려 이에 대한 키를 포함하고 있다. 고객이 계약 목적으로 소스 코드를 요청할 수 있다. 개발자는 소스 코드를 검토하기 위해 로컬 복사본을 보관할 수 있으며 해당 컴퓨터에서 데이터가 유출될 수도 있다. 개발자는 프로덕션 데이터베이스를 같은 방식으로 유지할 수 없다. 일반적으로 다루기에 너무 크고 더 높은 수준의 민감도를 가지고 있기 때문이다.

## 올바른 스토리지

암호가 소스 코드에 들어 있지 않다면 어떻게 소스 코드로 암호를 알 수 있을까? 이것을 데이터베이스 자체에 보관할 수 있다. 하지만 이것은 일종의 역설이다. 그럼 데이터베이스의 비밀번호는 어디에 저장해야 할까? 모든 보호된 리소스를 불필요하게 데이터베이스와 동일한 신뢰 그룹에 포함하기 때문에 좋은 방법이 아니다. 즉, 데이터베이스에 대한 비밀번호만 있다면 모든 정보를 얻을 수 있다. 예를 들어 여러분이 국방부의 IT를 운영하고 있고 핵 미사일 발사 코드를 직원 데이터베이스에 보관하고 있다고 가정해 보자. 직원 데이터베이스는 정말 잘 보호되고 있다. 그러나 회계 담당 직원이 실수로 같은 데이터베이스에서 다른 테이블 정보를 열었을 때 난감한 상황이 발생할 수 있다. 마찬가지로, 여러분의 애플리케이션은 데이터베이스보다 더 중요한 리소스에 대해 API 접근 권한을 가질 수 있다. 위협 모델에서 이 차이를 꼭 고려해야 한다.

가장 이상적인 방법은 암호 관리자를 콜드 스토리지[8]로 사용하거나 Azure Key Vault, AWS KMS 등의 클라우드 키 볼트와 같이 해당 목적으로 설계된 별도의 스토리지에 암호를 저장하는 것이다. 위협 모델에서 웹 서버와 데이터베이스가 동일한 신뢰 경계에 있다면 이러한 암호를 서버의 환경 변수에 추가하기만 하면 된다. 클라우드 서비스를 사용하면 관리자 인터페이스로 환경 변수를 설정할 수 있다.

최신 웹 프레임워크는 사용자 구성에 직접 매핑할 수 있는 환경 변수 외에도 운영 체제나 클라우드 공급자의 보안 스토리지 설비를 통해 암호 정보를 위한 다양한 스토리지 옵션을 지원한다. 여러분의 애플리케이션을 위해 다음과 같은 구성이 있다고 가정해 보자.

---

8　역주 자주 사용하지 않는 데이터를 저장하기 위한 장기 데이터 스토리지를 의미한다.

```
{
    "Logging": {
        "LogLevel": {
            "Default": "Information"
        }
    },
    "MyAPIKey": "somesecretvalue"
}
```

소스 코드에 접근 권한이 있는 사용자라면 누구나 API 키에 접근할 수 있으므로 구성 정보에 MyAPIKey를 놓지 않는 것이 좋다. 여기서 키를 삭제하고 정보를 프로덕션 환경에서 환경 변수로 전달한다. 개발자 시스템에서는 환경 변수를 사용하는 대신 사용자 암호를 사용할 수 있다. .NET 에서는 다음과 같이 dotnet 명령을 실행하여 사용자 암호를 초기화하고 설정할 수 있다.

```
dotnet user-secrets init - id myproject
```

이 명령어는 관련 사용자 암호에 대한 접근 식별자로 myproject id를 사용하도록 프로젝트를 초기화한다. 그리고 다음 명령을 실행하여 개발자 계정에 대한 사용자 암호를 추가할 수 있다.

```
dotnet user-secrets set MyAPIkey somesecretvalue
```

이제 구성에 로딩할 사용자 암호를 설정했다면 사용자 암호 파일에서 암호를 로딩하여 구성을 오버라이드할 것이다. 다음과 같이 구성에 접근하는 것과 동일한 방식으로 암호 API 키에 접근할 수 있다.

```
string apiKey = Configuration[ " MyAPIKey " ];
```

애저(Azure)나 AWS와 같은 클라우드 서비스를 사용하면 환경 변수 또는 키 볼트 구성으로 동일한 암호를 구성할 수 있다.

## 데이터는 언젠가는 유출될 것이다

유명한 웹 사이트 Have I Been Pwned[9]?(https://haveibeenpwned.com)는 이메일 주소와 연결된 암호가 유출됐는지에 대한 알림 서비스를 제공한다. 이 글을 쓰는 시점에, 나는 16번의 데이터 유출을 당했다. 데이터가 유출되고 있고, 이미 유출됐을 수 있고, 언젠가는 유출될 것이다.

---

9    pwned(해킹당하다)라는 단어는 owned(소유하다)라는 단어에서 파생된 것으로 해커에 의해 지배당한 상황을 의미한다. 누군가에게 심하게 얻어맞았다는 의미의 속어이다. **에** "내 생년월일을 PIN으로 사용해서 해킹당했다(pwned)."

항상 데이터가 유출될 수 있는 위험을 가정하고 이에 대비하여 설계해야 한다.

## 필요 없는 데이터는 수집하지 않는다

처음부터 데이터가 없다면 유출될 일도 없다. 서비스 기능에 영향을 준다고 생각되는 데이터가 아니라면, 다른 데이터를 수집하는 것에 적극적으로 반대하라. 이를 통해 스토리지 요구 사항 감소, 성능 향상, 데이터 관리 작업 감소, 사용자의 마찰 감소와 같은 부수적인 이점을 얻을 수 있다. 예를 들어 수많은 웹 사이트에서는 회원 가입을 위해 사용자의 실명을 요구한다. 하지만 그 데이터가 정말 필요할까?

비밀번호와 같은 데이터가 없으면 아무것도 할 수 없다. 그러나 사람들은 여러 서비스에서 동일한 비밀번호를 사용하는 경향이 있기 때문에 누군가의 비밀번호를 입력 받는 것에는 큰 책임이 따른다. 즉, 비밀번호 데이터가 유출되면 사용자의 은행 계좌도 유출될 수 있다. 암호 관리자를 사용하지 않은 사용자 탓이라고 생각할 수 있지만, 여기서 여러분은 인간을 다루고 있다. 이런 일이 일어나는 것을 막기 위해 여러분이 할 수 있는 간단한 일은 다음과 같다.

## 올바른 비밀번호 해싱 방법

비밀번호 유출을 막는 가장 일반적인 방법은 해싱 알고리즘을 사용하는 것이다. 비밀번호를 저장하는 대신 암호학적으로 안전한 비밀번호의 해시 값을 저장한다. 2장에 나온 GetHashCode( )와 같은 해시 알고리즘은 그냥 사용할 수 없다. 일반 해시 알고리즘은 깨지거나 충돌을 일으키기 쉽기 때문이다. 암호적으로 안전한 해시 알고리즘은 의도적으로 느리고 다양한 형태의 공격에 내성을 가지고 있다.

암호학적으로 안전한 해시 알고리즘은 다양한 특징을 가진다. 암호 해싱의 경우 동일한 알고리즘을 여러 번 반복하여 실행 속도를 늦추는 알고리즘을 사용하는 것이 좋다. 마찬가지로, 알고리즘을 깨기 위해 특별히 설계된 커스텀 제작 칩을 사용한 공격을 막기 위해, 최근 알고리즘은 수행하는 작업에 비해 많은 메모리가 필요할 수도 있다.

SHA1, SHA2, SHA3, MD5와 같이 암호적으로 안전하더라도 반복 없이 해시 함수를 한 번만 돌린 결과는 절대 사용하지 마라. 암호화 보안 속성은 알고리즘의 충돌 확률이 예외적으로 낮다는 것뿐이지 무차별 공격(브루트 포스 공격, brute force attack)에 대해 내성이 있다는 보장은 해주지 않는다. 무차별적인 공격에도 버티려면 알고리즘이 정말 느리게 작동하는지 확인해야 한다.

느리게 작동하도록 설계된 일반적인 해시 함수는 PBKDF2로, 러시아 기밀 부서 이름처럼 들리지만 **암호 기반 키 파생 함수 2**(Password-Based Key Derivation Function Two) 알고리즘을 의미한다. 이 알고리즘은 루프로 해시 함수를 돌리고, 결과 값을 결합하기 때문에 모든 해시 함수도 함께 사용할 수 있다. 변형된 버전의 SHA1 해시 알고리즘을 사용하는데, 이 알고리즘은 현재 취약한 알고리즘으로 간주되며 날이 갈수록 SHA1에서 해시 충돌을 일으키는 것이 쉬워지고 있기 때문에 더 이상 어떤 애플리케이션에서도 사용을 권장하지 않는다.

안타깝게도 PBKDF2는 GPU에서 병렬 처리가 가능하고, 크랙에 특화된 ASIC(커스텀 칩)이나 FPGA(프로그래머블 칩) 설계가 있어 이를 비교적 빠르게 크랙할 수 있다. 공격자가 방금 유출된 여러분의 데이터를 크랙하려고 할 때, 그들이 너무 빨리 다양한 조합을 시도하는 것을 원치 않을 것이다. GPU나 ASIC 기반 공격에도 저항력이 있는 bcrypt, scrypt, Argon2와 같은 최신 해시 알고리즘이 있다.

최신의 모든 무차별 공격에 내성이 있는 해시 알고리즘은 난이도 계수를 매개변수나 반복 횟수로 조절한다. 난이도 설정이 너무 높아서 웹 사이트에 로그인을 시도하는 것이 DoS 공격이 되지 않도록 해야 한다. 프로덕션 서버에서 100밀리초 이상 걸리는 난이도를 목표로 삼아서는 안 된다. 서비스 운영 중에 해시 알고리즘을 변경하는 것은 어렵기 때문에 암호 해싱의 난이도가 서비스에 방해가 되지 않도록 미리 벤치마킹하기를 강력히 추천한다.

ASP.NET 코어와 같은 현대적인 프레임워크는 기본적으로 암호 해싱 기능을 제공하는데, 어떻게 동작하는지 알 필요도 없다. 하지만 현재 구현된 것은 앞서 설명한 바와 같이 보안 쪽에서 다소 오래된 PBKDF2에 의존한다. 올바른 해싱에 대해 의식 있는 결정을 내리는 것이 중요하다.

알고리즘을 선택할 때는 사용 중인 프레임워크에서 지원하는 알고리즘을 선호하는 것이 좋다. 만약 사용할 수 없다면 가장 널리 검증된 알고리즘을 선택해야 한다. 보통 새로운 알고리즘은 이전에 나온 알고리즘보다 테스트나 검증 면에서 부족하다.

## 문자열을 안전하게 비교하라

알고리즘을 선택한 후에는 비밀번호 자체가 아닌 비밀번호의 해시 값을 저장한다. 이제 사용자에게 암호를 입력받아 해시한 후 데이터베이스에 저장된 암호와 그 해시 값을 비교하기만 하면 된다. 코드 6-8과 같이 간단한 루프 비교가 될 수 있다. 단순한 배열 비교를 구현한 것을 볼 수 있다. 먼저 길이를 확인하고, 루프로 모든 요소가 동일한지 확인하는 구문을 반복한다. 일치하지 않는 경우가 하나라도 있다면 나머지 값을 확인할 필요 없이 결과를 즉시 반환한다.

**코드 6-8** 두 해시 값을 위한 단순 비교 함수

```
private static bool compareBytes(byte[] a, byte[] b) {
    if (a.Length != b.Length) {
```

```
            return false;      → 만약을 대비하여 길이가 일치하는지 확인
        }
        for (int n = 0; n < a.Length; n++) {
            if (a[n] != b[n]) {
                return false;      → 값 불일치
            }
        }
        return true;      → 성공!
    }
```

그렇다면 왜 이 코드가 안전하지 않다는 것일까? 불일치한 값을 발견했을 때 결과를 미리 반환하는 최적화 로직 때문에 문제가 발생할 수 있다. 즉, 그림 6-8과 같이 함수가 얼마나 빨리 반환되는지를 측정하여 일치하는 시간을 알 수 있다. 해시의 첫 번째 값에 해당하는 암호를 만들고, 다음에는 첫 번째와 두 번째 값에 해당하는 암호를 만드는 식으로 결국 해시 알고리즘을 알아내면 올바른 해시를 찾을 수 있다. 물론 이 시간 차이는 천분의 1초, 어쩌면 10억분의 1초라는 아주 작은 단위가 될 수도 있다. 하지만 여전히 어떤 기준 값에 대한 차이를 측정할 수 있다. 만약 바로 측정이 불가능하더라도 이것을 여러 번 반복하여 더 정확한 결과를 얻을 수 있다. 가능한 모든 조합을 시도하는 것보다는 훨씬 빠를 것이다.

▼ 그림 6-8 비교를 통해 공격자가 얼마나 빠르게 해시를 파악할 수 있는가

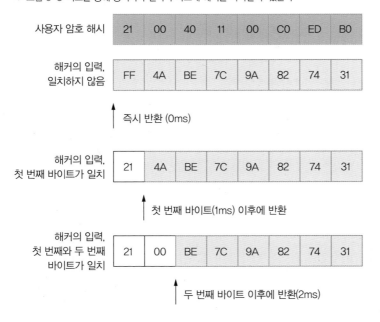

이를 해결하기 위해서는 코드 6-9처럼 항상 일정한 시간이 걸리는 비교 함수가 필요하다. 결과를 일찍 반환하는 대신 중간에 비교가 실패하더라도 결과 값을 유지하고 계속 비교한다. 따라서 모든

비교는 일정한 시간이 걸리며 사용자의 해시 값이 유출되는 것을 방지한다.

```
private static bool compareBytesSafe(byte[] a, byte[] b) {
    if (a.Length != b.Length) {
        return false;        → 이것은 예외다. 이상적으로 절대 걸릴 일이 없기 때문에 일단 그대로 유지한다.
    }
    bool success = true;
    for (int n = 0; n < a.Length; n++) {
        success = success && (a[n] == b[n]);    → 일찍 끝내지 않고 지속적으로 결과 변수를 업데이트한다.
    }
    return success;      → 최종 결과를 반환한다.
}
```

## 고정된 솔트를 사용하지 마라

솔트(salt)는 원래 동일한 해시 값을 갖는 비밀번호이지만 값에 차이를 주기 위해 암호 해싱 알고리즘에 도입된 추가적인 값을 말한다. 이유는 공격자가 해시 값 하나만을 추측하는 것으로 동일한 비밀번호를 모두 알아내는 것을 원하지 않기 때문이다. 이렇게 하면 모든 사용자의 비밀번호가 hunter2라고 해도 모든 사용자가 다른 해시 값을 갖게 되며, 이는 공격자의 삶을 더 힘들게 만든다.

개발자는 해시 솔트를 위해 사용자 이름이나 사용자 식별자의 해시와 같이 충분히 안전하면서 잘 알려진 값을 사용하는 것을 볼 수 있다. 보통 무작위 값의 배열을 만드는 것보다 쉽기 때문이다. 그러나 이는 보안을 약화시키는 완전히 불필요한 지름길이다. 솔트를 위해 항상 랜덤 값을 사용해야 하지만, 규칙적인 정규 의사 난수 값만 사용해서는 안 된다. 암호학적으로 안전한 의사난수 생성기(Cryptographically Secure Pseudo Random Number Generator, CSPRNG)에서 생성된 값이 필요하다.

## 오 랜덤, 오 찬스!

간단하고 예측 가능한 알고리즘으로 규칙적인 랜덤 값을 생성한다. 이 알고리즘의 목표는 진짜 예측 불가능한 값을 만드는 것이 아니라 단지 그것을 모방하는 것뿐이다. 게임에서 예측할 수 없는 적을 만들거나 웹 사이트에서 오늘의 주요 게시물을 선택할 때 사용하기에는 문제가 없다. 그들은 빠르지만, 안전하지는 않다. 예측 가능하기도 하고, 상대적으로 짧은 주기로 반복되는 경향이 있기 때문에 유효한 랜덤 값을 위한 검색 공간을 좁힐 수도 있다. 아주 먼 옛날에도 어떤 사람들은 라스베가스 카지노에 있는 슬롯머신의 랜덤 값 생성 알고리즘을 알아냈다.

예측하기가 매우 어려운 암호화된 안전한 의사 난수가 필요하다. 기계의 하드웨어 구성 요소와 같이 여러 강력한 엔트로피 소스와 더 복잡한 알고리즘을 사용하기 때문이다. 결과적으로 알고리즘은 당연히 더 느리기 때문에 보통 보안의 맥락에서만 사용해야 한다.

암호학적으로 안전한 해시 라이브러리 중 많은 것이 솔트 자체가 아닌 솔트의 길이만을 입력으로 받는 해시 생성 함수를 제공한다. 라이브러리에서 랜덤 솔트를 만들면 PBKDF2를 예로 든 코드 6-10처럼 결과에서 솔트를 얻을 수 있다. 우리는 RFC2898 키 파생 함수를 구현한다. 코드에서는 HMAC-SHA1 알고리즘과 함께 PBKDF2를 사용한다. 보안 프리미티브(primitive)는 운영 체제의 관리되지 않는 리소스를 사용할 수 있으며 스코프를 벗어날 때 정리하는 것이 좋기 때문에 using 구문을 사용한다. 단일 패키지에서 해시와 새로 만든 솔트를 모두 반환하기 위해 간단한 레코드를 활용한다.

---

**코드 6-10** 암호화된 안전한 의사 난수 값 생성하기

```
public record PasswordHash(byte[] Hash, byte[] Salt);     → 해시 값과 솔트 값을 보유한 우리의 기록

private PasswordHash hashPassword(string password) {
    using var pbkdf2 = new Rfc2898DeriveBytes(password,
    saltSizeInBytes, iterations);    → 해시 생성기의 인스턴스를 생성한다.
    var hash = pbkdf2.GetBytes(keySizeInBytes);    → 여기서 해시 값을 생성한다.
    return new PasswordHash(hash, pbkdf2.Salt);
}
```

---

## UUID는 랜덤이 아니다

**범용 고유 식별자**(Universally Unique IDentifier, UUID) 또는 **전역 고유 식별자**(Globally Unique IDentifier, GUID)는 마이크로소프트 유니버스에서 14e87830-bf4c-4bf3-8dc3-57b97488ed0a처럼 랜덤으로 보이는 숫자이다. 이전에는 네트워크 어댑터의 MAC 주소나 시스템 날짜/시간과 같은 불분명한 데이터를 기반으로 생성하곤 했었다. 오늘날 그것들은 대부분 무작위적이지만, 반드시 안전하지 않더라도 고유한 값을 갖도록 설계되었다. CSPRNG를 사용하여 생성된다는 보장은 없기 때문에 여전히 예측될 수 있다. GUID의 임의성에 의존해서는 안 된다. 예를 들어 새로 등록한 사용자에게 확인 이메일을 보낼 때 활성화 토큰을 생성한다고 하자. 보안에 민감한 토큰을 생성하려면 항상 CSPRNG를 사용해야 한다. UUID는 완전히 랜덤하지 않을 수도 있지만, 단조로운(하나씩 증가하는) 정수 값보다는 UUID가 식별자로서 더 안전하다. 식별자가 단조롭게 증가하는 값이라면 공격자가 숫자를 보고 이전 주문 번호나 지금까지 가게가 받은 주문 수를 추측할 가능성이 있다. 하지만 식별자가 완전히 랜덤한 UUID라면 추측이 불가능하다.

반면에 완전히 랜덤한 UUID는 인덱스 분포 측면에서 좋지 않다. 레코드 두 개를 연속적으로 삽입하더라도 데이터베이스 인덱스에서 전혀 관련이 없는 위치에 배치되어 순차적으로 읽는 속도가 느려진다. 이를 피하기 위해 새로운 UUID 표준, 즉 UUIDv6, UUIDv7, UUIDv8이 등장했다. 이러한 UUID에는 여전히 임의성이 있지만 훨씬 더 균일한 인덱스 분포를 만들기 위한 타임스탬프를 포함하고 있다.

# 6.6 요약

- 보안 조치의 우선순위를 지정하고 약점을 파악하기 위해 마음 속에 혹은 종이에 적은 위협 모델을 사용하라.
- 중간에 보안을 다시 손보는 것은 어려울 수 있으니 보안을 처음부터 염두에 두고 설계하라.
- 숨기는 것에 의존하는 은둔 보안은 진짜 보안이 아니며, 심각한 손해의 원인이 될 수 있다. 우선순위를 정하라.
- 두 해시 값을 비교하는 경우에도 자신만의 보안 프리미티브를 직접 구현하지 마라. 이미 잘 테스트되고 잘 구현된 솔루션을 신뢰하라.
- 사용자 입력은 나쁘다.
- SQL 삽입 공격을 막기 위해 매개변수화된 쿼리를 사용하라. 매개변수화된 쿼리를 사용할 수 없을 경우, 사용자 입력을 적극적으로 검증하고 검사하라.
- XSS 취약성을 방지하려면 페이지에 포함된 사용자 입력이 HTML로 올바르게 인코딩되었는지 확인하라.
- DoS 공격을 방지하려면, 특히 성장하는 단계에서는 캡차를 피하라. 대신 스로틀링이나 적극적인 캐싱과 같은 다른 방법을 시도하라.
- 암호를 소스 코드가 아닌 별도의 암호 저장소에 저장하라.
- 목적에 맞게 설계된 강력한 알고리즘을 이용하여 암호 해시를 데이터베이스에 저장하라.
- 보안 관련 컨텍스트에서 GUID가 아닌 암호학적으로 안전한 의사 난수를 사용하라.

memo

# 7장

## 자기 주장이 뚜렷한 최적화

이 장에서 다룰 내용
- 섣부른 최적화 받아들이기
- 성능 문제에 하향식 접근 방식 취하기
- CPU와 I/O 병목 현상 최적화하기
- 안전한 코드를 더 빠르게, 안전하지 않은 코드를 더 안전하게 만들기

최적화에 대한 프로그래밍 참고 문헌은 항상 저명한 컴퓨터 과학자 도널드 커누스의 말을 인용하는 것으로 시작한다. "섣부른 최적화는 모든 악의 근원이다." 이 말은 잘못 알려졌을 뿐만 아니라 항상 잘못 인용되고 있다. 첫째, 모든 악의 근원은 객체 지향 프로그래밍이라는 것을 모두가 알고 있으므로 이 말은 잘못된 표현이다. 객체 지향 프로그래밍은 나쁜 클래스 구조로 여러 가지 문제를 불러온다. 둘째, 실제 인용문은 더 미묘하기 때문에 잘못됐다. 다른 의미가 있는 라틴어 텍스트의 중간에서 가져온 말이기 때문에 그 뜻을 정확히 알 수 없다. 커누스가 실제로 한 말은 다음과 같다. "우리는 작은 효율성을 잊어야 한다. 97%의 경우에 말이다. 섣부른 최적화는 모든 악의 근원이다. 그러나 중요한 3%의 기회를 놓쳐서는 안 된다."[1]

나는 오히려 섣부른 최적화가 모든 학습의 근원이라고 주장하고 싶다. 열정적으로 임하는 일에 주저하지 마라. 최적화는 문제를 해결하는 것이며, 마치 체스 선수가 스스로와 겨루기 위해 말을 놓는 것과 비슷하다. 섣부른 최적화는 존재하지 않는 가상의 문제를 만들어 푸는 것과 같으며 좋은 연습이 되어준다. 내가 3장에서 이야기했듯이, 여러분은 여러분의 일을 버릴 수도 있고, 얻은 지혜를 지킬 수도 있다. 탐색적 프로그래밍은 위험과 시간을 통제할 수 있는 한, 여러분의 기술력을 향상시키기 위한 합법적인 방법이다. 배움의 기회를 놓치지 마라.

하지만 섣부른 최적화를 권하지 않는 데는 다 이유가 있다. 최적화는 코드에 경직성을 가져와 유지 관리를 더 어렵게 만들 수 있다. 최적화는 마치 투자와 같으며, 이때 투자 수익률은 주로 얼마나 그것을 오래 유지할 수 있는가에 달려 있다. 사양이 변경되면 그동안 수행한 최적화 작업 때문에 깊은 구덩이에서 빠져나오기 힘들어질 수 있다. 더 중요한 것은 애초에 존재하지 않는 문제를 위해 최적화하려고 했을 수 있고, 이는 코드의 신뢰성을 떨어뜨릴 수 있다는 점이다.

예를 들어 파일 복사 루틴이 있다고 할 때 한 번에 읽고 쓰는 버퍼 크기가 클수록 전체 작업이 더 빨라진다는 것을 알게 될 것이다. 가능한 한 큰 버퍼를 얻기 위해 메모리에 모든 것을 불러온 후 파일에 쓰고 싶을 수도 있다. 이로 인해 앱이 메모리를 과도하게 많이 사용하거나 예외적으로 큰 파일을 읽으려고 할 때 메모리 에러가 발생할 수 있다. 최적화할 때 발생할 수 있는 트레이드오프를 이해해야 한다. 즉, 해결해야 할 문제가 무엇인지를 올바르게 파악하는 것이 중요하다.

---

1   도널드 커누스는 처음 논문에 나왔던 그 인용구가 그의 책 〈Literate Programming〉(Center for the Study of Language and Informat, 1992)에서 수정되고 중쇄되었다는 사실을 내게 알려주었다. 그에게 개인적인 답변을 받은 것이 내 글쓰기 과정에서 가장 큰 하이라이트 중 하나였다.

# 7.1 올바른 문제를 해결하라

느린 성능은 여러 가지 방법으로 수정할 수 있으며, 문제의 정확한 특성에 따라 솔루션의 효과와 구현에 소요되는 시간이 크게 달라질 수 있다. 성능 문제의 진정한 본질을 이해하기 위한 첫 번째 단계는 먼저 성능 문제가 있는지를 판단하는 것이다.

## 7.1.1 단순한 벤치마킹

벤치마킹은 성능 측정을 위한 여러 지표를 서로 비교하는 활동을 말한다. 성능 문제의 근본적인 원인을 파악하는 데는 도움이 안 될 수 있지만, 성능 문제가 존재한다는 것을 식별하는 데는 도움이 될 수 있다. BenchmarkDotNet[2]과 같은 라이브러리는 통계적인 오차를 방지하기 위한 안전 대책과 함께 벤치마크를 아주 쉽게 구현할 수 있도록 한다. 그러나 라이브러리를 사용하지 않더라도 타이머를 사용하여 코드 조각의 실행 시간을 파악할 수 있다.

내가 항상 궁금했던 것은 Math.DivRem() 함수가 일반적인 몫/나머지 연산보다 얼마나 더 빠르냐는 것이다. 몫과 나머지를 동시에 구해야 할 경우 DivRem 함수 사용을 권장하지만, 이러한 주장이 맞는지 테스트할 기회가 아직 없었다.

```
int division = a / b;
int remainder = a % b;
```

앞 코드는 매우 원시적으로 보이며, 따라서 컴파일러가 이것을 어느 정도는 최적화할 수 있다고 가정하기 쉽다. 반면에 Math.DivRem() 버전은 정교하게 만든 함수 호출처럼 보인다.

```
int division = Math.DivRem(a, b, out int remainder);
```

> Tip ≡ % 연산자를 모듈러스(modulus) 연산자라고 부르고 싶겠지만, 이는 알맞지 않다. 이것은 C나 C#의 나머지 연산자이다. 양수 값의 경우 둘 사이에 차이가 없지만, 음수 값은 결과가 서로 다르다. 예를 들어 C#에서 -7 % 3은 -1이고, 파이썬에서는 2다.

BenchmarkDotNet을 사용하면 바로 벤치마크 스위트를 만들 수 있다. 이는 마이크로벤치마크

---

2 https://github.com/dotnet/BenchmarkDotNet

에 매우 적합하다. 마이크로벤치마크는 선택의 여지가 없거나 상사가 휴가 중일 때 작고 빠른 함수를 측정할 수 있는 벤치마크 종류 중 하나이다. BenchmarkDotNet은 변동이나 함수 호출 오버헤드와 관련된 측정 오차를 제거할 수 있다. 코드 7-1에서는 DivRem 함수와 수동적으로 몫과 나머지를 구하는 작업의 속도를 비교하기 위해 BenchmarkDotNet을 사용하는 코드를 확인할 수 있다. 기본적으로 [Benchmark] 속성으로 표시되는 벤치마크 작업으로 벤치마크 스위트를 설명하는 새로운 클래스를 생성한다. BenchmarkDotNet은 정확한 결과를 얻기 위해 이러한 함수를 몇 번 호출해야 하는지를 자체적으로 파악한다. 걸린 시간을 한 번만 측정한다거나 벤치마크를 몇 번만 반복하면 오차가 발생할 수 있기 때문이다. 우리는 보통 멀티태스킹 운영 체제를 사용하기 때문에 백그라운드에서 실행되는 다른 작업이 시스템에서 벤치마킹하는 코드 성능에 영향을 미칠 수 있다. 연산에 사용되는 변수를 [Params] 속성으로 표시하며 컴파일러가 불필요하다고 생각하는 작업을 제거하지 못하도록 한다. 컴파일러는 쉽게 산만해지지만 똑똑하다.

**코드 7-1** BenchmarkDotNet 코드

```
public class SampleBenchmarkSuite {
    [Params(1000)]
    public int A;                      ┐
                                        ├→ 컴파일러 최적화를 피하고 있다.
    [Params(35)]                       ┘
    public int B;

    [Benchmark]
    public int Manual() {
        int division = A / B;
        int remainder = A % B;          → 이 속성들은 벤치마크할 작업을 표시한다.
        return division + remainder;
    }

    [Benchmark]
    public int DivRem() {                        → 컴파일러가 연산 결과들을
        int division = Math.DivRem(A, B, out int remainder);   잃어버리지 않도록
        return division + remainder;               값을 반환한다.
    }
}
```

콘솔 애플리케이션을 만들어 using을 추가하고, Main에 Run 호출을 추가하면 다음과 같은 벤치마크를 실행할 수 있다.

```
using System;
using System.Diagnostics;
using BenchmarkDotNet.Running;

namespace SimpleBenchmarkRunner {
    public class Program {
        public static void Main(string[] args) {
            BenchmarkRunner.Run<SampleBenchmarkSuite>();
        }
    }
}
```

애플리케이션을 실행하면 1분 후에 다음과 같은 벤치마크 결과가 표시된다.

| Method | a | b | Mean | Error | StdDev |
|--------|-----|---|---------:|----------:|----------:|
| Manual | 1000 | 35 | 2.575 ns | 0.0353 ns | 0.0330 ns |
| DivRem | 1000 | 35 | 1.163 ns | 0.0105 ns | 0.0093 ns |

결과적으로 Math.DivRem()이 몫과 나머지를 구하는 연산을 따로 수행하는 것보다 두 배 더 빠른 것을 볼 수 있다. Error 열은 BenchmarkDotNet이 결과에 대해 충분한 신뢰성을 가지고 있지 않을 때 독자로 하여금 정확성을 평가할 수 있도록 도움을 주는 통계 속성일 뿐이니 놀라지 마라. 이것은 표준 오차가 아니고 99.9% 신뢰 구간의 절반에 해당하는 값이다.

BenchmarkDotNet은 통계적 오차를 줄이기 위한 아주 단순한 기능을 제공하지만, 간단한 벤치마킹을 위해 외부 라이브러리를 사용하고 싶지는 않을 수 있다. 이런 경우 코드 7-2와 같이 Stopwatch를 이용하여 벤치마크 러너를 작성할 수 있다. 서로 다른 함수의 상대적인 성능 차이에 대해 막연한 생각을 얻을 정도로 충분히 긴 루프에서 반복할 수 있다. BenchmarkDotNet을 위해 만들었던 것과 같은 스위트 클래스를 재사용하지만, 결과를 위해 자체적으로 구현한 루프와 측정 로직을 사용한다.

**코드 7-2** 직접 만든 벤치마킹

```
private const int iterations = 1_000_000_000;

private static void runBenchmarks() {
    var suite = new SampleBenchmarkSuite {
        A = 1000,
        B = 35
    };
```

```
        long manualTime = runBenchmark(() => suite.Manual());
        long divRemTime = runBenchmark(() => suite.DivRem());
        reportResult("Manual", manualTime);
        reportResult("DivRem", divRemTime);
    }

    private static long runBenchmark(Func<int> action) {
        var watch = Stopwatch.StartNew();
        for (int n = 0; n < iterations; n++) {
            action();       → 여기서 벤치마크할 코드를 호출한다.
        }
        watch.Stop();
        return watch.ElapsedMilliseconds;
    }

    private static void reportResult(string name, long milliseconds) {
        double nanoseconds = milliseconds * 1_000_000;
        Console.WriteLine("{0} = {1}ns / operation", name, nanoseconds / iterations);
    }
```

이 코드를 실행해 보면 벤치마크 결과는 비교적 유사하다.

```
Manual = 4.611ns / operation
DivRem = 2.896ns / operation
```

우리가 만든 벤치마크에서는 함수 호출 오버헤드나 for 루프 자체의 오버헤드를 제거하지 않기 때문에 시간이 더 오래 걸리는 것처럼 보인다. 하지만 DivRem이 여전히 수동으로 몫과 나머지를 구하는 작업보다 두 배 정도 더 빠르다는 것은 성공적으로 관찰할 수 있다.


## 7.1.2 성능 대 응답성

벤치마크는 상대적인 숫자만 보고할 수 있다. 사용자 코드가 절대적으로 빠른지 또는 느린지는 말할 수 없지만, 다른 코드보다 상대적으로 빠른지 또는 느린지는 알 수 있다. 사용자 관점에서 느리다는 것에 대한 일반적인 원칙은 무엇일까? 보통 100밀리초 이상 걸리는 동작은 지연된 것으로 느껴지며, 300밀리초 이상 걸리는 동작은 느린 것으로 간주된다. 1초 이상 걸린다는 것은 생각할 수 없다. 3초 이상 기다려야 한다면 대부분의 사용자는 웹 페이지나 앱을 떠날 것이다. 사용자의 행동에 응답까지 5초 이상이 걸린다면, 그 시점에서는 이미 우주의 나이만큼 걸리는 것과 차이가 없다. 그림 7-1은 이것을 보여준다.

▼ 그림 7-1 응답 지연에 따른 좌절감

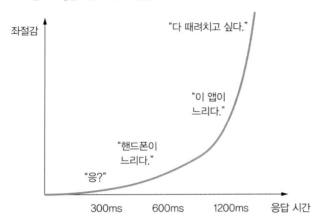

성능이 항상 응답과 관련된 것은 아니다. 실제로 응답성이 높은 앱이 되려면 작업을 더 느리게 수행해야 할 수도 있다. 예를 들어 머신러닝을 사용해 비디오에 등장하는 얼굴을 여러분의 얼굴로 교체하는 앱이 있다고 하자. 이러한 작업은 계산이 집약적이기 때문에 작업이 완료될 때까지 다른 작업을 수행하지 않는 것이 가장 빠른 방법일 것이다. 하지만 그렇게 한다면 UI는 응답을 멈출 것이고, 사용자로 하여금 무언가 잘못되었다고 느끼게 해 사용자가 앱을 종료하게 만들 것이다. 따라서 가능한 한 빨리 계산을 완료하는 대신, 계산 주기의 일부를 할애하여 진행 표시줄을 표시해야 한다. 남은 예상 시간을 계산하고 사용자가 이 작업을 기다리는 동안 즐길 수 있는 멋진 애니메이션을 표시해야 한다. 결국 코드는 더 느리겠지만, 결과는 더 성공적일 것이다.

즉, 벤치마크는 상대적인 것이지만 느리다는 것이 무엇을 의미하는지는 알 수 있다. 피터 노빅은 그의 블로그[3]에서 같은 시간이라도 상황에 따라 어떻게 수십 배 더 느려질 수 있는지를 보여주기 위해 맥락별 대기 시간을 보여준다. 나는 간단한 계산으로 비슷한 표를 만들었다. 표 7-1을 보고 여러분만의 숫자를 생각해 낼 수 있다.

---

3   "10년 안에 프로그래밍을 직접 배워라," http://norvig.com/21-days.html#answers

| 바이트 읽기 | 시간 |
| --- | --- |
| CPU 레지스터 | 1ns |
| CPU L1 캐시 | 2ns |
| 램 | 50ns |
| 디스크 | 250,000ns |
| 로컬 네트워크 | 1,000,000ns |
| 지구 반대편 서버 | 150,000,000ns |

대기 시간은 사용자 경험뿐만 아니라 성능에도 영향을 미친다. 데이터베이스는 디스크에 있고, 데이터베이스 서버는 네트워크에 있다. 즉, 데이터베이스에서 가장 빠른 SQL 쿼리를 작성하고 가장 빠른 인덱스를 정의하더라도 물리 법칙에 제한을 받으며, 1밀리초보다 더 빠른 결과를 얻을 수는 없다. 여러분이 보내는 밀리초가 하나씩 점점 쌓이다 보면 이상적으로 300밀리초 미만인 전체 예산을 다 써버리게 된다.

## 7.2 / 완만함의 분석

성능을 향상시키는 방법을 이해하려면 먼저 성능 장애의 원인부터 이해해야 한다. 앞에서 살펴본 바와 같이 모든 성능 문제가 속도와 관련된 것은 아니다. 일부는 응답성과 관련된 것이다. 그러나 속도 부분은 컴퓨터가 일반적으로 작동하는 방식과 관련이 있으므로 몇 가지 낮은 수준의 개념을 숙지하는 것이 좋다. 이 장의 뒷부분에서 설명하는 최적화 기술을 이해하는 데 도움이 될 것이다.

CPU는 RAM에서 읽은 명령을 처리하고 끝없는 루프에서 명령을 반복적으로 수행하는 칩을 말한다. 이것을 마치 바퀴가 돌아가는 것으로 상상할 수 있으며, 그림 7-2처럼 바퀴가 한 바퀴 돌 때마다 일반적으로 다른 명령을 수행한다. 일부 작업은 회전이 여러 번 필요할 수 있지만, 기본 단위는 한 바퀴이며 이것을 보통 **클럭 사이클** 또는 줄여서 **사이클**이라고 한다.

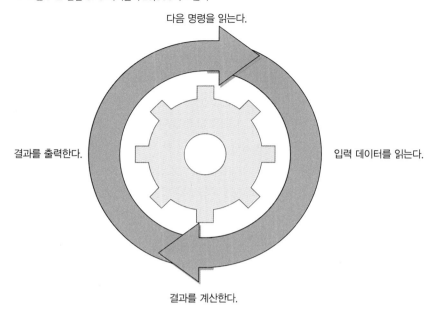

다음 명령을 읽는다.

입력 데이터를 읽는다.

결과를 출력한다.

결과를 계산한다.

7

자기 주장이 무력한 최적화

일반적으로 헤르츠(Hz)로 표시되는 CPU 속도는 초당 처리할 수 있는 클럭 사이클 수를 의미한다. 최초의 전자 컴퓨터인 에니악(ENIAC)은 초당 10만 사이클을 처리할 수 있었고, 즉 속도가 100KHz였다. 1980년대에 사용하던 8비트짜리 가정용 컴퓨터에 있던 구식 4MHz Z80 CPU는 초당 400만 사이클밖에 처리할 수 없었다. 최근에 출시된 3.4GHz AMD 라이젠 5950X CPU는 각 코어에서 초당 34억 사이클을 처리할 수 있다. 하지만 이것은 CPU가 처리할 수 있는 명령어 수를 의미하지는 않는다. 먼저, 일부 명령을 처리하는 데 클럭 사이클이 두 개 이상 필요할 수 있으며, 최신 CPU는 코어 하나에서 여러 명령을 병렬로 처리할 수 있기 때문이다. 따라서 때때로 CPU는 클럭 속도가 허용하는 것보다 더 많은 명령을 실행할 수 있다.

블록 메모리 복사 명령과 같이 일부 CPU 명령은 인수에 따라 임의의 시간이 걸릴 수도 있다. 블록 크기에 따라 O(N)의 시간이 걸린다.

기본적으로 코드 속도와 관련된 모든 성능 문제는 명령어 몇 개가 몇 번 실행되는지에 따라 달라진다. 코드를 최적화할 때 실행하는 명령어 수를 줄이거나 더 빠른 버전의 명령어를 사용하려고 시도하라. DivRem 함수는 더 적은 주기의 명령어로 변환되기 때문에 몫과 나머지 연산을 사용하는 것보다 더 빠르게 실행된다.

# 7.3 최고부터 시작하라

실행하는 명령어 수를 줄이는 두 번째로 좋은 방법은 더 빠른 알고리즘을 선택하는 것이다. 첫 번째로 좋은 방법은 코드를 완전히 삭제하는 것이다. 농담이 아니다. 필요 없는 코드는 삭제하라. 코드 베이스에 불필요한 코드를 담아 두지 마라. 코드 성능을 당장 저하시키지는 않더라도 개발자의 능률을 저하시켜 결국 코드 성능까지 저하시킬 수 있다. 주석 처리한 코드를 남겨 두지 마라. 이전 코드를 복원하기 위해서 깃(Git)이나 머큐리얼(Mercurial)과 같이 잘 알려진 소스 제어 시스템의 기능을 활용하라. 이 기능이 가끔만 필요하다면 주석으로 처리하지 말고 구성으로 넣어 보자. 이렇게 코드에 쌓인 먼지를 날려버린다면 놀랄 일이 없을 것이고 모든 것이 바뀌었기 때문에 전혀 컴파일되지 않을 것이다. 현재 상태를 유지하고 작동할 것이다.

2장에서 이야기했듯이 더 빠른 알고리즘은 비록 최적화된 구현이 아니더라도 엄청난 차이를 만들 수 있다. 먼저 "이것이 가장 좋은 방법인가?"라고 스스로에게 질문하라. 잘못 구현된 코드를 더 빨리 만드는 방법도 있지만, 가장 광범위하게는 시나리오 자체에서 **최상**의 방법으로 문제를 해결하고 실제 문제의 위치를 파악할 때까지 더 깊이 조사하는 것만큼 좋은 것은 없다. 이 방법이 일반적으로 더 빠르고, 훨씬 쉽게 결과를 유지할 수 있다.

사용자가 앱에서 자신의 프로필을 보는 것이 느리다고 불평하는 경우를 예로 들어 이 문제를 직접 재현해 보자. 성능 문제는 클라이언트나 서버에서 발생할 수 있다. 따라서 위부터 시작한다. 먼저 문제가 발생할 수 있는 두 계층 중 하나를 제거하여 문제가 발생하는 주요 계층을 확인한다. 직접적인 API 호출에 동일한 문제가 발생하지 않는다면 클라이언트에 문제가 있을 수 있다. 만약 그게 아니라면 서버에 문제가 있어야 한다. 실제 문제를 발견할 때까지 한 방향으로 계속 진행한다. 어떤 의미에서는 그림 7-3과 같이 이진 검색을 수행하고 있다고 볼 수 있다.

하향식 접근 방식을 따를 경우 막연히 추측하는 대신 효율적인 방법으로 문제의 근본 원인을 찾을 수 있다. 수동으로 이진 검색을 하기 때문에 실생활에서 알고리즘을 사용하여 여러분의 삶을 더 쉽게 만들고 있다. 좋아, 잘했다! 문제가 발생하는 부분을 찾은 후에 코드 복잡도에 명백한 위험 신호가 있는지 확인한다. 간단한 코드로도 충분하지만 더 복잡한 코드를 실행하는 패턴을 식별할 수 있다. 지금부터 그중 몇 가지를 검토해 보자.

❤ 그림 7-3 근본적인 원인을 식별하기 위한 하향식 접근법

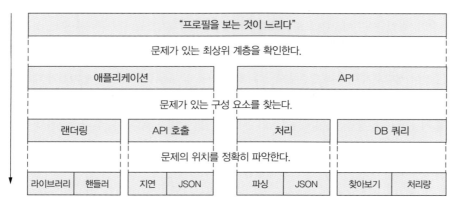

## 7.3.1 중첩 루프

코드 속도를 늦추는 가장 쉬운 방법 중 하나는 코드를 또 다른 루프 안에 넣는 것이다. 중첩 루프
로 코드를 작성할 때 우리는 곱셈의 효과를 과소평가하곤 한다. 중첩 루프가 항상 보이는 것도 아
니다. 느린 사용자 프로필 예제를 확장하여 프로필 데이터를 생성하는 백엔드 코드에 문제가 있다
고 가정해 보자. 사용자가 가진 배지(badge)를 반환하여 프로필에 보여주는 함수가 있다. 일부 샘
플 코드는 다음과 같다.

```
public IEnumerable<string> GetBadgeNames() {
    var badges = db.GetBadges();
    foreach (var badge in badges) {
        if (badge.IsVisible) {
            yield return badge.Name;
        }
    }
}
```

눈에 띄는 중첩 루프는 없다. 실제로 다음과 같이 LINQ를 활용하여 루프 없이 동일한 함수를 작
성할 수 있지만 속도 문제가 여전히 존재한다.

```
public IEnumerable<string> GetBadgesNames() {
    var badges = db.GetBadges();
    return badges
        .Where(b => b.IsVisible)
```

```
        .Select(b => b.Name);
    }
```

내부 루프는 어디에 있을까? 이것은 프로그래머로서 일하는 내내 스스로에게 물어봐야 할 질문이다. 범인은 IsVisible 속성이다. 이것이 내부에서 무엇을 하는지 모르기 때문이다.

C#의 속성은 언어 개발자가 아무리 단순해도 모든 함수 이름 앞에 get을 쓰는 것에 지쳤기 때문에 개발되었다. 실제로 속성 코드는 컴파일할 때 get_이나 set_ 접두사가 이름에 추가된 함수로 변환된다. 속성을 사용할 때의 장점은 어떤 클래스의 필드와 같은 멤버가 호환성을 유지하면서 작동하는 방식을 변경할 수 있다는 것이다. 단점은 잠재적인 복잡성을 숨기고 있다는 것이다. 간단한 필드나 기본 메모리 액세스 작업처럼 보이며, 속성을 호출하는 데는 많은 연산이 전혀 필요 없다고 가정할 수 있다. 이상적으로는 계산 집약적인 코드를 속성 안에 넣지 않는 것이 좋다. 하지만 보기 전에는 다른 사람이 어떻게 했는지 알 수 없다.

다음과 같이 Badge 클래스의 IsVisible 속성 소스를 살펴보면 보기보다 비용이 많이 든다.

```
public bool IsVisible {
    get {
        var visibleBadgeNames = db.GetVisibleBadgeNames();
        foreach (var name in visibleBadgeNames) {
            if (this.Name == name) {
                return true;
            }
        }
        return false;
    }
}
```

이 속성은 뻔뻔하게도 가능한 배지 이름을 모두 불러오기 위해 데이터베이스를 호출하고 예상되는 배지 중 하나인지를 확인하고자 루프로 비교한다. 이 코드의 죄목을 하나하나 설명하기에는 시간이 부족하다. 그러나 여기서 얻을 수 있는 첫 번째 교훈은 속성을 조심하라는 것이다. 그들은 특정한 로직을 포함하고 있고, 이 로직이 항상 단순하지는 않다.

IsVisible 속성을 최적화하는 여러 방법이 있겠지만, 무엇보다도 먼저 이 속성을 호출할 때마다 배지 이름 목록을 검색하지 않는 것이 중요하다. 이 목록은 거의 바뀌지 않으며, 만약 바뀌더라도 다시 시작할 수 있다고 가정하면 한 번 검색해서 정적 목록에 저장할 수 있을 것이다. 물론 캐싱도 할 수 있지만 그건 나중에 설명하겠다. 이렇게 하면 속성 코드를 다음과 같이 줄일 수 있다.

```
private static List<string> visibleBadgeNames = getVisibleBadgeNames();
public bool IsVisible {
    get {
        foreach (var name in visibleBadgeNames) {
            if (this.Name == name) {
                return true;
            }
        }
        return false;
    }
}
```

이 목록을 유지하는 장점은 Contains 메서드가 이미 있기 때문에 다음처럼 IsVisible에서 루프를 제거할 수 있다는 것이다.

```
public bool IsVisible {
    get => visibleBadgeNames.Contains(this.Name);
}
```

내부 루프는 결국 사라졌지만, 여전히 그 정신은 없애지 못했다. 뼈를 깎는 고통을 겪더라도 그 정신까지 없애야 한다. C#에서 리스트는 기본적으로 배열이며 O(N)의 검색 복잡도를 가진다. 이것은 루프가 사라지지 않고 다른 함수인 List<T>.Contains() 안에서 움직였다는 것을 의미한다. 루프를 제거하는 것만으로 복잡도를 줄일 수는 없다. 조회 알고리즘도 바꿔야 한다.

리스트를 정렬하고 이진 검색을 수행하여 검색 성능을 O(logN)으로 줄일 수도 있다. 다행히 우리는 2장 내용을 이미 읽었고 HashSet<T> 데이터 구조가 해시를 사용하여 항목의 위치를 검색하는 덕분에 훨씬 더 나은 O(1)의 검색 성능을 제공한다는 것을 알고 있다. 마침내 속성 코드가 다음과 같이 정상적으로 보이기 시작했다.

```
private static HashSet<string> visibleBadgeNames = getVisibleBadgeNames();

public bool IsVisible {
    get => visibleBadgeNames.Contains(this.Name);
}
```

이 코드에 대한 벤치마킹은 하지 않았지만 코드에서 볼 수 있듯이 계산 복잡성의 문제점을 살펴보는 것만으로도 좋은 통찰력을 얻을 수 있다. 코드에는 예상하지 못한 내용과 어두운 구석의 복병들이 언제나 여러분을 노리고 있기 때문에 수정 작업이 잘 이뤄졌는지 테스트해야 한다.

GetBadgeNames() 메서드 이야기는 여기서 끝이 아니다. 개발자가 데이터베이스의 Badge 레코드에 단일 비트 플래그 대신 배지 이름의 별도 목록을 유지하는 이유 혹은 데이터베이스를 쿼리하는 동안 단순히 별도의 테이블에 보관하고 조인하지 않는 이유와 같이 다른 질문이 있을 수 있다. 그러나 중첩된 루프에 대한 문제를 다루었기 때문에 지금은 아마 몇 배 더 빨라졌을 것이다.

## 7.3.2 문자열 지향 프로그래밍

문자열은 매우 실용적이다. 읽기 쉽고, 모든 종류의 텍스트를 담을 수 있으며, 쉽게 조작할 수도 있다. 올바른 타입을 사용하는 것이 그냥 문자열을 사용하는 것보다 어떻게 더 나은 성능을 제공하는지에 대해서는 이미 이야기했다. 하지만 문자열이 코드에 스며들 수 있는 미묘한 방법이 있다.

불필요하게 문자열을 사용하는 일반적인 방법 중 하나는 모든 컬렉션을 문자열 컬렉션으로 가정하는 것이다. 예를 들어 만약 `HttpContext.Items`나 `ViewData`에 어떤 플래그를 유지하려는 경우, 다음처럼 작성하는 것이 일반적이다.

```
HttpContext.Items["Bozo"] = "true";
```

이후에 다음과 같이 동일한 플래그인지 확인할 수 있다.

```
if ((string)HttpContext.Items["Bozo"] == "true") {
…
}
```

일반적으로 컴파일러 경고를 받은 후에 문자열에 대한 타입캐스팅을 추가하게 된다. "이봐, 정말 이렇게 할 건가? 이것은 문자열 컬렉션이 아니야." 그러나 이 컬렉션이 실제로는 객체 컬렉션이라는 전체적인 그림을 자주 놓친다. 실제로 다음과 같이 불리언 변수를 사용하여 코드를 수정할 수 있다.

```
HttpContext.Items["Bozo"] = true;
```

이 값을 확인한다.

```
if ((bool?)HttpContext.Items["Bozo"] == true) {
…
}
```

이렇게 하면 스토리지 오버헤드, 구문 분석 오버헤드, 심지어 true 대신 True를 입력하는 등의 가끔 발생하는 오타까지도 피할 수 있다.

이런 단순한 실수로 인한 오버헤드는 미미하겠지만, 습관적으로 발생한다면 상당한 오버헤드가 쌓일 것이다. 물이 새는 배에 못을 고정하는 것은 불가능하지만, 배를 만들 때부터 올바른 방법으로 못을 박는다면 배를 띄우는 데 도움이 될 수 있다.

### 7.3.3 2b || !2b 평가하기

if 문에 있는 불리언 표현식은 작성된 순서대로 평가된다. C# 컴파일러는 불필요한 사례를 평가하는 것을 피하기 위해 평가를 위한 스마트 코드를 만든다. 예를 들어 엄청나게 비용이 컸던 IsVisible 속성을 기억하는가? 다음 검사를 고려해 보자.

```
if (badge.IsVisible && credits > 150_000) {
```

간단한 값을 검사하기 전에 연산이 많이 필요한 속성을 먼저 평가한다. 만약 x가 150,000 미만인 값이 대다수일 경우 이 함수를 호출한다면 IsVisible 속성은 대부분 호출되지도 않을 것이다. 이를 위해 다음과 같이 표현식의 위치를 간단히 바꿀 수 있다.

```
if (credits > 150_000 && badge.IsVisible) {
```

이렇게 하면 비용이 많이 드는 불필요한 작업을 수행하지 않아도 된다. 논리적 OR 연산(||)에도 이것을 적용할 수 있다. 이 경우 첫 번째 식에서 true를 반환하면 나머지 표현식을 계산하지 않는다. 물론 실제 상황에서는 이렇게 비용이 큰 속성을 갖는 일은 드물겠지만, 피연산자의 타입에 따라 표현식을 정렬하는 것을 추천한다.

1. 변수
2. 필드
3. 속성
4. 메서드 호출

모든 불리언 표현식을 연산자 주위로 안전하게 옮길 수 있는 것은 아니다. 다음 식을 살펴보자.

```
if (badge.IsVisible && credits > 150_000 || isAdmin) {
```

평가 결과가 바뀔 수 있기 때문에 isAdmin을 가장 앞으로 옮길 수 없다. 불리언 평가를 최적화하는 동안 if 문의 로직이 실수로 깨지지 않도록 해야 한다.

# 7.4 병목 현상 깨뜨리기

소프트웨어의 지연에는 CPU, I/O, 사람이라는 세 가지 유형이 있다. 더 빠른 대안을 찾고 작업을 병렬화하거나, 방정식에서 이러한 지연 요소를 제거하여 각 범주를 최적화할 수 있다.

작업에 적합한 알고리즘이나 메서드를 사용하고 있다고 확신한다면 코드 자체를 최적화할 수 있는 방법으로 넘어갈 수 있다. 최적화 옵션을 평가하려면 CPU가 제공하는 유용한 기능을 알고 있어야 한다.

## 7.4.1 데이터를 패킹하지 마라

CPU가 정렬되지 않은 메모리 주소에서 데이터를 읽는 경우 패널티가 발생할 수 있기 때문에, 어떤 메모리 주소(예를 들어 1023)에서 읽는 것이 다른 메모리 주소(예를 들어 1024)에서 읽는 것보다 더 많은 시간이 걸릴 수 있다. 이런 의미에서 메모리 정렬은 그림 7-4에서 보는 바와 같이 최소 CPU의 **워드 크기**인 4, 8, 16 등의 배수에 메모리 위치가 오도록 하는 것을 의미한다. 일부 오래된 프로세서에서는 정렬되지 않은 메모리에 액세스할 경우, 사망에 이를 수 있다. 수천 번의 작은 전기 충격 때문이다. 실제로 아미가(Amiga)에서 사용한 모토로라 68000이나 일부 ARM 기반 프로세서와 같은 일부 CPU는 아예 정렬되지 않은 메모리에는 액세스할 수 없게 되어 있다.

▼ 그림 7-4 메모리 주소 정렬

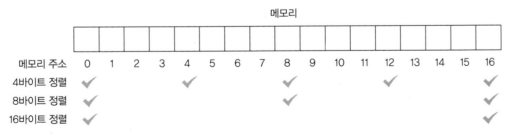

> **CPU 워드 크기**
>
> 워드 크기는 일반적으로 CPU가 한 번에 처리할 수 있는 데이터의 양으로 정의된다. 이 개념은 CPU가 32비트 또는 64비트라고 불리는 것과 밀접한 관련이 있다. 워드 크기는 대부분 CPU의 어큐뮬레이터(혹은 누산기) 레지스터의 크기를 반영한다. 레지스터는 CPU 수준의 변수와 같으며, 어큐뮬레이터는 가장 일반적으로 사용되는 레지스터이다. Z80 CPU를 예로 들어 보자. 16비트 레지스터가 있고, 16비트 메모리 주소를 지정할 수 있지만, 8비트 어큐뮬레이터 레지스터가 있기 때문에 8비트 프로세서로 간주된다.

다행히 컴파일러가 보통 이러한 정렬 작업을 처리한다. 그러나 컴파일러의 동작을 오버라이드할 수도 있고, 여전히 무언가 잘못되었다고 느끼지 못할 수도 있다. 작은 공간에 더 많은 것을 저장하면 읽어야 하는 메모리의 크기가 작기 때문에 읽기 작업이 더 빨라져야 한다. 코드 7-4의 데이터 구조를 살펴보자. 이것은 구조체이기 때문에 C#은 일부 경험에 기초하여 정렬을 적용할 것이고, 이는 정렬이 전혀 없을 수도 있다는 것을 의미한다. 어쩌면 값을 바이트 단위로 유지하여 작은 패킷으로 전달하고 싶어질 수도 있다.

**코드 7-3** 패킹된 데이터 구조

```
struct UserPreferences {
    public byte ItemsPerPage;
    public byte NumberOfItemsOnTheHomepage;
    public byte NumberOfAdClicksICanStomach;
    public byte MaxNumberOfTrollsInADay;
    public byte NumberOfCookiesIAmWillingToAccept;
    public byte NumberOfSpamEmailILoveToGetPerDay;
}
```

하지만 정렬되지 않은 경계에 대한 메모리 액세스 속도는 느려지기 때문에 스토리지 절감 효과는 구조체의 각 멤버에 대한 접근 패널티로 무마될 것이다. 만약 구조체의 데이터 타입을 byte에서 int로 변경하고 그 차이를 테스트하기 위해 벤치마크를 생성한다면 표 7-2에서 메모리 사용량이 4분의 1로 줄어들지만, 바이트 액세스 속도는 거의 두 배 느려지는 것을 볼 수 있다.

▼ 표 7-2 정렬된 멤버와 정렬되지 않은 멤버의 접근 속도 차이

| 메서드 | 평균 시간 |
| --- | --- |
| ByteMemberAccess | 0.2475ns |
| IntMemberAccess | 0.1359ns |

이 이야기의 교훈은 불필요하게 메모리 공간을 최적화하는 것을 피하라는 것이다. 예를 들어 숫자 10억 개를 배열로 만들고 싶을 때 byte와 int의 차이는 3GB가 될 수 있다. I/O 속도를 위해서 더 작은 크기를 사용하는 것이 바람직할 수도 있지만, 그게 아니라면 메모리 정렬을 신뢰하라. 벤치마킹에 있어서 변하지 않는 법칙은 "두 번 측정하고, 한 번 줄이고, 다시 측정하고, 이제 더 줄이는 것은 당분간 살살 하자"는 것이다

## 7.4.2 근접성을 활용하라

캐싱이란 자주 사용하는 데이터를 일반적인 메모리 위치보다 더 빠르게 접근 가능한 위치에 보관하는 것을 말한다. CPU는 서로 다른 속도의 자체 캐시 메모리를 가지고 있으며, 모두 RAM보다 빠르다. 캐시가 어떻게 구성되어 있는지를 기술적으로 자세히 다루지는 않지만, 기본적으로 CPU는 RAM의 일반 메모리보다 캐시 메모리를 훨씬 더 빠르게 읽을 수 있다. 예를 들어 순차적으로 읽는 것이 메모리 주위를 랜덤으로 읽는 것보다 빠르다는 것을 의미한다. 또한, 배열을 순차적으로 읽는 것은 연결 리스트를 순차적으로 읽는 것보다 빠를 수 있다. 끝에서 끝까지 읽는 것의 시간 복잡도는 둘 다 O(N)으로 같지만, 배열이 연결 리스트보다 더 우수한 성능을 보일 수 있다. 그 이유는 다음 요소가 메모리의 캐시된 영역에 있을 가능성이 더 높기 때문이다. 반면에 연결 리스트의 요소는 별도로 할당되기 때문에 메모리 곳곳에 흩어져 있다.

16바이트 캐시를 보유한 CPU가 있고 정수 배열 세 개와 정수 연결 리스트 세 개가 있다고 가정하자. 그림 7-5에서 배열의 첫 번째 요소를 읽으면 나머지 요소도 CPU 캐시로 로드되는 반면, 연결 리스트를 따라 건너가다 보면 캐시에 없는 경우가 발생하고 새로운 영역이 캐시로 로드된다.

❤ 그림 7-5 배열 대 연결 리스트의 캐시 근접성

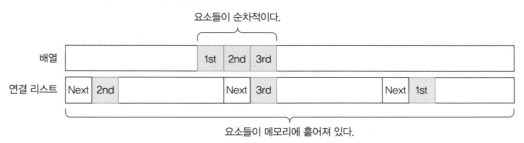

CPU는 일반적으로 데이터를 순차적으로 읽고 있다고 가정한다. 그렇다고 연결 리스트가 쓸모없다는 것은 아니다. 연결 리스트는 삽입/삭제 성능이 우수하고 확장 시 메모리 오버헤드가 작다. 반면 배열 기반 리스트는 버퍼가 증가할 때 버퍼를 다시 할당하고 복사해야 한다. 속도가 매우 느리고 버퍼를 필요 이상으로 할당하게 되어 대용량 리스트에서 메모리 사용량이 불균형해질 수 있다. 그러나 대부분의 경우 리스트는 괜찮을 것이고, 읽는 속도가 더 빠를 것이다.


## 7.4.3 종속 작업을 세분화하라

단일 CPU 명령어는 프로세서의 개별 유닛에 의해 처리된다. 예를 들어 한 유닛이 명령어의 디코

수 있다.

SIMD는 펜 여러 개를 테이프로 연결한 것과 매우 비슷하게 동작한다. 원하는 것이라면 무엇이든 그릴 수 있지만 모든 펜은 종이의 다른 좌표에서 동일한 작업을 수행한다. SIMD 명령어는 여러 값에 대한 산술 연산을 수행하지만 이 연산은 일정하게 유지된다.

C#은 System.Numerics 네임스페이스에서 Vector 타입으로 SIMD 기능을 제공한다. 모든 CPU는 SIMD에 대한 지원이 다르고 일부 CPU는 SIMD를 전혀 지원하지 않는다. 먼저 CPU에서 SIMD 를 사용할 수 있는지부터 확인해야 한다.

```
if (!Vector.IsHardwareAccelerated) {
. . . non-vector implementation here . . .
}
```

그런 다음 CPU가 동시에 처리할 수 있는 지정된 타입의 수를 파악해야 한다. 이는 프로세서마다 다르기 때문에 먼저 확인해야 한다.

```
int chunkSize = Vector<int>.Count;
```

이 경우 int 값을 처리하려고 한다. CPU가 처리할 수 있는 항목의 수는 데이터 타입에 따라 달라 진다. 한 번에 처리할 수 있는 요소의 수를 알면 버퍼를 청크 단위로 처리할 수 있다.

배열에 있는 값을 모두 곱한다고 가정해 보자. 일련의 값을 곱하는 것은 녹음 볼륨을 변경하거나 이미지 밝기를 조절하는 등 데이터 처리에서 일반적인 문제다. 예를 들어 이미지의 픽셀 값에 2 를 곱하면 밝기가 두 배가 된다. 마찬가지로 음성 데이터에 2를 곱하면 소리의 크기가 두 배로 커 진다. 코드 7-7은 이를 간단히 구현한 것이다. 단순히 버퍼 안의 항목을 반복하고 그 자리에 있는 값을 곱셈의 결과로 대체한다.

**코드 7-7** 전형적인 인플레이스 곱셈 연산

```
public static void MultiplyEachClassic(int[] buffer, int value) {
    for (int n = 0; n < buffer.Length; n++) {
        buffer[n] *= value;
    }
}
```

Vector 타입을 대신 사용해 이러한 연산을 수행하면 코드는 더 복잡해지고, 더 느려질 수 있다. 이를 코드 7-8에서 볼 수 있다. 기본적으로 SIMD 지원 여부를 먼저 확인하고 정수 값을 위해 청 크 크기를 쿼리한다. 우리는 나중에 주어진 청크 크기로 버퍼를 검토하고 Vector<T>의 인스턴스를 만든 후에 값을 벡터 레지스터로 복사한다. 이 타입은 표준 산술 연산자를 지원하므로 주어진 숫자를 벡터 유형에 곱한다. 그러면 한 번에 청크의 모든 요소를 자동으로 곱할 것이다. for 루프 바깥에서 변수 n을 선언했기 때문에 두 번째 루프는 이전 루프의 마지막 값에서 시작하는 것을 볼 수 있다.

**코드 7-8** 약간 복잡한 곱셈 연산

```
public static void MultiplyEachSIMD(int[] buffer, int value) {
    if (!Vector.IsHardwareAccelerated) {
        MultiplyEachClassic(buffer, value);      → 만약 SIMD가 지원되지 않는 경우 기존 구현을 호출한다.
    }

    int chunkSize = Vector<int>.Count;      → SIMD가 한 번에 처리할 수 있는 값의 개수를 쿼리한다.
    int n = 0;
    for (; n < buffer.Length - chunkSize; n += chunkSize) {
        var vector = new Vector<int>(buffer, n);      → 배열 세그먼트를 SIMD 레지스터에 복사한다.
        vector *= value;      → 모든 값을 한 번에 곱한다.
        vector.CopyTo(buffer, n);
    }

    for (; n < buffer.Length; n++) {
        buffer[n] *= value;      ├→ 나머지 바이트들은 일반적인 방식으로 처리한다.
    }
}
```

일이 너무 커지는 것 아닐까? 그러나 표 7-3에서 볼 수 있듯이 벤치마크 결과는 인상적이다. 이 경우 우리의 SIMD 기반 코드는 일반 코드보다 두 배 빠르다. 처리하는 데이터 타입과 수행하는 작업에 따라 훨씬 더 빨라질 수 있다.

▼ 표 7-3 SIMD 차이

| 메서드 | 평균 시간 |
|---|---|
| MultiplyEachClassic | 5,641ms |
| MultiplyEachSIMD | 2,648ms |

작업이 계산 집약적이고 여러 요소에 동일한 연산을 동시에 수행해야 할 경우 SIMD를 고려해 보자.

248

# 7.5 1초와 0초의 I/O(입출력)

I/O는 CPU가 디스크, 네트워크 어댑터, 심지어 GPU와 같은 주변 하드웨어와 통신하는 모든 것을 포함한다. I/O는 보통 성능 체인에서 가장 느린 링크이다. 생각해 보라. 하드 드라이브는 실제로 데이터를 탐색하는 스핀들이 있는 회전식 디스크이다. 이것은 끊임없이 움직이는 로봇 팔과 같다. 네트워크 패킷은 빛의 속도로 이동할 수 있지만, 지구를 한 바퀴 도는데 여전히 100밀리초 이상이 걸릴 것이다. 프린터는 특히 느리고 비효율적이며 분노 유발을 일으키도록 설계되었다.

대부분의 경우 I/O 자체의 속도를 빠르게 만들 수는 없다. 물리적인 한계 때문이다. 하지만 하드웨어는 CPU와 독립적으로 실행될 수 있으며 CPU가 다른 작업을 수행하는 동안에도 여전히 작동할 수 있다. 즉, CPU와 I/O 작업을 겹치면 더 짧은 시간 내에 전체 작업을 완료할 수 있다.

## 7.5.1 I/O 속도 향상

물론, 하드웨어의 고유한 한계로 인해 I/O 속도는 느리지만 이를 더 빠르게 만들 수 있다. 예를 들어 디스크를 읽을 때마다 운영 체제 호출 오버헤드가 발생한다면, 코드 7-9처럼 파일을 복사하는 코드를 고려해 보자. 이는 매우 간단하다. 소스 파일에서 읽은 모든 바이트 정보를 복사하고 해당 바이트를 대상 파일에 쓰면 된다.

**코드 7-9** 단순 파일 복사

```
public static void Copy(string sourceFileName, string destinationFileName) {
    using var inputStream = File.OpenRead(sourceFileName);
    using var outputStream = File.Create(destinationFileName);
    while (true) {
        int b = inputStream.ReadByte();      → 바이트를 읽는다.
        if (b < 0) {
            break;
        }
        outputStream.WriteByte((byte)b);     → 바이트를 쓴다.
    }
}
```

문제는 모든 시스템 호출이 정교한 의식을 내포하고 있다는 점이다. 여기서 ReadByte( ) 함수는 운영 체제의 읽기 함수를 호출한다. 운영 체제는 커널 모드를 호출하는데, 이는 CPU가 실행 모드를 변경하는 것을 의미한다. 운영 체제 루틴은 파일 핸들과 필수적인 데이터 구조를 검색하는 것이다. I/O 결과가 이미 캐시에 있는지 확인하고, 캐시에 없으면 관련 장치 드라이버를 호출하여 디스크에서 실제 I/O 작업을 실행한다. 메모리의 읽기 부분은 프로세스의 주소 공간에서 버퍼로 복사된다. 이러한 작업은 순식간에 발생하며 1바이트만 읽어도 중요해질 수 있다.

많은 I/O 장치는 블록 단위로 읽고 쓰며 이를 **블록 장치**(block devices)라고 부른다. 네트워크나 저장 장치는 일반적으로 블록 장치이다. 키보드는 한 번에 문자 하나를 보내기 때문에 문자 장치이다. 블록 장치는 블록 크기보다 작게 읽을 수 없으므로 일반적인 블록 크기보다 작은 것을 읽는 것은 의미가 없다. 하드 드라이브의 섹터 크기가 512바이트이므로 이는 디스크를 위한 일반적인 블록 크기가 된다. 최신 디스크는 더 큰 블록 크기를 가질 수 있지만, 512바이트를 읽기만 해도 성능이 얼마나 향상되는지 살펴보자. 다음 코드는 버퍼 크기를 매개변수로 받고 해당 청크 크기를 사용하여 읽고 쓰는 동일한 복사 작업을 보여준다.

**코드 7-10** 더 큰 버퍼를 사용하여 파일 복사하기

```
public static void CopyBuffered(string sourceFileName, string destinationFileName, int
bufferSize) {
    using var inputStream = File.OpenRead(sourceFileName);
    using var outputStream = File.Create(destinationFileName);
    var buffer = new byte[bufferSize];
    while (true) {
        int readBytes = inputStream.Read(buffer, 0, bufferSize);   → bufferSize 크기의
        if (readBytes == 0) {                                          바이트를 한 번에 읽는다.
            break;
        }
        outputStream.Write(buffer, 0, readBytes);      → bufferSize 크기의 바이트를 한 번에 쓴다.
    }
}
```

바이트를 기반으로 한 복사 함수와 버퍼 크기가 다른 버퍼 변형 함수에 대해 테스트하는 간단한 벤치마크를 작성하면 한 번에 큰 청크를 읽는 것이 만드는 차이를 볼 수 있다. 결과는 표 7-4에서 확인할 수 있다.

| 메서드 | 버퍼 크기 | 평균 시간 |
|---|---|---|
| Copy | 1 | 1,351.27ms |
| CopyBuffered | 512 | 217.80ms |
| CopyBuffered | 1024 | 214.93ms |
| CopyBuffered | 16384 | 84.53ms |
| CopyBuffered | 262144 | 45.56ms |
| CopyBuffered | 1048576 | 43.81ms |
| CopyBuffered | 2097152 | 44.10ms |

512바이트 버퍼를 사용하는 것만으로도 엄청난 차이를 만들 수 있다. 복사 작업 속도가 6배 빨라진다. 그러나 버퍼 크기를 256킬로바이트까지 늘리면 가장 큰 차이가 발생하며, 이것보다 더 크게 하면 약간만 개선된다. 이 벤치마크를 윈도에서 실행했으며 윈도 I/O는 I/O 작업과 캐시 관리를 위해 기본 버퍼 크기를 256킬로바이트로 사용한다. 이것이 256킬로바이트 이후 갑자기 성능 향상이 더뎌지는 이유다. 식품 포장 라벨에 '실제 내용물은 다를 수 있습니다'라고 쓰여 있는 것과 마찬가지로 운영 체제에 대한 실제 경험도 달라질 수 있다. I/O를 사용할 때는 최적의 버퍼 크기를 찾고 필요 이상의 메모리를 할당하지 않는 것이 좋다.

## 7.5.2 I/O를 논-블로킹(non-blocking)으로 만들라

프로그래밍에서 가장 오해 받는 개념 중 하나는 비동기(asynchronous) I/O다. 작업을 별도의 코어에서 실행하기 때문에 모든 종류의 작업을 더 빠르게 수행하기 위한 병렬화 모델인 멀티스레딩과 혼동하는 경우가 많다. 비동기(asynchronous 또는 줄여서 async) I/O는 I/O 부하가 높은 작업만을 위한 병렬화 모델이며 단일 코어에서 작동할 수 있다. 멀티스레딩과 비동기 I/O는 서로 다른 목적을 위해 활용되며 함께 사용할 수도 있다.

I/O는 자연스럽게 비동기적이다. 외부 하드웨어는 거의 항상 CPU보다 느리기 때문이다. CPU는 기다리면서 아무것도 하지 않는 것을 좋아하지 않는다. 인터럽트나 직접 메모리 접근(Direct Memory Access, DMA)과 같은 메커니즘은 I/O 동작이 완료되었을 때 하드웨어가 CPU에 신호를 보내고 CPU가 결과를 전송하도록 개발되었다. 즉, 하드웨어에 I/O 작업이 할당되면 하드웨어가 그 작업을 실행하는 동안 CPU는 다른 작업을 계속 처리할 수 있으며, I/O 작업이 완료될 때 다시 그

결과를 확인할 수 있다. 이러한 메커니즘이 비동기 I/O의 기초가 된다.

그림 7-6은 두 유형의 병렬화가 어떻게 작동하는지를 보여준다. 그림에서 두 유형 모두 두 번째 계산 코드(CPU Op #2)가 첫 번째 I/O 코드(I/O Op #1)의 결과에 의존한다. 같은 스레드에서는 계산 코드를 병렬화할 수 없기 때문에 일렬로 실행되며 4코어 머신에서 멀티스레드보다 더 오랜 시간이 걸린다. 반면, 스레드를 사용하거나 코어를 점유하지 않고도 상당한 병렬화의 이점을 얻을 수 있다.

▼ 그림 7-6 멀티스레딩과 비동기 I/O의 차이

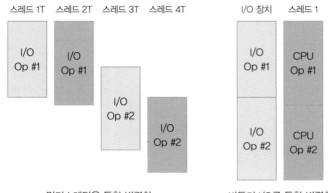

비동기 I/O의 성능 이점은 추가적인 작업 없이 코드에 자연스러운 병렬화를 제공하는 데 있다. 스레드를 추가로 만들 필요도 없다. 여러 I/O 작업을 병렬로 실행하고 경쟁 조건과 같은 멀티스레딩이 초래하는 문제를 겪지 않고도 결과를 수집할 수 있다. 실용적이며 확장 가능하다.

비동기 코드는 또한 스레드 소모 없이 이벤트 기반 메커니즘, 특히 사용자 인터페이스에서 응답성을 개선할 수 있다. UI는 I/O와 아무 관련이 없는 것처럼 보일 수 있지만, 사용자 입력은 터치스크린, 키보드, 마우스와 같은 I/O 장치에서 발생하며 사용자 인터페이스는 이러한 이벤트에 의해 트리거된다. 이들은 비동기 I/O와 비동기 프로그래밍을 위한 완벽한 후보이다. 타이머 기반의 애니메이션도 장치에서 타이머가 작동하는 방식 때문에 하드웨어로 구동되므로 비동기 I/O에 이상적인 후보다.

### 7.5.3 오래된 방법

2010년대 초반까지는 콜백 함수로 비동기 I/O를 관리했다. 비동기 운영 체제의 함수들은 콜백 함수를 전달해야 하며, I/O 작업이 끝나면 OS가 콜백 함수를 실행한다. 그동안 다른 작업을 수행할 수 있다. 만약 파일 복사 작업을 오래된 비동기 언어로 작성한다면 코드 7-11과 거의 비슷할 것이다. 명심하라. 이것은 수수께끼 같고 못난 코드이며, 아마도 나이 든 세대가 비동기 I/O를 그다지 좋아하지 않는 이유일 것이다. 사실, 나는 이 코드를 직접 작성하는 게 너무 어려워서 이것을 끝내기 위해 Task와 같이 최신 개발된 도구에 도움을 청해야 했다. 최근 개발된 도구가 우리에게 얼마나 많은 시간을 절약하게 해주는지를 알고 사랑하고 감사해야 한다.

고대 유물과 같은 코드의 가장 흥미로운 점은 결과를 즉시 반환한다는 것이다. 이것은 마법과도 같다. 즉, I/O 작업은 백그라운드에서 계속 돌아가며 이 작업을 처리하는 동안 다른 작업을 수행할 수 있다. 여전히 같은 스레드에 있으면서도 말이다. 멀티스레드를 사용하는 것도 아니다. 사실 비동기 I/O의 가장 큰 장점 중 하나는 OS 스레드를 절약할 수 있어 확장성이 향상된다는 것이다. 이는 8장에서 다시 다룰 것이다. 다른 할 일이 없다면 얼마든지 I/O 작업이 끝날 때까지 기다릴 수 있겠지만, 뭐, 본인 취향에 달렸다.

코드 7-11에서 우리는 핸들러 함수 두 개를 정의한다. 하나는 onComplete()라는 비동기 Task로, 바로 실행하는 것이 아니라 전체 실행이 끝나고 난 후에 실행된다. 다른 하나는 읽기 작업이 완료될 때마다 호출되는 onRead() 로컬 함수이다. 이 핸들러를 스트림의 BeginRead 함수로 전달하여 비동기 I/O 작업을 시작하고 블록을 읽을 때 호출할 콜백 함수로 onRead를 등록한다. onRead 핸들러에서는 방금 완전히 읽은 버퍼의 쓰기 작업을 시작하고 콜백으로 설정된 동일한 onRead 핸들러와 읽기 라운드가 호출되는지 확인한다. 이 작업은 코드가 파일 끝에 닿을 때까지 계속되며, 이때부터 onComplete Task가 시작된다. 이것은 비동기 작업을 표현하는 매우 복잡한 방법이다.

**코드 7-11** 비동기 I/O를 사용하는 예전 스타일의 파일 복사 코드

```
public static Task CopyAsyncOld(string sourceFilename, string destinationFilename, int bufferSize) {
    var inputStream = File.OpenRead(sourceFilename);
    var outputStream = File.Create(destinationFilename);

    var buffer = new byte[bufferSize];
    var onComplete = new Task(() => {        → 함수가 완료되면 호출된다.
        inputStream.Dispose();
        outputStream.Dispose();
    });

    void onRead(IAsyncResult readResult) {        → 읽기 작업이 완료될 때마다 호출된다.
        int bytesRead = inputStream.EndRead(readResult);        → 읽은 바이트 수를 구한다.
        if (bytesRead == 0) {
```

```
                onComplete.Start();        → 마지막 Task를 시작한다.
                return;
            }
            outputStream.BeginWrite(buffer, 0, bytesRead,      → 쓰기 작업을 시작한다.
             writeResult => {
                outputStream.EndWrite(writeResult);
                inputStream.BeginRead(buffer, 0, bufferSize, onRead,   → 다음        ┐→ 모든 속성은
                null);                                                   읽기 작업을  ┘  private set을
            }, null);                                                    시작한다.      갖는다.
        }

                                                                                    첫 번째
                                                                                    읽기 작업을
        var result = inputStream.BeginRead(buffer, 0, bufferSize, onRead, null);  → 시작한다.
        return Task.WhenAll(onComplete);       → onComplete를 위해 awaitable Task를 반환한다.
    }
```

접근 방식의 문제는 더 많은 비동기 작업을 시작할수록 작업을 놓치기 쉽다는 것이다. 이러한 상황은 Node.js 개발자들이 만든 용어처럼 **콜백 지옥**으로 바뀔 수 있다.


## 7.5.4 최신 비동기/대기

운 좋게도 마이크로소프트의 뛰어난 디자이너들은 비동기(async)/대기(await) 의미론을 사용하여 비동기 I/O 코드를 작성하는 훌륭한 방법을 발견했다. C#에서 처음 소개된 이 메커니즘은 정말 인기가 많고 실용적이어서 C++, 러스트, 자바스크립트, 파이썬과 같은 다양한 인기 있는 프로그래밍 언어가 이 방식을 채택했다.

코드 7-12에서 동일한 코드의 비동기/대기를 활용한 버전을 볼 수 있다. 정말 신선한 방법이다! 함수 내에서 await를 사용할 수 있도록 async 키워드로 함수를 선언한다. await 구문은 일종의 앵커를 정의하며, 그 뒤에 오는 표현식을 실행할 때까지 기다리지 않는다. 대기 중인 I/O 작업이 끝났을 때 돌아갈 지점을 표시하는 것뿐이며 다음 진행을 위해 새로운 콜백을 정의하지 않아도 된다. 일반적인 동기 코드처럼 코드를 작성할 수 있다. 이 때문에, 이 함수는 코드 7-11과 같이 여전히 즉시 반환된다. ReadAsync와 WriteAsync 함수는 모두 CopyAsync와 같은 Task 객체 자체를 반환한다. 참고로 Stream 클래스는 시나리오 복사를 더 쉽게 하기 위해 이미 CopyToAsync 함수를 갖고 있지만 원본 코드에 이 소스를 맞추기 위해 읽기/쓰기 작업을 따로 유지한다.

```
public async static Task CopyAsync(string sourceFilename,      → async 키워드를 사용하여
string destinationFilename, int bufferSize) {                     이 함수를 선언하고 Task를 반환한다.
    using var inputStream = File.OpenRead(sourceFilename);
    using var outputStream = File.Create(destinationFilename);
    var buffer = new byte[bufferSize];
    while (true) {
        int readBytes = await inputStream.ReadAsync(
        buffer, 0, bufferSize);
        if (readBytes == 0) {                                  → await 뒤에 오는 모든 작업은
            break;                                                백그라운드에서 콜백으로 변환된다.
        }
        await outputStream.WriteAsync(buffer, 0, readBytes);
    }
}
```

async/await 키워드를 사용하여 코드를 작성할 때 뒤에 있는 코드는 컴파일 도중에 코드 7–11처럼 콜백 함수와 유사한 것으로 변환된다. async/await 사용으로 엄청난 수고를 줄일 수 있다.

## 7.5.5 비동기 I/O의 잠재적 문제

프로그래밍 언어에서 I/O에만 비동기 메커니즘을 사용할 필요는 없다. I/O와 관련된 작업의 호출 없이 async 함수를 선언하고 CPU 작업만 수행할 수 있다. 그런 경우에는 아무런 이점도 없이 불필요하고 복잡하게 만들 뿐이다. 컴파일러는 보통 이런 상황에 대해 경고하지만, 기업 환경에서 컴파일러 경고를 무시하는 경우가 많다. 이 부분을 고쳤을 때 발생할 수 있는 문제를 누구도 책임지고 싶어하지 않기 때문이다. 성능 문제가 누적되면 이러한 모든 문제를 한 번에 해결해야 하므로 더 큰 후유증을 겪을 것이다. 그러니 이것을 코드 리뷰에 올리고, 자기 목소리를 내라.

async/await를 사용할 때 기억해야 하는 원칙 중 하나는 await는 기다리지 않는다는 것이다. 물론 await는 분명히 실행이 완료된 후 다음 줄을 실행한다. 하지만 내부의 비동기식 콜백 함수로 기다리거나 차단 없이 바로 실행한다. 만약 비동기 코드에서 무언가 완료될 때까지 계속 기다린다면 그건 잘못된 것이다.

# 7.6 다른 모든 것이 실패할 경우, 캐시를 이용하라

캐싱은 성능을 즉시 향상시킬 수 있는 가장 확실한 방법 중 하나이다. 캐시 무효화는 어려운 문제일 수 있지만 무효화에 대해 걱정하지 않는 것만 캐싱하면 문제가 되지 않는다. Redis나 Memcached와 같은 별도의 서버에 상주하는 정교한 캐싱 레이어도 필요 없다. 마이크로소프트가 System.Runtime.Caching 패키지에 있는 MemoryCache 클래스에서 제공하는 것과 같은 인메모리 캐시를 사용할 수 있다. 특정 크기 이상으로 확장할 수는 없지만, 프로젝트 시작부터 확장할 필요는 없을 것이다. 엑시 쇠슬리크는 단일 데이터베이스 서버와 웹 서버 4개에서 하루에 요청 1,000만 개 정도를 처리하지만 여전히 인메모리 캐시를 사용한다.

캐싱을 위해 설계되지 않은 데이터 구조는 사용하지 마라. 보통 오래된 데이터를 제거하거나 만료하는 메커니즘이 없기 때문에 메모리 누수의 원인이 되고, 결국에는 충돌하게 된다. 캐싱을 위해 설계된 것을 사용하라. 데이터베이스는 훌륭하고 영구적인 캐시가 될 수도 있다.

캐시 만료 시간이 무한대인 것을 두려워하지 마라. 이 우주가 끝나기 전에 캐시가 제거되거나 애플리케이션 재시작이 이뤄질 것이다.

# 7.7 요약

- 이른 최적화를 연습하고 그것을 통해 학습하라.
- 불필요한 최적화로 스스로를 어려움에 빠뜨리지 마라.
- 항상 벤치마킹으로 최적화를 검증하라.
- 최적화와 대응성 사이의 균형을 유지하라.
- 중첩 루프, 문자열이 많은 코드, 비효율적인 불리언 표현식과 같이 문제가 있는 코드를 식별하는 습관을 가져라.
- 데이터 구조를 구축할 때는 더 나은 성능을 얻기 위해 메모리 정렬의 장점을 생각하라.

- 마이크로 최적화가 필요한 경우 CPU의 동작을 파악하고 캐시 지역성, 파이프라이닝, SIMD 같은 것을 다룰 수 있도록 하라.
- 올바른 버퍼링 메커니즘을 사용하여 I/O 성능을 향상시켜라.
- 스레드를 낭비하지 않고 코드와 I/O 작업을 병렬로 실행하기 위해 비동기식 프로그래밍을 사용하라.
- 비상시에는 캐시를 이용하라.

memo

# 8<sup>장</sup>

# 기분 좋은 확장성

> "최고의 시간이면서 최악의 시간이었고, 지혜의 시대이면서 어리석음의 시대였다."
>
> — 찰스 디킨스 명언의 확장판

지난 1999년, 엑시 쇠즐리크에 내린 기술적인 결정 덕분에 확장성을 경험할 수 있었다. 전체 웹사이트를 위한 데이터베이스는 원래 단일 텍스트 파일이었다. 무언가를 쓸 때 텍스트 파일을 잠그고 방문객을 위한 모든 것을 멈추었다. 읽기도 매우 효율적이지는 않았다. 단일 레코드를 검색하는 시간 복잡도는 $O(N)$으로 전체 데이터베이스를 검색해야만 했다. 이것은 최악의 기술 설계 중하나였다.

서버의 하드웨어가 너무 느려서 코드가 멈춘 것이 아니었다. 이 모든 성능 저하는 데이터 구조와병렬화에 대한 결정 때문이었다. 이것이 확장성의 핵심이다. 성능만으로는 시스템을 확장할 수 없다. 점점 더 많은 사용자를 만족시키기 위해서는 모든 측면의 설계가 필요하다.

더 중요한 것은, 내가 단 몇 시간만에 얼마나 빨리 웹 사이트를 공개했는지보다 끔찍한 설계가 더중요하지 않았다는 것이다. 초창기 기술적인 결정은 장기적으로 중요하지 않았다. 그때 대부분의기술 부채를 갚을 수 있었기 때문이다. 나는 데이터베이스 기술이 너무 많은 문제를 일으키기 시작하자마자 기술을 바꿨다. 내가 사용한 기술이 더 이상 제대로 돌아가지 않을 때 나는 처음부터코드를 다시 작성했다. 튀르키예 속담인 '길 위에 캐러밴이 준비되어 있다'는 말처럼 나는 임기응변을 발휘했다.

또한, 이 책의 여러 곳에서 두 번 측정하고 한 번 자르는 것을 추천했는데, 이는 언뜻 보기에 "케세라 세라"[1]라는 모토와 상충된다. 처방전 하나로 모든 문제를 해결할 수는 없기 때문이다. 우리는 모든 방법을 자신만의 공구 세트에 갖고 있다가, 문제에 당면하면 그에 맞는 방법을 적용해야한다.

시스템 관점에서 확장성은 더 많은 하드웨어를 투입하여 시스템을 더 빠르게 만들 수 있는 능력을의미한다. 프로그래밍 관점에서 확장할 수 있는 코드는 수요가 증가하는 상황에서도 응답성을 일정하게 유지할 수 있다. 코드가 부하를 따라가는 방법에는 분명히 상한선이 있으며, 확장성이 있는 코드를 작성하는 이유는 상한선을 가능한 한 멀리 밀어내기 위한 것이다.

리팩터링과 마찬가지로, 확장성 역시나 더 큰 목표를 향하면서도 구체적이고 작은 단계부터 점진적으로 풀어가는 것이 가장 좋다. 시스템을 처음부터 완벽하게 확장하도록 설계할 수도 있지만,이를 달성하는 데 필요한 노력과 시간, 그리고 이를 통해 얻을 수 있는 보상은 최대한 빨리 제품을

---

1   아버지가 가장 좋아했던 가수인 도리스 데이의 1950년대 유행가 "Que Será, Será"는 스페인어로 "뭐가 되든지 될 것이다"라는 뜻이다. 그것은 금요일의 코드 배포를 위한 공식적인 주문같은 것이다.

출시해야 하는 중요성으로 가려진다.

어떤 일은 확장성이 전혀 없기도 하다. 프레드 브룩스는 그의 경이로운 책 〈맨먼스 미신〉(인사이트, 2015)에서 이미 늦어진 프로젝트에 더 많은 사람을 할당하는 것은 지연을 더 가중시킬 뿐이라고 말했다. 이는 확장성의 특정 요소에도 적용될 수 있다. 예를 들면 CPU 코어가 1초 동안 클럭 주파수보다 더 많은 명령어를 실행하도록 만들 수는 없다. 물론, SIMD나 분기 예측 등의 기술을 이용하여 상한선을 약간 늘릴 수 있지만, 단일 CPU 코어에서 달성할 수 있는 성능에는 여전히 상한선이 있다.

확장할 수 있는 코드를 만들기 위한 첫 번째 단계는 확장성을 방해하는 잘못된 코드를 제거하는 것이다. 잘못된 코드가 병목 현상을 일으켜 하드웨어 리소스를 추가하더라도 코드 속도가 느려질 수 있는데, 이런 코드 중 일부를 제거하는 것은 직관적이지 않은 것처럼 보일 수도 있다. 이러한 잠재적인 병목 현상과 이를 제거하는 방법을 살펴보자.

# 8.1 잠금을 사용하지 마라

프로그래밍에서 잠금(lock)은 **스레드 안전**한 코드를 작성하기 위한 기능이다. 스레드 안전은 코드 조각이 2개 이상인 스레드에서 동시에 호출되어도 일관되게 작동하는 것을 의미한다. 애플리케이션에서 만든 엔터티의 고유 식별자를 생성하는 클래스를 고려하고 순차적으로 증가하는 수치형 식별자를 만들어야 한다고 가정해 보자. 6장에서 이야기한 바와 같이, 숫자가 하나씩 증가하는 형태의 식별자는 애플리케이션에 대한 정보를 유출할 수 있기 때문에 좋지 않다. 하루에 받는 주문의 개수, 사용자 수 등은 노출하지 않는 것이 좋다. 하지만 누락된 항목이 없는지 확인하기 위해 연속적인 식별자를 갖는 것이 정당하다는 비즈니스 이유가 있다고 가정해 보자. 이를 간단히 구현한다면 다음과 같다.

```
class UniqueIdGenerator {
    private int value;
    public int GetNextValue() => ++value;
}
```

이 클래스의 동일한 인스턴스를 사용하는 스레드가 여러 개 있는 경우 두 스레드가 동일한 값을 받거나 순서가 잘못된 값을 받을 수 있다. 원인은 ++value 표현식이 CPU에서 연산 여러 개로 변환되기 때문이다. 하나는 value를 읽고, 하나는 value 값을 증가시키고, 하나는 필드에 증가된 value를 다시 저장하며, 마지막 하나는 이 결과를 반환한다. JIT 컴파일러의 x86 어셈블리 출력에서 이를 명확하게 볼 수 있다.[2]

```
UniqueIdGenerator.GetNextValue()
    mov eax, [rcx+8]    → 메모리에 있는 필드 값을 EAX 레지스터로 옮긴다(읽기).
    inc eax             → EAX 레지스터의 값을 증가시킨다(증가).
    mov [rcx+8], eax    → 증가된 값을 필드로 다시 이동시킨다(저장).
    ret                 → EAX 레지스터에 그 결과를 반환한다(반환).
```

CPU는 모든 라인의 명령어를 차례대로 실행한다. 그림 8-1과 같이 동일한 명령어를 동시에 실행하는 여러 개의 CPU 코어를 시각화하면 클래스에서 어떻게 충돌이 일어나는지를 쉽게 볼 수 있다. 이 함수를 3번 호출했음에도 3개의 스레드가 똑같이 1이라는 값을 반환한 것을 볼 수 있다.

▼ 그림 8-1 스레드 여러 개가 동시에 실행되어 상태가 깨짐

| 필드 값 | 스레드 #1 | 스레드 #2 | 스레드 #3 |
|---|---|---|---|
| 0 | read | read | |
| 0 | increment | increment | read |
| 1 | store | store | increment |
| 1 | return | return | store |
| 1 | | | return |

EAX 레지스터를 사용하는 이전 코드는 스레드 안전이 아니다. 모든 스레드가 다른 스레드를 고려하지 않고 데이터를 자체적으로 조작하는 방식을 **레이스 조건**(또는 경쟁 조건)이라고 한다. CPU, 프로그래밍 언어, 운영 체제는 이 문제를 해결하는 데 도움을 주는 다양한 기능을 제공한다. 주로 이 기능은 다른 CPU 코어가 같은 메모리 영역에서 동시에 읽거나 쓰는 것을 차단하는데, 이를 잠금이라고 한다.

다음 코드에서 가장 최적화된 방법은 아주 작은 증가 작업을 사용하는 것이다. 메모리 위치 값을 직접 증가시키고 이 작업을 하는 도중에는 다른 CPU 코어가 동일한 메모리 영역에 접근할 수 없도록 하여 스레드가 동일한 값을 읽거나 잘못된 값을 넣을 수 없도록 한다. 이는 다음과 같이 표현할 수 있다.

---

2  JIT 컴파일러는 실행을 더 빠르게 만들기 위해 소스 코드 또는 중간 코드(바이트 코드, IL, IR 등)를 실행 중인 CPU 아키텍처의 네이티브 명령어 집합으로 변환한다.

```
using System.Threading;
class UniqueIdGeneratorAtomic {
    private int value;
    public int GetNextValue() => Interlocked.Increment(ref value);
}
```

이 경우, 잠금은 CPU 자체에 의해 구현되며 실행될 때는 그림 8-2와 같이 동작한다. CPU의 lock 명령어는 바로 뒤에 따라오는 명령이 살아있는 동안에만 해당 위치의 병렬 코어에서 실행을 유지하며, 각 원자의 인메모리 add 작업이 실행될 때 잠금이 자동으로 해제된다. return 명령은 필드의 현재 값을 반환하지 않고 대신 메모리 add 작업의 결과를 반환한다. 필드 값은 이와는 상관없이 순차적으로 유지된다.

❤ 그림 8-2 원자 증가 연산 사용할 때 CPU 코어는 서로 대기한다

| 필드 값 | 스레드 #1 | 스레드 #2 | 스레드 #3 |
|---|---|---|---|
| 0 | lock | lock | |
| 1 | mem add | 이 lock 명령어는 다른 잠금이 해제될 때까지 기다린다. | lock |
| 2 | return 1 | mem add | 이 lock 명령어는 다른 잠금이 해제될 때까지 기다린다. |
| 2 | | return 2 | mem add |
| 3 | | | return 3 |

단순한 원자 증가 연산만으로는 코드를 스레드 안전하게 만들기에 충분하지 않은 경우가 많다. 예를 들어 서로 다른 카운터 2개를 동기화하며 업데이트해야 할 경우에는 어떻게 해야 할까? 원자 연산과의 일관성을 보장할 수 없는 경우 코드 8-1과 같이 C#의 lock 구문을 사용할 수 있다. 단순한 코드를 위해 원래의 카운터 코드를 고수할 수 있지만, lock을 사용하여 동일한 프로세스에서 상태 변경을 직렬화할 수 있다. 우리는 lock으로 사용할 새로운 더미 객체를 할당한다. .NET은 객체의 헤더를 사용하여 잠금 정보를 저장하기 때문이다.

**코드 8-1** C#의 lock 구문이 있는 스레드 안전한 카운터

```
class UniqueIdGeneratorLock {
    private int value;
    private object valueLock = new object();       → 목적을 위한 lock 객체
    public int GetNextValue() {
        lock (valueLock) {      → 다른 스레드가 모두 끝날 때까지 기다린다.
            return ++value;       → 스코프가 끝나면 자동으로 잠금이 해제된다.
```

```
        }
    }
}
```

왜 새로운 객체를 할당하는 걸까? 인스턴스가 lock처럼 작동할 수 있도록 this를 사용할 수는 없을까? 사용하게 된다면 타이핑을 줄일 수 있을 것이다. 문제는 우리가 제어할 수 없는 일부 코드로 인해 인스턴스가 잠길 수도 있다는 것이다. 코드가 다른 코드에서 대기할 수 있기 때문에 불필요한 지연이나 **교착 상태**가 발생할 수 있다.

---

**교착 상태를 통제할 수 없게 되다**

교착 상태 또는 데드락(deadlock)은 두 스레드가 각자 서로 다른 스레드가 얻은 리소스를 기다릴 때 발생한다. 다음 그림과 같이 스레드 1은 리소스 A를 획득하고 리소스 B가 릴리스되기를 기다리는 반면 스레드 2는 리소스 B를 획득하고 리소스 A가 릴리스되기를 기다리고 있다.

▼ 그림 8-3 교착 상태의 자세한 분석

이 결과는 무한 루프와 같으며 이들은 결코 충족시킬 수 없는 조건을 기다리는 중이다. 그렇기 때문에 코드에서 어떤 목적으로 어떤 잠금을 사용하는지 명시하는 것이 중요하다. 잠금을 사용하는 코드를 추적하고 이 잠금을 다른 코드와 공유하지 않으려면 잠금을 위한 별도의 객체를 만드는 것이 매우 좋은 생각이다. 이것은 lock(this)로는 불가능하다.

애플리케이션이 중단되는 원인 중 일부는 바로 교착 상태이며, 마우스로 테이블을 치거나 모니터에 소리를 지르거나 분노하는 것으로는 이 문제를 해결할 수 없다.

코드의 잠금 메커니즘을 명확히 이해하는 것 외에는 교착 상태를 위한 마법같은 해결책은 없다. 하지만 내가 경험해 얻은 바로는, 가장 최근에 획득한 잠금을 먼저 해제하고 가능한 한 빨리 잠금을 해제하는 것이 좋다. Go 프로그래밍 언어의 채널과 같이 일부 프로그래밍 구조는 잠금 사용을 쉽게 피할 수 있지만, 적어졌다고는 해도 여전히 교착 상태가 발생할 가능성이 남아 있다.

---

우리가 구현한 잠금 코드는 그림 8-4와 같이 동작한다. 보다시피 원자 증가 작업만큼 효율적이지는 않지만, 여전히 완벽하게 스레드 안전한 코드이다.

| 필드 값 | 스레드 #1 | 스레드 #2 | 스레드 #3 |
|:---:|:---:|:---:|:---:|
| 0 | lock | lock | |
| 0 | read | | lock |
| 0 | increment | lock 명령은 | |
| 1 | store | 잠금이 해제될 | |
| 1 | unlock | 때까지 기다린다. | |
| 1 | return | read | lock 명령은 |
| 1 | | increment | 잠금이 해제될 |
| 2 | | store | 때까지 기다린다. |
| 2 | | unlock | |
| 2 | | return | read |
| 2 | | | increment |
| 3 | | | store |
| 3 | | | unlock |
| 3 | | | return |

보다시피 잠금은 다른 스레드를 멈추고 특정 조건을 기다리게 할 수 있다. 이는 일관성을 제공하기는 하지만 동시에 확장성에서는 매우 큰 문제가 될 수 있다. 귀중한 CPU 시간을 낭비하는 것보다 더 나쁜 것은 없으므로 CPU가 가능한 한 기다리지 않도록 노력해야 한다. 어떻게 해야 할까?

먼저 잠금이 정말 필요한지 확인해야 한다. 똑똑한 프로그래머가 작성한 코드를 본 적이 있는데, 잠금이 필요하지 않을 때에도 불필요하게 특정 조건이 충족되기를 기다리고 있었다. 만약 객체 인스턴스가 다른 스레드에 의해 조작되지 않는다면, 잠금이 전혀 필요하지 않을 수도 있다. 필요하지 않다고 말하는 이유는 코드의 부작용을 평가하기 어렵기 때문이다. 로컬 스코프의 객체도 공유 객체를 사용할 수 있으므로 잠금이 필요할 수 있다. 코드의 의도와 부작용을 명확히 파악해야 한다. 주변의 코드를 스레드 안전하게 만든다는 이유만으로 잠금을 사용하지 마라. 잠금의 원리를 이해하고 무슨 작업을 하는지를 분명히 해야 한다.

둘째, 사용하는 공유 데이터 구조에 **잠금이 없어도 되는** 대안이 있는지 확인하라. 잠금이 없는 데이터 구조는 잠금이 없이도 여러 스레드에서 직접 접근할 수 있다. 하지만 잠금 없는 구조를 구현하는 것은 복잡할 수 있다. 잠금이 필요한 구조보다 더 느릴 수는 있지만 확장성은 더 크다. 잠금이 없는 구조가 유익할 수 있는 일반적인 시나리오는 공유 딕셔너리, 일부 플랫폼에서는 map이라고 불리는 데이터 구조다. 특정 키나 값과 같이 모든 스레드에서 공유하는 딕셔너리가 필요할 수 있으며 이를 다루는 일반적인 방법은 잠금을 사용하는 것이다.

API 토큰을 메모리에 보관하여 액세스할 때마다 유효성 검증을 위해 데이터베이스에 쿼리하지 않는 예제를 생각해 보자. 이러한 목적에 적합한 데이터 구조는 캐시이며, 캐시 데이터 구조는 잠금 없이 구현하는 것도 가능하지만 개발자는 보통 문제를 해결할 때 가장 가까이에 있는 도구를 사용하는 경향이 있다. 이 경우에는 다음과 같은 딕셔너리가 될 것이다.

```
public Dictionary<string, Token> Tokens { get; } = new();
```

C# 9.0에서 제공하는 근사한 new() 구문을 보았나? 드디어 클래스 멤버를 선언할 때 타입 정보를 똑같이 두 번 쓰는 암울한 시절은 끝났다. 이제 컴파일러는 변수 선언을 기반으로 타입을 가정할 수 있다.

딕셔너리가 스레드 안전하지 않다는 것은 알고 있지만, 스레드 안전은 여러 스레드가 주어진 데이터 구조를 수정하려고 할 때만 문제가 된다. 여기서 중요한 점은 다음과 같다. 애플리케이션을 시작할 때 초기화하는 데이터 구조가 있고 이를 변경하지 않는다면, **부작용** 없는 모든 읽기 전용 구조는 스레드 안전하기 때문에 다른 식으로 데이터 구조를 잠그거나 스레드 안전할 필요가 없다.

---

### 부작용

코드를 리뷰할 때 가끔 겪을 수 있는 두통이나 구역질과 별개로, 부작용이 있는 코드란 무엇을 의미하는가? 이 용어는 함수형 프로그래밍 분야에서 등장했다. 함수가 스코프 밖의 것을 변경할 경우 이를 부작용으로 간주하며, 이는 변수나 필드뿐만 아니라 모든 것에 해당한다. 예를 들어 어떤 함수가 로그 메시지를 작성하면 로그 출력에 돌이킬 수 없는 변경이 발생하며, 이 역시 부작용으로 간주한다. 부작용이 없는 함수는 몇 번이고 실행할 수 있고 그 환경에서 아무것도 변하지 않는다. 부작용이 없는 함수를 **순수 함수**(pure function)라고 한다. 원의 면적을 계산하고 결과를 반환하는 함수는 순수 함수다.

```
class Circle {
    public static double Area(double radius) => Math.PI * Math.Pow(radius, 2);
}
```

이것이 순수 함수인 이유는 부작용이 없는 것뿐만 아니라 함수가 접근하는 멤버와 함수들 또한 순수하기 때문이다. 그렇지 않으면 부작용이 일어날 수 있고, 이는 함수를 불순하게 만들 수 있다. 순수 함수의 한 가지 장점은 스레드 안전이 보장되며 아무 문제없이 다른 순수 함수와 병렬로 실행될 수 있다는 것이다.

---

이 예제에서 데이터 구조를 조작하기 위해서는 코드 8-2와 같이 잠금을 제공하는 래퍼 인터페이스(wrapper interface)가 필요하다. 딕셔너리에서 토큰을 찾을 수 없다면, get 메서드에서 데이터베

이스에서 관련 데이터를 읽어서 토큰을 다시 만드는 것을 볼 수 있다. 데이터베이스에서 데이터를 읽는 것은 시간이 많이 걸릴 수 있으며, 이는 읽기 작업이 모두 끝날 때까지 다른 모든 요청이 보류될 수 있음을 의미한다.

**코드 8-2** lock에 기반한 스레드 안전한 딕셔너리

```
class ApiTokens {
    private Dictionary<string, Token> tokens { get; } = new();        → 이것은 딕셔너리의
                                                                         공유 인스턴스다.

    public void Set(string key, Token value) {
        lock (tokens) {
            tokens[key] = value;        → 이것은 여러 단계로 이뤄진 작업이기 때문에 여전히 잠금이 필요하다.
        }
    }

    public Token Get(string key) {
        lock (tokens) {
            if (!tokens.TryGetValue(key, out Token value)) {
                value = getTokenFromDb(key);        → 이 요청은 시간이 오래 걸릴 수 있고
                tokens[key] = value;                   다른 모든 요청을 잠시 보류시킨다.
                return tokens[key];
            }
            return value;
        }
    }

    private Token getTokenFromDb(string key) {
        . . . a time-consuming task . . .
    }
}
```

이 코드는 확장성이 전혀 없으며, 여기에는 잠금이 없는 다른 방법이 필요하다. .NET은 스레드 안전한 두 가지 데이터 구조를 제공한다. 그중 하나는 이름이 Concurrent*로 시작하며, 여기서는 수명이 짧은 잠금을 사용한다. 즉, 잠금이 없는 것은 아니다. 여전히 잠금을 사용하긴 하지만, 짧은 시간 동안에만 잠금이 유지되도록 최적화하여 완전히 잠금이 없는 방법보다는 훨씬 빠르고 간단하다. 다른 대안은 Immutable*로 시작한다. 원본 데이터는 절대 바뀌지 않고 수정할 때마다 수정된 데이터의 새로운 복사본을 만든다. 예상대로 속도는 느리지만 Concurrent한 방법보다 선호되는 경우가 많다.

ConcurrentDictionary를 사용하면 코드 8-3과 같이 갑자기 코드의 확장성이 훨씬 더 커지게 된다. 이제 lock 구문이 더 이상 필요하지 않으며 시간이 많이 걸리는 쿼리라고 해도 다른 요청과 병렬로 더 잘 실행될 수 있다. 즉, 다른 요청을 막는 경우는 점점 더 적어질 것이다.

**코드 8-3** 잠금 없는 스레드 안전한 딕셔너리

```
class ApiTokensLockFree {
    private ConcurrentDictionary<string, Token> tokens { get; } = new();

    public void Set(string key, Token value) {
        tokens[key] = value;
    }

    public Token Get(string key) {
        if (!tokens.TryGetValue(key, out Token value)) {
            value = getTokenFromDb(key);        → 이제 이것을 병렬로 실행한다!
            tokens[key] = value;
            return tokens[key];
        }
        return value;
    }

    private Token getTokenFromDb(string key) {
        . . . a time-consuming task . . .
    }
}
```

이러한 변화의 사소한 단점은 더 이상 잠금이 발생하지 않도록 하기 때문에 여러 요청이 getToken FromDb와 같은 값비싼 작업을 동일한 토큰을 위해 병렬로 실행할 수 있다는 것이다. 최악의 경우, 동일한 토큰에 대해 시간이 많이 걸리는 작업을 불필요하게 병렬로 실행한다는 것이다. 그렇다고 하더라도 다른 요청을 차단하지는 않기 때문에 다른 방법보다는 성능이 우수할 가능성이 높다. 이렇게 잠금을 사용하지 않도록 하는 것은 큰 가치를 지닐 수 있다.


## 8.1.1 이중 점검된 잠금

또 다른 간단한 기술을 이용해 특정 시나리오에서 잠금을 사용하지 않을 수 있다. 여러 스레드에서 어떤 객체를 요청할 때, 해당 객체의 단일 인스턴스만 만들도록 하는 것은 어려울 수 있다. 그렇다면 스레드 두 개가 동시에 같은 요청을 생성하면 어떻게 될까? 예를 들어 캐시 객체가 있다고 가정해 보자. 실수로 서로 다른 두 인스턴스를 제공한다면 코드의 다른 부분에서 서로 다른 캐시를 갖게 되며 이로 불일치나 낭비가 발생할 수 있다. 이러한 문제를 피하려면 코드 8-4와 같이 잠금 내부에서 초기화하는 코드를 보호해야 한다. 정적 Instance의 속성은 어떤 객체 하나를 만들기 전에 잠금하여 다른 인스턴스가 동일한 인스턴스를 두 번 만들지 않도록 하는 것이다.

**코드 8-4** 단일 인스턴스 생성하기

```
class Cache {
    private static object instanceLock = new object();    → 잠금에 사용된 객체
    private static Cache instance;    → 캐시된 인스턴스 값
    public static Cache Instance {
        get {
            lock(instanceLock) {                    → 이 블록에서 다른 스레드가 실행 중일 경우
                if (instance is null) {               다른 모든 호출자는 여기서 대기한다.
                    instance = new Cache();         → 객체는 한 번만 생성된다!
                }
                return instance;
            }
        }
    }
}
```

이 코드는 아무 문제없이 잘 돌아갈 것이다. 하지만 Instance 속성에 접근할 때마다 잠금이 유지된다. 즉, 불필요한 대기 시간이 발생할 수 있다. 우리의 목표는 이러한 잠금을 줄이는 것이다. 인스턴스의 값을 추가로 보조 검사할 수 있다. 코드 8-5와 같이 인스턴스 값이 이미 초기화된 경우에는 잠금에 걸리기 전에 그 값을 반환하고, 만약 초기화가 되지 않은 경우에만 잠금을 시작한다. 간단한 것이지만 이를 통해 코드에서 잠금 경합의 99.9%를 제거하여 확장 가능성을 향상할 수 있다. 다른 스레드가 이미 값을 초기화했지만, 우리가 그 값을 얻기 직전에 잠금을 해제했을 가능성이 조금은 있기 때문에 여전히 lock 구문 내부에서의 이중 점검이 필요하다.

**코드 8-5** 이중 점검된 잠금

```
public static Cache Instance {
    get {
        if (instance is not null) {       → C# 9.0에서는 패턴 일치에 기반해 'not null'을 검사한다.
            return instance;       → 아무것도 잠그지 않고 인스턴스를 반환한다.
        }
        lock (instanceLock) {
```

```
        if (instance is null) {
            instance = new Cache();
        }
        return instance;
    }
  }
}
```

일부 데이터 구조에서는 이중 점검이 불가능할 수 있다. 예를 들어 딕셔너리의 멤버를 위해서는 이중 점검을 할 수 없다. 딕셔너리의 데이터를 조작하는 동안 잠금 외부에서 스레드 안전한 방식으로 딕셔너리를 읽는 것이 불가능하기 때문이다.

C#은 장족의 발전을 이루었다. 이제는 LazyInitializer와 같은 도우미 클래스를 제공하여 훨씬 쉽고 안전하게 싱글톤 인스턴스를 초기화할 수 있게 되었다. 또한, 더 간단하게 동일한 속성 코드를 작성할 수 있다. 이미 내부적으로 이중 점검 잠금을 실행하며 추가적인 작업을 절약할 수 있다.

**코드 8-6** LazyInitializer을 이용한 안전한 초기화

```
public static Cache Instance {
    get {
        return LazyInitializer.EnsureInitialized(ref instance);
    }
}
```

이중 점검 잠금이 유용한 다른 경우도 있다. 예를 들어 리스트에 최대 특정한 개수의 항목만큼만 들어간다고 하자. 검사하는 동안 리스트 안의 항목에 접근할 필요는 없기 때문에 해당 항목의 Count 속성을 안전하게 검사할 수 있다. Count는 일반적으로 단순한 필드 접근을 이용하며 항목을 순환할 때 읽은 숫자를 사용하지 않는 한 대부분 스레드 안전하다. 코드 8-7이 이를 잘 보여주며, 이 코드는 완전히 스레드 안전하다.

**코드 8-7** 대안적 이중 점검 잠금 시나리오

```
class LimitedList<T> {
    private List<T> items = new();

    public LimitedList(int limit) {
        Limit = limit;
    }

    public bool Add(T item) {
```

```
        if (items.Count >= Limit) {       → 첫 번째로 잠금의 외부를 점검한다.
            return false;
        }
        lock (items) {
            if (items.Count >= Limit) {       → 두 번째로 잠금의 내부를 점검한다.
                return false;
            }
            items.Add(item);
            return true;
        }
    }

    public bool Remove(T item) {
        lock (items) {
            return items.Remove(item);
        }
    }

    public int Count => items.Count;
    public int Limit { get; }
}
```

코드 8-7에는 인덱스로 리스트의 항목에 접근할 수 있는 indexer 속성이 없다. 리스트를 이뉴머레이션(enumeration)하기 전에 리스트를 완전히 잠그지 않고 직접 인덱스로 접근하면 스레드 안전한 이뉴머레이션을 제공할 수 없기 때문이다. 이 클래스는 항목의 개수를 셀 때만 유용하고 항목에 직접 접근할 때는 유용하지 않다. 그러나 카운터 속성에 액세스하는 것 자체는 매우 안전하므로 더 나은 확장성을 얻기 위해 이중 점검 잠금에 이것을 사용할 수 있다.

## 8.2 불일치를 수용하라

데이터베이스는 잠금, 트랜잭션(transaction), 원자(atomic) 카운터, 트랜잭션 로그, 페이지 체크섬(checksum), 스냅샷(snapshot) 등과 같이 불일치를 방지하는 수많은 기능을 제공한다. 은행, 원자로, 중매 앱과 같이 잘못된 데이터를 가져와서는 절대 안 되는 시스템을 위해 설계되었기 때문이다.

신뢰성은 흑백의 개념이 아니다. 성능과 확장성이 크게 향상된다면 견딜 수 있는 수준의 비신뢰성이 있다. NoSQL은 외래 키(foreign key)나 트랜잭션과 같이, 전통적인 관계형 데이터베이스 시스템에서 추구하는 어떤 일관성을 무시하고 그 대가로 성능, 확장성, 은닉성을 얻겠다는 철학에서 나온 것이다.

이러한 접근 방식의 장점을 얻기 위해 완전한 NoSQL을 사용할 필요는 없다. MySQL이나 SQL Server와 같은 기존 데이터베이스에서도 비슷한 이점을 얻을 수 있다.

## 8.2.1 무서운 NOLOCK

쿼리 힌트로, NOLOCK은 이를 읽는 SQL 엔진이 일관성이 없을 수 있으며 아직 커밋되지 않은 트랜잭션의 데이터를 포함할 수 있다고 지시한다. 무섭게 들릴 수도 있지만, 정말 그러한지 생각해 보자. 4장에서 다뤘던 마이크로블로깅 플랫폼인 Blabber를 떠올려 보자. 글을 게시할 때마다 게시 횟수를 포함하는 다른 테이블도 함께 업데이트될 것이다. 게시물이 게시되지 않으면 카운터도 증가하지 않아야 한다. 코드 8-8은 이를 위한 샘플 코드다. 코드에서 볼 수 있듯이, 모든 것을 트랜잭션 하나로 감싸기 때문에 작업이 어느 시점에서 실패하더라도 게시물의 카운트에서 일관성 없는 숫자를 볼 일이 없다.

**코드 8-8** 두 개의 테이블 이야기

```
public void AddPost(PostContent content) {
    using (var transaction = db.BeginTransaction()) {      → 트랜잭션의 모든 내용을 캡슐화한다.
        db.InsertPost(content);      → 게시물을 자체 테이블에 삽입한다.
        int postCount = db.GetPostCount(userId);      → 게시물 수를 검색한다.
        postCount++;
        db.UpdatePostCount(userId, postCount);      → 증가된 게시물 수를 업데이트한다.
    }
}
```

이 코드는 이전 절에서 다뤘던 고유 ID 생성기 예제를 떠올리게 할 것이다. 스레드 여러 개가 병렬로 읽기, 증가, 저장 단계를 처리하고 일관된 값을 유지하기 위해 잠금을 사용해야 했던 것을 기억하라. 여기서도 같은 일이 일어나고 있다. 이것 때문에 확장성이 저하된다. 하지만 과연 우리에게 이러한 일관성이 필요할까? 결과적 일관성(eventual consistency)에 대한 개념이 여러분에게 위로가 되어줄 것이다.

**결과적 일관성**이란 확실히 일관성이 보장되기는 하지만 지연 시간 후에만 가능한 것을 의미한다. 이 예에서는 특정 시간 간격에서 게시물 수를 잘못 업데이트할 수 있다. 가장 좋은 점은 그러한 작업에는 어떤 잠금도 필요 없다는 것이다. 사용자는 시스템에서 수정하기 전까지 자신의 게시물이 실제 게시물 수에 제대로 반영되는 것을 볼 수 있다. 잠금 수가 적을수록 데이터베이스에서 더 많은 병렬 요청을 실행할 수 있기 때문에 확장성이 향상된다.

테이블을 주기적으로 업데이트하는 쿼리는 여전히 해당 테이블에 잠금을 유지한다. 이것은 특정 행이나 최악의 경우 디스크의 단일 페이지에 대해 더 세분화하여 잠글 수 있다. 이중 점검 잠금으로 이런 문제를 완화할 수 있다. 먼저 업데이트해야 할 행만 쿼리하는 읽기 전용 쿼리를 실행한 다음, 업데이트 쿼리만 실행한다. 이렇게 하면 데이터베이스에서 업데이트 구문만을 실행했기 때문에 데이터베이스가 무언가를 잠그는 것에 대해 걱정하지 않아도 된다. 코드 8-9에서 이와 비슷한 쿼리를 볼 수 있다. 먼저 잠금 없이 불일치한 카운트 정보를 얻기 위해 SELECT 쿼리를 실행한다. 그런 다음 일치하지 않는 기록을 기반으로 게시물 수를 업데이트한다. 이러한 업데이트를 일괄 처리할 수도 있지만 개별적으로 실행하면 행 수준에서 보다 세분화된 잠금을 사용한다. 이를 통해 필요 이상으로 잠금을 유지하지 않고 동일한 테이블에서 더 많은 쿼리를 실행할 수 있다. 단점은 모든 개별 행을 업데이트하는 데 시간이 더 오래 걸린다는 점이다. 하지만 언젠간 끝날 것이다.

**코드 8-9** 결과적 일관성을 달성하기 위해 주기적으로 실행되는 코드

```
public void UpdateAllPostCounts() {
    var inconsistentCounts = db.GetMismatchedPostCounts();    → 이 쿼리를 실행하는 동안에
    foreach (var entry in inconsistentCounts) {                  잠금이 걸리지 않는다.
        db.UpdatePostCount(entry.UserId, entry.ActualCount);  → 이것을 실행할 때는 단일 행에
    }                                                            대해서만 잠금을 유지한다.
}
```

SQL의 SELECT 쿼리는 테이블의 잠금을 유지하지 않지만 다른 트랜잭션 때문에 지연될 수 있다. 여기서 쿼리 힌트로서의 NOLOCK이 등장한다. NOLOCK 쿼리 힌트를 사용하면 쿼리가 **더티 데이터**(불완전한 데이터)를 읽을 수 있지만 다른 쿼리나 트랜잭션이 만든 잠금을 의식할 필요는 없으며 누구나 쉽게 사용할 수 있다. 예를 들어 SQL 서버에서 SELECT * FROM customers 대신 SELECT * FROM customers (NOLOCK)을 사용하면 customers 테이블에 NOLOCK을 적용할 수 있다.

더티 데이터란 무엇인가? 트랜잭션이 일부 레코드를 데이터베이스에 쓰기 시작했고 아직 작업이 완료되지 않았다면 해당 레코드는 해당 시점에서 더티 데이터로 간주된다. 즉, NOLOCK 힌트가 있는 쿼리는 데이터베이스에 아직 존재하지 않거나 앞으로 사라질 행을 반환할 수 있다. 많은 경우에 이러한 불일치는 여러분의 앱이 견딜 수 있는 정도의 수준일 것이다. 하지만 사용자 인증 시에는 보안 문제가 발생할 수 있으므로 NOLOCK을 사용해서는 안 된다. 그렇지만 게시물을 표시하는 데 이것을 사용하는 것은 큰 문제가 되지 않을 것이다. 최악의 경우, 잠깐 동안 존재하는 것처럼

보이는 게시물을 볼 수도 있지만, 새로 고침을 하면 금세 사라질 것이다. 여러분은 이미 사용 중인 소셜 플랫폼에서 비슷한 경험을 했을 수도 있다. 사용자가 자신의 콘텐츠를 삭제했을 때 사용자 피드에 해당 게시물이 계속 보이지만 눌러 보면 오류가 발생하는 경우가 있다. 그 이유는 확장성을 위해서라면 플랫폼이 어느 정도의 불일치를 겪어도 감수할 수 있기 때문이다.

SET TRANSACTION ISOLATION LEVEL READ_UNCOMMITTED라는 조금 복잡해 보이는 SQL 문을 먼저 실행하면 SQL 연결의 모든 부분에 NOLOCK을 적용할 수 있다. 이 명령은 더 합리적이고 의도가 분명히 전달된다.

결과를 제대로 알고 있다면 이러한 불일치를 두려워하지 않아도 된다. 트레이드오프의 영향을 제대로 알고 있다면 확장성을 더욱 높이기 위해 의도적으로 불일치를 선호할 수도 있다.

# 8.3 데이터베이스 연결을 캐시하지 마라

데이터베이스에 대한 단일 연결을 하나 만들고 다른 코드에서 이것을 공유하는 것은 범하기 쉬운 잘못된 오류다. 모든 쿼리에 대한 연결이나 인증 오버헤드를 피할 수 있기 때문에 더 빨라질 거라는 아이디어는 문서상으로는 그럴 듯하다. 모든 곳에 open 명령과 close 명령을 작성하는 것이 약간 번거로울 수 있다. 그러나 데이터베이스에 대한 연결이 하나일 경우에는 데이터베이스에 대해 병렬 쿼리를 실행할 수 없으므로 한 번에 쿼리 하나만 효과적으로 실행할 수 있다. 이는 그림 8-5에서 볼 수 있듯이 확장성을 엄청나게 방해한다.

▼ 그림 8-5 애플리케이션에서 단일 연결을 공유함으로써 발생하는 병목 현상

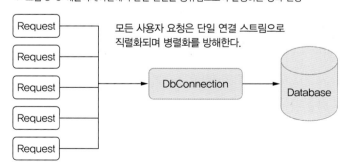

모든 사용자 요청은 단일 연결 스트림으로 직렬화되며 병렬화를 방해한다.

이렇게 단일 연결을 갖는 것이 좋은 생각이 아닌 이유가 하나 더 있다. 쿼리를 실행할 때 서로 다른 트랜잭션 스코프가 필요할 수 있으며, 한 번에 여러 쿼리를 위해 단일 연결을 재사용하려고 하면 쿼리가 서로 충돌할 수 있다.

이러한 문제의 일부는 연결이 아닌데도 새로운 연결이라고 부르는 것에서 비롯된다. 대부분의 클라이언트에서 사용하는 데이터베이스 연결 라이브러리는 연결 객체를 만들 때 실제로 새로운 연결을 여는 것이 아니다. 대신 이미 열려 있는 특정 수의 연결을 유지하고 사용자가 요구할 때 그중 하나를 내준다. 연결을 하나 연다고 할 때 실제로는 **연결 풀**(connection pool)이라고 불리는 곳에서 이미 열려 있는 연결을 하나 받아오는 것이다. 연결을 닫을 때는 실제 연결을 닫는 것이 아니다. 연결 풀에 다시 넣고 그 상태를 리셋하여 이전에 실행한 쿼리의 남은 작업이 새로운 쿼리에 영향을 미치지 않도록 한다.

다음과 같이 말할 수도 있겠다. "뭘 해야 할지 알았어! 모든 요청에 대해 단일 연결을 유지하고 그 요청이 끝나면 연결을 닫아야 해!" 그렇게 하면 그림 8-6과 같이 서로 차단하지 않고도 병렬 요청을 실행할 수 있다. 모든 요청이 별도의 연결을 얻고, 덕분에 여러 요청이 병렬로 실행되는 것을 알 수 있다.

▼ 그림 8-6 HTTP 요청당 단일 연결 유지하기

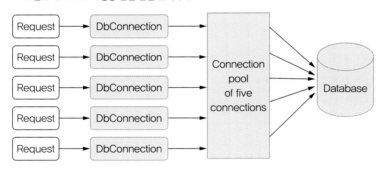

이러한 방식의 문제는 요청이 5개일 경우 연결 풀이 클라이언트의 요청을 위해 사용 가능한 연결을 제공할 수 있을 때까지 기다려야 한다는 것이다. 요청은 대기열(큐)에서 대기하므로 요청된 연결 풀이 명시적으로 닫히지 않는 한 요청이 사용 중인지 아닌지 알 수 없다. 때문에 현재 요청이 사용되지 않더라도 더 많은 요청에 대한 확장성을 제거할 수 있다. 그림 8-7은 이러한 상황을 묘사하고 있다.

▼ 그림 8-7 추가적인 요청을 차단하는 요청별 연결 객체

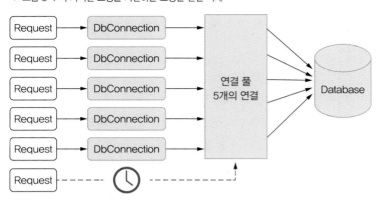

완전히 직관적이지는 않지만 코드를 최대한 확장할 수 있는 훨씬 더 나은 접근법이 있다면 어떨까? 이 비밀 해결책은 쿼리 수명 동안에만 연결을 유지하는 것이다. 이렇게 하면 가능한 한 빨리 풀에 연결을 반환하여 다른 요청이 사용 가능한 연결을 가져올 수 있도록 하며, 가능한 한 큰 확장성을 얻을 수 있다. 그림 8-8은 이러한 작동 방식을 보여준다. 연결 풀이 한 번에 세 개 이하의 쿼리를 처리하여 다른 요청 한두 개를 위한 공간을 어떻게 확보하는지 볼 수 있다.

▼ 그림 8-8 데이터베이스에 대한 쿼리별 연결

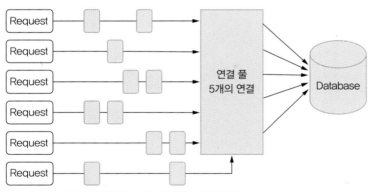

모든 연결은 쿼리 수명 동안에만 활성화되어
사용되지 않을 때는 다른 요청에서 사용할 수 있다.

이것이 효과적인 이유는 단일 요청이 단순히 단일 쿼리를 실행하는 것이 아니기 때문이다. 일반적으로 쿼리 처리 외에도 다른 처리 과정이 존재한다. 즉, 데이터베이스와 관련 없는 작업이 실행되는 동안에도 연결 객체를 계속 잡고 있다면 시간을 낭비하는 것이다. 연결을 최대한 짧게 열어 두면 다른 요청에서 사용할 수 있는 연결을 최대로 유지할 수 있다.

문제는 이를 위해 할 일이 더 많아진다는 것이다. 고객 이름을 기준으로 고객의 기본 설정을 업데

이트해야 하는 예를 생각해 보자. 일반적으로 코드 8-10과 아주 비슷한 쿼리를 실행할 것이다. 연결의 수명을 고려하지 않고 바로 쿼리를 실행할 수 있다.

**코드 8-10** 공유 연결 인스턴스를 사용한 일반적인 쿼리 실행

```
public void UpdateCustomerPreferences(string name, string prefs) {
    int? result = MySqlHelper.ExecuteScalar(customerConnection,
    "SELECT id FROM customers WHERE name=@name",
    new MySqlParameter("name", name)) as int?;        → 공유 연결을 사용
    if (result.HasValue) {
        MySqlHelper.ExecuteNonQuery(customerConnection,
        "UPDATE customer_prefs SET pref=@prefs",
        new MySqlParameter("prefs", prefs));
    }
}
```

재사용할 수 있는 이미 열려 있는 연결이 있기 때문이다. 연결 열기나 닫기 코드를 추가했다면 코드 8-11과 조금 더 관련이 있을 것이다. 두 쿼리 사이에 연결을 닫았다가 다시 열어 다른 요청을 위해 연결 풀로 연결을 반환해야 한다고 생각할 수도 있지만, 이렇게 짧은 기간에는 불필요하다. 심지어 오버헤드가 더 추가될 수 있다. 또한, 함수가 끝날 때 연결을 명시적으로 닫지 않고 있다는 점에 유의하자. 그 이유는 처음에 using 문을 사용하면 함수를 종료하는 즉시 연결 객체와 관련된 모든 리소스가 해제되어 차례대로 연결을 강제 종료하기 때문이다.

**코드 8-11** 각 쿼리에 대한 연결 열기

```
public void UpdateCustomerPreferences(string name, string prefs) {
    using var connection = new MySqlConnection(connectionString);
    connection.Open();                                      → 데이터베이스에 대한
    int? result = MySqlHelper.ExecuteScalar(customerConnection,   연결을 열기 위한 의식
    "SELECT id FROM customers WHERE name=@name",
    new MySqlParameter("name", name)) as int?;
    //connection.Close();
    //connection.Open();        → 이건 정말 바보 같은 짓이다.
    if (result.HasValue) {
        MySqlHelper.ExecuteNonQuery(customerConnection,
        "UPDATE customer_prefs SET pref=@prefs",
        new MySqlParameter("prefs", prefs));
    }
}
```

다음과 같이 헬퍼 함수로 연결 열기 의식을 래핑할 수 있고, 앞의 코드처럼 작성하는 것을 피할 수도 있다.

```
using var connection = ConnectionHelper.Open();
```

이렇게 하면 키 입력을 줄일 수 있지만 실수하기 쉽다. 호출 전에 using 문을 넣는 것을 잊어버릴 수 있고, 컴파일러가 이를 알려주는 것을 잊어버릴 수 있다. 그리고 연결을 닫는 것도 잊어버릴 수 있다.


## 8.3.1 ORM의 형태로

다행히 최신 객체 관계 매핑(ORM) 도구는 Entity 프레임워크와 같이 완전히 다른 복잡한 추상화 집합을 제공하여 데이터베이스의 복잡성을 숨겨주는 라이브러리다. 모든 것이 자동으로 이루어지므로 언제 연결이 열리고 닫히는지를 신경 쓰지 않아도 된다. 필요할 때 연결을 열고 연결이 완료되면 연결을 닫는다. Entity 프레임워크에서 요청의 전체 수명 동안 단일 공유 DbContext 인스턴스를 사용할 수 있다. 그러나 DbContext는 스레드 안전하지 않으므로 전체 앱에서 단일 인스턴스를 사용하고 싶지는 않을 것이다.

Entity 프레임워크를 사용하여 코드 8-11과 비슷한 쿼리를 코드 8-12와 같이 작성할 수 있다. LINQ 구문을 사용하여 동일한 쿼리를 작성할 수도 있지만, 함수형 구문이 더 읽기 쉽고 구성하기에도 쉽다.

**코드 8-12** Entity 프레임워크를 사용한 다수의 쿼리

```
public void UpdateCustomerPreferences(string name, string prefs) {
    int? result = context.Customers
        .Where(c => c.Name == name)
        .Select(c => c.Id)
        .Cast<int?>()
        .SingleOrDefault();
    if (result.HasValue) {
        var pref = context.CustomerPrefs          ┐→ 이 연결은 이들 각 라인 앞에서 열리고
            .Where(p => p.CustomerId == result)    │   이후에 자동으로 닫힌다.
            .Single();                             ┘
        pref.Prefs = prefs;
        context.SaveChanges();
    }
}
```

Connection 클래스, 연결 풀, 데이터베이스에 설정된 실제 네트워크 연결의 수명이 실제 의미하는 것을 잘 알고 있다면 애플리케이션을 확장할 여지를 넓힐 수 있다.

# 8.4 스레드를 사용하지 마라

확장성은 병렬화뿐만 아니라 리소스를 절약하는 것이기도 하다. 전체 메모리 이상으로 확장할 수 없고 CPU 사용량 100% 이상으로 확장할 수도 없다. ASP.NET 코어는 웹 요청을 병렬로 처리하기 위해 스레드 풀 구조를 사용하여 일정 수의 스레드를 유지한다. 이 아이디어는 연결 풀과 매우 비슷하다. 미리 초기화된 스레드 집합을 사용하면 스레드를 매번 생성할 때 발생하는 오버헤드를 피할 수 있다. 스레드 풀에는 대개 시스템의 CPU 코어 수보다 더 많은 스레드가 있는데, 이는 스레드가 종종 I/O와 같은 다른 작업이 끝날 때까지 대기해야 하기 때문이다. 이렇게 하면 특정 스레드가 I/O가 완료되기를 기다리는 동안 같은 CPU 코어에 다른 스레드를 스케줄링할 수 있다. 그림 8-9에서 CPU 코어 수보다 많은 스레드가 어떻게 CPU 코어를 더 잘 활용하도록 도움을 주는지를 볼 수 있다. CPU는 사용 가능한 CPU 코어 수보다 더 많은 스레드를 제공하여 한 스레드가 완료되기를 기다리는 동안 동일한 코어에서 실행을 위해 다른 스레드를 사용할 수 있다.

▼ 그림 8-9 CPU 코어 수보다 많은 스레드를 사용하여 CPU 사용 최적화하기

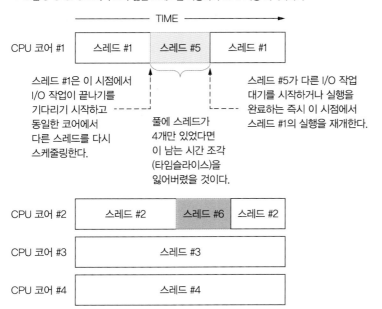

8

기초 좋은 확장성

이는 CPU 코어 수만큼의 스레드를 갖는 것보다는 낫지만, 소중한 CPU 시간을 최대한 활용할 수 있을 정도로 정확하지는 않다. 운영 체제는 스레드에 짧은 실행 시간을 제공한 다음 CPU 코어를 다른 스레드에 양보하여 모든 스레드가 적당한 시간 안에 실행될 수 있도록 한다. 이러한 스케줄링 기술을 **선점형**(preemption)이라고 부르며, 이는 단일 코어 CPU에서 멀티태스킹을 다루던 방식이다. 운영 체제는 같은 코어에서 모든 스레드를 저글링하며 마치 멀티태스킹이라는 착각을 불러일으킨다. 다행히 대부분의 스레드는 I/O를 기다리기 때문에 CPU 집약적인 애플리케이션을 실행하지 않는 한 사용자는 스레드가 단일 CPU에서 번갈아 실행된다는 사실을 눈치채지 못한다. CPU 연산이 많이 필요한 작업을 실행하면 아마 그 효과를 느끼게 될 것이다.

운영 체제가 스레드를 스케줄링하는 방법 때문에 스레드 풀에 CPU 코어 수보다 더 많은 스레드가 있는 것은 활용률을 높이기 위한 단순한 방법이지만, 실제로는 확장성을 해칠 수도 있다. 스레드가 너무 많으면 모든 스레드가 CPU 시간보다 작은 시간 조각을 얻게 되고 결국 실행 시간이 더 오래 걸리고 웹 사이트나 API 반응이 엄청나게 느려질 수 있다.

I/O 대기 시간을 활용하는 더 정확한 방법은 7장에서 설명한 대로 비동기식 I/O를 사용하는 것이다. 비동기 I/O는 명시적이다. await 키워드가 있으면 스레드가 콜백 결과를 기다린다는 것을 의미하며, 하드웨어가 I/O 요청을 위해 작업하는 동안 다른 요청이 동일한 스레드를 사용할 수 있다. 그림 8-10에서 볼 수 있듯이 동일한 스레드에서 여러 요청을 병렬로 처리할 수 있다.

▼ 그림 8-10 더 적은 스레드와 비동기 I/O로 더 나은 동시성 달성하기

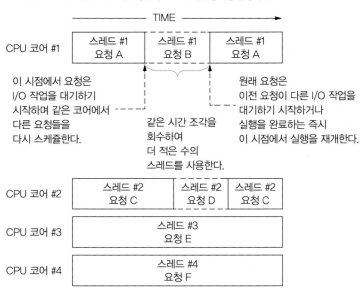

비동기 I/O는 매우 유망하다. 비동기 호출을 지원하는 프레임워크가 루트에 있는 경우, 기존 코드를 비동기 I/O로 간단히 업그레이드할 수 있다. 예를 들어 ASP.NET 코어에서 컨트롤러 동작이나 레이저 페이지 핸들러는 프레임워크가 필요한 스캐폴딩을 구축하기 때문에 일반적인 방법이나 비동기적인 방법으로 작성할 수 있다. 비동기 호출을 사용하여 함수를 다시 작성하고 메서드를 async로 표시하기만 하면 된다. 물론, 코드가 제대로 동작하고 테스트도 통과해야 하지만 여전히 비교적 간단한 프로세스다.

코드 8-10을 수정하여 코드 8-13에서 비동기 코드로 변환해 보자. 두 코드의 차이를 굵은 글씨로 강조하였으니 코드 8-10을 다시 볼 필요는 없다. 차이점이 무엇인지 살펴보자. 나중에 이 차이점을 나눠서 볼 것이다.

**코드 8-13** 기존의 동기식 코드를 비동기식 코드로 변환하기

```
public async Task UpdateCustomerPreferencesAsync(string name,
string prefs) {
    int? result = await MySqlHelper.ExecuteScalarAsync(
        customerConnection,
        "SELECT id FROM customers WHERE name=@name",
        new MySqlParameter("name", name)) as int?;
    if (result.HasValue) {
        await MySqlHelper.ExecuteNonQueryAsync(customerConnection,
        "UPDATE customer_prefs SET pref=@prefs",
        new MySqlParameter("prefs", prefs));
    }
}
```

이 모든 것이 무엇을 위한 것인지 아는 것이 중요하다. 그래야 의식적이고 정확하게 사용할 수 있다.

- 비동기 함수의 이름에 실제로 Async라는 접미사를 지정할 필요는 없지만 이러한 이름 규칙을 사용하면 무언가에 await가 필요하다는 것을 알 수 있다. "이미 async 키워드가 바로 저기에 있지 않은가!"라고 생각할 수 있지만, 이 키워드는 구현에만 영향을 미칠 뿐 함수의 이름이나 설명에 포함되지 않는다. 즉, 비동기 함수가 실제로 비동기인지 확인하려면 소스 코드를 들여다봐야 한다. 비동기 함수를 기다리지 않으면 결과를 즉시 반환하겠지만, 실행이 완료되었다고 잘못 가정할 수 있다. 컨트롤러 액션의 이름처럼 함수에 특정 이름이 필요할 때 URL 경로도 지정할 수 있으므로 특별한 이유가 없다면 이러한 규칙을 따르라. 또한, 반환 유형은 함수 오버로드를 구분하는 요소로 간주되지 않기 때문에 동일한 이름을 가진 동

일한 함수의 두 가지 오버로드를 원할 경우에도 유용하다. 이것이 .NET에서 거의 모든 비동기 메서드의 이름에 Async 접미사를 사용하는 이유이다.

- 함수 선언의 시작 부분에 있는 async 키워드는 함수 안에서 await를 사용할 수 있다는 것을 의미한다. 뒤에서 컴파일러는 이러한 async 문을 가져와서 필요한 처리 코드를 생성하고 일련의 콜백 함수로 변환한다.

- 모든 비동기 함수는 Task 또는 Task<T>를 반환해야 한다. 반환 값이 없는 비동기 함수도 void 반환 타입을 가질 수 있지만 문제를 일으킬 수 있다. 예를 들어 예외 처리 시맨틱이 변경되고 조합성(결합성, Composability)을 잃게 된다. 비동기 함수에서 조합성은 ContinueWith 같은 Task 메서드를 사용하여 어떤 함수가 완료될 때 일어나는 액션을 프로그래밍 방식으로 정의할 수 있다. 그렇기 때문에 반환 값이 없는 비동기 함수는 항상 Task를 대신 사용해야 한다. async 키워드로 함수를 꾸밀 때 반환문 뒤의 값은 자동으로 Task<T>로 감싸지므로 일일이 Task<T>를 생성하지 않아도 된다.

- await 키워드를 사용하면 이전의 표현식이 완료된 후에만 그 다음 줄이 실행된다. 여러 비동기 호출 앞에 await를 두지 않으면 해당 호출이 병렬로 실행되기 시작하며, 이는 때때로 바람직할 수 있지만, 작업이 완료될 때까지 기다려야 한다. 그렇지 않으면 작업이 중단될 수 있다. 반면 병렬 작업은 버그가 발생하기 쉽다. 예를 들어 Entity 프레임워크 코어에서 같은 DbContext를 사용하여 여러 쿼리를 병렬로 실행할 수 없다. DbContext 자체가 스레드 안전하지 않기 때문이다. 그러나 파일 읽기와 같은 방법으로 다른 I/O를 병렬화할 수 있다. 한 번에 웹 요청 두 개를 처리하는 예를 생각해 보자. 두 요청이 서로를 기다리기를 원하는 사람은 아무도 없을 것이다. 코드 8–14에 나와 있는 것처럼 웹 요청 두 개를 동시에 생성하고 두 요청이 모두 완료될 때까지 기다릴 수 있다. URL 목록을 받아서 이전 URL이 완료될 때까지 기다리지 않고 각 URL을 내려받는 작업을 시작하는 함수를 정의한다. 이를 통해 내려받기가 스레드 하나에서 병렬로 실행되도록 한다. HttpClient 객체는 스레드 안전이므로 단일 인스턴스로 사용할 수 있다. 함수는 모든 작업이 완료될 때까지 기다렸다가 모든 작업의 결과에서 최종 응답을 구성한다.

**코드 8–14** 단일 스레드에서 여러 웹 페이지를 병렬로 내려받기

```
using System;
using System.Collections.Generic;
using System.Linq;
using System.Net.Http;
using System.Threading.Tasks;
```

```
namespace Connections {
    public static class ParallelWeb {
        public static async Task<Dictionary<Uri, string>>        → 결과적으로 얻게 될 타입
        DownloadAll(IEnumerable<Uri> uris) {
            var runningTasks = new Dictionary<Uri, Task<string>>();   → 실행 중인 작업을
            var client = new HttpClient();       → 인스턴스 하나로 충분하다.        추적하기 위한 임시 저장소
            foreach (var uri in uris) {
                var task = client.GetStringAsync(uri);       → 작업을 시작하고 기다리지는 않는다.
                runningTasks.Add(uri, task);       → 태스크를 어딘가에 저장한다.
            }
            await Task.WhenAll(runningTasks.Values);       → 모든 작업이 완료될 때까지 기다린다.
            return runningTasks.ToDictionary(kp => kp.Key,
            kp => kp.Value.Result);       → 완료된 작업의 결과들로부터 새로운 결과 딕셔너리를 만든다.
        }
    }
}
```

## 8.4.1 비동기 코드의 주의사항

코드를 비동기로 변환할 때는 특정 사항을 염두에 두어야 한다. "모든 것을 비동기 방식으로 만들자!"라고 쉽게 생각하다가는 자칫 모든 것을 더 악화킬 수 있다. 그 숨겨진 위험 중 몇 가지를 살펴보자.

### I/O 작업이 없다면 비동기도 필요 없음을 의미한다

어떤 함수가 비동기 함수를 호출하지 않는다면 그 함수도 비동기일 필요는 없다. 비동기식 프로그래밍은 I/O 바운드 작업과 함께 사용할 때만 확장성에 도움을 줄 수 있다. CPU 바운드(bound) 작업에서 비동기를 사용하면 단일 스레드에서 병렬로 실행되는 I/O 작업과 달리 작업을 위한 별도의 스레드가 필요하기 때문에 확장성에 도움이 되지 않는다. 또한, 다른 비동기 연산을 실행하지 않는 함수에서 async 키워드를 사용하려고 하면 컴파일러에서 경고를 표시할 수도 있다. 이러한 경고를 무시하면 함수에 추가된 비동기 관련 스캐폴딩으로 함수가 불필요하게 커지고 코드가 느려질 수 있다. 다음은 async 키워드를 불필요하게 사용하는 예이다.

```
public async Task<int> Sum(int a, int b) {
    return a + b;
}
```

이런 일이 발생하는 이유는 사람들이 별 생각 없이 함수에 비동기를 붙이기 때문이다. 함수를 비동기로 만드는 이유는 항상 분명하고 명확해야 한다.

## 동기화와 비동기화를 섞지 마라

동기화된 컨텍스트에서 비동기 함수를 안전하게 호출하는 것은 매우 어렵다. 사람들은 이렇게 말할 것이다. "이봐, 그냥 Task.Wait() 또는 Task.Result를 호출하면 다 괜찮을 거야." 하지만 그렇지 않다. 그 코드는 가장 예상하지 못한 순간에 문제를 일으킬 것이다. 결국 여러분은 악몽을 꾸게 될 것이다.

동기화 코드에서 비동기 함수를 기다리는 것의 가장 큰 문제는 호출자 코드에 의존하는 비동기 함수에 있는 다른 함수로 데드락이 발생할 수 있다는 것이다. 예외 처리는 별도의 Aggregate Exception 안에 래핑되어 있기 때문에 직관적이지 않을 수도 있다.

동기 컨텍스트 안에서 비동기 코드를 함께 사용하지 마라. 설정이 복잡하기 때문에 보통 프레임워크만이 이를 수행한다. C# 7.1에서는 비동기 Main 함수를 추가로 지원하므로 비동기 코드를 바로 실행할 수는 있지만, 동기화 웹 작업에서는 비동기 함수를 호출할 수 없다. 하지만 그 반대는 괜찮다. 모든 함수가 비동기에 적합한 것은 아니기 때문에 비동기 함수에 동기화 코드가 있을 수 있다.

## 8.4.2 비동기를 이용한 멀티스레딩

비동기 I/O는 리소스를 덜 소모하기 때문에 I/O가 많이 필요한 코드에서 멀티스레딩보다 더 나은 확장성을 제공한다. 그러나 멀티스레딩과 비동기는 서로 배타적이지 않다. 두 가지를 동시에 가질 수 있고, 멀티스레드 코드를 작성하기 위해 비동기 프로그래밍 구문을 사용할 수도 있다. 예를 들어 다음과 같이 비동기식으로 장기간 돌아가는 CPU 작업을 처리할 수 있다.

```
await Task.Run(() => computeMeaningOfLifeUniverseAndEverything());
```

코드는 여전히 별도의 스레드에서 실행되지만, await 메커니즘은 작업 완료의 동기화를 단순화한다. 전통적인 스레드를 사용하여 동일한 코드를 작성한다면 조금 더 관련이 있어 보일 것이다. 이벤트와 같은 동기화 기본 요소가 있어야 한다.

```
ManualResetEvent completionEvent = new(initialState: false);
```

선언하는 이벤트 개체도 동기화 지점에서 액세스할 수 있어야 하므로 복잡성이 추가된다. 실제 코드도 더 많이 포함된다.

```
ThreadPool.QueueUserWorkItem(state => {
    computeMeaningOfLifeUniverseAndEverything();
    completionEvent.Set();
});
```

따라서 비동기 프로그래밍은 일부 멀티스레드 작업을 더 쉽게 할 수 있도록 한다. 하지만 그렇다고 멀티스레드를 완전히 대체하는 것은 아니며 확장성에도 도움이 되지 않는다. 비동기 구문으로 작성한 멀티스레드 코드는 여전히 일반적인 멀티스레드 코드이다. 비동기 코드처럼 리소스를 절약하지는 않는다.

STREET CODER

## 8.5 모놀리스를 존중하라

여러분의 모니터에는 스타트업 스톡옵션으로 부자가 되었을 때만 비로소 제거할 수 있는 메모가 붙어 있을 것이다. 그 메모는 아마도 "마이크로서비스는 없다"라는 내용일 것이다.

마이크로서비스의 개념은 간단하다. 코드를 자체적으로 호스팅이 가능한 프로젝트별로 분할하면 향후 해당 프로젝트를 별도의 서버에 배포하는 것이 더 쉬워지므로 자유롭게 확장할 수 있다! 여기서 문제는 앞서 논의한 소프트웨어 개발의 많은 문제와 마찬가지로 복잡성이 증가한다는 것이다. 모든 공유 코드를 분할해야 할까? 그 프로젝트는 정말로 아무것도 공유하지 않을까? 그들 간의 의존성은 어떻게 할까? 데이터베이스를 변경할 때 프로젝트 몇 개를 업데이트해야 할까? 인증이나 접근 권한과 같은 콘텍스트를 어떻게 공유할까? 보안은 어떻게 보장할까? 서버 간 밀리초 수준의 지연으로 왕복 지연이 추가로 발생하게 된다면? 호환성을 유지하려면 어떻게 해야 할까? 하나를 먼저 배치한 후 새로운 변경으로 다른 하나가 고장나면 어떻게 해야 할까? 이러한 수준의 복잡성을 처리할 만한 역량이 내게 있을까?

**모놀리스**(monolith)라는 용어는 마이크로서비스와 반대되는 개념이다. 마이크로서비스에는 소프트웨어의 구성 요소가 동일한 서버에 함께 배치된 하나의 프로젝트 혹은 서로 긴밀하게 결합된 여러 프로젝트에 존재한다. 이 구성 요소들은 서로 상호 의존적이다. 그렇다면 앱 확장을 위해 일부 구성 요소를 다른 서버로 이동하려면 어떻게 해야 할까?

이번 장에서는 단일 서버는 물론 단일 CPU 코어에서도 더 나은 확장성을 달성할 수 있는 방법을 살펴봤다. 모놀리스는 확장이 가능하다. 앱을 분할해야만 하는 상황이 닥치기 전까지는 아무런 문제가 없을 것이다. 그 시점에는 이미 여러분이 일하는 스타트업은 성장하여 큰 돈을 벌었을지도 모르고, 그렇다면 그 일을 하기 위해 더 많은 개발자를 고용할 수 있을 것이다. 제품 개발의 초기 단계에서 인증, 조정, 동기화가 문제가 될 수 있는 경우, 마이크로서비스로 새로운 프로젝트를 복잡하게 만들지 마라. 엑시 쇼즐리크는 출시한 지 20년 이상이 지난 지금까지도 여전히 모놀리스 방식의 아키텍처에서 매달 사용자 4천만 명에게 서비스를 제공한다. 모놀리스는 로컬 프로토타입에서 자연스럽게 다음 단계로 넘어가는 것이기도 하다. 이 흐름에 따라 마이크로서비스 아키텍처의 단점보다 장점이 클 때만 사용할 것을 고려하라.

# 8.6 요약

- 다단계 다이어트 프로그램처럼 점진적으로 확장성에 접근하라. 작은 개선을 통해 궁극적으로 더 나은 확장 가능한 시스템을 구축할 수 있다.
- 확장성의 가장 큰 블록 중 하나는 잠금이다. 이들과 함께 살 수 없고, 이들 없이는 살 수도 없다. 때로는 이것이 불필요하다는 것을 이해해야 한다.
- 코드 확장성을 높이기 위해 수동으로 잠금을 획득하는 것보다 잠금이 없는 데이터 구조나 동시성 데이터 구조를 선호하라.
- 안전할 때는 항상 이중 점검 잠금을 사용하라.

- 더 나은 확장성을 위해 불일치를 활용하는 법을 배워라. 비즈니스에 적합한 수준의 불일치 타입을 선택하고 확장 가능한 코드를 만들 기회로 활용하라.
- ORM은 일반적으로 귀찮은 작업이지만, 여러분이 생각하지 못한 최적화로 확장성이 더 뛰어난 앱을 만들 수도 있다.
- 뛰어난 확장성이 필요한 모든 I/O 바인딩 코드에 비동기 I/O를 사용하여 사용 가능한 스레드를 보존하고 CPU 사용량을 최적화하라.
- CPU 바운드 작업의 병렬화를 위해 멀티스레딩을 사용하라. 그러나 비동기식 프로그래밍 구조와 함께 멀티스레딩을 사용하는 경우라면 비동기식 I/O를 통한 확장성의 이점을 기대하지 마라.
- 마이크로서비스 아키텍처에 대한 설계 논의가 끝나기 전에 모놀리스 아키텍처는 전 세계 투어를 끝낼 것이다.

memo

# 9<sup>장</sup>

# 버그와의 동거

곤충에 대한 가장 심오한 문학 작품은 프란츠 카프카의 〈변신〉일 것이다. 이 책은 소프트웨어 개발자를 닮은 주인공 그레고르 잠자가 어느 날 깨어나 자신이 벌레(버그)로 변했다는 사실을 알아차리는 이야기를 담고 있다. 사실 이 이야기의 주인공은 소프트웨어 개발자가 아니다. 카프카가 이 책을 쓰기 70년 전에 에이다 러브레이스가 쓴 몇 페이지의 코드가 1915년 당시 프로그래밍이라고 부를 만한 유일한 것이었기 때문이다. 사실 그레고르 잠자의 직업은 소프트웨어 개발자 다음으로 좋은, 외판원이었다.

버그는 소프트웨어의 품질을 결정하는 측정 기준의 기본 단위다. 소프트웨어 개발자는 모든 버그를 본인의 오점으로 여기기 때문에 보통 버그가 전혀 없는 코드를 목표로 하거나, 자기 컴퓨터에서는 잘 돌아간다고 주장하거나, 버그가 아니라 코드의 특징일 뿐이라고 주장하며 버그를 적극적으로 부인한다.

> **외판원 문제(traveling salesperson problem)**
>
> 외판원 문제는 컴퓨터 과학에서 토대가 되는 주제이다. 외판원을 위해 최적의 경로를 계산하는 것은 NP-완전(NP-complete)이기 때문이다. 이 용어는 **비결정론적 다항시간(Non-deterministic Polynomial time) 완전**을 전혀 직관적이지 않게 줄여 쓴 약자이다. 이 약어에는 여러 단어가 빠져 있기 때문에 나는 오랫동안 이것을 비다항식(non-polynomial) 완전을 의미한다고 믿었고, 매우 혼란스러웠다.
>
> 다항 시간(P) 문제는 조합 가능한 경우의 수를 모두 시도하는 것보다는 더 빨리 풀 수 있다. 모든 경우의 수를 시도하는 것은 모든 복잡도 중에서 두 번째로 최악인 팩토리얼 복잡성을 갖는다. NP는 무차별 공격으로만 해결할 수 있는 P 문제의 상위 집합이다. NP와 비교하면 P 문제는 언제나 환영이다. 비결정론적 다항 시간 문제인 NP는 이를 해결하기 위한 다항 시간 알고리즘이 없다. 하지만 답이 주어질 때 다항식 시간 내에 그것을 검증할 수 있다. 그런 의미에서 NP-완전은 "이 문제를 해결하는 것은 어렵지만, 제안된 답을 꽤 빨리 검증할 수 있다"는 것을 의미한다.

소프트웨어 개발은 프로그램의 본질적인 예측 불가능성 때문에 굉장히 복잡하다. 이것이 튜링 기계의 본질이며, 앨런 튜링의 연구 덕분에 모든 컴퓨터와 대부분의 프로그래밍 언어의 근원이 된 이론적 구조다. 튜링 기계에 기반한 프로그래밍 언어를 **튜링 완전**(Turing complete)이라고 한다. 튜링 기계는 소프트웨어로 우리가 가진 무한한 수준의 창의성을 허용하지만, 실행하지 않고는 정확성을 검증하는 것이 불가능하다. HTML, XML, 정규 표현식과 같이 튜링 완전이 아닌 언어에 의존하는 언어도 있지만 튜링 완전 언어에 비해 할 수 있는 것이 훨씬 적다. 튜링 기계의 특성상 버그는 피할 수 없다. 따라서 버그가 없는 프로그램을 만들기란 불가능하다. 소프트웨어 개발에 착수하기 전에 먼저 이 사실을 받아들이는 것이 여러분의 일을 더 쉽게 만들 것이다.

# 9.1 버그를 수정하지 마라

제법 큰 프로젝트를 맡고 있는 개발 팀이라면, 어떤 버그를 수정할 것인지를 결정하기 위한 트리아지 프로세스를 가지고 있어야 한다. **트리아지**(triaging)라는 용어는 1차 세계대전 중에 유래되었는데, 당시 의료진이 아직 생존 가능성이 있는 사람에게 제한된 자원을 할당하기 위해 어떤 환자는 먼저 치료하고 어떤 환자는 방치할 수밖에 없었던 결정에서 유래되었다. 이는 제한된 자원을 효과적으로 활용할 수 있는 유일한 방법이었다. 트리아지는 여러분이 무엇을 먼저 고쳐야 하며, 혹은 그것을 정말 고쳐야 하는지 결정하는 것을 도와준다.

어떻게 버그의 우선순위를 정할까? 한 사람이 모든 비즈니스 결정을 주도하는 것이 아니라면 버그의 우선순위를 정하기 위한 팀에서 공유하는 기준을 갖고 있어야 한다. 마이크로소프트의 윈도 팀에는 여러 엔지니어링 기관에서 평가한 대로 수정할 버그를 결정하기 위한 복잡한 기준이 있었다. 결과적으로 나와 같은 경우 버그의 우선순위를 정하기 위해 매일 회의를 했고, 전쟁의 방(war room)이라고 부르는 곳에서 과연 이 버그를 고쳐야 하는지를 토론했다. 윈도와 같은 엄청난 규모의 제품을 위한 토론이라면 이해할 수 있지만, 대부분의 소프트웨어 프로젝트에서는 필요하지 않을 수 있다. 어느 날에는 이스탄불의 공식 결혼 센터의 자동화 시스템이 업데이트로 인해 먹통이 되어서 모든 결혼식을 중단해야 했기 때문에 버그의 우선순위를 물어봐야 했다. 나는 **적용 가능성**, **영향**, **심각성**과 같은 유형의 트리아지 지표로 모든 결혼식이 중단된 것을 분석하여 내 주장을 입증해야 했다. "이스탄불에서 하루에 결혼하는 커플이 몇 쌍 정도 되나요?"라는 질문이 갑자기 엄청나게 중요한 인터뷰 질문처럼 들렸다.

우선순위를 평가하는 더 간단한 방법은 **심각성**이라는 관점을 사용하는 것이다. 본질적으로 하나의 우선순위를 갖는 것이 목표지만, 두 번째 관점을 가지면 두 가지 다른 문제가 동일한 우선순위를 갖는 것처럼 보이는 경우에 더 쉽게 평가할 수 있다. 나는 우선순위/심각성 관점은 사용이 편리하고, 비즈니스 지향적인 것과 기술 지향적인 것 사이에서 균형이 잘 잡혀 있다고 생각한다. **우선순위**는 어떤 버그가 비즈니스에 끼치는 영향을 의미하고, 반면에 **심각성**은 고객에게 미치는 영향을 의미한다. 예를 들어 플랫폼의 웹 페이지가 작동하지 않는다면 고객이 웹 페이지를 사용할 수 없기 때문에 심각성이 높은 문제다. 하지만 그것의 우선순위는 문제가 홈페이지에 있는지 아니면 소수 고객만 방문하는 불분명한 페이지에 있는지에 따라 완전히 달라질 수 있다. 마찬가지로, 홈페이지에 회사 로고가 누락된 경우라면 심각성은 전혀 없지만 비즈니스의 관점에서는 우선순위가 가장 높을 수 있다. 심각성 관점으로 버그의 우선순위를 매기기 위한 정확한 지표를 찾는 것이 불가능하기 때문에 이는 비즈니스 우선순위를 정하는 것에 대한 부담을 어느 정도 덜어준다.

우선순위 관점 하나만으로 동일한 수준의 세분화를 달성할 수는 없을까? 예를 들어 우선순위와 심각성 수준이 각각 3개인 대신 우선순위 수준만 6개인 것으로 동일한 작업을 수행할 수는 없을까? 여기서 문제는 수준이 더 많아질수록 이를 구분하기가 더 어려워진다는 것이다. 일반적으로 보조적인 두 번째 관점은 문제의 중요성을 좀 더 정확하게 평가하는 데 도움이 된다.

우선순위와 심각성에 대한 임계 값을 설정하여 순위가 그 아래인 버그들은 **고치지 않도록 해야 한다**. 예를 들어 우선순위가 낮거나 심각성이 낮은 버그는 수정하지 않고 레이더망에서 제거할 수 있다. 표 9-1은 우선순위와 심각성 수준의 실제 의미를 보여준다.

▼ 표 9-1 우선순위와 심각성의 실제 의미

| 우선순위 | 심각성 | 실제 의미 |
| --- | --- | --- |
| 높음 | 높음 | 즉시 고쳐라. |
| 높음 | 낮음 | 사장이 수정을 원한다. |
| 낮음 | 높음 | 인턴에게 수정하라고 지시하라. |
| 낮음 | 낮음 | 고치지 않는다. 사무실에 다른 할 일이 없지 않는 이상 절대 고치지 마라. 할 일이 없더라도 인턴이 고치도록 하라. |

버그를 추적하는 것은 비용이 발생한다. 마이크로소프트에서 우리 팀은 버그의 우선순위를 평가하는 데만 하루에 적어도 한 시간을 쓰곤 했다. 팀에서는 수정하지 않아도 되는 버그를 재검토하는 일을 피해야 한다. 이러한 과정은 개발 초기에 결정하려고 노력해야 한다. 그래야 시간을 아끼면서도 제품의 적절한 품질을 유지할 수 있다.

## 9.2 오류에 대한 두려움

모든 버그가 코드의 오류로 발생하는 것은 아니며, 또한, 모든 오류가 코드에 버그가 있음을 의미하지도 않는다. 이러한 버그와 오류 사이의 관계는 **알 수 없는 오류**라는 팝업 대화 상자를 볼 때 가장 분명하다. 만약 그것이 알 수 없는 오류라면 애초에 어떻게 그것이 오류라고 확신할 수 있을까? 어쩌면 그것은 알려지지 않은 성공일 수도 있다!

이러한 상황이 바로 오류와 버그 사이의 원론적인 연관성에 뿌리를 두고 있다. 개발자는 본능적으로 모든 오류를 버그로 간주하고 지속적이고 끈질기게 제거하려고 노력한다. 이런 식의 추론은 보통 알 수 없는 오류 상황으로 이어진다. 이는 무언가가 잘못되었을 때 개발자가 그것이 정말 오류인지 아닌지를 이해하는 것에 신경 쓰지 않기 때문이다. 이런 이해를 바탕으로 개발자는 모든 종류의 오류를 동일한 방식으로 다룬다. 일반적으로 이것은 사용자가 오류를 볼 필요가 있는지의 여부와는 관계없이 모든 오류를 보고하거나 모든 오류를 숨기고 아무도 읽지 않는 서버의 로그 파일에 저장하는 방식이다.

모든 오류를 동일한 방식으로 처리하려고 집착하는 것을 해결하는 방법은 오류를 '상태의 일부'로 간주하는 것이다. 아마도 그것을 **오류**라고 하는 것은 실수였을 것이다. 우리는 그저 그것을 흔치 않고 **예상하지 못한 상태 변화** 또는 **예외**라고 불렀어야 했다. 잠깐, 우리는 이미 이런 것을 가지고 있다!

## 9.2.1 예외에 대한 진실

예외는 프로그래밍 역사상 가장 오해를 많이 받는 구조일 것이다. 나는 단순히 실패한 코드를 빈 catch 블록과 함께 try 블록 안에 넣고 좋아하는 사람을 셀 수 없이 봐 왔다. 그것은 불이 난 방의 문을 닫고 문제가 결국 저절로 해결될 거라고 믿는 것과 같다. 잘못된 추측은 아니지만, 꽤 많은 비용이 들 수 있다.

**코드 9-1** 삶의 모든 문제에 대한 해결책

```
try {
    doSomethingMysterious();
}
catch {
    // 괜찮다.
}
```

그렇다고 프로그래머를 비난할 생각은 없다. 1966년 에이브러햄 매슬로[1]가 다음처럼 말했다. "만약 여러분이 가진 도구가 망치뿐이라면 여러분은 모든 문제를 못으로 바라보게 될 것이다." 망치가 처음 나왔을 때 그것은 엄청난 발견이었고, 모든 사람이 자신의 문제를 해결하는 과정에서 망

---

1  미국의 심리학자이자 철학자다.

치를 사용하려고 노력했을 거라고 확신한다. 신석기 시대 사람은 아마도 미래에 빵에 버터를 바르는 데 더 나은 도구가 등장할 것이라는 것은 알지 못하고, 망치가 얼마나 혁명적인지와 망치로 어떻게 문제를 해결할 수 있는지를 동굴 벽에 새겼을 것이다.

나는 개발자가 일반 예외 핸들러를 전체 애플리케이션에 추가하여 모든 충돌을 방지하는 사례를 본 적이 있다. 하지만 실제로 이것은 모든 예외를 무시하는 것이다. 이렇게까지 했는데도 버그가 왜 자꾸 발생하는 걸까? 빈 핸들러를 추가하는 것이 치료 방법이었다면 우리는 오래 전에 버그 문제를 해결했을 것이다.

예외는 정의되지 않은 상태 문제를 해결하는 새로운 방법이다. 오류 처리가 반환 값으로만 이루어지던 시절에는 오류 처리를 생략하고 성공할 거라고 가정한 후 계속 실행할 수 있었다. 하지만 애플리케이션은 프로그래머가 전혀 예상하지 못한 상태가 될 것이다. 알려지지 않은 상태의 문제점은 그 상태가 미치는 영향이 무엇인지 그리고 이것이 얼마나 심각한지 알 수 없다는 것이다. 이것이 유닉스 시스템의 커널 패닉이나 윈도의 악명 높은 블루 스크린과 같은 운영 체제의 치명적인 오류 화면 뒤에 존재하는 거의 유일한 이유이다. 시스템을 정지시켜 추가적인 손상을 방지하는 것이다. 즉, **알 수 없는 상태**는 다음에 무슨 일이 일어날지 더 이상 예측할 수 없다는 것을 의미한다. 예를 들면 CPU가 놀라서 무한 루프에 들어갈 수도 있고, 하드 디스크 드라이브가 모든 섹터에 0을 쓰기로 결정할 수도 있고, 여러분의 트위터 계정에 숨기고 싶은 비밀 이야기를 무작위로 게시하기로 결정할 수도 있다.

오류 코드는 런타임 중에 예외 처리가 되지 않으면 탐지할 수 있다는 점에서 예외와 다르다. 처리되지 않은 예외를 다루는 일반적인 방법은 주어진 상태가 어떻게 될지 예상할 수 없기 때문에 해당 애플리케이션을 종료하는 것이다. 운영 체제도 마찬가지로 예외를 처리하지 못하면 애플리케이션을 종료한다. 운영 체제는 사용자 모드 프로세스와 달리 따로 분리된 메모리 공간에서 돌아가는 것이 아니기 때문에 장치 드라이버나 커널 수준의 구성 요소에 대해 동일한 작업을 수행할 수는 없다. 이것이 운영 체제가 시스템을 완전히 중단해야 하는 이유다. 마이크로커널 기반의 운영 체제에서는 커널 수준의 구성 요소의 수가 적고 장치 드라이버도 사용자 공간에서 돌아가기 때문에 문제가 덜하지만, 여전히 해결되지 않은 약간의 성능 저하가 존재한다.

예외에 대해 우리가 가장 크게 놓치고 있는 미묘한 차이는 이것이 예외적이라는 사실이다. 즉, 결과 값과 흐름 제어 구조가 있는 일반적인 흐름 제어를 위한 것이 아니다. 예외는 함수의 계약 밖에서 어떤 일이 발생하여 함수가 더 이상 이 계약을 이행할 수 없는 경우를 말한다. (a,b) => a/b와 같은 함수는 나눗셈 연산을 수행하는 것을 보장하지만, b 값이 0일 때는 이 연산을 수행할 수 없다. 이런 것이 바로 예상치 못한 정의되지 않은 사건이다.

데스크톱 앱에 대한 소프트웨어 업데이트를 내려받고 내려받은 복사본을 디스크에 저장한 다음, 사용자가 나중에 이 앱을 시작할 때 새로 내려받은 버전으로 앱을 전환한다고 가정해 보자. 이는 패키지 관리 생태계를 통하지 않고 앱을 직접 업데이트하는 일반적인 방법이다. 업데이트 작업은 그림 9-1과 같다. 업데이트를 반쯤 하다가 끝나는 상황을 고려하지 않기 때문에 다소 단순하지만, 그 부분이 핵심이다.

직접 업데이트 중에 예외가 발생하면 불완전한 app2 폴더가 만들어지고 앱 파일이 손상된 버전으로 대체되어 복구가 불가능한 치명적인 상태가 될 것이다.

▼ 그림 9-1 앱을 직접 업데이트할 때의 기본 논리 몇 가지

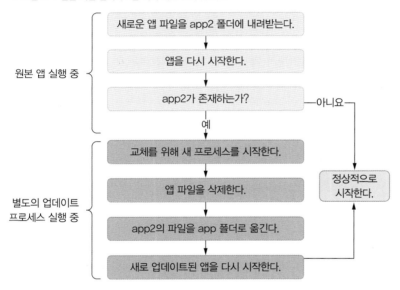

모든 단계에서 예외가 발생할 수 있으며, 예외가 처리되지 않거나 잘못 처리될 경우 모든 것이 엉망이 될 수 있다.

또한 그림 9-1은 프로세스 설계가 예외에 대해 얼마나 탄력적이어야 하는지 그 중요성을 보여준다. 각 단계에서 어떤 오류라도 발생하면 앱이 손상되고 복구되지 않을 수 있다. 예외가 발생하더라도 앱을 손상된 상태로 놔두어서는 안 된다.

## 9.2.2 예외를 잡아내지 마라

try/catch 블록은 예외로 발생하는 코드 충돌을 위한 빠르고 쉬운 패치로 간주된다. 이렇게 예외

를 무시하고 넘어가면 충돌은 사라지겠지만, 근본적인 원인은 사라지지 않는다.

예외는 더 이상의 다른 문제를 일으키지 않고 어떤 문제를 확인하는 가장 쉬운 방법이므로, 예외가 있다는 것만으로도 어딘가 충돌이 발생한다는 것을 알 수 있다. 충돌을 두려워하지 마라. 발생한 정확한 위치를 파악하는 데 도움이 되는 편리한 스택 추적과 함께 충돌 원인을 깔끔하게 파악하기 힘든 버그를 두려워하라. 빈 catch 문에 가려진 문제를 두려워하라. 코드에 숨어 대부분 올바른 상태인 것처럼 보이고 오랜 시간에 걸쳐 점점 불량한 상태를 누적하다가 결국 눈에 띄게 느려지거나 OutOfMemoryException과 같이 전혀 관련이 없어 보이는 충돌이 발생한다. 불필요한 catch 블록은 일부 충돌이 발생하는 것을 막을 수는 있지만, 로그를 읽는 데 몇 시간이 걸릴 수도 있다. 예외는 어떤 문제가 파악하기 어려운 상태가 되기 전에 해당 문제를 잡아낼 수 있도록 해주기 때문에 훌륭하다.

예외 처리의 첫 번째 규칙은 예외를 잡아내지 않는 것이다. 예외 처리의 두 번째 규칙은 9장의 IndexOutOfRangeException이다.

규칙이 하나밖에 없을 때 무슨 일이 일어나는지 보았는가? 예외는 충돌의 원인이 되므로 잡아내지 마라. 이 예외가 잘못된 동작 때문에 발생한 것이라면 원인이 되는 버그를 수정하라. 이미 알고 있는 이유 때문에 발생하는 경우라면 해당하는 특정 사례를 위해 코드에 명시적으로 예외 처리 문을 입력하라.

코드의 어느 지점에서 예외가 발생할 가능성이 있을 때마다 스스로에게 "이 예외를 위해 계획된 특정 수단이 있는가, 아니면 충돌을 피하기만 해도 될까?"라고 질문하라. 후자의 경우라면 예외를 처리할 필요가 없을 수도 있고 심지어 오히려 독이 될 수도 있다. 예외를 처리하는 것이 코드에 더 깊고 심각한 문제가 있는 것을 숨길 수 있기 때문이다.

9.2.1절에서 이야기했던, 앱을 직접 업데이트하는 애플리케이션을 떠올려 보자. 코드 9-2처럼 일련의 애플리케이션 파일을 폴더로 내려받는 함수가 있을 것이다. 업데이트 서버에서 파일 2개를 내려받아야 하며, 두 파일이 최신 버전이라고 가정해 보자. 예를 들어 최신 버전을 식별하기 위해 중앙 레지스트리를 사용하지 않고 특정 버전을 내려받은 것처럼, 이 접근법은 분명히 여러 가지 문제가 될 만한 요소를 갖고 있다. 개발자가 원격 파일을 업데이트하는 동안 업데이트를 내려받기 시작하면 어떻게 될까? 이전 버전에서 파일의 절반을 가져오고 다음 버전에서 파일의 절반을 가져오다 보면 설치에 손상이 발생할 것이다. 코드를 위해 개발자가 업데이트 전에 웹 서버를 종료하고 파일을 업데이트한 다음, 업데이트가 완료된 후에 다시 서버를 켜서 이러한 오류가 발생하는 것을 방지한다고 가정해 보자.

```
private const string updateServerUriPrefix = "https://streetcoder.org/selfupdate/";
private static readonly string[] updateFiles = new[] { "Exceptions.exe",
"Exceptions.app.config" };        → 내려받아야 할 파일 목록

private static bool downloadFiles(string directory, IEnumerable<string> files) {
    foreach (var filename in updateFiles) {
        string path = Path.Combine(directory, filename);
        var uri = new Uri(updateServerUriPrefix + filename);
        if (!downloadFile(uri, path)) {
            return false;       → 내려받기 및 신호 정리에서 문제를 발견했다.
        }
    }
    return true;
}

private static bool downloadFile(Uri uri, string path) {
    using var client = new WebClient();
    client.DownloadFile(uri, path);        → 개별 파일을 내려받는다.
    return true;
}
```

DownloadFile은 다양한 이유로 예외를 발생시킬 수 있다. 실제로 마이크로소프트에는 .NET 함수의 예외를 포함한 동작에 대한 훌륭한 참고 문서가 있다. WebClient의 DownloadFile 메서드에서 발생할 수 있는 예외로는 다음 세 가지가 있다.

- 지정된 인수가 널인 경우 ArgumentNullException 예외 발생
- 내려받는 중에 인터넷 연결 끊김과 같은 예기치 않은 문제가 발생할 경우 WebException 예외 발생
- 이 클래스 자체가 스레드 안전이지 않다는 것을 나타내기 위해 여러 스레드에서 동일한 WebClient 인스턴스를 호출하는 경우 NotSupportedException 예외 발생

불쾌한 충돌을 방지하기 위해 개발자는 try/catch 구문 안에서 DownloadFile 함수 호출을 래핑하여 계속 내려받을 수 있도록 할 수 있다. 많은 개발자가 어떤 유형의 예외를 잡아야 하는지에 대해서는 별로 신경 쓰지 않기 때문에 유형화되지 않은 catch 블록을 사용한다. 우리는 오류가 발생했는지 여부를 파악할 수 있도록 결과 코드를 넣었다.

```
private static bool downloadFile(Uri uri, string path) {
    using var client = new WebClient();
    try {
        client.DownloadFile(uri, path);
        return true;
    }
    catch {
        return false;
    }
}
```

이러한 접근 방식의 문제는 가능한 세 가지의 예외를 모두 포착한다는 것이다. 그중 두 가지의 예외는 실제로 프로그래머의 잘못을 명백하게 알려준다. ArgumentNullException은 잘못된 인수를 전달하고 호출자에게 책임이 있는 경우에만 발생한다. 즉, 호출 스택 어딘가에 잘못된 데이터 혹은 잘못된 입력 유효성 검사가 있다는 것을 의미한다. 마찬가지로 NotSupportedException은 클라이언트를 잘못 사용할 경우에만 발생한다. 즉, 지금 쉽게 해결할 수 있는 잠재적인 버그를 숨기고 있다는 것이다. 이 버그는 모든 예외를 한꺼번에 포착하여 훨씬 더 심각한 결과를 초래할 수도 있다. 그렇기에 모든 버그를 잡지 않아도 된다.

마법의 절대 반지가 시키더라도 버그를 모두 잡아낼 필요는 없다. 반환 값이 없다면 단순 인수 오류로 해당 파일을 건너뛸 수 있으며, 이 파일이 존재하는지조차 알 수 없다. 대신 코드 9-4처럼 프로그래머의 오류가 아닌 특정한 예외를 잡아야 한다. 우리는 예상할 수 있는 WebException만 잡아내야 한다. 내려받기가 어떤 이유로든 언제든지 실패할 수 있다는 것을 이미 알고 있으며 이 예외를 현재 상태의 일부로 만들기를 원하기 때문이다. 예상되는 경우에만 예외를 잡아내라. 다른 종류의 예외가 충돌을 일으킬 수 있지만 일부러 그대로 둘 것이다. 우리가 어리석었으며 그것이 더 심각한 문제를 일으키기 전에 그 결과를 감수할 필요가 있다는 것을 의미하기 때문이다.

```
private static bool downloadFile(Uri uri, string path) {
    using var client = new WebClient();
    try {
        client.DownloadFile(uri, path);
        return true;
    }
    catch (WebException) {      → 모두 잡아낼 필요는 없다.
        return false;
```

```
        }
    }
```

---

이것이 바로 코드 분석기에서 유형이 특정되지 않은 catch 블록을 사용하지 말라고 제안하는 이유다. 이러한 catch 블록은 범위가 너무 넓어서 관련 없는 예외까지 동일하게 처리하기 때문에 사용하지 않는 것이 좋다. 모든 예외를 잡기 위한 catch 블록은 로깅과 같은 일반적인 목적으로 세상에 존재하는 모든 예외를 정말로 잡아낼 목적이 있는 경우에만 사용해야 한다.

## 9.2.3 예외 복원성

코드에 충돌이 발생할 경우에도 예외 처리 없이 올바르게 동작해야 한다. 예외가 계속 발생하더라도 잘 작동하는 흐름을 설계해야 하며, 오염된 상태에 빠지지 않도록 만들어야 한다. 설계상 코드는 예외를 견딜 수 있어야 한다. 가장 큰 이유는 예외가 불가피하기 때문이다. 예를 들어 Main 메서드에 catchall try/catch를 넣을 수 있으며, 앱은 새로운 업데이트로 재시작해야 할 때 여전히 예기치 않게 종료될 것이다. 예외 때문에 애플리케이션의 상태가 손상되지 않도록 해야 한다.

비주얼 스튜디오에서 충돌이 발생할 때 수정 중이던 파일이 누락되는 일은 없을 것이다. 애플리케이션을 다시 시작할 때 누락된 파일에 대한 알림을 표시하고 누락된 파일을 복구할 수 있는 옵션을 제공할 것이다. 비주얼 스튜디오는 저장되지 않은 파일의 복사본을 임시 위치에 지속적으로 보관하고 파일이 실제로 저장될 때 해당 복사본을 삭제하는 방식으로 파일을 관리한다. 시작할 때 임시 파일이 있는지 확인하고 복구할 것인지 여부를 묻는 것이다. 유사한 문제를 예상할 수 있도록 코드를 설계해야 한다.

자체 업데이트 앱 예제에서는 프로세스에서 예외가 발생하는 것을 허용하고 앱이 다시 시작할 때 이 예외에서 복구해야 한다. 자체 업데이트 프로그램을 위한 예외 복원 설계는 그림 9-2와 같다. 여기서 개별 파일을 각각 내려받는 대신 단위 패키지 하나를 내려받아 일관성 없는 파일 집합을 얻는 일이 없도록 하자. 마찬가지로 우리는 문제가 발생했을 때 복구할 수 있도록 새 파일로 바꾸기 전에 원본 파일을 백업해야 한다.

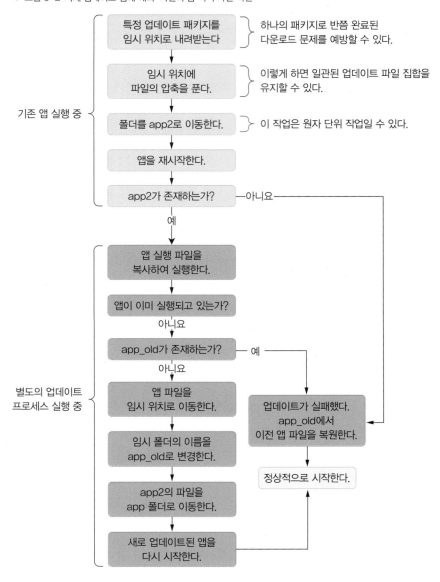

장치에 업데이트를 설치하는 데 시간이 얼마나 걸리는지는 소프트웨어 업데이트가 얼마나 복잡한 지에 따라 다름을 보여주며, 나는 이 설계가 실패할 수 있는 여러 다른 경우의 수를 놓치고 있다고 확신한다. 그러나 앱에서 잘못된 상태를 방지하기 위해 유사한 기술을 적용할 수 있다.

예외 복원성이 뛰어난 설계는 멱등성(idempotency)에서 시작한다. 멱등성이란 함수나 URL이 호출 횟수에 관계없이 동일한 결과를 반환하는 성질을 의미한다. Sum( )과 같은 순수 함수에서는 사소하게 들릴 수 있지만, 외부 상태를 수정하는 함수에서는 좀 더 복잡하다. 온라인 쇼핑 플랫폼에서의 체크아웃 프로세스가 좋은 예이다. 실수로 주문서 제출 버튼을 두 번 클릭하면 신용카드 결제가 두 번 청구되는가? 당연히 그래서는 안 된다. 나는 몇몇 웹 사이트가 "버튼을 두 번 클릭하지 마세요!"와 같은 경고문을 표시하는 식으로 이것을 해결하려고 한다는 것을 알고 있다. 하지만 여러분도 알다시피, 키보드 위를 걷는 고양이들은 글자를 읽지 못한다.

일반적으로 "HTTP GET 요청은 멱등성이 있으며 POST 요청은 멱등성이 없다"와 같이 웹 요청을 단순하게 생각한다. 그러나 GET 요청도 동적으로 변경되는 부분이 있는 콘텐츠에 대해 멱등성이 없을 수 있고, POST 요청도 멱등성이 있을 수 있다. 동일한 콘텐츠에 대해 "좋아요"(upvote)를 여러 번 누르더라도 사용자가 동일한 콘텐츠에 대해 "좋아요"를 클릭한 횟수는 바뀌지 않아야 한다.

어떻게 이것이 예외 탄력성을 갖도록 하는 데 도움이 될 수 있을까? 함수를 몇 번 호출하든 상관없이 부작용이 계속 발생하도록 설계할 때 우리는 그것이 예기치 않게 중단되었을 때에 대한 일관성이라는 이점을 얻는다. 결국 문제없이 우리 코드를 여러 번 안전하게 호출할 수 있게 된다.

어떻게 멱등성을 가질 수 있을까? 이 예제에서 고유한 주문 처리 번호를 가질 수 있으며, 그림 9-3과 같이 주문 처리를 시작하자마자 데이터베이스에 주문을 위한 레코드를 생성하여 처리 함수를 시작할 때 해당 레코드의 존재 여부를 확인할 수 있다. 코드는 스레드 안전할 필요가 있다.

❤ 그림 9-3 주문 접수의 멱등성 예제

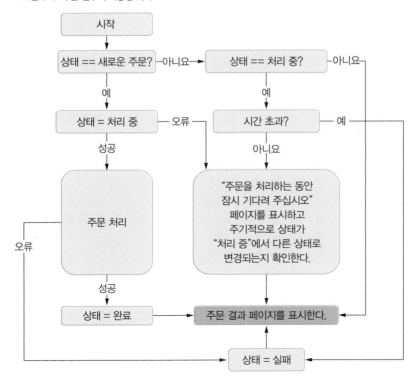

데이터베이스 트랜잭션은 예외로 연결이 끊어지더라도 자동으로 롤백되기 때문에 잘못된 상태를 피할 수 있지만, 많은 경우 이 일이 필요하지 않을 수 있다.

그림 9-3에서 주문 상태 변경 작업을 정의하지만 이것을 원자적으로 수행할 수 있도록 보장하는 방법은 무엇일까? 우리가 결과를 읽기 전에 다른 사람이 그것을 바꾸면 어떻게 될까? 비밀은 데이터베이스에 대한 조건부 업데이트 작업을 사용하여 상태가 예상과 동일한지 확인하는 것이다. 다음과 같이 할 수 있다.

```
UPDATE orders SET status=@NewState WHERE id=@OrderID status=@CurrentState
```

UPDATE는 영향을 받는 행의 수를 반환하며, UPDATE 작업 중에 상태가 변경되면 작업 자체가 실패하고 영향을 받는 행의 수로 0을 반환한다. 상태 변경이 성공하면 1을 반환할 것이다. 이를 이용하여 그림 9-3과 같이 레코드의 상태 변화를 원자적으로 업데이트할 수 있다.

코드 9-5와 같이 이를 구현할 수 있다. 우리는 주문 처리 전반에 걸쳐 주문이 처할 수 있는 모든 개별 상태를 정의하고 우리의 처리가 다른 수준의 처리에서 그 상황을 다룰 수 있도록 한다. 이미 처리 중이라면 '아직 처리 중'이라는 페이지를 보여주고 시간이 초과되면 해당 주문이 만료된다.

**코드 9-5** 멱등적 주문 처리

```
public enum OrderStatus {
    New,
    Processing,
    Complete,
    Failed,
}

[HttpPost]
public IActionResult Submit(Guid orderId) {
    Order order = db.GetOrder(orderId);

    if (!db.TryChangeOrderStatus(order, from: OrderStatus.New,    → 상태를 원자적으로
    to: OrderStatus.Processing)) {                                   변경해 보자.
        if (order.Status != OrderStatus.Processing) {
            return redirectToResultPage(order);
        }
        if (DateTimeOffset.Now - order.LastUpdate > orderTimeout) {  → 시간 초과를
            db.ChangeOrderStatus(order, OrderStatus.Failed);           확인한다.
            return redirectToResultPage(order);
        }
        return orderStatusView(order);      → 처리 페이지를 표시한다.
```

302

```
        }
        if (!processOrder(order)) {
            db.ChangeOrderStatus(order, OrderStatus.Failed);
        } else {
            db.TryChangeOrderStatus(order,
            from: OrderStatus.Processing,          ┐→ 모든 속성은 private set을 갖는다.
            to: OrderStatus.Complete);             ┘
        }
        return redirectToResultPage(order);
    }
```

주문 접수는 HTTP POST 요청임에도 불구하고 원치 않는 부작용을 일으키지 않고 여러 번 호출해도
완벽하게 괜찮다. 따라서 멱등적이다. 만약 웹 앱이 충돌하여 애플리케이션을 다시 시작한다면 처
리 상태와 같이 잘못된 상태에서 복구할 수 있다. 주문 처리는 이보다 훨씬 더 복잡할 수 있으며,
특정한 경우는 외부의 정기적인 데이터 정리 작업이 필요할 수도 있다. 하지만 catch 문이 없어도
예외에 대해 뛰어난 복원력을 유지할 수 있다.

## 9.2.4 트랜잭션이 없는 복원력

멱등성은 예외 복원력에는 충분하지 않을 수 있지만, 우리가 만든 함수가 다른 상태에서 어떻게
동작할지 생각하게 만들기 때문에 훌륭한 기반이 된다. 이 예제에서 주문 처리 단계는 예외를 발
생시키고 주어진 주문에 대해 오염된 상태를 유지하여 동일한 단계가 다시 호출되지 않도록 할 수
있다. 일반적으로 트랜잭션은 오염된 데이터를 남기지 않고 모든 변경 사항을 롤백하기 때문에 이
를 방지한다. 그러나 모든 스토리지(예를 들어 파일 시스템)가 트랜잭션을 지원하는 것은 아니다.

트랜잭션을 사용할 수 없는 경우에도 옵션이 있다. 사용자가 앨범을 업로드하고 친구와 공유할 수
있는 이미지 공유 앱을 만들었다고 가정하자. 콘텐츠 전송 네트워크(파일 서버에 걸맞은 이름)에
는 각 앨범의 폴더 아래에 이미지 파일이 있으며 앨범 레코드가 데이터베이스에 있을 것이다. 이
런 구축 작업은 여러 기술에 걸쳐 있기 때문에 트랜잭션에 래핑하는 것은 매우 비현실적이다.

앨범을 생성하는 전통적인 방법은 먼저 앨범 레코드를 만들고, 폴더를 만든 다음, 이 정보를 기반
으로 해당 폴더에 이미지를 업로드하는 것이다. 그러나 이 과정에서 예외가 발생한다면 앨범 레
코드에 일부 사진이 누락될 수 있다. 이러한 문제는 거의 모든 종류의 상호 의존적 데이터에 적
용된다.

이 문제를 피할 수 있는 여러 옵션이 있다. 지금 다루는 앨범 예제에서는 임시 위치에 이미지 폴더

를 먼저 만들고, 앨범을 위해 만든 UUID로 폴더를 옮긴 다음, 프로세스의 마지막 작업으로 앨범 레코드를 만들 수 있다. 이렇게 하면 사용자는 절반만 완성된 앨범을 절대로 찾아볼 수 없게 된다.

또 다른 옵션은 먼저 앨범 레코드를 만들고 레코드의 상태를 비활성으로 지정한 후 나머지 데이터를 추가하는 것이다. 데이터 삽입이 완료되면 앨범 레코드의 상태를 active로 변경할 수 있다. 이렇게 하면 예외로 업로드 프로세스가 중단되더라도 앨범 레코드가 중복되는 것을 막을 수 있다.

두 가지 경우 모두 작업이 중단된 레코드를 정리하고 데이터베이스에서 제거해주는 주기적인 데이터 정리 루틴을 만들 수 있다. 전통적인 방식으로는 어떤 리소스가 유효한지 아니면 중단된 작업의 결과인지 알 수 없다.

## 9.2.5 예외와 오류

예외가 곧 오류를 의미한다고 주장할 수 있으며, 그것이 사실일 수도 있다. 하지만 그렇다고 모든 오류가 예외라고 할 수는 없다. 대부분 호출자가 예외를 처리할 것으로 예상되는 경우에는 예외를 사용하지 마라. 그것은 예외적인 상황이 아니다. .NET에서 가장 익숙한 예제는 Parse와 TryParse다. 전자는 유효하지 않은 입력을 예외로 던지고(throw) 후자는 false를 반환한다.

처음에는 Parse밖에 없었다. 그 후에 .NET 프레임워크 2.0에서 TryParse가 추가되었다. 대부분의 시나리오에서 유효하지 않은 입력이 자주 발생할 것으로 예상했기 때문이다. 이러한 경우 속도가 느리기 때문에 예외가 오버헤드된다. 스택 추적을 수반해야 하며 스택 추적 정보를 수집하기 위해 스택을 조사해야 하기 때문이다. 그것은 단순히 불리언 값을 반환하는 것에 비해 리소스 면에서 매우 비쌀 수 있다. 또한, 예외는 try/catch 구문을 사용해야 하기 때문에 처리하기가 더 어려운 반면, 단순 result 값은 다음 코드에 나오는 것처럼 if로 확인하면 된다. try/catch를 이용하여 코드를 구현하려면 더 많이 타이핑해야 하고, 정확하게 구현하기가 어렵다는 것을 알 수 있다. 왜냐하면 이 예외 처리를 FormatException에 특정되도록 하는 것을 개발자가 쉽게 잊어버리기 때문이다.

**코드 9-6** 두 구문 분석 함수 이야기

```
public static int ParseDefault(string input,    → Parse를 이용한 구현
int defaultValue) {
    try {
        return int.Parse(input);
    }
    catch (FormatException) {    → 여기서 예외의 유형을 잊고 생략하기 쉽다.
```

```
            return defaultValue;
        }
    }

    public static int ParseDefault(string input,        → TryParse를 이용한 구현
    int defaultValue) {
        if (!int.TryParse(input, out int result)) {
            return defaultValue;
        }
        return result;
    }
```

입력이 항상 정확할 것으로 예상될 때는 여전히 Parse를 사용한다. 입력 값의 형식이 항상 올바르고, 실제로 들어오는 잘못된 값 자체가 버그일 경우에는 예외를 발생시킬 수 있다. 잘못된 입력 값이 곧 버그라고 확신하는 것은 어떤 면에서는 도전일 수 있다. "할 수 있다면 충돌을 발생시켜라!"

일반적인 오류 값은 대부분의 경우 응답을 반환하기에 충분하다. 반환 값을 사용하지 않는다면 굳이 값을 반환하지 않아도 괜찮다. 예를 들어 업보트 작업("좋아요" 표시 작업)이 항상 성공할 것으로 예상하는 경우에는 결과 값을 반환하지 마라. 함수의 반환 자체가 이미 성공을 의미한다.

호출자가 어떤 정보를 얼마나 필요로 하는지에 따라 다양한 유형의 오류 결과를 가져올 수 있다. 호출자가 성공 혹은 실패에만 관심이 있고 세부적인 것에는 관심이 없다면, 참이면 성공을 의미하고 거짓은 실패를 의미하도록 불리언 값을 반환할 수 있다. 세 번째 상태가 있거나 이미 다른 것을 지정하기 위해 불리언 값을 사용하고 있다면 다르게 접근해야 할 수도 있다.

예를 들어 레딧에는 투표 기능이 있지만, 이 기능은 최근 게시물에만 해당된다. 6개월 이상된 댓글이나 게시물에는 투표할 수 없다. 이미 삭제된 게시물에도 투표할 수 없다. 즉, 이것은 투표 시도가 다양한 방법으로 실패할 수 있다는 것을 의미하며, 실패의 이유를 사용자에게 알려야 한다는 것을 의미한다. 사용자가 일시적인 문제라고 생각하고 계속 시도할 수 있기 때문에 '투표 실패: 알 수 없는 오류'라고만 표시하면 안 된다. "이 게시물은 너무 오래되었습니다" 또는 "이 게시물은 삭제되었습니다"라고 알려줘야 한다. 이 메시지를 읽은 사용자는 플랫폼이 어떻게 동작하는지를 알게 되고 더 이상 투표하려 하지 않을 것이다. 더 나은 사용자 경험을 위해 투표 버튼을 숨겨 사용자가 해당 게시물에는 투표할 수 없다는 것을 알게 할 수도 있다. 하지만 레딧은 모든 게시물에 투표 버튼을 보여주고 있다.

레딧의 경우 서로 다른 실패 유형을 구분하기 위해 enum(열거형)을 사용할 수 있다. 레딧의 투표 결과에 대한 가능한 enum은 코드 9-7과 같다. 모든 경우의 수를 다 고려하지 않는 것처럼 보이겠

지만, 어차피 다른 경우를 위한 계획은 없기 때문에 다른 가능성까지 추가로 고려하지 않아도 된다. 예를 들어 데이터베이스 오류로 투표가 실패할 경우에는 결과 값을 반환하는 것이 아니라 예외를 발생시켜야 한다. 이것은 인프라 장애나 버그를 의미한다. 호출 스택을 확인하고 싶을 것이며, 어딘가에 이것을 로그로 기록하고 싶을 것이다.

**코드 9-7** 레딧에 대한 투표 결과

```
public enum VotingResult {
    Success,
    ContentTooOld,
    ContentDeleted,
}
```

enum의 훌륭한 점 중에 하나는 switch 표현식(expression)을 사용할 때 처리되지 않은 case에 대해 컴파일러가 경고할 수 있다는 것이다. 충분히 모든 경우를 고려(exhaustive)하지 않아 처리되지 않은 case가 존재할 경우 경고를 받는다. C# 컴파일러는 switch 구문에 대해서는 동일한 작업을 수행할 수 없다. 오직 switch 표현식에 대해서만 경고한다. switch 표현식은 이 언어에 새롭게 추가된 것이고 이러한 시나리오에 맞게 설계되었기 때문이다. 찬성 투표 작업을 위해 모든 경우를 고려한 enum 처리 코드는 코드 9-8과 같을 것이다. 이론적으로 C# 언어에 대한 초기 설계 결정으로 enum에 잘못된 값을 할당할 수 있기 때문에 switch 구문이 충분히 모든 것을 고려하지 않을 경우에도 별도의 경고가 표시될 수 있다.

**코드 9-8** 모든 경우를 고려한 enum 처리

```
[HttpPost]
public IActionResult Upvote(Guid contentId) {
    var result = db.Upvote(contentId);
    return result switch {
        VotingResult.Success => success(),
        VotingResult.ContentTooOld
            => warning("Content is too old. It can't be voted"),
        VotingResult.ContentDeleted
            => warning("Content is deleted. It can't be voted"),
    };
}
```

# 9.3 디버깅하지 마라

디버깅(debugging)이라는 말은 프로그래밍 이전부터 있던 용어로, 이는 1940년대 그레이스 호퍼가 마크 II 컴퓨터의 릴레이에서 실제 나방을 발견해 유명해지기 전의 일이다. 원래 디버깅은 항공학에서 항공기 결함을 식별하는 과정에서 사용되던 용어였다. 이제는 사후에 문제가 발견될 때마다 최고 경영자(CEO)를 해고하는 실리콘밸리의 더 발전된 관행으로 대체되고 있다.

최근에는 디버깅이라고 하면 대부분 디버거에서 프로그램을 실행하고, 중단점을 두고, 코드를 단계별로 추적하며 프로그램의 상태를 조사하는 것을 의미한다. 디버거는 매우 편리하지만 항상 최고의 도구는 아니다. 문제의 근본적인 원인을 파악하는 데 시간이 더 많이 걸릴 수 있다. 항상 모든 상황에서 프로그램을 디버깅할 수 있는 것은 아니다. 코드가 실행 중인 환경에 접근하지 못할 수도 있다.

## 9.3.1 printf() 디버깅

문제를 찾기 위해 프로그램 내부에 콘솔 출력 라인을 삽입하는 것은 오래된 관행이다. 그 이후로 개발자를 위해 단계별 디버깅 기능을 갖춘 훌륭한 디버거들이 나왔지만, 이 또한 항상 문제의 근본 원인을 파악하는 가장 효율적인 도구는 아니다. 때로는 더 원시적인 접근법이 문제를 식별하는 데 더 효과적일 수 있다. printf() 디버깅은 C 프로그래밍 언어의 printf() 함수에서 유래된 것이다. printf라는 이름은 **print formatted**(형식화된 문자열을 출력하라)에서 나왔다. 이것은 형식화 구문은 비록 다르지만 Console.WriteLine() 함수와 상당히 유사하다.

애플리케이션의 상태를 지속적으로 확인하는 것이 아마 프로그램을 디버깅하는 가장 오래된 방법일 것이다. 이것은 심지어 컴퓨터 모니터보다도 오래됐다. 훨씬 더 오래된 컴퓨터는 전면 패널에 CPU 레지스터의 비트 상태를 실제로 보여주는 조명 장치가 있어서 프로그래머는 무엇인가가 왜 작동하지 않는지를 이해할 수 있었다. 다행히 내가 태어나기 전에 컴퓨터 모니터가 발명되었다.

printf() 디버깅은 이와 비슷하게 실행 중인 프로그램의 상태를 주기적으로 보여주기 위한 방법이다. 이를 통해 프로그래머는 문제가 발생하는 위치를 파악할 수 있다. 초보자가 사용하는 기술이라고 눈살을 찌푸릴 수도 있겠지만, 몇 가지 이유로 단계별 디버깅보다 우수할 수 있다. 예를 들어 프로그래머는 상태를 얼마나 자주 보고할지 세분화하여 선택할 수 있다. 단계별 디버깅을 사용하면 특정 위치에서 중단점을 설정할 수 있지만 한 줄 이상 건너뛸 수 없다. 복잡한 중단점 설정이 필요하거나 Step Over 키를 지겹게 눌러야 한다. 꽤 많은 시간이 소요되며 지루하다.

더 중요한 것은 printf()나 Console.WriteLine() 함수는 그동안의 기록을 볼 수 있는 콘솔 터미널에 상태를 출력한다는 것이다. 이는 단계별 디버거에서는 할 수 없는 터미널 출력을 보고 서로 다른 상태 사이를 연달아 추론할 수 있다는 점에서 중요하다.

모든 프로그램에 콘솔 출력, 웹 애플리케이션, 서비스가 있는 것은 아니다. .NET은 이러한 환경을 위해 또 다른 대안을 제공한다. Debug.WriteLine()과 Trace.WriteLine() 함수가 대표적이다. Debug.WriteLine() 함수는 결과를 디버거 출력 콘솔에 출력하며, 이는 애플리케이션의 자체 콘솔 출력 창 대신 비주얼 스튜디오의 디버거 출력 창에 표시된다. Debug.WriteLine의 가장 큰 장점은 최적화된 바이너리(릴리스 버전)에서 이 함수 호출이 완전히 제거되어 릴리스된 코드의 성능에 영향을 미치지 않는다는 것이다.

하지만 그 말은 반대로 프로덕션 코드를 디버깅하는 데 문제가 될 수 있다는 것을 의미한다. 디버그 출력 구문이 코드에 있어도 출력 결과를 읽을 수 있는 실질적인 방법이 없다. .NET 트레이싱(tracing)은 일반적인 출력과는 별개로 런타임을 구성할 수 있는 수신기를 가질 수 있으므로 Trace.WriteLine() 함수는 이런 점에서 더 나은 도구다. 텍스트 파일, 이벤트 로그, XML 파일 등 설치된 올바른 구성 요소를 가지고 있다면 상상할 수 있는 모든 것에 트레이스 출력을 기록할 수 있다. .NET의 마법 덕분에 애플리케이션이 실행되는 동안에도 트레이싱을 재구성할 수 있다.

트레이싱을 쉽게 설정할 수 있으며 코드를 실행하는 동안에도 활성화할 수 있다. 현재 실행 중인 웹 애플리케이션의 예를 살펴보자. 어떤 문제를 확인하기 위해 이 애플리케이션이 실행되는 동안 트레이싱을 활성화해야 한다고 가정해 보자.

## 9.3.2 덤프 다이빙

단계별 디버깅을 위한 또 다른 대안은 충돌 덤프를 검사하는 것이다. 충돌 후에 반드시 생성되는 것은 아니지만, 충돌 덤프는 프로그램의 메모리 공간의 스냅샷 내용을 담고 있는 파일을 말한다. 유닉스 시스템에서는 **코어 덤프**(core dump)라고도 한다. 그림 9-4와 같이 윈도 작업 관리자의 프로세스 이름에서 마우스 오른쪽 버튼을 누른 다음 덤프 파일 만들기를 눌러 충돌 덤프를 수동으로 생성할 수 있다. 이는 이 작업을 완료할 때까지 프로세스를 일시 중지할 뿐 그 이후에는 해당 프로세스를 계속 실행할 수 있는 비침입적인(프로세스 자체를 해치지 않는) 작업이다.

유닉스 계열 운영 체제에서도 앱을 죽이지 않고 별 문제 없이 비슷한 종류의 코어 덤프를 실행할 수 있다. 하지만 무언가가 더 필요하다. 바로 dotnet dump가 설치되어 있어야 한다. 다음과 같이 설치할 수 있다.

```
dotnet tool install --global dotnet-dump
```

이는 충돌 덤프를 분석하는 데 매우 유용하며 윈도에서도 설치하는 것이 좋다. 설치 명령은 윈도에서도 동일하다.

▼ 그림 9-4 수동으로 실행 중인 애플리케이션에 대한 충돌 덤프 생성하기

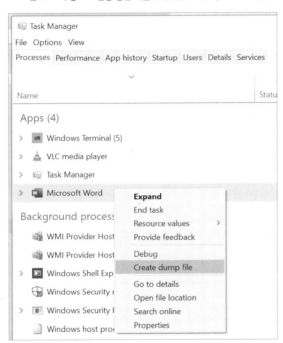

깃허브에는 CPU를 지속적으로 소비하는 InfiniteLoop(무한 루프)라는 프로젝트가 있다. 웹 애플리케이션이나 프로덕션 서버에서 실행 중인 서비스일 수 있으며 이러한 프로세스에서 문제를 확인하는 것은 좋은 연습 방법이다. 이는 열쇠 꾸러미를 이용하여 자물쇠를 따는 기술을 연마하는 것과 거의 비슷하다. 아마 자물쇠를 따는 기술이 왜 필요하냐고 생각할지도 모르겠다. 하지만 자물쇠 수리에 드는 비용을 듣고 나면 생각이 달라질 것이다. 이 애플리케이션의 전체 코드는 코드 9-9에 나와 있다. 기본적으로 곱셈 작업을 계속 반복해 수행한다. 아마도 여전히 비트코인보다 훨씬 적은 에너지를 낭비할 것이다. 컴파일러가 실수로 루프를 최적화하는 것을 막기 위해 런타임에서 결정된 임의의 값을 사용한다.

```
using System;

namespace InfiniteLoop {
    class Program {
        public static void Main(string[] args) {
            Console.WriteLine("This app runs in an infinite loop");
            Console.WriteLine("It consumes a lot of CPU too!");
            Console.WriteLine("Press Ctrl-C to quit");
            var rnd = new Random();
            infiniteLoopAggressive(rnd.NextDouble());
        }

        private static void infiniteLoopAggressive(double x) {
            while (true) {
                x *= 13;
            }
        }
    }
}
```

무한 루프 애플리케이션을 컴파일하고 별도의 창에서 실행 상태를 유지한다. 이 서비스가 여러분이 운영 중인 서비스라고 가정해 보자. 서비스 어디에서 문제가 발생하는지, 그리고 어디서 CPU를 많이 사용하는지 알아내야 한다. 해당 호출 스택을 찾는 것이 많은 도움이 될 것이다. 충돌 덤프를 사용하여 어떤 것도 손상시키지 않고 이러한 작업을 수행할 수 있다.

모든 프로세스에는 실행 중인 다른 프로세스와는 다른 고유한 숫자 값인 프로세스 식별자(Process identifier, PID)가 있다. 애플리케이션을 실행한 후 프로세스의 PID를 찾는다. 윈도에서 작업 관리자를 사용하거나 파워셸(PowerShell) 프롬프트에서 다음 명령어를 실행한다.

```
Get-Process InfiniteLoop | Select -ExpandProperty Id
```

유닉스 시스템에서는 다음과 같이 입력할 수 있다.

```
pgrep InfiniteLoop
```

프로세스의 PID가 보일 것이다. dotnet dump 명령을 이용하여 해당 PID의 덤프 파일을 만들 수 있다.

```
dotnet dump collect -p PID
```

만약 PID가 26190라면 다음과 같이 입력한다.

```
dotnet dump collect -p 26190
```

이 명령어는 다음처럼 충돌 덤프를 저장한 위치를 표시한다.

```
Writing full to C:\Users\ssg\Downloads\dump_20210613_223334.dmp
Complete
```

나중에 생성된 덤프 파일에 대해 dotnet-dump 명령을 분석할 수 있다.

```
dotnet dump analyze .\dump_20210613_223334.dmp
Loading core dump: .\dump_20210613_223334.dmp ...
Ready to process analysis commands. Type 'help' to list available commands or
     'help [command]' to get detailed help on a command.
Type 'quit' or 'exit' to exit the session.
> _
```

윈도의 백슬래시 대신 유닉스 경로에는 슬래시를 사용한다. 이러한 차이가 생긴 데는 흥미로운 비하인드 스토리가 있다. 마이크로소프트가 MS-DOS v1.0에는 없던 디렉터리라는 개념을 v2.0에서 처음 소개하면서 시작되었다.

분석 프롬프트는 도움말에 실려 있는 수많은 명령어를 지원하지만 프로세스가 수행하는 작업을 식별하기 위해서는 그중에 몇 가지 명령만 알면 된다. 하나는 해당 프로세스에서 실행 중인 모든 스레드를 표시하는 threads 명령어이다.

```
> threads
*0 0x2118 (8472)
 1 0x7348 (29512)
 2 0x5FF4 (24564)
 3 0x40F4 (16628)
 4 0x5DC4 (24004)
```

현재 스레드는 별표로 표시되며 다음과 같이 setthread 명령을 사용하면 현재 스레드를 변경할 수 있다.

```
> setthread 1
> threads
 0 0x2118 (8472)
```

```
*1 0x7348 (29512)
 2 0x5FF4 (24564)
 3 0x40F4 (16628)
 4 0x5DC4 (24004)
```

보는 것처럼 활성 스레드가 변경되었다. 그러나 dotnet dump 명령은 기본 스레드가 아닌 관리되는 스레드만 분석할 수 있다. 관리되지 않는 스레드의 호출 스택을 보려고 하면 다음과 같은 오류가 발생한다.

```
> clrstack
OS Thread Id: 0x7348 (1)
Unable to walk the managed stack. The current thread is likely not a
managed thread. You can run !threads to get a list of managed threads in
the process
Failed to start stack walk: 80070057
```

이러한 분석을 수행하려면 WinDbg, LLDB, GDB와 같은 네이티브 디버거가 필요하며, 이론상으로 충돌 덤프 분석과 유사하게 동작한다. 그러나 현재 관리되지 않는 스택에는 관심이 없으며, 일반적으로 스레드 0은 여러분 앱의 것이다. 스레드 0으로 다시 전환하고 clrstack 명령을 다시 실행할 수 있다.

```
> setthread 0
> clrstack
OS Thread Id: 0x2118 (0)
    Child SP IP Call Site
000000D850D7E678 00007FFB7E05B2EB
    InfiniteLoop.Program.infiniteLoopAggressive(Double)
    [C:\Users\ssg\src\book\CH09\InfiniteLoop\Program.cs @ 15]
000000D850D7E680 00007FFB7E055F49 InfiniteLoop.Program.Main(System.String[])
    [C:\Users\ssg\src\book\CH09\InfiniteLoop\Program.cs @ 10]
```

불편하게 긴 메모리 주소 두 개를 제외하면 이 호출 스택은 완전히 의미가 있다. 실행 프로세스의 중단 없이 이 덤프가 해당 라인 번호(@ 뒤의 숫자)에 도달했을 때 스레드가 무엇을 했는지 보여준다. .NET에서 확장자가 .pdb인 디버깅 정보 파일에서 해당 정보를 가져오고 메모리 주소를 기호 및 라인 번호와 맞춘다. 따라서 오류를 정확히 파악해야 할 경우 프로덕션 서버에 디버깅 기호를 배포하는 것이 중요하다.

충돌 덤프 디버깅은 어려운 주제이며, 메모리 누수나 경쟁 상태를 확인하는 것과 같이 다른 여러 상황을 다룬다. 이 로직은 모든 운영 체제, 프로그래밍 언어, 디버깅 도구 사이에서 거의 보편적이다. 파일의 내용, 호출 스택, 데이터를 검사할 수 있는 메모리 스냅샷이 파일에 있다. 이를 시작점이자 기존의 단계별 디버깅의 대안으로 생각해 보자.

### 9.3.3 고무 오리 디버깅

이 책 앞부분에서 간단히 논의했듯이, 고무 오리 디버깅(rubber duck debugging)은 책상 위에 앉아 있는 고무 오리에게 문제를 말해 해결하는 방법이다. 문제를 말로 표현하면서 여러분은 문제를 더 확실하게 재구성하게 되고 마법처럼 문제에 대한 해결책을 찾을 수 있게 된다.

나는 이를 위해 스택 오버플로 웹 사이트의 임시 작성글을 사용한다. 스택 오버플로에 질문을 올리고 나의 바보 같은 질문으로 인해 모든 사람의 시간을 낭비하는 대신, 질문을 작성만 하고 게시하지 않는다. 그렇다면 왜 스택 오버플로일까? 이 플랫폼에서 다른 사람에게 받는 압력을 의식한다면 질문을 구성할 때 중요한 한 가지 측면에 대해 재차 생각하게 되기 때문이다. "여러분은 무슨 시도를 했는가?"

스스로에게 이 질문을 하는 것은 여러 가지 이점이 있지만, 가장 중요한 것은 여러분이 아직 가능한 모든 해결책을 시도하지 않았다는 것을 깨닫게 해준다는 것이다. 질문에 대해 생각하다 보면 내가 고려하지 못한 수많은 다른 가능성을 함께 떠올리게 된다.

마찬가지로 스택 오버플로 모드에서는 질문을 구체적으로 해야 한다. 너무 광범위한 질문은 주제에서 벗어난 것으로 간주한다. 이를 통해 자신의 문제를 특정한 문제 하나로 좁혀 분석적인 방식으로 문제를 해결하는 데 도움을 준다. 웹 사이트에서 이것을 연습하면 습관이 될 것이고, 나중에는 머리 속으로도 할 수 있게 될 것이다.

STREET CODER

## 9.4 요약

- 중요하지 않은 버그를 수정하기 위해 리소스를 낭비하지 않으려면 버그에 우선순위를 정해야 한다.
- 해당 사례에 대해 계획적이고 의도적인 대응 방안이 있는 경우에만 예외를 포착하라. 그렇지 않으면 잡지 마라.

- 충돌을 사후에 방지하는 대신 먼저 충돌을 견딜 수 있는 예외 복원 코드를 작성하라.

- 오류가 일반적이거나 예상되는 경우에는 예외 대신 결과 반환 코드나 enum을 사용하라.

- 투박한 단계별 디버깅보다 더 빠르게 문제를 확인하기 위해 프레임워크에서 제공하는 추적 기능을 사용하라.

- 사용 가능한 다른 방법이 없을 경우 프로덕션에서 실행 중인 코드의 문제를 확인하기 위해 충돌 덤프 분석을 사용하라.

- 웹 사이트의 임시 작성글을 고무 오리 디버깅 도구로 사용하고 그동안 무엇을 시도했는지 자문해 보라.